学术共同体文库

中国政法大学县域法治研究中心　主办

杨玉圣　主编

刘斌　1956年10月生，山西朔州人，民建成员。1991年破格晋升法学副教授，1995年破格晋升法学教授。现为中国政法大学教授、博士生导师，新闻传播学院常务副院长，法治新闻研究中心主任，兼任最高人民法院特邀咨询员等职。曾从事法律史、法律文献的整理与研究工作，现主要从事法治新闻学、法治文化的研究与教学工作。著有《中国的传统文化》《法制新闻的采访与写作》等6部著作，主编《法治新闻传播学》《中国特色社会主义法治文化研究》《百部人文名著导读》等21部图书，在《法学研究》《中国法学》《政法论坛》等刊物发表学术论文80余篇，参与和承担国家、省部级重大攻关项目6项。

法治文化与法治新闻

The Rule of Law Culture and Legal News

刘斌 著

社会科学文献出版社
SOCIAL SCIENCES ACADEMIC PRESS (CHINA)

目　录

CONTENTS

当代法治文化的理论构想 …………………………………………… 001

中国当代法治文化的研究范畴 ……………………………………… 009

法治文化研究三题 …………………………………………………… 046

检察文化概论 ………………………………………………………… 053

论人民法院文化体系的建构 ………………………………………… 065

法治设施文化的分类、特征及其建设路径 ………………………… 078

中国法治文化的研究现状 …………………………………………… 088

法治的人性基础 ……………………………………………………… 105

当代法治与传统法制的关系 ………………………………………… 125

西方法治与中国法治的关系 ………………………………………… 133

法治与宗教规范和风俗习惯 ………………………………………… 141

法治状态下国家与公民的关系 ……………………………………… 148

法治状态下人的生存与发展模式 …………………………………… 157

法律组织之间的关系及运作机制 …………………………………… 168

论孟子思想的多元性 ………………………………………………… 176

法治新闻传播学的四个基础问题 …………………………………… 187

论传媒与司法公正 …………………………………………………… 198

权力还是权利

  ——采访权初论 ……………………………………………… 227

论隐性采访 ……………………………………………………… 244

新闻报道中的法律语言规范 …………………………………… 263

论新闻采编人员的自我保护 …………………………………… 271

媒体使用图片的十个法律问题 ………………………………… 283

主流媒体报道中亟待改进的几个问题 ………………………… 298

微信平台的乱象及其规制 ……………………………………… 308

后　记……………………………………………………………… 327

当代法治文化的理论构想

最近几年，法治文化不仅受到越来越多学者的关注，而且受到高层领导的高度重视。中国政法大学终身教授李德顺先生近来竭力倡导构建中国社会主义法治文化体系，并对与法治文化相关的一些概念做出哲学思考，这对法治文化的深入研究产生了积极的推动作用。

法治是人类文明发展到一定阶段后的产物，是人类文明进步的结晶。英国学者弗里德里希·冯·哈耶克（又译作海耶克）说："法治是一种绝不同于立法者所制定之法律意义上的法治，它也不是一种关注法律是什么的规则。法治只关注政府的强制性活动，它由一系列综合性的原则构成。"① 确实，如果仅从"用法律治理"或"依法治国"来理解"法治"是不全面的。舒国滢先生在《西方法治的文化——社会学解释框架》一文中认为，法治至少由这样一些要素构成：一是法律规则、标准或原则的性质（能力），二是实效性，三是稳定性，四是法律（权威）至上，五是涉及公正司法的操作性（工具性）。② 在笔者看来，法治可以解释为一个地区或国家在文明发展到一定阶段后的社会状态，法治的表层意思是一种社会治理模式，深层含义则是一种体现治国理念和规范人们言行的精神文化。诚如李德顺先生所言，"法治"是相对于"人治"而言的，上升到文化层面来理解"法治"和"人治"，就能看到它们绝不仅是社会管理的两种方法或手段，而且是国家政治体系的整体本质和社会生活的整体文化面貌。

那么，我们为什么要倡导"法治文化"呢？钱穆先生说："一切问题，由文化问题产生；一切问题，由文化问题解决。"③ 罗杰·科特威尔也说：

---

① 〔英〕哈耶克：《自由秩序原理》，邓正来译，生活·读书·新知·三联书店，1997，第21页。
② 参见舒国滢《西方法治的文化——社会学解释框架》，中评网，2001年5月3日。
③ 钱穆：《文化学大义》，台北：中正书局，1981，第3页。

"一切有关法律制度和法律概念的特征的问题都需要与产生法律的社会条件相联系来加以领会，在这种意义上，法律确是文化的一种表现形式。"① 汪俊英在《法治发展的文化环境》一文中进一步认为：文化决定法治。文化是立法的精神源头，有什么样的文化，就会有什么样的法律；文化是司法的内在动力，法律的实施受人们的心态、意识、观念、情感、行为趋向的影响，文化一旦形成，就根植于人们的心中；文化是法治之源，有什么样的文化，就会有什么样的法治状态。② 张淮光先生在《深化普法教育，推进法治文化建设》一文中也认为：文化是一种理解力，法律与任何制度性的东西一样，只有经过与之相适应的、反映社会发展要求的文化的解读，才能为人们所理解，才能成为人们的行为准则，才能在社会生活中发挥作用；文化是一种规范力，它可以形成一种"场效应"，并且内化为公民的个体思想，规定着人们的行为方式，使人们明白自己应该做什么，不应该做什么，使社会形成一种有法律且被严格遵守的状态；文化是一种推动力，人们的社会行为总是要接受文化的指令，文化可以使人们在更深层次上把握法律的要求，根据法治的精神推动立法和执法走向更高的阶段；文化还是一种批判力，当人们面对复杂多变的现实，无法进行迅速准确判断时，就会借助自己的文化观念，对法律条文进行批判，使之与一定的文化相适应。正因为如此，人们的文化观念既可以推动法律的执行，又可以使之与落后的文化相适应，避免法律变形走样。

从历史来看，我们国家并不具备法治文化的传统。中国古代社会是一个人治的社会，家长制、君主制、宗法等级制、皇权至上、衙门作风等给我们留下的负担太沉重，至今在人们的心目中还存在严重的官本位思想。受这种传统法律文化的影响，我国当前面临的社会现实是：制度设计得很好，实际运作得不佳；文字规定得很好，实际执行得较差；表象上接近现代化，思想意识更靠近传统。尤其是人治文化与官本位文化根深蒂固，危害极大，影响极坏。中国社会发展到今天，法治势在必行。法治文化的问题已经凸显在人文社会科学理论研究的前沿，构建中国当代法治文化体系也已经成为摆在我们面前的一个重大课题，这就要求我们不能就法律谈法

---

① 〔美〕罗杰·科特威尔：《法律社会学导论》，潘大松、刘丽君、林丽萍、刘海善译，华夏出版社，1989，第16页。

② 参见汪俊英《法治发展的文化环境》，《惠州高新区报》2006年3月6日，第AD4版。

律、就法治论法治，而是要从文化的视野来思考和审视法治。

那么，如何理解"法治文化"这个概念呢？笔者认为：法治文化是指融注在人们心底和行为方式中的法治意识、法治原则、法治精神、法律行为及其价值追求。一个国家的"法治文化"，就是这个国家的法律制度、法律机构、法律设施体现出的文化内涵及公民在日常生活、工作中所持有并遵循的以法治价值观为核心的思想理念与行为方式。

当代法治文化至少包括这样四种意识。一是崇尚法律的意识，就是在人们的心目中尊重法律、信奉法律、推崇法律，它反映着人们对法律的情感和态度，是法治能否真正实现的前提和基础。二是遵守法律的意识，法律必须被遵守，否则它就形同虚设，有法必依，应当是每一位公民自觉的意识，不仅普通公民要守法，掌权者更要守法，各级领导人不能只号召别人守法，却不以法律来约束自己的言行。三是运用法律的意识，运用法律不仅是指发生纠纷时要寻求法律的保护，通过法律的途径来解决争端；而且在日常生活和工作中要运用法律的眼光看待问题，运用法理分析社会现象，运用法治精神和原则分辨是与非和罪与非罪。四是维护法律的意识，法律的职能在于扬善惩恶，保护公民和法人的合法利益，维护社会的秩序、公平和正义。要使这些职能充分发挥，法律本身也需要人们自觉地维护。守法只是维护法律的一个方面，同触犯法律的行为做斗争是维护法律的又一个方面，但维护法律还有一个更为重要的方面，那就是与专权弄法、凌驾于法律之上的权贵做斗争，绝不允许这些人践踏法律的尊严。

当代法治文化至少要实现这样三种观念的转变与革新：一是本位观，二是法权观，三是权利义务观。如同一些学者所言，当今我国公民的本位观要实现从"国家本位"到"社会本位"和"个人本位"的转变。要实现依法治国，就必须打破国家本位，把法律制定的基础转移到以人为本上来，国家的一切行为都是为了保护公民的权利，防止公共权力对公民利益的侵犯。公民的法权观要实现从权力至上到法律至上的转变。权力凌驾于法律之上，容易形成权力的专横和崇拜，社会的前进方向容易随领导人的意志和注意力转移。因此要实现法治，就必须改变"权大于法"的状况，必须明确公共权力源于人民的委托，法律是人民利益和意志的体现，是神圣不可侵犯的，任何人的违法犯罪行为都应受到法律的追究。公民的权利义务观要实现从"义务本位"到"权利本位"的转变。在人治的社会里强调义务本位，突出公民对国家和社会的义务，轻视公民的独立人格。权利本位是指公民意识、主体意识和权利意识，强调要重视人的人格、自由、尊严和利益，并且使人与人的关系走向契约化，为法律的实施创造社会条件。

当代法治文化至少应当包括这样三种精神。一是人的尊严与自由的精神。人的尊严与自由是人与生俱来的权利，是法治文化的核心价值。法治就是要维护人的尊严、保障人的自由和全面发展，法治应当制约公权力，以实现对人的尊严与自由的彰显；法治应当防范公权力对私权利的挤压和侵扰，以实现社会主体的理性解放和人格与人身的独立，使社会主体成为自由、平等的权利主体。二是民主的精神。民主简言之就是人民当家做主。法治与民主同呼吸、共命运，互相依存，法治的源泉与动力在于民主，民主的实现需要法治来保障；民主制度既是法治的根本措施，也是当代法治文化的集中体现。就中国当前的实际而言，笔者认为强化民主制度应从完善人民代表大会制度、强化人民代表大会的权力和作用做起，使它成为名副其实的最高权力机关，使宪法规定的"中华人民共和国的一切权力属于人民"落到实处。三是人人平等的精神。即任何公民，不分民族、种族、性别、职业、家庭出身、宗教信仰、受教育程度、财产状况、居住期限，在人格上都一律平等，都平等地享有宪法和法律规定的权利，也都平等地履行宪法和法律所规定的义务，公民的合法权益都一律平等地受到保护，对违法犯罪行为一律依法予以追究。在法律面前，不允许任何人享有法律以外的特权，任何人不得强迫他人承担法律以外的义务。这里需要说明的是：所谓平等，是指人格和权利能力的平等，而不是行为能力上的平等，如对未成年人及其他丧失民事行为能力的公民，就不能与具有完全民事行为能力的成年人做同一个标准的要求。

当代法治文化至少应当包括这样四个原则。一是法律（权威）至上的原则。法治所强调的是法律的权威和制度的保障，而不是某个领导的个人权威。法律至上是法治的本质体现，是法治社会的基本原则和根本特征，法律在多大的程度上具有权威性，是判断一个国家实现法治化程度的基本标尺。法律至上意味着法律是评判公民、法人和国家机关行为最基本的准则，是解决纠纷和社会冲突的首要选择。我国现实生活中，法律至上的原则经常被权大于法、情大于法的观念所取代，依言不依法、依权不依法的现象仍然存在，这种情况必须改变。二是司法独立的原则。司法独立既是一项宪法原则，也是一项司法组织原则，还是一项诉讼活动原则。司法的真正独立至少体现在司法组织的独立、司法活动的独立和司法人员的独立三个方面。但目前我国司法的现状是处于形式上的独立，实际上并不独立，或者说处于半独立的状态：就司法组织而言，司法机关的人、财、物方面受制于政府；就司法活动而言，党委和行政权力时有干涉和左右司法活动的情形；就司法人员（法官、检察官）而言，人事任免是由人大（党委——许多地方的人大主任由党委书记兼任）任命，组织关系由党委组织部门和行政人事部门管理。在这种环境下，就很难要求人民法院独立行使审判权人民检察院独立行使检察权，司法机关很难避免其他机关、社会团体和人士的干涉。三是权利与义务相统一的原则。在法治文化背景下，没有无义务的权利，也没有无权利的义务，权利与义务是高度统一的。我国的文化传统和国情不同于西方发达国家，所以在权利与义务观上目前更应当强调公民的权利意识，即权利主体对于权利的接受意识、权利的实现意识、权利受侵犯时的保护意识。四是权力制衡与监督的原则。我国现行的监督机制从形式上看，有人大监督、党内监督（纪委）、行政监督（监察、审计）、法律监督、民主党派监督、群众监督、新闻舆论监督，等等，门类很多。但这些监督很难依照法律规定行使监督权，有些监督实际上存在不敢、不能、不便进行的情形。要改变这种现状，监督机构就必须实行垂直领导机制，保持相对的独立，决策应当规范化、程序化、公开化。权力制衡与监督要制约和监督机关"一把手"的权力，副职不能只是摆设，不能养成"一言堂"、一人说了算的恶习。从内在的逻辑关系和功能上看，权力制衡中的权力是一种内在的权力，是在事前和事中对权力进行约束；权力监督中的权力是一种外在的权力，只能起到事后的作用。"在权力制衡中，每一个权力行使者都具有权力的行使者和权力的制约者的双重身份。权力的行使者不仅受到其他权力的约束，而且也同时约束着其他权力。"① 这种在约束中行使权力，行使中又约束权力的机制，是法治社会运行的一种较为理想的状态。

当代法治文化的价值追求可以概括为真、善、美三个字。真是讲诚信公正。诚信是一个人的美德，也是一个人安身立命的无价之宝。诚是指言行要真实恳切，不口是心非，不弄虚作假，实实在在；信是说言行要讲求信用名誉，言出必行，许诺必应。一个人不诚实，不讲信誉，其实就是在拿自己的人格作为典当，言而无信最终失去的是自己。在诚信这个问题上，一个人是这样，一个组织是这样，一个政府也是这样。公正是法治社会基

---

① 蒋德海：《为什么说权力制衡比权力监督更重要》，《检察日报》2004 年 11 月 16 日，第 8 版。

本的行为准则和永恒的价值理念，公正既包括实体公正，也包括程序公正，程序公正是实现实体公正的基础与前提。尤其在司法领域，没有程序的公正很难保证实体的公正，司法的不公正会对法律权威造成最大损害。善是指人性与正义。这是法治文化的核心价值所在。法律不应当是冷酷无情的，在严肃庄重的条文后面应当包含着对人的终极关怀、贯穿着人文的精神、融注着人性化的情感。这是因为制定法律的根本目的是保障人权和自由，实现社会的正义。从另一个视角看，社会正义的实现又需要法律来保障和维护，这就要求法律首先能够体现正义。在法治文化的语境里，法律的正义包括自身和实施两个部分：法律自身的正义性源于符合人性的设定，源于对人的终极关爱，这就是我们通常所讲的"善法"；法律实施的正义性源于公民对法律强烈的自觉意识，源于国家工作人员的依法行政，源于司法人员对于法律的高度责任感，这就是我们通常所讲的"有法必依，执法必严，违法必究"。美是讲有序和谐。有序是指讲求规则和章法、注重条理和秩序，是指国家机关、社会组织在行使权力时不能为所欲为，公民在行使自己权利和自由时不得妨害其他人的权利和自由；和谐是要化解矛盾、解决冲突，使人际关系和社会生活处于和睦安宁的状态。有序的目的是实现和谐，和谐既是现代法治文明的标志，也是法治文化的价值追求。总之，当代法治文化追求的终极目标是从根本上扭转"人治"的状态，彻底改变"权大于法"的现象，使公民在一个公平正义、有序和谐的社会环境中得到自由全面的发展。

美国文化人类学家克鲁克洪将文化分为显型文化和隐型文化两大类型。如果我们借用这种划分方法，那么法治文化也可以分为隐性法治文化与显性法治文化两类。隐性法治文化如前文所述，显性法治文化大致可以分为法律制度、法律组织、法律行为和法律设施四种。①

法律制度是指宪法、法律、法规及有关机构、组织、行业的规章制度；法律组织是指依法设置的专门法律机关和组织，如人大、公安局、检察院、法院、司法局、仲裁委员会、劳动改造管教队、少年犯管教所、公证处、律

---

① 刘作翔先生在论述法律文化时将制度性文化看作显型文化，把理念性文化视为隐型文化，他认为显型结构层面上的法律文化可以分为法律法规、法律制度和法律设施（包括法律组织机构）三个次级层面，隐型结构层面上的法律文化可以分为法律心理、法律意识（法律观念）和法律思想三个次级层面。参见刘作翔《法律文化理论》，商务印书馆，1999。

师事务所等；法律设施是指物质设施与器物，如法庭、监狱、看守所、劳改与劳教场所、徽章、警服、警具等。这里要特别强调的是人们的法律行为，因为它最能体现一个国家或地区的法治文化，也是检验一个国家或地区法治文化程度高低的主要标志。每一个在社会中生活的人几乎都会发生法律行为，按照与法律接触的频率，我们可将公民大致划分为三个群体：法律工作者、其他国家工作人员、普通公民。法律工作者包括立法人员、司法人员和其他法律工作者，如律师、公证员、仲裁员等，法律工作者除了日常生活中的涉法行为之外，因其从事法律工作，所以他们在工作中的行为大多数情况是法律行为；其他国家工作人员系指法律机关之外的国家工作人员，从某种意义上讲，国家工作人员都是执法人员，都需要按照法律法规及政府规章等来活动，所以不管他们的执法行为是否依法行政，都属法律行为；普通公民的法律行为是指他们在日常生活和工作中的涉法行为。不同群体的法律行为是显性法治文化的一个非常重要的方面。

如果上述阐述能够成立的话，那么，我们可以将法治文化理论框架做如下图解。

法治文化是一个重大的理论课题，也是法学研究的前沿问题，从文化的视野来审视法治，代表着法学及整个人文社会学科研究的前进方向。法治文化的研究要想深入，将法与其他人文社会科学的深度融合是一条重要的途径。中国政法大学人文学院的做法是将研究领域分为两个部分：理论部分包括法与哲学、法与伦理学、法律与语言、法律与逻辑、法与政治、法与经济、法与社会、法与科技、法与文艺、法与新闻传播、法学教育及普法教育、法理情的关系等；实务研究部分包括立法的人性化、司法的文明化、执法的程序化、不同层次法律制度体现出来的法治文化、各种法律组织的法治文化（例如法院文化、检察院文化、监狱文化、派出所文化、律师所文化等）、公民法律行为体现出来的法治文化、各种法律设施所表现出来的法治文化等。

笔者认为：法治文化理论目前还属于初创阶段，法治文化体系更是一个创新的概念。法治文化理论的研究不仅是法学家的事，而且需要从事人文社会科学研究的工作者共同探讨，集思广益；构建中国当代法治文化体系也不仅是立法、司法、文化、教育部门的任务，而且是全社会、全体公民的任务。所以，笔者愿在这里抛砖引玉，以期更多的人士参与到这一人文社会科学前沿重大课题的讨论中来。法治文化理论框架如图1所示。

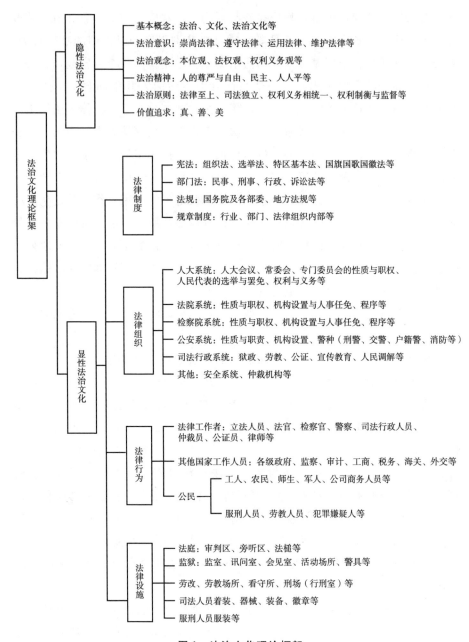

图1 法治文化理论框架

中国当代法治文化的研究范畴

关于"法治文化"的概念，社会上与学术界、官方与学术间有多种不同的解读，关于法治文化的研究范畴究竟应当包括哪些内容、法治文化的理论体系框架究竟如何构建，除了李德顺先生的《法治文化论纲》和笔者的《当代法治文化的理论构想》等文章有所探讨外，① 很少有专门的研究。笔者认为，法治文化的研究范畴主要包括法治理念文化、法律制度文化、法律组织文化、法治设施文化（物质）、法治行为文化、法律语言与文本文化六个方面。本文拟就这些问题进行一些框架性的宏观探讨，以填补这些方面的研究空白。

一 法治理念文化

法治理念文化包括法治文化的一些基本概念、法治文化体系中的一些基本关系和法治文化研究中的一些基本理论问题。法治文化的研究首先应当对一些基本概念的内涵与外延有所界定。

1. 基本概念

法、法制、法治 本书中的法是指由国家权力机构制定、用来调整社会成员行为及社会关系的强制性规范;② 本文中的法制是指法律制度及其实

---

① 李德顺《法治文化论纲》、刘斌《当代法治文化的理论构想》两篇论文均见《中国政法大学学报》2007 年第 1 期（创刊号），另刘作翔先生著有《法律文化理论》一书，是从法律文化的角度进行研究，对法治文化的研究范畴亦多有涉及，该书由商务印书馆 1999 年 5 月出版。

② 学术界有诸多对于法的解读，如有的人认为法是人在社会生活中的行为规范，即在一定范围内为维护所有人的利益而对个人行为规定限度的规范。参见彼德罗·彭梵得《罗马法教科书》，黄风译，中国政法大学出版社，1992，引言第 4 页。有的人认为法是由一定社会的物质生活条件决定的统治阶级意志的体现，是由国家制定或认可并由国家强制力保证的以法律或其他法规形式表现的具有普遍约束力的行为准则的总和，参见王勇飞、王启富主编《中国法理纵论》，中国政法大学出版社，1996，第 33 页。有的人认为法是指由国家专门机关创制的、以权利义务为调整机制并通过国家强制力保证的调整行为关系的规范，参见孙笑侠主编《法理学》，中国政法大学出版社，1996，第 12 页。

施；本文中的法治是指良法的统治，它是民主社会的一种治理模式。①

法治文化 法治文化是法治社会呈现出来的一种文化状态和精神风貌。具体而言，法治文化是指融在人们心底和行为方式中的法治意识、法治原则、法治精神及其价值追求，是一个法治国度的法律制度、法律组织、法律设施所具有的文化内涵，是人们在日常生活、工作中涉及法治的行为方式，是法律语言、法治文学艺术作品和法律文书中所反映和体现的法治内涵及其精神。

民主、自由 民主，简言之就是人民当家做主，是指按照平等和少数服从多数，同时尊重少数人权利的原则来共同管理国家事务。自由，是指人们能够按照自己的意愿决定自己的行为，这种行为以不侵害他人的权益为前提，以法律规定的范围为界限。民主与自由是一个法治社会的体制化表现。法治与民主互相依存，法治的源泉与动力在于民主，民主的实现需要法治来保障；民主既是法治的根本措施，也是当代法治文化的集中体现。人的自由是人与生俱来的权利，但自由是相对的，没有绝对的自由，正当的自由是每个人在行使自己自由的时候不得侵犯他人的自由，法治就是要维护和保障公民的正当自由和全面发展，防范公权力对私权利的挤压和侵扰，以实现社会主体的理性解放和人格与人身的独立，使社会主体成为自由、平等的权利主体。②

---

① 亚里士多德倡言法治，反对人治，提出"法治应当优于一人之治"的命题。他给法治下的定义是："法治应包含两重意义：已成立的法律获得普遍的服从，而大家所服从的法律又应该本身是制定得良好的法律。"详见〔古希腊〕亚里士多德《政治学》（节选本），吴寿彭译，商务印书馆，1997，第39页。关于法治的概念，学术界和社会上有多种解释。较有代表性的如英国法学家戴雪，他认为法治应当包括以下三个方面的内容："第一，法律具有超越也包括政府的广泛裁量权在内的任何专制权力的至高无上的权威；第二，任何公民都必须服从在一般法院里实施的国家一般法律；第三，权力不是建立在抽象的宪法性文件上，而是建立在法院的实际判决上。"国内学者姚建宗认为，法治所表达的真实意义在于：它是个人的一种思想、行为方式，是社会公众的一种普遍的生存、生活方式，是社会公众普遍具有的一种精神、信仰、意识和观念，是一种典型的社会民情与心态。参见姚建宗《信仰：法治的精神意蕴》，《吉林大学社会科学学报》1997年第2期，第16～18页。

② 康德认为："自由是我不要做什么就能够不做什么。"哈耶克在《自由的构成》一书中给自由下的定义是：一个人不受制于另一个人或另一些人因专断意志（arbitrary will）而产生的强制（coercion）状态，亦常被称为"个人"自由（individual freedom）或"人身"自由（personal freedom）的状态。他同时认为自由的基础是法治。石元康认为哈耶克"自由理论中的自由概念是非常含混不清的，而自由的基础也是很不稳固的"。以上引文均见石元康《海耶克论自由与法治》，香港：《二十一世纪》（双月刊）1999年12月号，第66～67页。

公平、正义　公平是指按照一定的社会标准、规则及正当的秩序平等地待人处事。公平包含公民参与政治、经济、文化及其他社会活动的权利公平（尤其是制定规则权利的平等）、机会公平、程序公平和结果公平。公平不是相等，也不是平均。正义是指法治社会中的公正的义理，包括政治正义、社会正义、法律正义等。司法领域里的公平正义，主要是指程序公正、及时高效和依法公正审判。在法治文化建设中，司法公正具有极为重要的意义，它既是司法最本质的要求，也是司法赢得民众信任的最基本保证。公平正义，就是要使社会各种矛盾和纠纷得到公正处理，各方面的利益和关系得到妥善协调。公平是实现正义的前提，没有公平就不可能实现正义；正义是公平的精髓，是公平要实现的目标。公平正义是衡量一个国家和社会文明发展的标准，是法治社会追求的理想和目标。①

权利、义务　近代法律意义上的"权利"是19世纪末从西方引入中国的，我们很难对权利做出一个准确的定义。有人认为权利是指在社会中产生、并以一定社会承认为前提的、由其享有者自主享有的权能和利益。笔者认为，就一般意义而言，权利是指公民在一个国家的权利体系或社会生活中享有的地位与权利，义务是指公民在这个国家的社会生活中必须履行的法律责任。② 权利和义务是法律制定及运行过程的轴心。法学上的权利与义务是一个相对应的概念，权利的实现总是以义务的履行为条件。一项权利的存在和实现，意味着需要他人承担和履行相应的义务，如果无人承担和履行相应的义务，权利便失去了存在的意义。权利和义务的关系在本质上是对立统一的，当然也存在一些其他关系。③

法治意识　法治意识主要包括信仰法律、遵守法律、运用法律、维护法律等意识。信仰法律的意识反映了人们对法律的情感和态度，是指公民要在心中尊重法律、推崇法律、信奉法律。法治的实现首先在于人们对法的信

---

① 综合学术界的观点，笔者亦认为司法层面的公平正义，主要体现在司法机构必须坚持权利平等和司法公正的理念，坚持合法合理、程序公正和及时高效三条原则。

② 费因伯格认为给权利下一个"正规的定义"是不可能的，应该把权利看作一个"简单的、不可定义、不可分析的原初概念"。参见夏勇《人权概念起源——权利的历史哲学》，中国政法大学出版社，2001，第31页。

③ 例如，有人认为：从逻辑结构上看，权利义务是对立统一的关系；从整体数量上看，权利与义务具有量上的等值关系；从价值功能上看，权利与义务具有互补关系；从法律运行的角度看，权利与义务之间具有制约关系；从法律调整的价值取向上看，权利与义务具有主从关系，等等。参见"法律168网站，网友关于法律关系构成的回复"。

仰,一种虔诚真挚的信仰。[①] 遵守法律的意识是指行为主体要有自觉地用法律来约束自己的言论和行为的意识;运用法律的意识是指有寻求法律保护的意识,要用法律的眼光看待问题,用法理分析社会现象,用法治精神和原则分辨是与非和罪与非罪;维护法律的意识是指要有捍卫法律尊严、敢于同违法犯罪和专权弄法的行为做斗争的意识。

法治观念 法治观念主要是指积淀在人们心底的本位观、法权观和权利义务观。法治社会的本位观应当是以人为本,应当防范公权力对公民权利的侵犯,公民的法治观念应当逐步实现从"国家本位""社会本位"向"个人本位"转变;同时应当确立法律至上的法权观,改变权大于法、权力凌驾于法律之上的状况,在法权观上要实现从人治社会的权力至上向法律至上转变;法治社会的法应当是以权利为本位的法,因此,还要改变人治社会中强调义务本位、轻视公民独立人格和权利的状况,使权利义务观实现从"义务本位"向"权利本位"转变。

法治原则 法治文化理论研究至少应当探讨和研究这样五条法治原则。一是法律至上的原则。法律至上是法治的本质体现,意在强调法律在整个社会规范体系中具有至高无上的地位,意味着法律是评判公民、法人和国家机关行为最基本的准则,其他任何社会规范都不能与法律相冲突,任何组织或者个人都不能有超越宪法和法律的特权。二是司法独立的原则。司法独立既是一项宪法原则,也是一项司法组织原则,还是一项诉讼活动原则。司法独立至少应当体现在司法组织的独立、司法活动的独立和司法人员的独立三个方面。三是法律面前人人平等的原则。任何公民,不分民族、种族、性别、职业、家庭出身、宗教信仰、受教育程度、财产状况、居住期限,在法律面前具有平等的法律地位,[②] 不允许任何人享有法律以外的特权。四是依法行政原则。主要包括三层含义:行政机关无法律的授权,不得拥有并行使某项职权;行政机关行使职权必须依据法律的规定;行政机关不行使其依法应该

---

① 美国著名法学家哈罗德·J. 伯尔曼说:"法律必须被信仰,否则它将形同虚设。它不仅包含有人的理性和意志,而且还包含了他的感情,他的直觉和献身,以及他的信仰。"参见《法律与宗教》,梁治平译,中国政法大学出版社,2003,第19页。国内学者陈煜在《试论法治信仰》一文中也认为"法治信仰是指主体对于法治极度信服和尊重并以之为行为准则"。参见陈煜《试论法治信仰》,《延安大学学报》(社会科学版)2001年第1期,第16页。

② 这里需要说明的是:所谓平等,是指人格和权利能力的平等,而不是行为能力上的平等,如对未成年人及其他丧失民事行为能力的公民,就不能与具有完全民事行为能力的成年人一概而论。

行使的职权（行政不作为）就要承担责任。五是权力制衡与监督的原则。权力制衡是指在事前和事中对权力进行约束；权力监督是一种外在的事后行为。权力制衡与监督首先要制约和监督"一把手"的权力，使之在约束中行使权力，在行使中又受到约束。同时不仅要对权力的行使进行制约和监督，还要对权力的获得进行制约和监督。

法治精神 法治精神主要包括民主、自由、以人为本、权利与义务相统一的精神等。民主的精神是指民主与法治同呼吸、共命运，互相依存；法治之源在于民主，法治的动力在于民主，而民主的实现需要法治来保障；民主既是手段，又是过程，同时还是目的。现代民主的精髓是"人民主权"，即国家的一切权力属于人民，人民是国家的真正主人，宪法和法律必须充分体现人民的意志和利益；一个国家或社会的法治之路，本质上就是民主政治的制度化、法律化之路。自由的精神是指做法律所允许做的事情，法律为保护人的自由而设，但同时又规范人的自由，把它限制在不侵犯、损害他人和国家利益的范围内，充分的自由必须用完善的法治来保障。以人为本的精神是指要保障和维护人的尊严与权利，法治的真谛在于人权，人权是现代社会的道德和法律对人的主体地位、尊严、自由和利益的最低限度的确认，是每一个人都应该享有的权利，人权是法治社会最基本的价值追求，法治就是要实现对人的尊严与权利的彰显。权利与义务相统一的精神是指在法治文化背景下，没有无义务的权利，也没有无权利的义务，而是权利与义务的高度统一。我国的文化传统和国情不同于西方发达国家，在权利与义务观上目前更应当强调公民的权利意识，即权利主体对于权利的接受意识、权利的实现意识、权利受侵犯时的保护意识。[①]

---

① 李林先生认为，我国"良法"所蕴含和体现的法治精神，大致应当包括以下一些精神。一是崇尚以人为本，尊重保障人权，实现人的自由全面发展价值的民本精神。二是崇尚正义公平，实现自由博爱，平等相待，和睦相处，共同富裕的社会正义精神。三是崇尚民主法治，坚持人民主权、宪法法律至上、依法执政、民主立法、依法行政、公正司法等原则，规范制约公权力的依法治国精神。四是崇尚和谐发展，实现法律（法治）与自然相和谐、与社会相和谐、法律（法治）自身相和谐的和谐精神。五是崇尚社会主义政治文明，实现"坚持党的领导、人民当家做主与依法治国"三者在制度上、程序上有机统一的宪政精神。李步云先生认为，社会主义法治精神至少应包含以下六个方面的内容。一是主权在民，即国家的一切权力属于人民。这一原则要求宪法和法律应充分体现人民的意志和利益，法治应当以民主政治体制作为基础，并实现民主的法制化和法制的民主化。二是人权保障，即国家工作人员必须切实谋求与保障公民的各种利益，这就必然要求各方面要牢固树立人权保障的理念，尤其要求在司法执法活动中，切实保障公民的各项法定权利。（转下页注）

法治素质 法治素质是指在法治社会中一个公民应具备的法律知识、应持有的法律态度、应秉承的法治理念、应奉行的守法行为以及运用和维护法律的能力。应具备的法律知识是指至少要知晓与自己工作、学习、生产、生活相关的法律常识,应持有的法律态度是指要信仰法律、遵守法律、运用法律、维护法律,应秉承的法治理念是指要坚持公平正义、民主自由、依法办事、权利与义务相统一等理念,应奉行的守法行为是指自觉遵守法律、履行义务,运用和维护法律的能力是指能够运用法律维护自己的权益,勇于同违法犯罪行为做斗争。法治文化研究应当分析公民法治素质缺失的文化背景及社会原因,探讨提高公民法治素质的措施和途径。

2. 基本关系

法、理、情的关系 法、理、情的关系有合情合理合法、合情合理不合法、合情不合理法、合法不合情理、合情合法不合理、不合情理与法等情形。公民用来评判事物的标准排列顺序一般是情在第一位,其次是理,最后才是法,处理问题的逻辑次序是动之以情,晓之以理,绳之以法;但西方法治较为发达的国家的公民一般情况下首先是讲法律,其次后讲道理,最后才是感情。在法、理、情三者关系中,情与法的冲突是矛盾的主要方面,理只是两者的过渡。法治文化应当研究这三者之间的关系,分析形成上述情形的文化背景及社会原因,归纳总结当代中国社会法、理、情关系的文化特征,探讨如何才能达到"通情、达理、合法"的最高境界。

权利与义务的关系 权利与义务的关系从不同的角度可以做不同的划分。有学者认为,从逻辑结构上看,权利和义务是对立统一的关系;从整体数量上看,权利与义务具有量上的等值关系;从价值功能上看,权利与义务

（接上页注①）三是权力制约,即依据现代民主原则建立起分权与分工、权力相互制约的国家权力结构体系。对公民,法不禁止即自由;对国家,法不授权不得为。四是法律平等,即中华人民共和国公民在法律面前一律平等。法律面前人人平等,不仅具有极为重要的伦理价值,同时也是维护法律权威和尊严的重要条件。五是程序正当,即通过人民大众的充分参与和监督,以及权力制约等制度设计,保证实体法得到严格与准确地适用。法律程序的许多内容都体现出现代的民主、法治与人权等宪政原则与伦理价值,不仅是现代法治文明的重要内容,也能增强社会民众对司法裁判或决定的认可度。六是法律至上,即宪法法律具有至高无上的权威,任何组织和个人都必须按照宪法和法律办事。以上两位先生的观点摘录于上海市行政法制研究所编《政府法制参阅（专报）》2007 年第 111 期,见该简报第 1~2 页。

具有互补关系；从法律运行的角度看，权利与义务之间具有制约关系；从法律调整的价值取向上看，权利与义务具有主从关系。法治文化应当从不同的角度研究权利和义务两者之间的关系，探讨构成这些关系的社会因素，归纳总结当代中国社会权利与义务关系的文化特征。

权利与权力的关系 权利属于法律上的概念，[1] 权力属于政治上的概念。权力是手段和工具，不是目的。权利和权力两者存在相互依存、相互作用的关系，也有相互矛盾、冲突和对立的一面，当两者发生矛盾或冲突时，一般情况是权力应当让位于权利。从法源上讲，权力源于权利，无权利便无权力；权力受制于权利，权利制约着权力的形式、内容、过程等各个方面。权力服务于权利，当权力不是来自权利而是来自更高一层的权力时，那么权力不会真正为权利服务；当权力真正回归权利时，权力才会真正属于权利。另外，无权力的保障，便难以享受权利。[2] 法治文化应当深入研究权利与权力两者之间的关系，探讨严格规范权力的范围和行使、预防和纠正权力对于权利侵犯的路径和措施。

法治与法制的关系 在法治文化的语境中，法制的基础与前提是法律，法治的基础与前提是较为完备的法制。法治社会中法制的运行要以法治原则为指导，法制的基点和归宿是实现法治。二者的区别在于：法制是指法律制度及其实施，主要处于制度层面，侧重形式意义上比较完备的法律和制度；法治是民主社会的一种治理模式，更强调实质意义上的严格依法办事；法制与国家同时产生，存在于任何国家，而法治产生的较晚，只存在于民主政治的国家；法制与人治可以共存，并不绝对排斥，法治和人治不可共存，水火不容；法制要解决的核心问题是有法可依，法治要解决的核心问题是依法治理。研究法治文化就应当在理论上区分两者之间的联系与区别，揭示由

---

① 依据不同的角度和标准，可以对权利做出不同的分类。例如：应有权利、法定权利与实有权利，道德权利、法定权利与习俗权利，宪法性权利与非宪法性权利，基本权利与派生权利，个人权利与群体权利，私人权利与公共权利或社会权利，人身人格权利与财产权利，政治权利与经济、社会、文化权利，有选择的权利与无选择的权利，实体权利与程序权利等。对义务也可以做出相应的分类。

② 关于两者的区别，有人认为主要表现在四个方面：行使主体不同，权利的行使是一般主体，权力主要是国家机关及其工作人员；处分方式不同，权利一般可以放弃和转让，权力必须依法行使，不得放弃和转让；推定规则不同，权利的推定规则为"法无明文禁止即可为"，权力只以法律明文规定为限，否则为越权；社会功能不同，权利一般体现私人利益，权力一般体现公共利益。参见"百度知道·权利和权力的区别和联系是什么"，2007 年 3 月 24 日。

"法→法制→法治"的内在规律和演进途径。①

法治与伦理道德的关系　法治与伦理道德是两个相互联系但层次不同的有机体，套用林肯的说法，法律是显露的伦理道德，伦理道德是隐藏的法律。法律是最底线的伦理道德，任何法律的规制都会以基本伦理与社会道德为蓝本。伦理道德准则既是法治的思想基础，又是法治保护的对象，还是法治社会维系和引导人与人关系的纽带。如果一个人的伦理道德责任感缺失，就不可能成为法治的守护者。中国古代有"德主刑辅"的治国传统，当代法治也极为重视伦理道德的作用，但不能将由伦理道德调整的问题上升到法律的层面来解决，不能将以伦理道德为内核的"德治"上升到治国方略或社会治理模式的层面。"德治"的最终结局是走向"人治"，"德治"与法治不能相提并论。研究法治文化就应当认真总结当代伦理道德的文化特征，深入分析法治与伦理道德的多重关系，研究如何将规范人的政治品德、职业道德、家庭美德和社会公德纳入法治的轨道，探讨伦理道德调整机制如何在法治社会发挥更大的作用等问题。

法治与宗教习惯的关系　宗教与习惯会对法治的建设与发展产生重大的影响。当宗教真正成为一种信仰，人们就会在内心深处接受其信仰所支持的社会规范，并且会去自觉地实现和捍卫这种社会规范。西方的法治建设就从基督教的信仰中获得了应当相信和依靠法律这种理念，近现代西方国家的法律制度就是建立在过去两千年中基督教所创造的各种心理基础和

---

① 关于法制与法治的联系与区别，学术界众说纷纭，概括起来主要的观点是：法制和法治是既有区别又有联系的两个概念，不容混淆。二者的联系在于：法制是法治的基础和前提条件，要实行法治，必须具有完备的法制；法治是法制的立足点和归宿，法制的发展前途必然是最终实现法治。二者的主要区别在于以下几点。第一，法制是法律制度的简称，属于制度的范畴，是一种实际存在的东西；法治是法律统治的简称，是一种治国原则和方法，是相对于"人治"而言的，是对法制这种实际存在东西的完善和改造。第二，在构成要件和价值取向上，法制注重法律的形式特征，即统一性、普遍性、强制性和可操作性等，与法律的内容和价值取向无必然联系，法治不仅注重法律的形式特征，更加强调法律的实质内容和价值取向，要求明确区分好法与劣法、善法与恶法。第三，法制的产生和发展与所有国家直接相联系，在任何国家都存在法制；法治的产生和发展却不与所有国家直接相联系，只在民主制国家才存在法治。第四，法制的基本要求是各项工作都法律化、制度化，并做到有法可依、有法必依、执法必严、违法必究；法治的基本要求是严格依法办事，法律在各种社会调整措施中具有至上性、权威性和强制性，不是当权者的任性。第五，实行法制的主要标志，是一个国家从立法、执法、司法、守法到法律监督等方面，都有比较完备的法律和制度；实行法治的主要标志，是一个国家的任何机关、团体和个人，包括国家最高领导人在内，都严格遵守法律和依法办事。参见"百度知道·法制与法治的区别和联系"，2006 年 6 月 6 日。

多种价值之上。① 此外，人们在日常的家庭、工作、社会生活中会慢慢形成一些习惯，这些习惯一旦形成，就会在人们的心中根深蒂固，对人们的生活、行为产生持久的影响，并且很难在一朝一夕改变。法治是一种新的社会秩序，宗教信仰、民族习惯是一种传统力量，历史证明，社会每前进一步，都必须跟传统势力发生纠葛，或顺其推动，或受其制约。研究法治文化就要揭示法治与宗教习惯的深层关系，探寻在建构法治社会的进程中发挥宗教信仰与民族习惯的积极因素和途径。

法治状态下国家与公民的关系 按照法国政论家约瑟夫·塞亚斯的观点，公民是指"具有一个国家的国籍，根据该国的法律规范享有权利和承担义务的人"。持权利文化观念的学者认为，权利文化的凝聚形态是权利本位的理论，权利本位主张公民有权主宰国家，国家以保证公民主人地位的获得为绝对义务。具体表现为：①国家权力的行使以创设公民权利实现的条件为目的；②国家权力以公民权利为运行界限；③权利文化实质是公民权利的实定化和义务的相对化。在这种文化下，人与国家的关系具有三种模式：义务领域的服从、自由领域的排拒、权利领域的依靠。法治文化理论就应当研究法治状态下国家与公民的深层关系，从理论上理顺国家与公民的关系。

党的领导、人民当家做主与依法治国的关系 坚持党的领导、人民当家做主和依法治国的有机统一，是社会主义法治理念的核心和精髓。中共十五大报告把依法治国定义为："广大人民群众在党的领导下，依照宪法和法律规定，通过各种途径和形式管理国家事务，管理经济文化事业，管理社会事

① 美国法律史家哈罗德·J. 伯尔曼认为：法律和宗教代表了人类生活的两个方面，法律意味着秩序，宗教意味着信仰。没有法律，人类无法维持社会存续所需要的平衡及稳定基础；失去信仰，人类无以面对未知的未来，否则，社会将式微，将衰朽，将万劫不复。所以，宗教因法律而具有社会性，法律因宗教而获得神圣性；没有信仰的法律将退化为僵死的教条，没有法律的信仰将蜕变为迷信。他同时认为：法律与宗教共同具有仪式、传统、权威和普遍性四种要素，仪式是法律与宗教的超理性价值联系与沟通的首要方式。在宗教与法律的融合中，一方面，宗教中的许多教义成为法律的基本价值，表现为许多法律原则，这些原则直到现在仍然是指导法律实践、衡量法律善恶优劣的标准；另一方面，宗教强化了人们对法律的信仰，当世俗的法律借助神或上帝的名义颁布出来的时候，它就获得了终极意义上的合理性，这时法律的实施已不是人们慑于权威的单纯被动的遵守，而是人们发自内心的对于某种超验目标的奉献和践行。这种对法律的虔诚与信仰正是西方法治主义的精神之源。此外，教会还利用法律维护宗教。1233 年，教皇格里高利九世发布"通谕"，罗马教会统辖地区普遍成立了宗教裁判所，并且制定了严酷的审判条例，对破坏上帝秩序的犯罪者和叛教、异端、巫术、亵渎上帝等犯罪行为进行刑罚。参见〔美〕哈罗德·J. 伯尔曼《法律与宗教》，梁治平译，中国政法大学出版社，2003，第 59～62 页。

务，保证国家各项工作都依法进行，逐步实现社会主义民主的制度化、法律化。"胡锦涛在首都各界纪念宪法公布施行 20 周年大会上的讲话中说："党的领导是人民当家作主和依法治国的根本保证，人民当家作主是社会主义民主政治的本质要求，依法治国是党领导人民治理国家的基本方略。"人民当家做主的实践形式是民主政治，依法治国的精神实质是法律至上。在理论与实践中，理顺党的领导与民主政治的关系、党的领导与法律至上的关系、民主政治与法律至上的关系等，是法治文化理论研究的重要内容。

除此以外，诸如法治与市场经济的关系、法治与民主政治的关系、法治与公民社会的关系、法治与个人自由的关系、法治状态下法官与诉讼参与人的关系、司法体制改革与法治的关系、当代法治与传统法制的关系、西方法治与中国法治的关系等，都是法治文化研究的重要范畴。

3. 基本理论

中国法治的历史进程研究　中国古代社会是人治的社会，从历史来看，我们国家并不具备法治文化的传统，家长制、君主制、宗法等级制、皇权至上、法随君出、衙门作风以及官本位的观念形成了中国传统的政治文化和法律文化的主要方面。学术界一般认为，近现代意义上中国法治的开始，是在 1895～1901 年，维新变法运动是近代中国民众法治之梦的开篇。那么，当代中国法治的起点究竟是什么时间，以什么事件为标志，是否可以分为几个阶段，划分这些阶段的依据是什么，每个阶段有什么特征，当代中国法治形态的历史演变与形成的特点和规律是什么，中国百年法治的历史经验与沉痛教训是什么，这些都是法治文化研究必须梳理和重点探讨的内容。[①]

人的属性与权利　人性，是指人的共同属性。人之为人，首先是自然的人，但同时又是社会的人。马克思从自然属性、社会属性和精神属性三个方面揭示了人性的内涵。从法治与人性的关系来看，笔者认为从人的自然属性

---

① 关于当代中国法治发展的进程，卓泽渊分为三个阶段。一是准备阶段（1978～1993 年）：我国法治建设开始准备的时间，也许可以定在 1949 年中华人民共和国成立时，也许可以定在 1976 年"文化大革命"结束，或 1978 年 12 月党的十一届三中全会。笔者认为应当确定在 1978 年 3 月我国 1978 年宪法的公布。二是起步阶段（1993～2010 年）：中国社会主义法治建设的起步点，也许可以将其确定在 1993 年 11 月党的十四届三中全会；也许可以将其确定在 1993 年 3 月第八届全国人民代表大会第一次会议《中华人民共和国宪法修正案》的产生。笔者认为，将其确定在 1993 年 3 月的宪法修正案公布为宜。因为没有这一修正案，中国社会还不能说就开始了真正的法治——市场经济下的法治建设。三是形成及其完善阶段，大致从 2010 年开始。参见卓泽渊《法的价值论》，法律出版社，2006，第 121 页。

可以推演出公民必然享有的自然权利，包括人身权、人格权等与生俱有的、不可转让的基本权利，从人的社会属性可以推演出公民应当享有的社会权利，包括自由权、受教育权、劳动权、休息权、财产权、选举与被选举权、知情权、参政议政权、诉讼权、社会保障权等要求国家积极作为、使公民在社会活动中拥有并予以保障的权利。① 从人的精神属性可以推演出公民应当享有的精神权利，包括爱与被爱的权利、亲情权、交友权等。法治文化研究应当分析由人的自然权利、社会权利和精神权利构成的权利体系，充分论证人权对法治的重大价值和意义，因为离开了人的权利去谈法治，那等于是在谈无本之木、无源之水。②

法治的人性基础 人性的彻底解放、人的全面自由地发展是人类社会追求的终极目标，法的人性化程度反映和体现着人类的文明进步与人性的解放程度。在法的制定中，弘扬人性的法是良法，压制人性的法是恶法；在法的实施中，保护人的正当权益的司法与执法是正义之举，侵犯人的正当权益的司法与执法是不良之行。顺应人性的正当发展是实现法治的基础。因为：①法是人的产物，是基于人性的需求而产生的规则体系；②法的起源脱离不开人性；③法的存在、演变与发展不能脱离人性；④人性决定着法的目的及其价值取向；⑤人是法的依据，是法的根本，是法的原动力，是法的实现对象。③ 法治文化的研究就应当揭示法治的人性基础，从理论和实践两个方面说明为什么说实现法治不能脱离人性基础的道理，探讨人性是如何影响、制约、决定法治等一系列问题。

法治的文化环境 文化是法治之源，有什么样的文化，就会产生什么样的法治状态。文化是法治的内在动力，法律的实施受人们的心态、意识、观

---

① 1948 年 12 月 10 日联合国通过的《世界人权宣言》宣布："人人生而自由，在尊严和权利上一律平等"，"人人有资格享有本宣言所载的一切权利和自由，不分种族、肤色、性别、语言、宗教、政治或其他见解、国籍或社会出身、财产、出生或其他身份等任何区别"。《公民权利与政治权利国际公约》规定："每一缔约国承担尊重和保证在其领土内和受其管辖的一切个人享有本公约所承认的权利，不分种族、肤色、性别、语言、宗教、政治或其他见解、国籍或社会出身、财产、出生或其他身份等任何区别。"《经济、社会及文化权利国际公约》也规定："本公约缔约各国承担保证，本公约所宣布的权利应予普遍行使，而不得有例如种族、肤色、性别、语言、宗教、政治或其他见解、国籍或社会出身、财产、出生或其他身份等任何区别。"自联合国通过《世界人权宣言》至今，当今世界各国的宪法无一例外地规定了对人权的保护，我国宪法也较为详细地规定了对公民权利的保护。

② 参见刘斌《法治的人性基础》，《中国政法大学学报》2008 年第 2 期。

③ 参见刘斌《法治的人性基础》，《中国政法大学学报》2008 年第 2 期。

念、情感、行为趋向的影响，文化一旦形成，就根植于人们的心中。文化是一种理解力，法律与任何制度性的东西一样，只有经过与之相适应的、反映社会发展要求的文化的解读，才能为人们所理解，才能成为人们的行为准则，才能在社会生活中发挥作用；文化是一种规范力，它可以形成一种"场效应"，并且内化为公民的个体思想，规定着人们的行为方式，使他们明白自己应该做什么，不应该做什么，使社会形成一种有法律且被严格遵守的状态；文化是一种推动力，人们的社会行为总是要接受文化的指令，文化可以使人们在更深层次上把握法律的实质，根据法治的精神推动立法和执法走向更高的阶段；文化是一种批判力，当人们面对复杂多变的现实，无法进行迅速准确判断时，就会借助自己的文化观念，对法律条文进行批判，使之与一定的文化相适应。① 研究法治文化就应当挖掘和探讨文化如何产生法治、文化如何决定法治、文化如何制约法治等问题。

法治的形式要件与实质要件 法治的形式要件是指法治实质要件的表现方式及实现实质要件的技术条件。法治的形式要件包括：一是统一有效的法律制度；二是独立的司法系统，包括司法组织的独立、司法审判活动的独立和司法人员的独立；三是信仰法律、公正执法的司法人员和公务员队伍。法治的核心是民主政治，民主政治是法治的实质要件。人类的政治生活方式经历了神权政治、王权专制政治、权威政治等不同的形式，民主政治是人类政治生活最先进的方式。民主政治奉行的是一种多数人统治的制度，是要凭借公共权力来建立秩序，实现人民主权、平等、自由、正义等价值理念。其基本内涵包括民主选举、各类政治主体的独立与相互制约、程序和规则。② 法治

① 以上观点参见汪俊英《法治发展的文化环境》，《惠州高新区报》2006年3月6日，第AD4版；张淮光《深化普法教育，推进法治文化建设》，http：//www. flgw. com. cn/ls/xxfb/Article/ifram. asp？id＝918；刘斌《法治的人性基础》，《中国政法大学学报》2008年第2期。

② 有人认为：法治的实质要件可以用制度构建的四个原则予以说明。第一个原则，一切公共权力都来源于法律，并且最终都受制于法律，没有法律授权的公共权力不得行使。第二个原则，国家责任的不可逃避。第三个原则，国家尊重和保障人权。第四个原则，公民义务的法定化。这也被称作"公民法外无义务"。就是说，公民只履行法律以内的义务，任何对公民施加的法律以外的义务，公民都有权拒绝。上述四个基本制度原则，前两个是约束公权，后两个是保障私权，这就是法治国家的实体制度要件。黄基泉认为："保障人权、实现民主、提高效益是法治之法所负载的基本价值内容，构成法治之法的实质要件；普遍性、自主性、确定性是法治之法实现其实体价值目标的技术性要求，构成法治之法的形式要件。"参见黄基泉《试论法治之法的实质要件与形式要件》，《四川师范大学学报》2000年第4期，第56页。

文化研究要探讨法治形式要件与实质要件的内涵及其关系，深入研究民主政治的原理体系（如人的尊严原理、主权在民原理、平等原理、自由原理等）、原则体系（如少数服从多数原则、权力监督与制约原则、讨论原则、妥协原则等）和制度体系（如选举制度、政党制度、代议制度、政府制度、司法制度等）等。

司法仪式与程序的文化内涵 仪式是一种符号化表达方式，是超越实际功能、功用的形式化的行为。自古以来，司法就跟仪式结缘，因为仪式化能够唤起司法人员的荣耀感和当事人对他们的敬重感。① 司法仪式所具有的表演性、象征性、庄严性、神圣性和直观性，② 司法程序所具有的主导性、独立性、公正性和繁复性等诸多内在特性，③ 往往让仪式与程序本身具有了一些独特的价值和文化功能，成为法治实践的重要组成部分，成为传播法治精神和文化的重要方式。司法礼仪能够强化司法的尊严，能够让当事人亲身感受到法律的威严。④ 仪式同时又是信仰的载体，是通往信仰的途径，人们正是在仪式的表演和不断重复中强化对法律的信仰，领悟法治的真谛。法治文化要深入研究司法仪式的表现形式及其在法治中所处的作用，探究司法仪式的文化意蕴。

法治的实现形式 法治不是空洞的口号，而是要付诸实施。法治的实现形式多种多样，主要包括政治的法治化、立法的人本化、司法的人性化、执法的文明化、守法的常态化、公权力的制约化、法律监督的高效化"七化"。政治的法治化是指政治的体制、组织、权力、行为法治化；立法的人

---

① 例如，在英国，上议院法官穿着猩红色的法袍步入法庭，那时就会有一种特别的尊严感，当事人肃然起敬，同时也提醒法官不可以恣意妄为。

② 中世纪的神明裁判将审判仪式的神话色彩表现得淋漓尽致。直到今天，"蒙目女神"还是西方司法制度的象征，她的雕像经常出现在西方法院的建筑或法庭的布置中。蒙目女神实际是由古希腊手持天平的忒弥斯女神、手持宝剑或棍棒的狄刻女神、主持正义且纯洁无瑕的阿斯特赖亚女神等诸神的形象融合而成的。参见郭建《中国法文化漫笔》，东方出版中心，1999，第181~182页。至于英美法系国家的法官头戴假发、身穿法袍的形象，也是为了渲染一种类似于神职人员的色彩和"法权神授"的权威感，营造法庭神圣的氛围，增强审判的神秘感和庄严感。

③ 按照雅典的诉讼程序，所有的法官都需在一致同意的论点上签字，而后把文件放在赫斯提神坛上。第二天，他们都得在老地方集合，在类似询问和检查之后，再在文件上签字。这样的程序连续进行三次，在对证据和证人做出所有考虑之后，每个法官投下神圣的一票，以赫斯提神的名义起誓他们所做出的判决是公正的和正确的。参见〔古希腊〕柏拉图《法律篇》，张智仁等译，上海人民出版社，2001，第183页。

④ 例如，在美国，当事人在法庭一般称法官为"尊敬的法官大人"。

本化是指在立法的指导思想及技术层面上要以人为本，关注和顺应人性的正当的发展，以保障人权为基本的价值取向；司法的人性化主要是指司法机关在诉讼活动中要表现出一种人文的情怀，使司法不仅要有力度，还要有温度，使公民不是恐惧法律，而是信仰法律、遵守法律；执法的文明化是要求执法机关改变衙门作风和野蛮执法的行为，在严格遵守和执行法律上要"刚"，在执法的细节和手段上要"柔"，刚柔相济，彰显人性，体现出人文关怀；守法常态化是指法律必须要遵守，社会中的每一位成员不仅要有守法的意识，还要有自觉遵守法律的行为，要使守法成为常态；公权力制约化是指现代法治的重心是"依法制权""依法治官""依法行政"，因此有必要运用法律手段将公权力的行使严格限制在法律规定的范围内，一切行使公权力的行为必须严守法定的条件、程序和实质要求；法律监督高效化是指法律在实施过程中难免会出现偏差，这就需要对法律的实施进行监督。监督不仅要求到位，还要做到高效，能够及时纠正法律实施中的偏差和谬误。①

法治文化的特性　法治文化具有传承、民族、时代、差异、层次和交融等特性。传承性：文化是一种社会历史现象，有其产生、发展、演变的历史过程。法治文化是在以往文化的基础上逐步形成的，是对以往文化的批判继承与革新，所以具有文化传承的特性。民族性：文化是人类智慧、思想、情感凝聚成的社会财富，不同民族有自己特殊的智慧、思想和情感，因而各种文化现象或多或少、或浓或淡都带有民族的特色，这就使法治文化具有民族性。时代性：一种治理模式有一个起步、建设、完善的过程，不同历史时期因其生产方式、人际关系甚至人与自然的关系所具有的特殊性，对社会乃至国家的治理方式具有时代的特色，法治文化的时代性就是法治社会发展时代性的反映。差异性：同样都是法治文化，不同的国度、不同的政体、不同的民族、不同的法系有着不完全相同的表现形式，这就使法治文化存在差异性。层次性：法治文化具有层次性，如有广义法治文化、狭义法治文化；有西方法治文化，东方法治文化；有中国法治文化，日本法治文化；有北京地区法治文化，江浙地区法治文化；有法院系统法治文化，检察系统法治文化，等等。不同层次的法治文化反映着不同国别、区域、系统不同的法治状态。广泛性：法治文化的内容具有广泛性，就法治文化所涉及的学科而言，至少包括法学、哲学、文学、史学、政治学、社会学、经济学、管理学、伦

①　参见刘斌《法治的人性基础》，《中国政法大学学报》2008 年第 2 期。

理学、文化学等诸多学科。①

法治文化的价值追求 法治文化的价值追求主要包括法律至上、民主政治、司法公正、社会有序和人的自由。法律至上是法治文化最基本的价值追求，法治社会要实现自由、公平、正义等理念，就需要由法律来加以规定和保障。如果在一个社会法律不能处于至上的地位，那么，法治理念的实现就可能成为空谈。民主政治是人类政治生活的高级方式，也是实现法治的基本保障，法治的实质就在于民主政治。司法公正是法治社会的主要特征，公正意味着首先要公平，要彰显社会正义。社会有序是法治社会的外在表征。有序，社会才能正常运转；有序，社会才能得到良好的治理。人的自由是法治追求的终极目标，也是法治文化追求的终极价值。在人与法的关系中，人永远是目的，法永远是人的手段和方式。人性的彻底解放、人的全面自由地发展，是人类社会追求的终极目标。②

中国法治文化建设面临的问题 中国当代法治文化的建设尚属起步阶段，面临着诸多的问题。比如权大于法、权力难以制约的问题；宪法作为根本大法，只停留在立法依据的层面上，很难直接适用的问题；公民的权利意识淡漠，法律信仰尚未树立，法治素质亟待提高的问题；公民没有成为法治的主体，"依法治国"演变为"依法治民"的问题；人民代表大会未能充分发挥应有的作用，不是实质意义上的国家最高权力机关的问题；我们的制度设计得很好、实际运作得不佳，文字规定得好、实际执行得差，表象上接近现代化，思想意识更靠近传统的问题；执政者滥用权力，中央和地方党政领导干预司法的问题；在司法领域，一方面司法独立在实质上还停留在口号阶段，另一方面有法不依、执法不严、徇私枉法等现象大量存在的问题；人治文化与官本位文化根深蒂固，严重阻碍当代法治进程的问题，等等。这些问题归纳起来可分为观念、制度、组织、设施、行为和其他六个层面，研究法治文化就要归纳和总结当代法治文化建设所面临的问题，并且挖掘和探讨形成这些问题的深层次原因。

中国法治文化建设的措施与路径 有学者认为，中国法治有一个党

---

① 孙国华先生认为，中国社会主义法治的一个重大特点在于：国家生活、社会生活中的法治与执政党党内生活的法治的紧密联系。参见孙国华《我国社会主义法治的特点问题值得认真思考》，《北京日报》2007年8月6日，第2版。

② 法国将"自由、平等、博爱"作为国家精神写入宪章，同时将这三个词刻在巴黎的议院和政府办公楼上。

治——国治——法治的过程，中国法治建设的途径有一个提倡依法办事——主张依法治国——实现理想法治的过程。从法治文化的角度看，要从中外法律思想、文化史中借鉴、吸收古今中外一切有益的法文化成果；观念层面要祛除"奴性"、树立现代公民意识，摒弃人治思想、确立法治观念；组织人事层面要驱除任人唯亲的现象，推行竞争机制，摒弃上级任命制，实行差额选举；制度层面要真正实行民主政治，使正义的要求法律化、制度化，使实现正义的途径程序化、公开化；机制层面要建立结构合理、配置科学、程序严密、制约有效、监督有力的权力运行机制；行为层面要守法护法，履行义务，执法必严，违法必究；监督层面要构建中国特色的权力监督体系，除强化党内监督与法律监督外，还要真正发挥党外（民主党派等）监督、民主监督、行政（监察、审计）监督、新闻舆论监督的作用。法治文化研究就是要从观念、制度、组织、设施、行为等不同层面来探讨和找寻中国当代法治文化建设的措施与路径。

除此之外，法治文化的基本理论还要研究和探讨法的制定及其实施、法治的主体性与民族性、法治状态下的廉政与反腐败体系建设、法治状态下政治体制改革的目标与路径、法治状态下人的生存与发展模式、乡规民约与少数民族地区涉法习俗、人文素质与法治人格的塑造以及中西法治文化比较等问题。

二　中国当代法律组织文化：组织机构层面

1. 概念解说

法律组织　法律组织是指依法设置的制定、执行、维护法律制度的专门法律机关和组织。

法律组织文化　法律组织文化是指该法律组织在长期运作和实践中形成的、为其成员普遍认可和遵循的、具有本组织特色的思维模式、价值观念、群体意识、精神风貌、风尚习惯、行为规范和管理方法的总和。

2. 法律组织的显性文化

法律组织的显性文化主要包括四个方面。一是法律组织名称、标志、徽、旗、歌、服饰等所具有的文化内涵。二是法律组织外貌，如标志性建筑、雕塑及其风格，办公场所的设计和布置方式，自然环境等所体现出来的文化内涵。三是法律组织的文化设施，如自办的报刊、广播、电视、网络、宣传栏（册）、广告牌、招贴画、纪念品等。四是法律组织的风俗与仪式，即该组织长期相沿、约定俗成的仪式、习惯、典礼、纪念日、活动，该法律组织全体成员有意识地实践所体现出来的特有的精神风貌。

3. 法律组织的隐性文化

法律组织的隐性文化也主要包括四个方面。一是法律组织沿革与建制所包含的文化内涵。二是法律组织的性质与职能，它是该法律组织不同于其他组织的标志，是该组织全体成员共同价值观的集中表现，是该组织文化建设的出发点和归属。三是法律组织的制度与管理，制度层面规定了组织成员在共同的活动中应当遵守的行为准则，集中体现了法律组织对成员和组织行为的要求；管理层面主要是指该组织在运行过程中所采用的方式方法、措施手段。四是法律组织文化的特质与功能，法律组织文化以法律人为主体，不同于其他职业群体文化凝聚，这是一种在特定职业环境中形成的文化，法律组织文化具有明显的专业性和权威性，具有凝聚功能、导向功能和价值取向。

4. 法律组织文化的分类

从不同的角度、按照不同的标准，可以对法律组织文化进行不同的分类。我们按照法律组织机构及其建制，可以把法律组织文化分为人民代表大会文化、法院文化、检察文化、公安文化、司法行政文化、仲裁文化等。

人民代表大会文化　人民代表大会是我们国家的权力机关，全国人民代表大会是我国最高国家权力机关，行使国家立法权、人事任免权、监督权、重大事项决定权。全国人大大行使立法权，主要是制定和修改基本法律，地方省级人大行使立法权，主要是制定和修改地方法规，各级人大有权选举、决定、任免、撤换、罢免有关国家机构组成人员，有权监督宪法和法律的实施，监督同级政府和法院、检察院的工作，有权决定重大事项是指全国人民代表大会有权批准省、自治区、直辖市的建置，决定特别行政区的设立及其制度，决定战争与和平以及其他重大事项。人民代表大会文化是指人民代表大会作为国家的权力机关在产生、变革、发展、运作等过程中所体现的、蕴含的以及其背后所折射的文化总和。法治文化不仅要研究人民代表大会的性质与职能，还应当研究它的沿革与建制、制度与管理、习惯与仪式，研究人民代表大会特有的立法文化、选举文化以及在行使人事任免和重大事项决定权过程中所体现的文化内涵，探讨人民代表大会文化的特征。

法院文化　人民法院是国家的审判机关，代表国家行使审判职能。人民法院的组织系统分为最高人民法院、高级人民法院、中级人民法院、基层人民法院、军事法院和专门人民法院。人民法院的主要任务是审理案件。法院文化是指人民法院在审判活动、组织管理和队伍建设过程中所形成的具有鲜明特点的文化。法治文化不仅要研究人民法院的性质与职能，还应当研究它的沿革与建制、制度与管理、习惯与仪式，研究人民法院特有的法庭文化和审判文化，如在审判组织的设立、法官任免、案件管辖、法庭审理、死刑复核等过程中所体现的文化内涵，探讨法院文化中两审终审制、合议制、审判委员会制的文化内涵以及法院文化的特征。

检察文化　人民检察院是国家的法律监督机关，代表国家行使检察权，保证国家法律的统一和正确实施。人民检察院的组织系统分为最高人民检察院、地方各级人民检察院和军事检察院等专门人民检察院。检察文化是指各级人民检察院作为国家的法律监督机关在产生、变革、发展、管理、运作等过程中所蕴含的文化总和。法治文化既要研究人民检察院的性质与职能，还应当研究它的沿革与建制、制度与管理、习惯与仪式，尤其要研究人民检察院特有的法律监督文化、诉讼文化（侦查、批捕、公诉、抗诉）、廉政文化以及检察文化的特征。

公安文化　公安机关是各级政府主管公安工作的职能部门，是具有武装性质的治安行政力量和刑事执法力量。中国公安机关的职责是：预防、制止和侦查违法犯罪活动，防范、打击恐怖活动，维护社会治安秩序，制止危害社会治安秩序的行为，管理交通、消防、危险物品，管理户口、居民身份证、国籍、出入境事务和外国人在中国境内居留、旅行的有关事务，维护国（边）境地区的治安秩序等。公安文化是公安机关在建设、发展、管理过程中形成的具有鲜明警察特点的一种行业文化。法治文化不仅要研究公安机关的性质与职能，还应当研究它的沿革与建制、制度与管理、习惯与仪式，尤其是要研究公安机关特有的治安文化、侦查文化、户籍管理文化、交通管理文化，要研究公安机关既是行政部门，具有行政权，又是司法机关，行使司法权的双重特性。

司法行政文化　司法行政机关是各级政府主管法律事务的职能部门。国务院下设司法部，各省、自治区、直辖市设司法厅、局，各地市、县设司法局。司法行政机关的职能主要包括：监督和指导全国的监狱执行刑罚、改造犯罪分子的工作，监督和指导全国劳动教养工作；制定全国法制宣传教育和普及法律常识规划并组织实施；监督和指导全国的律师工作和法律顾问工作，管理社会法律服务机构和在华设立的外国（境外）律师机构；监督和指导全国公证机构和公证业务活动；指导全国的人民调解和司法助理员工作等。司法行政文化是司法行政机关在长期的建设、发展和管理过程中形成的一种行业文化。法治文化不仅要研究司法行政机关的性质与职能，还应当研究它的沿革与建制、制度与管理、习惯与仪式，尤其是要研究司法行政机关特有的监狱文化、劳教文化、律师文化、公证文化以及法律援助、司法考试所蕴含的文化内涵。

仲裁文化 仲裁文化的载体是仲裁机构，仲裁机构分为商事仲裁机构和劳动争议仲裁机构两类。商事仲裁委员会是以仲裁的方式、独立公正地解决契约性或非契约性的经济贸易等争议的常设仲裁机构，劳动争议仲裁委员会是为了公正及时地解决劳动争议、保护当事人合法权益、促进劳动关系和谐稳定的常设仲裁机构。法治文化要研究仲裁机构的性质、沿革与建制、制度与管理、习惯与仪式，研究两类仲裁机构的异同，要研究仲裁机构特有的当事人意思自治、一裁终局、程序简便、不公开审理、裁决得到国内外承认和执行等仲裁文化特征，尤其是要研究仲裁、人民调解、法院判决这三种解决争议方式各自的优劣得失和文化互补的问题。

5. 法律组织之间的关系及其运作机制

习惯上，我们把省级以上人民代表大会称为立法机关，把公、检、法、司称为司法机关。从组织关系来讲，检察院、法院两家是由人大产生，直接面对人大；公安、司法两家是政府的职能部门，直接面对的是政府；而政府与检察院、法院相同，是由人大产生，向人大负责，这就是我们通常讲的"一府两院"。那么，同样作为法律组织，这些法律组织之间究竟存在怎样的关系？比如公安机关与检察院之间的关系，检察院与法院之间的关系，检察院与司法行政机关之间的关系，司法行政机关与法院之间的关系，公、检、法、司之间的关系，人大与公、检、法、司之间的关系，等等。这些法律组织在诉讼活动中运作机制如何？是如何实现既分工负责又互相配合、互相制约的？是否存在推诿扯皮、不顺不畅、效率低下的问题？解决问题的方法和途径有哪些？法律组织不同于经济、文化等其他组织的文化特征是什么？这些都是法治文化应当研究的课题。

三 中国当代法律制度文化：制度层面

法律制度文化是指国家机关、社会组织依法制定的法律规则和制度所具有的文化内涵、所体现的法治精神。本文中法律制度所涉及的主要内容是政治制度、司法制度和法律规章制度本身。法治文化不是单纯的法律研究法律、制度研究制度，而是要研究法律制度本身的文化内涵、所体现的法治精神，是要研究和探讨法律制度形成过程中的文化原因、法律制度实施过程中的文化环境、法律制度修改完善过程中的文化因素。

1. 基本政治制度

社会主义制度是我国的根本制度。

人民代表大会制度　人民代表大会制度是按照民主集中制原则，由选民直接或间接选举代表组成人民代表大会，作为国家权力机关、统一管理国家事务的政治制度。人民代表大会制度是我国的根本政治制度，是国家建立其他管理制度的基础。人民代表大会主要有立法、监督、人事任免、重大事项决定四项职权。法治文化要深入研究中国政权的组织形式和政治体制改革的突破口及其途径，研究如何改进人大监督的形式；如何充分发挥人大的作用；如何使宪法赋予人民代表大会的权力落到实处；如何才能使全国人民代表大会名副其实，真正成为中华人民共和国的最高权力机构等问题。

多党合作和政治协商制度　中国共产党领导的多党合作和政治协商制度是我国一项基本政治制度，它不同于西方国家的两党或多党竞争制，也有别于有的国家实行的一党制。多党合作制度的基本特征是：共产党处于领导和执政地位，各民主党派是参政党，中国共产党与各民主党派互相监督。长期共存，互相监督，肝胆相照，荣辱与共是中国共产党与各民主党派合作的基本方针。政治协商制度以中国人民政治协商会议为组织形式，在中国共产党的领导下，各民主党派、各人民团体、各少数民族和社会各界的代表，对国家的大政方针以及政治、经济、文化和社会生活中的重要问题在决策之前举行协商或就决策执行过程中的重要问题进行协商的制度。法治文化要深入研究中国多党合作制度的价值和功能、各民主党派在国家政治生活中的地位作用和相互关系、各民主党派如何充分发挥作用等问题。

民族区域自治制度　民族区域自治制度也是我国的一项基本政治制度。中国的民族区域自治地方政府分为自治区、自治州、自治县三级。民族区域自治是指在国家统一领导下，各少数民族聚居的地方实行区域自治，设立自治机关，行使自治权。民族区域自治制度的核心是保障少数民族行使当家做主的权利，自主地管理本民族、本地区的内部事务。民族自治地方的行政地位，原则上是依据各自治地方的地域大小和人口多少决定。自治区与省同级，自治州与地级市同级，自治县与县同级。法治文化要研究和探讨现行的民族区域自治制度如何才能更好地维护国家统一和社会稳定，如何才能使各少数民族更好地行使自己当家做主的权利，如何才能更好地巩固和发展平等、团结、互助的民族关系，如何才能更好地促进各民族的共同繁荣进步等问题。

2. 司法制度

司法有广义和狭义之分，广义的司法是指国家司法机关及司法性组织在办理诉讼案件和非讼案件过程中的活动，狭义的司法指国家司法机关在办理诉讼案件中的执法活动，本文的司法指广义的司法。本文中的司法机关是指负责侦查、检察、审判、执行的公安机关（含国家安全机关）、检察机关、审判机关、司法行政机关、监狱等，司法性组织是指律师、公证、仲裁等组织。司法制度是指司法机关及其他司法性组织的性质、任务、组织体系、组织与活动的原则以及工作制度等方面规范。

法官、检察官、警官制度 法官、检察官、警官制度是指国家制定专门的法律对在法院、检察院、公安（含安全）机关、监狱等部门中行使国家审判权、检察权、侦查权和武装保卫的法官、检察官、警官依法进行科学管理的制度。包括法官、检察官、警官的职责，权利义务，资格，晋升，任免，考核，培训，奖惩，工资福利，辞职，退休，权益保障与救济等一系列规定。法治文化要研究现行的法官、检察官、警官制度所具有的文化内涵和所存在的问题，研究如何提高法官、检察官、警官素质的问题，研究如何完善法官、检察官、警官制度等问题。

侦查制度 侦查制度是侦查机关在办理案件的过程中依法进行调查取证和采取有关强制措施的活动中所遵循的制度。侦查制度包括：侦查权行使（公安、安全、检察院、军队保卫机关）制度，受案、立案制度，侦查程序制度，证据（物证、书证、证人证言、被害人陈述、犯罪嫌疑人与被告人供述和辩解、鉴定结论、勘验与检查笔录、视听资料）制度，强制措施（拘传、取保候审、监视居住、拘留和逮捕）制度，等等。法治文化要研究侦查人员如何严格依照法定程序、收集证据的问题，如何才能真正落实疑罪从无和重证据不轻信口供原则的问题，采取何种措施与方法能够避免刑讯逼供和以威胁、引诱、欺骗以及其他非法的方法收集证据的问题等。

检察制度 检察制度是国家检察机关的性质、任务、组织体系、组织活动原则以及工作制度的总称，包括检察机关职权责任制度、组织制度（检察委员会、工作机构设置、组织活动原则)、自侦制度(指人民检察院直接受理案件并立案侦查的制度)、公诉制度、审判监督制度(指人民检察院对人民法院的民事、刑事、行政等审判活动进行监督的制度)、对刑事判决的执行和监所的监督制度(对执行死刑判决的监督、对监所执行刑罚的监督、对看守所和劳动教养的活动是否违法的监督)等。法治文化要研究检察制度所具有的文化内涵和所存在的问题,研究如何改进和提高法律监督的质量和效率,研究检察制度与其他司法制度的相互作用和关系等问题。

审判制度 审判制度是人民法院在审判活动中所遵循的法律制度。包括制度和原则两个方面:制度层面包括案件管辖制度、公开审判制度、辩护制度、回避制度、人民陪审员制度、合议制度、两审终审制度等,原则层面包括不告不理原则、公开审理原则、独立审判原则、疑罪从无原则、直接言词原则、及时审判原则、集中审理原则、不溯及既往原则、罪刑法定原则、人道主义原则等。法治文化除了研究上述问题外,还要研究现存的公开审判形式化、判决书内容简单化、当庭宣判率低、审与判脱节、二审径行裁判过多等问题,要探讨改变合议庭评议不公开进行的现状、实行彻底的审判公开理论依据和实践证据,尤其要研究如何营造保障审判公正的文化氛围等问题。

狱政监所制度 监狱是国家的刑罚执行机关。监狱工作的中心是按照惩罚和改造相结合、教育和劳动相结合的原则,将犯罪分子改造成为守法公民。狱政监所制度包括监所工作制度、刑罚执行制度(收监与释放制度、减刑制度、假释与监外执行制度、死刑执行制度)、狱政管理制度(主要包括服刑犯罪分子分押分管制度、警戒与器具使用制度、犯罪分子通信会见制度、犯罪分子生活及奖惩制度等)、教育改造制度、犯罪分子劳动管理制度、犯罪分子的申诉控告和检举制度、未成年犯的教育改造制度、监所检察制度等。狱政管理的原则是:依法管理、直接管理、文明管理。法治文化要研究现行的狱政监所制度所体现的文化内涵和所存在的问题,研究在犯罪分子改造的过程中如何刚柔并济、增加更多人文关怀的问题,研究如何从制度本身和文化环境等多方面、多渠道防范牢头狱霸产生的问题,研究如何更有效地保障服刑人员的合法权益问题,还要探讨服刑人员刑满释放后再犯罪的原因及其预防措施等问题。

司法行政管理制度 司法行政管理制度主要包括管理监狱工作、劳动教养工作、管理律师工作、法律援助工作、管理公证工作、管理司法干部培训和司法考试工作、管理法学教育工作、指导人民调解委员会工作、社区矫正

工作、负责组织法制宣传工作、负责司法外事工作、开展司法行政理论研究
与法制工作。法治文化要研究我国司法行政机关沿革的历史、在创建和发展
过程中性质、职能与职权演变所蕴含的文化内涵，探讨基层司法所的建设问
题、司法行政机关的社会地位问题，探讨在司法制度改革中司法权力的重新
合理配置的问题。

人民调解制度　人民调解制度是依靠群众解决民间纠纷、实行群众自治
的制度，它是人民司法工作的必要补充，具体是指在人民调解委员会的主持
下，以国家的法律、法规、规章、政策和社会公德为依据，对民间纠纷的当
事人进行说服教育、规劝疏导，促使纠纷各方当事人互谅互让，平等协商，
自愿达成协议，消除纷争的一种群众自治活动。法治文化要研究人民调解制
度独特的文化内涵，研究人民调解制度的历史渊源和当今的文化背景，研究
人民调解、法院判决、仲裁三种解决纠纷方式所适应的不同对象和产生的不
同社会效果，研究如何完善人民调解制度等问题。

律师制度　律师制度是国家关于律师性质、任务、权利与义务、活动原
则、组织管理、法律责任、业务范围等法律规范的总称。中国的律师制度主
要包括律师事务所设立与审批制度、律师资格与证书制度、律师执业条件与
注册制度、律师如何向社会提供法律服务。法治文化要研究律师制度的起源
和发展、律师事务所内部管理与协调、作为社会团体法人的律师协会的职能
与权限、律师协会与律师的关系、律师在诉讼活动中的地位和作用、如何保
障律师的权利与正当执业、如何增强律师的职业道德、如何提高律师队伍的
素质等问题。

公证制度　公证是指国家公证机构依法对当事人的法律行为、有法律意
义的文书和事实的真实性与合法性进行证明的活动。公证制度是法定的国家
证明制度，公证机构是具有保证性和预防性的、法定的提供法律服务的国家
证明机构。法治文化要研究我国公证制度的建立和发展，公证的目的与任
务，公证机构的组织设置和管理体制，公证活动的基本原则，公证与认证、
鉴证、签证、一般证明的联系与区别，公证制度与相关法律的关系，公证员
的权利与义务，公证人员的职业道德和执业纪律，公证的法律责任，公证制
度的文化特性等问题。

3. 法律规章制度

法律位阶　法律的位阶是指法律规范在法律体系中的等级，处于下位的
法律规范不得与处于上位的法律规范相矛盾或相抵触，所有的法律规范都不

得与处于最高位阶的宪法相矛盾或相抵触。就我国的现状而言，处于最高位阶的是宪法，其次是法律（包括我国参与或认可的国际条约），再次是行政法规、条例，最后是地方法规。司法解释也具有法律效力，其位阶处于所解释的法律法规之下。[①]

立法主体　立法主体是指依照法律规定具有立法权力的机构。立法主体具有层次性，一般来说，立法主体的层次越高，所制定的法律规范效力越大。就我国的立法现状而言，处于最高层次的是全国人民代表大会，而后是全国人大常委会、国务院、最高人民法院与最高人民检察院、各部委、各省市自治区人民代表大会及地方政府。至于章程制度、乡规民约等层面的规范，一般是部门、行业、社团组织及其他法人或乡村的内部规范。

法律体系　法律规范体系是法治社会的一个重要组成方面，就我国的现状而言，我们已经初步构建起社会主义的法律规范体系。从法律规范的类型来看，可以分为宪法、法律、法规条例、司法解释（决定）、国际条约、章程制度等；从调整的对象和内容来看，有民事法律规范、刑事法律规范、行政法律规范、诉讼法律规范、组织法律规范、特别区域法律规范等。

法治文化除了研究法律位阶、立法主体和法律体系中自身的问题外，还要研究宪法的司法化、使之具有可操作性的问题，要分析发生法律制度和司法行为违宪、法律之间矛盾冲突、下位法违背上位法等问题的社会文化原因，要研究和探讨如何完善社会主义法律体系等问题。

四　中国当代法治设施文化：物质层面

1. 概念解说

法治设施　法治设施是指用来弘扬法治精神、实施和保障法律制度的建筑场所、器物、服饰以及其他文化设施。

法治设施文化　法治设施文化是要探讨法治设施的设计理念、象征意义、所体现的法治精神，探讨这些法治设施承载的法治理念和蕴含的法治文

---

① 奥地利法学家凯尔森认为：法律制度是一个有层次的体系，下级规范的权威来自上级规范，层次上溯，最后止于最高级的基础规范。参见〔奥地利〕凯尔森《法与国家的一般理论》，沈宗灵译，中国大百科全书出版社，1996，第126页。

化。法治设施是借器物形状、服饰、建筑设计风格以表达法治理念的文化符号，设施本身是规范或禁忌，是一种价值观和文化。设施被赋予某种意义后，便以特定含义的文字图释，把抽象的法治理念具象化，彰显法治的精神，传播法治的理念。

2. 法治设施的类别

建筑设施 法意建筑①与设施是指专门用来立法、司法、执法和法治宣传的场所或建筑物，如人民大会堂、法院、检察院、公安局、法庭、监狱、看守所、劳改劳教所、少年犯管教所、刑场、讯问室、监室、展览馆、纪念碑、雕塑、法治广场等。法治文化要研究法意建筑的设计理念、象征意义、所体现的法治精神，探讨这些法意建筑所承载的法治理念和蕴含的法治文化。

器物设施 法治器物设施是指为了保障法律的实施、法治理念的传播和司法活动的正常进行而专门制作或配备的器物，如徽章、秤戥、法槌、警车、警具、枪支、强制器械、雕塑、独角兽②等。法治文化要研究这些器物设施的设计理念、象征意义、所体现的法治精神，探讨这些器物设施所承载的法治理念和蕴含的法治文化。

服饰设施 法治服饰设施是指为了维护法律的尊严、彰显法律的神圣而专门制作的服装与饰物，如法袍、检察服、警服、服刑人员服装等。法治文化要研究这些服饰的设计理念、象征意义、所体现的法治精神，探讨这些服饰所承载的法治理念和蕴含的法治文化。

文化设施 法治文化设施是指为了弘扬法治精神、传播法治理念而专门设置的媒体（包括专栏、专门频道、专页，等等）、专门制作的宣传品以及专门进行文艺活动的场所，如报社、杂志社、电视台、广播台、网站、文艺活动场所、宣传画等。法治文化要研究这些文化设施所承载的法治理念和蕴含的法治文化，探讨这些文化设施如何才能更好地弘扬法治精神、传播法治理念。

---

① "法意建筑"一词，系硕士研究生杨冠祥同学在上笔者的"法治文化研究"课的课堂讨论中提出，特此说明。

② 独角兽本名"獬豸"，它是最能体现中国古代司法喻义的象征物之一。相传它是中国历史上第一位大法官皋陶身边的一只神兽：它似鹿非鹿，似马非马，双眼圆睁，怒目而视，头上长着独角，当遇到疑难案件，只要将它牵出，它就能撞击真正的犯罪分子。我国古代司法官员的衣服上也绣有"獬豸"的图案，这种形象实际是一种工具主义的象征。参见郑智航《鬼神观念与法律文化》，《人民法院报》2004 年 10 月 18 日，第 4 版。

3. 法治设施的文化特征

直观性　法治设施是一种有形的法治文化符号，具有直观性和可视性。当该设施被赋予某种意义后，便以特定的文化含义把抽象的法治理念具体化，并以直观的形象传达法治理念，彰显法治精神。法治设施的直观性便于大众解读法律的特性，领悟法律的奥妙，全面深刻地理解法治的精神。

严肃性　法治设施是依法设立和使用的设施，是法律实施和运行的保障，其设立和使用不能随意而为。既不能随意设立，也不得随意使用，必须遵循法律的规定方可以设立和使用，它彰显法律的尊严，具有庄重严肃的特征。[①]

专属性　诸多法治设施系专为保障法律的实施与运行而设，每一具体的法律设施都有其特定的意义，其使用主体均为特定的人员。例如，建筑设施中的法庭、监狱，器物设施中的徽章、法槌、警具，服饰设施中的法袍、警服、囚服，文化设施中的报纸与电台等，均具有排他性和独立性。

时代性　法治设施带有明显的时代烙印。以法院为例：从惊堂木到法槌，从军警式制服到法袍，从县衙门到法院大楼、审判庭，其所蕴含的法治文化具有明显的时代特征。

象征性　一般来说，法治设施均具有象征性，除了每一个体的设施或器物的具体象征意义外，法治设施还具有共同的象征意义，这便是法的象征、权力的象征、国家的象征。

民族性　法治设施文化与一个民族的社会生产方式、历史文化传统、自然地理条件等息息相关，它代表着一个民族的法治文化传统，标志着一个民族的法治状况，反映着一个民族对于法治的态度。

五　中国当代法律行为文化：行为层面

1. 概念解说

法律行为　法律行为是指行为主体的涉法行为，这些行为是在法律规范

---

① 笔者认为：法律设施的使用、空间的布置、服饰的设计与衣着，包含对法律秩序的维持，彰显着法律的庄重严肃。例如，使用法槌的目的之一就是维持法庭秩序，讯问室里对犯罪嫌疑人使用手铐、用铁栏将审讯人员与犯罪嫌疑人隔开，目的就是维护正常的审讯秩序，使侦察活动得以顺利进行。

调整范围内的、具有法律意义的行为。①

法律行为文化 法律行为文化是指法律行为所具有的精神内涵、所秉持的价值取向、所体现的文化特征。法律行为文化最能反映一个社会的法治状态，它的研究对象是法律行为所蕴含并体现的对行为主体产生影响的一切文化因素和内涵，具体包括心理状态、家庭环境、工作环境、社会环境、历史传统、相互关系、民族性格、思维方式等。

2. 法律行为的主体与结构

法律行为的主体 法律行为的主体是指法律行为的实施者，包括国家机关（国家与立法、司法、执法等机构）、各种组织（包括民主党派、社团和其他法人等）和自然人三大类。其中在自然人这一大类中，按照平时与法律接触的频率又可分为法律从业者（立法人员、法官、检察官、警察、司法行政人员、仲裁员、公证员、律师等）、行政管理者（各级政府、纪检、监察、审计、工商、税务、海关、外交、国有大型公司的管理人员等）、普通公民、拘禁管制人员（看守所的犯罪嫌疑人、服刑人员、劳教人员等）。

法律行为的结构是指构成法律行为的必要因素，大致可以分为法律行为的表层结构和法律行为的深层结构。

法律行为的表层结构 法律行为的表层结构是指在实施某种法律行为时能够可视可见的因素。主要包括三个方面：一是实施行为的主体，即这种法律行为是由谁实施或做出的，主体可以是自然人，也可以是国家机关、法人或团体；二是行为实施的对象，即这种法律行为的接受对象是谁，对象可以

---

① 关于法律行为，学术界有多种解读。有的人认为法律行为是指"能发生法律上效力的人们的意志行为，即根据当事人的个人意愿形成的一种有意识的活动，它是在社会生活中引起法律关系产生、变更和消灭的最经常的事实"。参见《中国大百科全书·法学》，中国大百科全书出版社，1984，第102页。有的人认为法律行为是指"具有合法权能的人所做的、能够产生特定法律后果的或产生法律上可能且允许的后果的意思表示或意愿宣告"。参见《牛津法律大辞典》，法律出版社，2003，第493页。有的人认为"法律行为就是法律规范作为阶级社会调整与控制人们行为的方式的集中体现和必然结果，是人类社会行为的一部分，从法理学方面来说，法律行为是指法律规范规定的具有法律意义的，能够使法律关系产生、存续、变更或消灭的法律关系主体的行为"。李林：《法制的理念与行为》，社会科学文献出版社，1993，第119页。有的人认为"法律行为是由法律所调整的，法制人在一定的法律心理支配下而实施的，能够实现法律价值目标的社会行为。我们也可以把法律行为看成是由法律所调整的法律关系的主体在一定的法律心理支配下所实施的，能够引起法律关系产生、存续、变更和消灭的社会行为"。莫纪宏：《法律行为的几重透视》，《中国社会科学院研究生院学报》1988年第3期。

是自然人，也可以是法人或团体，还可以是财产或其他；三是相应的法律规范，即这种行为必须与法律相关联，是受法律调整的涉法行为。

法律行为的深层结构　法律行为的深层结构是指在实施某种法律行为的背后不可视、不可见的因素。主要包括四个方面：一是行为的动机与目的，即行为主体在实施此种法律行为时的最初动机和最终目的；二是行为的方式与手段，即行为主体在实施此种法律行为时所使用的各种方式与手段；三是行为的效果与影响，即行为主体在实施此种法律行为之后所产生的结果与社会影响；四是产生行为的环境，包括自然环境、家庭环境、工作环境和社会环境等。①

3. 法律行为的分类

法律行为的范围很广，从不同的角度，按照不同的标准，可以作不同的分类。② 从法律组织机构层面，我们可以将法律行为分为立法行为、司法行

---

① 张文显等人认为：法律行为是主体与客体、主观因素与客观因素交互作用的复杂过程，在结构上表现为行为的内在方面和外在方面。人的行为必然有一个内在的、主观的领域，即行为的内在方面。它包括动机、目的和认识能力等要素。法律行为的外在方面就是法律行为的客观表现。在法律行为结构中，外在方面具有决定意义。法律行为的外在方面包括行动、手段和效果等要素。参见张文显主编《法理学》，法律出版社，1997，第 133～137 页。李龙等人认为：我们把一个独立的法律行为分为三个阶段，即法律行为的动机形成与目的确立阶段→法律行为的实施阶段→法律行为的效果阶段。参见李龙主编《法理学》，武汉大学出版社，1996，第 285 页。郭宇昭认为：法律行为的构成要素，基本上可以分为两类，一是内在要素，也可以称为主体要素，主要包括法行为的动机，法行为能力，法律意识——法律心理、法律思想、法律知识等。二是外在要素，也可以称为环境要素，主要包括自然环境和社会环境。从宏观方面说，自然环境是指国家所处的地理环境、气候、自然资源等；社会环境主要指社会生产力发展水平、社会基本制度、国家的方针和政策，以及社会的道德风貌和秩序等。从微观方面说，自然环境主要指人们的生活环境和工作（包括生产和学习）环境；社会环境主要指家庭邻里、学校、机关以及关系密切的亲友等。法行为是在主体的内在因素和外在因素交互作用中产生和表现的。参见郭宇昭《"法行为"研究的基本范畴》，载黎国智、马宝善主编《行为法学在中国的崛起》，法律出版社，1993，第 84 页。

② 《中国大百科全书》法学卷将法律行为分为合法行为与违法行为两类。参见《中国大百科全书·法学》，中国大百科全书出版社，1984，第 102 页。赵震江等人将法律行为分为：一是合法行为、违法行为、中性行为；二是积极法律行为（作为）、消极法律行为（不作为）；三是具体法律行为、集体法律行为；四是个体法律行为、集体法律行为。参见赵震江、付子堂《现代法理学》，北京大学出版社，1999，第 49～51 页。武步云对法律行为作了如下分类。一是根据法律行为是否实际上所实施，可以划分为抽象法律行为和具体法律行为；二是根据法律行为的不同性质，可以划分为合法行为和非法行为；三是根据法律行为主体的不同，分为自然人行为、法人行为、国家行为、最高权力机关的行为等；四是根据法律行为主体的数量不同，分为单方法律行为和双方、多方法律行为；五是根据行为方式的不同，分为作为法律行为和不作为法律行为；六是根据法律行为的部门不同，分为民事法律行为、刑事法律行为、行政法律行为等；七是根据运动的过程不同，分为立法（转下页注）

为、执法行为、法律监督行为等。法治文化研究立法行为，主要是探讨立法的背景、立法的目的、立法的指导思想、立法的基本原则、立法的程序以及立法如何做到人本化等问题；法治文化研究司法行为，主要是探讨司法领域存在的违法不究等问题，分析影响司法公正的原因，找寻司法人性化的渠道与途径；法治文化研究执法行为，主要是探讨影响依法行政的主观原因、制度原因和社会原因，找寻执法文明化的方式与方法；法治文化研究法律监督行为，主要是探讨它的有效性和常态化。

从自然人与法人层面，我们又可以将法律行为分为守法行为、护法行为、违法行为和犯罪行为。法治文化研究守法行为，主要是分析行为主体的客观环境，探讨使守法行为普及化与常态化的措施与方法；法治文化研究护法行为，主要是分析行为主体的法治意识，探讨如何创造良好的法治环境；法治文化研究违法行为，主要是分析行为主体的主观原因、家庭原因和社会原因，探讨避免和减少违法行为的途径；法治文化研究犯罪行为，主要是分析行为主体的犯罪动机、犯罪目的、犯罪形态、犯罪情节和犯罪后果，探讨如何防范犯罪和改造犯罪分子的措施与方法。

4. 法律行为模式和规范系统

法律行为模式分为三种。一是应为模式：是指人们应当或必须那样行为，即行为主体在法律明确规范的范围内行为、符合法律规范的要求的行为。二是可为模式：是指人们可以那样行为，即行为主体在法律没有禁止的范围内可以做出不侵害他人或社会公共利益的行为。三是勿为模式：是指人们不得或禁止那样行为，即行为主体的行为是违反法律要求、具有社会危害性的行为。

法律行为的规范系统也分为三个层次：法律法规层面包括宪法、法律、法规条例、司法解释、国际条约、章程制度等；政策规章层面包括国家、行业、地区、单位的规章制度等；伦理道德层面包括政治品德、社会公德、职业道德、伦理家庭道德和民族地域道德等。

（接上页注②）行为、执法行为、司法行为、守法行为等；八是从实体法和程序法的角度来划分，可以分为实体法律行为和诉讼法律行为。参见武步云著《马克思主义法哲学引论》，陕西人民出版社，1992，第57页。卓泽渊将法律行为分为9类，参见卓泽渊主编《法理学》，法律出版社，1998，第132～137页。张文显等人从公民依照法律和法律工作者依法处理法律关系的角度，将法律行为分为12类，参详见张文显主编《法理学》，法律出版社，1997，第139～142页。

5. 法律行为的文化特征

法律行为较之其他行为，至少具有如下四个特征。[①]

社会性 法治行为是主体在社会上的意志行为。法律行为的社会性首先是指行为主体的社会性，如果行为主体是单个的人，那么他既是自然人，也是社会的人；如果行为主体是国家机关或法人组织，那么它本身就是社会的产物。其次，法律行为是发生在社会上或社会的细胞家庭内。最后，法律行为会对社会造成影响，产生社会后果。

法律性 法律行为的法律性首先表现在它与法律密切相关，是涉及法律规定的行为。其次，法律行为是发生法律后果的行为，如果这种行为不存在法律后果，那么它就不是法律行为。最后，法律行为本身就是一种法律现象。

可控性 法律行为的可控性主要表现在两个方面，既受到行为主体的自我控制，又受到法律的控制，即受到国家强制力的控制。

价值性 法律行为的价值性主要表现在：法律行为是基于行为人对该行为的意义的评价做出的；法律行为是由行为人的需求所引发的；法律行为是一种对象性的实践活动，体现了主体与客体的关系；法律行为是一定社会价值的载体，人们可以用善恶、好坏、利害等范畴进行评价。[②]

六　法律语言文本文化

法律语言文本包括语言与文本两大类，[③] 其中文本又包括法治文学艺术文本和法律文书文本两类。为行文方便，本文将法律语言文本文化分为法律语言、法治文学艺术作品和法律文书三部分阐述。

---

① 谢邦宇、黄建武认为，法律行为一般特征是：一是法律行为都起因于主体需要，并对社会造成影响，产生社会后果；二是法律行为的主体都是法律所确认的行为主体，无论合法行为或违法行为，其主体资格都有法律规定；三是法律行为是主体的意志行为；四是法律行为的方式都有法律规定；五是法律行为能够引起法律后果；六是法律行为受国家强制力控制。参见谢邦宇、黄建武《关于法行为的一般研究》，载黎国智、马宝善主编《行为法学在中国的崛起》，法律出版社，1993，第68页。李林认为，法律行为可以概括为阶级性、客观性、主观性和能动性等四个基本特征。参见李林《法制的理念与行为》，社会科学文献出版社，1993，第122页。

② 参见张文显主编《法理学》，法律出版社，1997，第133页。

③ "法律语言文本文化"这一部分是在召开"中国政法大学人文学院法治文化论坛"学术研讨会时，邹玉华女士等建议增加的，特此说明，并致谢意。

1. 法律语言

法律语言 法律语言是贯穿法律的制定、研究和运用过程中的语言文字表意系统。通俗地讲，就是制定、实施和研究法律时所使用的语言。

法律语言的类别 法律语言包括法律术语、立法语言、司法讯问语言、法庭辩论语言和法律文书语言等。有的学者还从学科运用的角度将法律语言分为立法语言、学术法律语言和执法与司法语言三类。①

法律术语 法律术语是表示法律专用概念的词语，一般情况下不讲求词的变换，不能交互使用同义词或近义词，它在法律的语境里反复出现，被习惯所确认和固定，形成一种规则。一是语义的单一性，每一法律术语表示一个特定法律概念，它要求任何人在任何情况下都必须对其作同一解释，而不能用其他词语替换。二是语义的相对性，许多法律术语的意义互相矛盾、互相对立，而且彼此互为因果，无此则不存在彼。三是词语的类义性，由于法律的调整对象涉及各种各样的法律关系，表示这些法律关系的概念多为种属关系，于是产生了不同层次的属概念和种概念。四是术语组群，法律术语的术语组群因法学分支形成，无论是内容还是其功能均有明显的类别体系，大致以理论法学和部门法划分类别，形成法律术语组群。

立法语言 立法语言是制定法律法规中所使用的语言，是法律语言的核心，它可以制约和影响其他类型法律语言的使用。立法语言表达的是法律规则，不容有任何歧义或差错，需要极为准确清晰地传递所要表达的意思。因此立法语言在表意上具有直观性，它直截了当，不含二意，无文学语言中的比喻、夸张，极少用形容词；无文学语言中的双关、借代或其他言外之意；在语体上具有稳定性，庄重严谨，简明朴实。

执法与司法语言 执法与司法语言是运用法律过程中所使用的语言，既包括书面语，也包括口语，如交通警察面对违法的司机，侦察人员讯问犯罪嫌疑人，法院开庭审判长对当事人、律师的法庭辩护，狱警提审犯人，等等。执法与司法语言具有程序性、格式性、繁复性等特点。

学术法律语言 学术法律语言是进行法学研究及其学术交流时所使用的语言，学术有学术的使命，学术有学术的语言与规范。学术法律语言所

---

① 参见刘洪婴《法律语言学》，北京大学出版社，2003，第9页。下文中关于法律术语、立法语言、执法与司法语言、学术法律语言的阐释，参见刘斌《新闻报道中的法律语言规范》，《中国记者》2005年第7期。

要表达的是研究者的学术思想、学术观点，反映的是研究者对事物深入细致的观察、独到敏锐的分析、符合逻辑的判断，它具有科学性、探讨性、诠释性等特点。学术法律语言忌讳模糊界定、不分语境地随意使用以及晦涩和不规范。

法律语言的文化特征 法律语言具有高度准确、简明、严谨、朴实、庄重等特点，并且具有严格的专业化要求。准确是法律语言的首要特征，一就是一，二就是二，此就是此，彼就是彼，比如拘传、拘捕、拘留、拘役四个术语就不能混用；简明是指法律语言不能拖泥带水，必须简洁明确；严谨是指使用法律语言要严肃谨慎，不含歧义或近义，如"故意"不能用"特意"来替换，"过错"不能用"错误"来替换，"禁止"不能写（说）成"不准"；朴实是指法律语言不适宜使用华丽的辞藻，不使用形容词或比喻等修辞手法；庄重是指语体庄严稳重，不漂浮不轻率，能够彰显法律的威严；专业化要求就是指我们在法律语言的语境中，要讲"法言法语"，不能说外行话。

2. 法治文学艺术作品

法治文学艺术作品 法治文学艺术作品是运用文学的手段、艺术的表现方法反映法治生活、弘扬法治精神的作品。法治文学艺术作品从题材上划分，可以分为侦破题材作品，审判题材作品，廉政题材作品，狱政题材作品，挖掘人性、维护人权的作品，反映情理法冲突的作品，弘扬民主法治精神、彰显公平正义的作品等。法治文学艺术作品从体裁上划分，可以分为小说、诗歌、戏曲影视剧本、散文、报告文学、纪实文学、书法、绘画、歌曲、乐谱等。下文简要叙述六种。

小说 小说是以刻画塑造典型人物为中心，通过完整的故事情节和具体的环境描写来反映社会生活的一种文学体裁。小说的要素包括人物、故事情节、环境。法治题材小说中的人物可以生活中的真人为原型，但要塑造典型形象，必须"杂取种种，合成一个"，这样才能更集中、更有代表性地反映法治生活。故事情节是小说用来展现人物性格、表现主题的主要手段，法治题材的故事一般源于生活，但通过整理和提炼，比生活中的真事更集中、更完整、更有代表性。小说的环境包括自然环境和社会环境，法治题材小说中的环境描写，重点是社会环境，用以揭示错综复杂的社会关系。

诗歌 诗歌是一种抒情性很强、高度概括和反映社会生活的文学体裁，也是世界上最古老、最基本的文学形式。饱含思想感情、丰富的想象、高度凝练的语言、富有节奏感的韵律、分行排列的形式是诗歌的主要特征。法治题材的诗歌就是要运用上述文学表现手法高度集中、概括地反映法治生活。①

戏曲影视剧本 戏剧、话剧、歌剧、舞剧、诗剧、影视剧的排演都要有个依据，这就是剧本。剧本是文学和艺术的结合，是一剧之本。剧本一般是对文艺作品进行改编，也有专门创作的剧本。剧本分为文学剧本和分镜头剧本两大类：其中文学剧本由编剧创作或改编，分镜头剧本由导演来完成。文学剧本一般包括场景、对白旁白、动作等内容。剧本不同于小说、诗歌，是一门综合性的艺术，编剧须对相关门类的艺术性有所了解，创作中要给其他艺术创作人员留有充分发挥的空间。

纪实文学 "纪实文学是一种迅速反映客观真实的现实生活的新兴文学样式，亦称报告小说，是报告文学化的小说，也是小说化的报告文学。它以真人真事为基础，可以有一定的虚构性，但对虚构还有一定的限制。"② 关于纪实文学的定义，还有多种观点。③ 但不论如何定义，法治题材类的纪实文学作品近年来不仅量多，而且越来越成熟，成为老百姓喜闻乐见的一种文学体裁。

书法绘画 本文的书法和绘画是指用笔等做工具，以墨、颜料等为材料，在纸、纺织物、建筑物等表面上书写文字、画图或绘制可视的形象。书法是中国特有的一种传统艺术，绘画在中国也有着悠久的历史。书法和绘画本身在我国就具有浓厚的文化内涵。当运用书法和绘画这两种艺术手法，通过线、调、色、形来反映法治题材、表现法治精神时，我们把这样的作品称

---

① 我国现代诗人、著名文学评论家何其芳曾说："诗是一种最集中地反映社会生活的文学样式，它饱含着丰富的想象和感情，常常以直接抒情的方式来表现，而且在精炼与和谐的程度上，特别是在节奏的鲜明上，它的语言有别于散文的语言。"这个定义性的说明，概括了诗歌的几个基本特点：第一，高度集中、概括地反映生活；第二，抒情言志，饱含丰富的思想感情；第三，丰富的想象、联想和幻想；第四，语言具有音乐美。

② 参见刘锡庆等主编《作文辞海》"纪实文学"词条，辽宁大学出版社，1996，第136页。

③ 20世纪80年代，随着纪实小说的诞生，关于纪实及纪实文学的争论在中国文艺界形成热潮，1988年12月，刘心武、刘再复、理由等人在北京成立了纪实文学研究会，后来又有专门的网站。2004～2006年，余音与江枫、柳达等人关于纪实文学曾有过热烈的讨论。例如，李辉的表述是："纪实文学，是指借助个人体验方式（亲历、采访等）或使用历史文献（日记、书信、档案、新闻报道等），以非虚构方式反映现实生活或历史中的真实人物与真实事件的文学作品，其中包括报告文学、历史纪实、回忆录、传记等多种文体。"

之为法治艺术作品。

歌曲 歌曲是一种古老的艺术。歌要有词，曲要有谱，词与谱作为歌曲的文本，是一种通过歌词、有节奏的韵律及歌唱的方式来抒发感情、反映社会生活的艺术方式。依据曲谱的唱法不同，我们大致把歌曲分为民族、美声、流行三种；依据歌词的内容不同，我们把歌曲分为爱情、军旅、校园等不同的种类。当歌词的内容是属于法治题材或是在弘扬民主法治精神、彰显公平正义时，我们把这样的作品称之为法治歌曲。

法治文学作品的文化特征 法治文学艺术作品至少具有如下四个文化特征。一是源于生活、反映生活、引导生活。文学艺术是社会生活的反映，它的题材源于社会生活，它的内容反映社会生活，但它又不等同于纯自然的社会生活，它融进了作家对社会生活的体验、理解、情感和态度，所以它是社会生活的高度概括和艺术表现，它源于生活，高于生活，引导生活。二是通过塑造的典型形象弘扬法治精神，彰显公平正义。塑造典型形象是文学艺术作品反映生活的主要手段，法治文学艺术就是通过作品中典型形象的言行事迹来向受众传播公平正义的理念和法治的精神。三是鞭恶扬善，用艺术的手法增强受众的法治意识。法治生活中，充满了正义与邪恶、廉洁与腐败、民主与专制、权利与权力的冲突与矛盾，法治文学艺术作品就是在展现这些冲突与矛盾的过程中，用艺术的手法鞭恶扬善，使受众在阅读和观看作品中增强法治意识。四是雅俗共赏，在潜移默化中对受众进行法治教育。文学艺术作品不同于宣传教育材料，不能板着面孔说教，而是通过受众喜闻乐见的方式，在艺术欣赏中潜移默化地接受法治教育。

总体而言，法治文化研究要总结文学艺术作品在反映法治生活中的成功经验和存在的问题，要研究文学艺术作品如何与法治精神深度融合，要研究如何更好地在文学艺术作品中贯注法治理念，要探讨文学艺术作品如何更好地彰显公平正义等问题。

3. 法律文书

法律文书 法律文书是司法机关、司法性组织及当事人、诉讼代理人等在解决诉讼和非讼案件时使用的文书，广义的法律文书是指在法律上有效的或具有法律意义的全部文书。我们依据不同的分类标准，可对法律文书进行不同的分类。例如，从不同的制作主体可以将法律文书分为警察文书，检察文书，法院裁判文书，监所文书、仲裁文书、公证文书，律师实务文书及当事人之间的合同文本等。依据写作和表达方式的不同，我们可以将法律文书分为文字叙述式文书，填空式文书，表格式文书和笔录式文书。依据文种的不同，我们可以将法律文书分为报告类文书，通知类文书，判决类文书，裁定类文书，决定类文书，等等。

警察文书 警察文书是公安机关在治安和刑事诉讼活动中依法制作的具有法律意义和效力的文书。警察文书是不同侦查阶段的产物，包括受理刑事案件登记表，立案报告书，破案报告书，呈请拘传报告书，取保候审决定书，监视居住决定书，呈请拘留报告书，延长侦查、羁押、拘留期限报告书，提请批准逮捕书，通缉令，起诉意见书，撤销案件通知书等。这些法律文书是检验侦查活动的法律手续是否完备、侦查程序是否合法有效、案件事实与证据是否确凿充分的书面记录等。

检察文书 检察文书是人民检察院在诉讼活动中依法制定和使用的法律文书。检察文书主要包括立案文书，侦查文书，审查批捕和其他强制措施文书，起诉书，抗诉书，监所检察和法律监督文书，控告申诉检察和刑事赔偿文书，审批延长办案期限文书，辩护代理文书和其他文书，等等。

法院文书 法院文书是人民法院在审判活动中依法制定和使用的法律文书。主要包括判决书、裁定书、调解书等。

监所文书 监所文书主要包括犯罪分子入监登记表，减刑、假释意见书，监狱起诉意见书，对判处死刑缓期执行的犯罪分子提请执行死刑意见书，犯罪分子奖惩审批表，犯罪分子评审鉴定表，保外就医审批表，犯罪分子出监鉴定表，等等。

律师文书 律师文书包括律师代写的文书和以律师与律师事务所的名义出具的文书两类。代写的文书包括起诉书、答辩书、上诉书；以律师与律师事务所的名义出具的文书主要包括代理词、辩护词、法律意见书等。

笔录 笔录也是一种重要的法律文书。笔录是指司法机关或相关人员在法律活动中以实录的方式记录下来的具有法律效力或法律意义的文字材料。笔录的种类繁多，主要包括现场勘查笔录、调查笔录、侦查实验笔录、讯问笔录、法庭审理笔录、合议庭评议笔录、死刑执行笔录、死刑临场监督笔录等。

除此以外，法律文书还包括仲裁机构依据当事人之间已达成的仲裁协议、为解决经济纠纷或劳动争议而制作的仲裁文书、公证机关依据公民或法人的请求制作的公证文书、以及当事人之间数量巨大的合同文本等。

法律文书的文化特征 法律文书是有关法律活动的文字凭证，是实施和宣传法治的良好方式。法律文书文化特征主要有四个方面。一是内容的合法性。法律文书必须依法制作，有关诉讼案件的法律文书须依据相关的程序法制作。例如，一起刑事案件，从公安机关的立案、侦查、破案、报捕、批捕（检察院）、审讯、移送起诉到检察机关的审查讯问、起诉，再到法院的判决，每个环节都需要按照《刑事诉讼法》有关条款的规定制作相应的法律文书，若涉及实体内容还需要依据相关的实体法。① 此外，某些法律文书的使用还必须履行特定的法律手续。② 二是行文的格式化。法律文书大都有固定的结构，包括文书名称、首部、正文、尾部四部分。每部分有固定的内容，层次分明。例如，起诉书，首部必须写明原告、被告、案由、诉讼请求；正文写明事实与理由；尾部签署具状人及时间。③ 还有不少法律文书采取统一印制的格式，文书的使用者在使用时只要填入适当的部分文字即可。三是语言的精确和规范性。法律文书对语言的精确度要求很高，"精"就是精当，"确"是指准确。语义单一，不含二意；是则是，非则非；明确具体，简洁清晰；法言法语、精确庄重。此外，法律文书还讲求用语的规范化，各部分内容的表达，一般有规范的固定用语，书写该项目时只能如此表述，没有变通余地。④ 四是法律文书具有强制性。法律文书是实施法律的载体，以国家的强制力为后盾来保证其执行，对于一些具有执行意义的文书，这种法定的强制力就表现得更为明显。⑤

① 以人民检察院使用频率最高的起诉书为例，在根据某犯罪嫌疑人的犯罪事实，决定对其起诉并拟写起诉书时，首先就必须根据我国《刑事诉讼法》第一百四十一条的规定，考量一下，某犯罪嫌疑人的行为事实是否已经查清，证据是否确实、充分；同时还要根据我国《刑法》的有关规定，明确其是否构成犯罪，所犯何罪，应否追究刑事责任；然后才能作出是否对其起诉的决定。决定对其起诉的，才能按照我国《刑事诉讼法》有关审判管辖的规定，制作起诉书，向有管辖权的人民法院提起公诉。

② 例如：公安机关需要对犯罪嫌疑人进行逮捕，必须向检察院呈送报请批准逮捕书，主管领导同意并签署意见后，公安机关才能制作逮捕证，对犯罪嫌疑人进行逮捕。再如：刑事案件对犯罪嫌疑人扣押物品的，扣押物品清单中在写明扣押的物品名称、数量之后，须由被扣押的人签字或捺手印认可，如不履行此项手续，不仅不能发生法律效力，并且该项活动属违法行为。

③ 我国《民事诉讼法》第一百二十一条的第（一）项中，要求民事起诉状写明的当事人基本情况，包括：当事人的姓名、性别、年龄、民族、职业、工作单位和住所，法人或者其他组织的名称、住所和法定代表人或者主要负责人的姓名、职务。

④ 例如：公安机关的立案报告在正文的尾部，一般另起一行书写"请批准立案""妥否，请批示"之类的请示性结束语。再如，人民法院的一审民事判决书尾部，要向当事人交待上诉权事项，必须用如下固定文字表述："如不服本判决，可在判决书送达之日起 15 日内，向本院递交上诉状，并按对方当事人的人数提出副本，上诉于×××人民法院。"

⑤ 例如：公安机关拘留犯罪嫌疑人所出具的拘留证，为逮捕犯罪嫌疑人出具的逮捕证，一经出示即产生法律效力，任何人不得抗拒，否则执行公务人员可以强制执行。

结　语

笔者认为，法治文化的研究范畴主要包括法治理念文化、法律制度文化、法律组织文化、法治设施文化、法治行为文化、法律语言与文本文化六个方面。法治理念文化是法治文化的精髓，是法治社会的灵魂，它决定与支配着社会群体的价值取向；法律组织文化、法律制度文化、法治设施文化是构成法治文化体系的主体；法律语言与文本是法治文化的载体；最能在实质上反映一个社会法治状态的是法治行为文化，对法治行为文化的研究应当成为法治文化研究的重点。如果我们把法治文化比作一座大厦的话，那么理念文化就是这座大厦的设计理念和灵魂，组织文化是这座大厦的基础，制度文化是这座大厦的主体，设施文化、语言与文本文化就是这座大厦的外观与形式，行为文化则是这座大厦的社会效果。

法治文化研究是一个重大的理论课题，也是法学研究乃至人文社会科学研究的前沿问题。目前，法治文化的研究仍处于起步阶段，这项研究不仅是法学家和法律实务部门的事，而且需要从事人文社会科学研究的工作者共同探讨，集思广益。笔者认为，从文化的视野来研究法治，代表着法学研究的前进方向，期望着更多的人士参与这一人文社会科学前沿重大课题的讨论。

（原载《中国政法大学学报》2014 年第 6 期）

法治文化研究三题

本文在下面的语境中探讨与我们国家法律、法制、法治相关的问题：法律是指由国家权力机构制定、用来调整社会成员行为及社会关系的强制性规范，法制是指法律制度及其实施，法治是指民主政治社会的一种治理模式。

一　法治与法治文化

法治理论来自西方，但有学者认为"法治"不是舶来品，早在先秦时期法家就提出"法治"的概念，故有"儒家人治，法家法治"之说。如果我们不是仅从文字上来解读，而是把法治视为一个社会或国家的治理模式，那么，先秦时期的那个"法治"绝不是现代意义上的法治。[①] 从历史来看，我们国家并不具备法治的传统，家长制、君主制、宗法等级制、皇权至上、法随君出、衙门作风以及官本位的观念构成中国传统的政治文化和法律文化的主要方面，中国几千年的历史基本上是一部人治史。

中国民众法治之梦的开篇应当是在 1895 年的维新运动变法，但真正意义上法治的开端应当是在 20 世纪 70 年代末期，以中共十一届三中全会为标志。从新中国成立之初到十一届三中全会（1949～1978 年）这一阶段，我国在立法上虽然产生了共同纲领、宪法、婚姻法、刑法等重要法律，但从诸多的政治运动和治理社会的方式来看，基本上属于人治。如果我们回顾中国的法治历程，就会发现该历程大致经历了三个阶段。

---

① 俞荣根先生在《正本清源　折中融西——重建新的中华法系》一文中认为这是一种误读。法治的理论要旨与帝王专制水火不容，法家之学主张君主"独断""独听""独视""独治"，是极端的君主绝对专制主义，根本不是什么法治理论。参见俞荣根《正本清源　折中融西——重建新的中华法系》，《中国政法大学学报》2010 年第 2 期。

1978～1999年，可称为实现法治的思想准备阶段，此期间，思想理论界经历了拨乱反正以及"刀制与水治""以法与依法"的争鸣，国家治理层面提出了"有法可依，有法必依，执法必严，违法必究"的十六字方针，之后"依法治国，建设社会主义法治国家"被写入宪法总纲。这一阶段总的特点是国家与社会的治理逐步进入法治的轨道，在思想观念上完成了由法制向法治的转变。

1999～2010年，可称为实现法治的前提准备阶段。法治的产生以市场经济、民主政治和较为完备的法律制度为前提。在这一阶段，法律至上、司法独立、公平正义、依法行政、保障人权等理念得到人民大众的普遍认可，市场经济基本形成，民主政治有了较大的改善，中国特色社会主义法律体系形成。这一阶段总的特点是法治的理念深入人心，法治的实施条件基本具备。

从2010年开始，以中国特色社会主义法律体系的形成为标志，理论上可以认为中国从此进入法治的实施阶段。① 这一阶段首先需要实施的是法治政府，公权力要受到限制，政府必须依法行政，法治要从纸上和口号走向全面的实践。

法治文化是法治社会呈现出来的一种文化状态和精神风貌。具体而言，法治文化是指融注在人们心底和行为方式中的法治意识、法治原则、法治精神及其价值追求，是一个法治国度的法律制度、法律组织、法律设施所具有的文化内涵，是人们在日常生活、工作中涉及法治的行为方式，是人们的法律语言、法治文学艺术作品和法律文书所反映和体现的法治内涵及其精神。②

---

① 关于当代中国法治发展的进程，卓泽渊分为三个阶段。一是准备阶段（1978～1993年）：我国法治建设开始准备的时间，也许可以定在1949年中华人民共和国成立时，也许可以定在1976年"文化大革命"结束，或1978年12月党的十一届三中全会。二是起步阶段（1993～2010年）：中国社会主义法治建设的起步点，也许可以将其确定在1993年3月第八届全国人民代表大会第一次会议《中华人民共和国宪法修正案》的产生。因为没有这一修正案，中国社会还不能说开始了真正的法治——市场经济下的法治建设。三是形成及其完善阶段大致从2010年开始。参见卓泽渊《法的价值论》，法律出版社，2006，第121页。

② 有人认为：法治文化就是法律制度、法治精神在一个国家或地区实施的程度和人们对法律信仰水平的总和……就法治意义上讲，法治文化是法律和文化的有机统一。也有人认为，法治文化是一个国家或民族对于法律生活所持有的以价值观为核心的思维方式和行为方式，它是法律至上的文化。参见尤正海《普及现代法治精神是法治文化建设的核心》，北大法律信息网，2009年9月14日。李德顺先生认为："法治文化是指实现了法治的国家和社会所具有或应具有的文化。""在现实形态上，法治文化是一个经济、政治、社会一体的文化体系。""可以将法治文化一般地描述为：以市场经济为基础，以法治为核心，以民主为实质的社会文化体系。"参见李德顺《法治文化论纲》，《中国政法大学学报》2007年第1期。

法治文化的内涵主要包括法治的基本理念、基本关系和基本理论、法律制度文化、法律组织文化、法治设施文化、法治行为文化、法律语言与文本文化。

法治基本理念主要包括民主、自由、公平、正义、权利及法治意识、[①]法治观念、[②] 法治原则、[③] 法治精神[④]和法治素质等。

基本关系主要包括法、理、情的关系，权利与义务的关系，权利与权力的关系，法治与伦理道德的关系，法治与宗教习惯的关系，法治状态下国家与公民的关系，党的领导、人民当家做主与依法治国的关系，法治与市场经济的关系，法治与民主政治的关系，法治与公民社会的关系，法治与个人自由的关系，司法体制改革与法治的关系，当代法治与传统法制的关系，西方法治与中国法治的关系，等等。

基本理论主要包括中国法治的历史进程、法治的人性基础、法治的文化环境、法的制定及其实施、法治的主体性与民族性、法治的形式要件与实质要件、司法仪式与程序的文化内涵、法治的实现形式、法治文化的价值追求、中国法治文化建设面临的问题、中国法治文化建设的措施与路径、法治状态下的廉政与反腐败体系建设、法治状态下政治体制改革的目标与路径、法治状态下人的生存与发展模式、乡规民约与少数民族地区涉法习俗、人文素质与法治人格的塑造、中西法治文化比较及法治文化的特性等。

法律组织文化是指依法设置的制定、执行、维护法律制度的专门法律机关和组织在长期运作和实践中形成的、为其成员普遍认可和遵循的、具有本组织特色的思维模式、价值观念、群体意识、精神风貌、风尚习惯、行为规范和管理方法。法律制度文化是指国家机关、社会组织依法制定的法律规则和制度所具有的文化内涵、所体现的法治精神，以及法律制度形成过程中的文化原因、实施过程中的文化环境、修改完善过程中的文化因素。法治设施文化是要指法治设施所承载的法治理念和蕴含的法治文化，包括设计理念、象征意义、所体现的法治精神、所传播法治的理念等。法律行为文化是指行为主体涉法行为所具有的精神内涵、所秉持的价值取向、所体

---

① 包括信仰法律的意识、遵守法律的意识、运用法律的意识和维护法律的意识等。
② 包括以自然人为主的本位观、以法律为至上的法权观和以权利为主的权利义务观等。
③ 包括法律至上的原则、司法独立的原则、法律面前人人平等的原则、依法行政原则、权力制衡与监督的原则等。
④ 包括民主精神、自由精神、以人为本精神、权利与义务相统一的精神等。

现的文化特征。法律语言与文本文化是指人们的法律语言、法治文学与艺术作品以及法律文书中所反映的法治内涵、所体现的法治精神和所具有的文化特征。①

二　法治文化、法制文化与法律文化

与法治文化相近的称谓主要是法律文化与法制文化。就称谓产生的时间顺序来看，大致是法律文化在先，法制文化紧随其后，法治文化在法治文化之后。有些学者使用法律文化一词不久，另一些学者提出法制文化的概念，随着我国民主与法治进程的加快和依法治国方略的提出，又有一些学者使用法治文化这一概念。目前这几个称谓并用，你中有我、我中有你，没有明确的界限，而且学者各自不断地为这三个概念注入新的内容，对每一个概念也有不同的表述和解读。此外，还有学者使用"法文化"这一概念。②

在笔者看来，法律文化、法制文化、法治文化的出现，反映出人们认识事物的不断深化，也反映着我们国家法治进程的不同阶段。那么，这三者之间究竟存在哪些联系与区别呢？

关于法治文化与法律文化的联系与区别，笔者的理解是，就一般情况而言，法律的表征是条文，是强制性的规范，法治的表现形式是法的统治，是一种社会治理模式，法律是实现法治的前提，法治的基础在于有较为完备的法律。法律文化是法律在起源、制定、实施、演变、沿革过程中所具有的文化内涵和所体现的精神风貌，法治文化是法治社会呈现出来的一种文化状态和精神风貌。就研究现状而言，法律文化更多地侧重历史，法治文化更多的侧重现代。虽然有些学者将法律文化定义为一个民族或国家在长期的共同生活过程中所认同的、相对稳定的、与法和法律现象有关的制度、意识和传统学说的总体，包括法律意识、法律制度、法律实践，是在法的制度、法的实施、法律教育和法学研究等活动中所积累起来的经验、智慧和知识，是人民

---

① 参见刘斌《中国当代法治文化的研究范畴》，《中国政法大学学报》2009 年第 6 期。

② 张晋藩、俞荣根等先生称"法文化"，其内涵似乎泛指与法相关一切文化，既包括法律文化，也包括法制文化与法治文化。俞荣根先生在《文化与法文化》一书中，曾用多章篇幅对"法文化"进行了思考与探索，该书由法律出版社 2003 年 9 月出版。此外，丁金山在《天道演化哲学》中认为：法文化指人类改造自然及构建社会所依照的方法、惯例、标准、规程等组成的文化的总称。广义的法文化可以追溯至人类起源时期，狭义的法文化主要目的是以强制力量规范社会关系。

从事各种法律活动的行为模式、传统、习惯。① 但从倡导法律文化的研究者构成来看，主要集中在研究法律制度史及法律思想史的学者群，法治文化的倡导者主要包括从事法理、现代法及法学之外学科的学者，还有为数不少的政法系统实务部门的人士。此外，从近几年大众传媒与学术期刊的提法来看，这两个概念也在逐渐明晰，称谓一般是"中国传统法律文化"与"中国当代法治文化"。当然，法律文化的研究并非摒弃现代法治，② 法治文化的研究也脱离不开传统的法律文化，③ 两者的区别除了侧重点不同外，根本区别在于法律文化主要是就法律制度本身而言，法治文化主要是就社会或国家的治理方式而言。可以说我们国家有着历史悠久的法律文化，但不能讲我们国家具有历史悠久的法治文化。

法治文化与法制文化的联系与区别要从法治与法制二者的联系与区别中找寻。法治与法制二者的联系在于：法治的内涵与外延应当大于法制；法制是法治的基础和前提条件，要实行法治，必须具有完备的法制；在现代社会，法治应当是法制的立足点和归宿，法制的发展最终应当是实现法治。二者的主要区别在于：第一，法制一般只注重法的工具性功能，认为法是治国的一种工具和手段，法治更注重法的价值目标和追求，以民主和权利为本质要求，法制则不一定以民主为前提，有时法制可以完全建立在专制的基础上，排斥或不讲民主；第二，就其内涵而言，法制是指法律制度及其实施，属于制度的范畴，是一种实际存在的东西；法治是法律统治的简称，是相对于"人治"而言，是一种治国原则和方略，是民主社会的一种治理模式；

---

① 关于法律文化的内涵，还有的学者认为："法律文化是人们从事法律活动的行为模式和思想模式。""它泛指一定国家、地区或民族的全部法律活动的产物和结晶，既包括法律意识，也包括法律制度、法律实践，是法的制定、法的实施、法律教育和法学研究等活动中所积累起来的经验、智慧和知识，是人们从事各种法律活动的行为模式、传统、习惯。"有的学者认为："法律文化是人类文化的组成部分之一，它是社会上层建筑中有关法律、法律思想、法律制度、法律设施等一系列法律活动及其成果的总和。它是以往人类法律活动的凝结物，也是现实法律实践的一种状态和完善程度。""法律文化由法律思想、法律规范、法律设施和法律艺术组成。"有的学者认为："法律文化是文化的一种具体形态，它是一个国家、一个民族对法律生活所持有的思想观念、理想人格、情感倾向、行为趋向。即关于权利与义务的价值选择、思维模式、情感模式和行为模式的总和。"有的学者将法律文化理解为"法律现象的精神部分，即由社会的经济基础和政治结构决定的，在历史过程中积累下来并不断创新的有关法和法律生活的群体性认知、评价、心态和行为模式的总汇"。

② 例如，中国法律史学会 2005 年召开的年会，就将"中国文化与现代法治"作为主要的议题。

③ 例如，中国政法大学学报编辑部与人文学院 2009 年联合举办的高端学术论坛，也是将"中华文化与现代法治"作为会议的主题。

第三，就其产生而言，法制的产生与所有国家直接相联系，在任何时代的任何国家都存在法制；法治是人类社会发展到一定阶段的产物，只有在民主制的国家才能产生法治；第四，就其所奉行的原则而言，法制所奉行的原则是有法可依、有法必依、执法必严、违法必究；法治所奉行的原则是法律至上、司法独立、法律面前人人平等、依法行政、权力要受到制衡与监督；第五，就其基本要求而言，法制的基本要求是各项工作都法律化、制度化，法治的基本要求是严格依法办事，法律具有至上性、权威性和强制性，不能由当权者肆意妄为；第六，就其主要标志而言，实行法制的主要标志是一个国家从立法、司法、执法到法律监督等方面，都有比较完备的法律和制度；实行法治的主要标志是一个国家的任何机关、团体和个人，包括国家最高领导人都必须严格遵守法律和依法办事。①

"法律""法制"与"法治"含义的不同，必然带来"法律文化""法制文化"与"法治文化"内涵的差异。法治文化不仅关注法律、制度本身及与之相关的社会政治、经济、文化中的法律现象和法制问题，同时还注重对法治意识、法治观念、法治精神、法治原则的阐发，注重对法的价值追求的体现以及对人的尊严和权利的维护。区别"法律文化""法制文化"与"法治文化"，既是不同内涵的要求，又是厘清相互之间界限的要求，同时也是不同时代的要求。

三 法治文化与法学理论、法律史学

从学科的角度来看，与法治文化关系密切、相互临近的学科主要是法学理论与法律史学，但它们不是处于同一个学科层次。法治文化是多个一级学科交融的学术平台，除法学之外，它还涉及哲学、社会学、历史学、政治学、文化学、艺术学、语言文学等学科，法学理论与法律史学只是法学一级学科之下的两个二级学科。"法治文化"既是法学学科与社会现实结合、拓展研究领域的产物，也是法学与哲学等多门人文社会学科深度融合的产物，法治文化具有自身独特的学科性质和意义。

法治文化与法学理论的区别还在于：一是学科的属性不尽相同，法学理论是一门纯理论的学科，法治文化是一个理论与实践相结合的学术平台；二

---

① 本段在阐述中综合了诸多学者的观点。

是研究的范畴不同，法学理论研究的范畴主要包括法的起源与发展、法的本体、法的运行、法的作用与价值以及法与社会等问题，法治文化的研究范畴主要包括法治理念文化、法律制度文化、法律组织文化、法治设施文化、法治行为文化、法律语言文学艺术与文本文化以及与法学交叉学科的相关问题；三是所属的各研究方向涉及的学科不同，一般来说，法学理论所属的研究方向一般限于法学门类自身，法治文化所属的研究方向基本上是跨学科门类或多学科的综合研究。

法治文化与法律史学的区别还在于：法律史学主要研究历史，法治文化主要研究现实；法律史学的研究范围主要包括法律思想史和制度史，法治文化的研究范围较之法律史学更为广泛，法律行为、法治设施和法律语言文本也在其研究的范围；在研究方法上，法律史学更多地采取文献研究和比较研究的方法，法治文化还要采取社会调查、定量定性分析及跨学科综合研究的方法。以研究法律制度为例：法治文化不是就法律研究法律，不是就制度研究制度，而是要研究法律制度本身的文化内涵、所体现的法治精神，探讨法律制度形成过程中的文化原因、法律制度实施过程中的文化环境、法律制度修改完善过程中的文化因素。

法治文化是一个多学科交融的学术平台，这一巨大的学术平台目前处于破土动工时期，并不成熟，需要我们花费较长的时间和较大的精力来建设。构建法治文化学术平台是一个重大的理论课题，也是法学研究乃至人文社会科学研究的前沿问题。从文化的视野来研究法治，代表着法学研究的前进方向，这项研究不仅要靠法学研究者的努力，同时还需要从事人文社会科学研究的同仁来共同探讨，共同建设。

（原载《中国政法大学学报》2011 年第 3 期）

检察文化概论

近几年来，有关检察文化的活动在检察系统频繁开展,① 对于检察文化的概念在学术界和检察实务界也有多种不同的解读。② 但是，对检察文化的范畴究竟应当包括哪些内容、检察文化的理论体系框架究竟如何构建很少有专门的研究。③ 在笔者看来，检察文化绝不能被理解为一般意义的文艺体育

---

① 例如：许多检察院纷纷制定"检察文化实施（或发展）纲要""构建检察文化工作计划""开展检察文化建设工作实施方案"，不少检察长撰写相关论文、发表相关讲话，有些地方的检察机关确定检察文化基层试点单位，有计划、有步骤地开展"检察文化论坛"活动，还有的检察机关开展"检察文化建设年"等活动。2007 年 11 月 27 日，广州还举行了"全国检察机关文化巡礼"活动等。

② 刘佑生在第二届全国部分中心城市检察长论坛上所做的《论中国检察文化》演讲中认为：检察文化从广义上讲，是指检察官在行使宪法和法律赋予的职权的过程中形成的价值观念、思维模式、道德准则、精神风范等一系列抽象的精神成果，包括信息化建设等科技强检内容在内的检察机关物质建设成果。简单地说，检察文化是检察机关在检察实践中创造的制度文化、精神文化乃至物质文化的总和。参见刘佑生《论中国检察文化》，《大地》2005 年第 15 期。钱斌在《对检察文化与检察文化建设的思考》一文中将检察文化定义为"检察机关在长期的工作实践中所凝结、积淀起来的，反映检察工作，为检察工作服务，牵引检察工作向更高层次发展的一种行业文化"，参见钱斌《对检察文化与检察文化建设的思考》，正义网·江苏频道，2009 年 3 月 22 日。蔡金成在《对基层检察文化建设的理性思考》一文中认为"所谓的检察文化，就是指在检察制度存续期间，由检察人员在长期履行法律监督职能活动中所创造的，与检察法律相关的价值观念、制度规范、程序规则、行为方式以及与之相关联的物质载体的总和"，参见蔡金成《对基层检察文化建设的理性思考》，中国产经新闻网，2007 年 12 月 10 日。徐苏林对检察文化做出的描述性定义为：检察文化是一个在社会中存在的，与检察法律相关的价值观念、规范制度、程序规则和行为方式的总和，参见彭诚《检察文化研究不能庸俗化》，《检察日报》，2006 年 12 月 2 日。

③ 在笔者所见的资料中，只检索到徐苏林的博士学位论文《当代中国检察文化论要》和一些零星的解说。据 2005 年 12 月 2 日《检察日报》载《检察文化研究不能庸俗化》一文的介绍，该论文是以当代中国检察文化作为研究对象，在探讨并界定检察文化的性质、内涵、外延、结构、功能的前提下，对中国检察文化的发展沿革、基本特点和现实状态进行了全面分析，并在此基础上，探讨了建构中国特色检察文化的目标、内容和进路。但笔者尚未见到《当代中国检察文化论要》的出版物及电子文本。

活动，检察文化应当是检察系统呈现出来的一种文化状态和精神风貌，它是法治文化的一个重要组成部分。① 具体而言，检察文化是指融注在检察人心底的法治意识、法治原则、法治精神及其价值追求，是检察机关的组织、制度、设施所具有的文化内涵，是检察人在工作和日常生活中的行为方式，是有关检察的法律语言、法治文学艺术作品和法律文书中所反映和体现的法治内涵及其精神。笔者认为，检察文化的范畴主要包括检察理念文化、检察组织文化、检察制度文化、检察设施文化（物质）、检察行为文化和有关检察的法律语言与文本文化六个方面。

一　检察理念文化

检察理念文化除包括法治文化的一些基本概念如法、法制、法治、民主、自由、公平、正义、权利、义务等以外，还包括检察文化体系中的一些特有的基本概念、基本关系和基本理论。

1. 基本概念

检察意识　检察意识主要包括法律意识、监督意识、人权意识、廉政意识和预防前置意识。法律意识反映着人们对法律的情感和态度，检察人首先要在心目中忠于法律、信奉法律、维护法律、依法办事。监督意识因检察机关的性质尤为重要，实施法律监督是宪法赋予检察机关的神圣职责。人权意识是每一个检察人必须要牢固树立的意识，检察机关不仅要保护被害人的权益，而且要注意保护犯罪嫌疑人和被告人的应有权益。面对严重的司法腐败现象，检察人的廉政意识具有特殊的意义，应当塑造自己廉洁自律、公正执法、文明执法的良好形象。在当前的形势下，尤其要增强预防前置意识，增强预防职务犯罪的主动性和超前性，做到打防并举、标本兼治。②

---

① 有人认为检察文化是法律文化的组成部分，如徐苏林认为"检察文化可以理解为法律文化的一种"；有人认为检察文化是组织文化的组成部分，如袁向民在《以科学发展观为指南积极探求检察文化建设新途径》中认为"检察文化是组织文化的分支"，参见 2008 年 9 月 16 日法制网"第三届中国·无锡法治建设论坛"论文选登。再如，2008 年 3 月 19 日在哈尔滨市呼兰区人民检察院召开的"检察文化建设"研讨会上，有专家认为"检察文化是组织文化的一种"。笔者认为，法律文化或组织文化不能完全涵盖检察文化，检察文化应当纳入法治文化的范畴。

② 胡中奇在《构建和谐社会应具备六种检察意识》中提出"人本"意识、大局意识、创新意识、监督意识、廉政意识、和谐意识六种检察意识。参见胡中奇《构建和谐社会应具备六种检察意识》，湖南省人民检察院网站"检察官理论园地"2007 年 8 月 9 日。

检察观念 一是树立"立检为公、执法为民"的执法观念，并作为执法的根本准则和宗旨，真正从思想上解决好为谁掌权、为谁执法、为谁服务的问题。二是树立"忠诚、公正、清廉、严明"职业道德观念，"忠诚"是指忠于党、忠于国家、忠于人民、忠于事实和法律、忠于人民检察事业，恪尽职守，乐于奉献；"公正"是指崇尚法治，坚持法律面前人人平等，自觉维护法律的程序公正和实体公正；"清廉"是指遵纪守法，清正廉洁，不徇私情，自尊自重；"严明"是指严格执法，文明办案，刚正不阿，敢于监督，勇于纠错，捍卫宪法和法律尊严。三是树立"维护公平正义"的核心价值观念，公平正义是社会主义的核心价值之一，也是人类所追求的一种理想状态，维护社会的公平正义是检察机关义不容辞的责任。

检察原则 一是法律至上的原则，法律至上意味着法律在整个社会规范体系中具有至高无上的地位，意味着法律是评判公民、法人和国家机关行为最基本的准则，检察机关作为法律监督机构必须坚持和捍卫这一原则。二是检察权统一行使原则，即由人民检察院统一行使检察权，不能由其他机关代行，各级检察机关在行使职权和执行职务的过程中要作为一个整体，保障国家法律的统一实施。三是检察权独立行使原则，即检察院在依法行使检察权的过程中，不受任何行政机关、社会团体和个人的干涉，这是检察机关准确、高效地履行法律监督职能的基本保障。四是对诉讼活动实行法律监督原则，即检察机关依法对刑事、民事、行政等各种诉讼的进行、诉讼中有关机构和参与人的诉讼活动进行监督，监督的重点应当是机构及人员的违法行为。

2. 基本关系

在检察理念文化中，要在理论上明确有关检察的基本关系及其文化内涵。这些关系包括：检察院与同级党委、纪委、监察机关的关系，检察院与同级人大、政府的关系，检察院与法院、公安、司法行政机关的关系，检察院内部各职能部门的关系，检察官与法官、警官、律师及当事人的关系，检察官与人民监督员的关系，法律监督与控辩平等及审判权威的关系，法律监督与公平正义的关系，法律监督与人权保障的关系，打击犯罪与保障人权的关系，法、理、情的关系，传统检察制度与当代检察制度的关系，西方检察制度与中国检察制度的关系，检察文化体系中理念文化、组织文化、制度文化、设施文化、行为文化、语言文本文化之间的关系等。

3. 基本理论

在检察理念文化中，还要搞清楚一些基本理论及其文化内涵。例如，检察机构及检察官的渊源与流变，检察机关的性质与宪法定位，检察权的性质、作用与行使，检察权的内容及其监督制约机制，检察机关集侦查权、公诉权、监督权于一身的合理性与合法性，检察制度的沿革与发展，检察法律规范体系的建立与完善，检察机关的领导体制与运行机制，检察机关在廉政与反腐败体系建设中的地位与作用，检察官的职业道德建设与检察机关的形象塑造，检察官与法官、警官职业群体的共同性与差异性，提升检察官素质的措施和途径，检察理念、组织、制度、设施的现代化，中国检察文化的特色，"文化育检"的实践价值与文化养成机制，摆脱法律监督局限于案件监督困境的路径，中国检察文化建设面临的问题，中国检察文化建设的措施与路径，等等。

二　检察组织文化

检察组织文化是指检察机关依据法律规定，在长期实践中形成的行政体制、运作机制和管理方法所具有的文化内涵。

1. 检察组织的设置

根据我国宪法与人民检察院组织法的规定，国家设立最高人民检察院、地方各级人民检察院和军事检察院等专门人民检察院，省一级人民检察院和县一级人民检察院根据需要可设置工矿区、农垦区、林区人民检察院。最高人民检察院的内设机构包括办公厅，政治部，侦查监督厅，公诉厅，反贪污贿赂总局，民事行政检察厅，控告检察厅，刑事申诉检察厅，铁路运输检察厅，法律政策研究室，纪检组、监察局，国际合作局，计划财务装备局，机关党委，离退休干部局等。直属事业单位包括机关服务中心、国家检察官学院、检察日报社、中国检察出版社、检察理论研究所、检察技术信息研究中心等。地方各级人民检察院和专门人民检察院大致设立与最高人民检察院相对应的内设机构。检察文化要研究设置上述机构必要性，研究各内设机构和事业单位的分工与职责是否明确，研究现行的检察组织体系是否完备、工作运行机制是否顺畅。

2. 检察组织的显性文化

检察组织的显性文化主要包括四个方面。一是检察机构的名称、标志、徽、旗、歌、服饰等所具有的文化内涵。二是检察机构外貌，如标志性建筑与雕塑及其风格、办公场所的设计和布置方式以及周边自然环境等所体现出来的文化内涵。三是检察机构的文化设施，如自办的学院、报刊、广播、电视、网络、宣传栏（册）、广告牌、招贴画、纪念品等。四是检察机构的风俗与仪式，即检察机关长期相沿、约定俗成的习惯、仪式、典礼、纪念日、活动等。

3. 检察组织的隐性文化

检察组织的隐性文化也主要包括四个方面。一是检察机构沿革与建制所具有的文化内涵。二是检察机构的性质与职能，它是检察机构不同于其他组织的标志，是检察机构文化建设的出发点和归属。三是检察机构的制度与管理，制度层面规定了检察院的工作人员在公务活动中应当遵守的行为准则，集中体现了检察机构对其成员和组织行为的要求；管理层面主要是指检察机构在运行过程中所采用的方式方法、措施手段。四是检察文化的特质与功能，检察文化是以检察院的工作人员为主体、不同于其他职业群体的文化凝聚，是一种在特定职业环境中形成的文化，具有凝聚功能、导向功能和价值取向功能。

4. 检察组织文化建设的根本

检察组织文化建设的重心在于建立顺畅的体制和高效的运行机制，根本目的在于培育和塑造一支忠诚、公正、清廉、严明、刚正不阿的检察官队伍。检察官职业面对着社会较多的阴暗面，面对着各种金钱诱惑和权力威胁，面对着案多人少、受干扰多、工作压力大的现状，面对着家属工作、子女就业或住房紧张等诸多现实问题。如何有效地排除和解决这些问题，如何突出以人为本、实行人性化管理，如何完善检务保障机制，如何采取竞争上岗选拔人、素质教育培养人、量化考核管理人、章程制度规范人、监督机制约束人，应当是检察组织文化研究的主要课题。

三　检察制度文化

检察制度是检察机关的性质、任务、组织和活动原则以及工作制度的总称。检察制度文化是指检察机关依法制定的法律法规、章程制度所具有的文化内涵、所体现的法治精神。检察制度文化不是就制度研究制度，不是就法律研究法律，而是要研究立法建制的指导思想、法律制度本身的文化内涵以及所体现的法治精神，是要研究和探讨有关检察的法律制度在形成过程中的文化原因、在实施过程中的文化环境、在修改完善过程中的文化因素。

主诉检察官制度　主诉检察官制度是指主诉检察官在检察长和起诉部门

负责人的领导下，依照法律和有关规定，独立处理所承办的案件，并承担相应责任的一种办案制度。检察文化应当研究此项制度是否有利于择优选任高素质的主诉检察官；是否能够坚持责、权、利相适应原则，确保主诉检察官制度的良性运作；是否能够坚持简便、高效原则，降低办案成本，提高办案效率；是否有利于保障主诉检察官独立办案和监督制约机制相结合等问题。

自侦制度　自侦制度是指人民检察院直接受理案件并立案侦查的制度。宪法和有关法律赋予检察机关侦查监督的职能，同时宪法和刑事诉讼法又规定检察机关对职务犯罪等犯罪行为拥有侦查权。检察文化应当研究自侦案件线索的受理、管理与初查如何分离，如何建立、完善自侦案件内部监督制约机制，如何完善人大、新闻舆论和人民群众对自侦案件的监督制约机制等问题。

公诉制度　公诉制度是国家追诉犯罪的法律制度。公诉权是国家的一种公权力，其表现形式可分为起诉权、不起诉权、抗诉权三项。有学者认为，依据权力的内容，公诉权可以包括定罪请求权、量刑请求权、程序适用的请求权等权能。检察文化应当研究公诉权究竟是追诉权、请求权，还是专属性权力，公诉权的范围究竟应当有多大，如何建立民事与行政案件的检察机关公诉制度，如何走出公诉机关既当公诉人又当法律监督者的困境，传统的公诉制度如何适应社会发展的需要及控辩式庭审方式的要求等问题。

审判监督制度　审判监督制度是指人民检察院对人民法院的民事、刑事、行政等审判活动进行监督的制度。审判监督的业务包括民事、刑事、行政等各个诉讼领域。检察文化应当分析形成申诉和申请再审无序化、复查程序不透明、提起再审的标准不明确、外部监督程序不规范、人人都可申诉却又申诉难等情形的内在与外部原因，研究如何改革审监工作体制和运行机制，探讨建立新的再审制度的途径及方法。

辩诉交易制度　《布莱克法律辞典》对"辩诉交易"给出的定义是"指在刑事被告人就较轻的罪名或者数项指控中的一项或几项做出有罪答辩，以换取检察官的某种让步，通常是获得较轻的判决或者撤销其他指控的情况下，检察官和被告人之间经过协商达成的协议"。检察文化应当分析我国目前是否具备实施辩诉交易制度的文化环境和实体条件以及如何实施辩诉交易制度等问题。

检务公开制度　检务公开是指提高检察工作的透明度，使社会和民众更多地了解检察机关的工作状况和法律允许公开的执法情况。检务公开是实现检察机关公正执法的制度保障。检察文化应当研究如何进一步规范和深化这一制度，如何以公开促公正，使检察权在阳光下运行，应当分析在实行检务公开中出现的偏重于形式、半遮半掩、避重就轻等现象的原因，应当探讨完善对检察权监督制约的措施与途径。

此外，还有检察官任免、考核、培训、奖惩制度，人民监督员制度，立案监督制度，侦查监督制度，刑罚执行与监所监督制度，检察建议制度等多项制度。检察文化要挖掘这些制度所具有的文化内涵，研究这些制度与其他司法制度的相互作用和关系，分析这些制度存在的问题及其原因，探讨改革和完善这些制度的措施与途径。

四　检察设施文化

1. 概念解说

检察设施　是指检察机关为保障检务活动的正常运行和弘扬法治精神而设立或制作的建筑场所、器物、服饰以及其他文化设施。检察设施是借器物形状、服饰与建筑设计风格以表达法治理念的文化符号。当检察设施被赋予某种意义后，便以特定含义的文字图释，把抽象的法治理念具象化，彰显法治精神，传播法治理念。

检察设施文化　是要探讨检察设施的设计理念、象征意义、所体现的法治精神，探讨这些设施承载的法治理念和蕴含的法治文化。

2. 检察设施的类别

建筑设施　建筑设施是指专门用来开展检务或其他相关活动的场所或建筑物，如检察院、检察官学院、展览馆、纪念碑、雕塑、法治广场等。检察文化要研究这些建筑的设计理念、象征意义及所体现的法治精神，探讨这些建筑所承载的法治理念和蕴含的法治文化。

器物设施　器物设施是指为了保障检务活动正常开展和传播法治理念专门制作或配备的器物，如警车、警具、枪支、强制器械等。检察文化要研究这些器物设施的设计理念、象征意义及所体现的法治精神，探讨这些器物设施所承载的法治理念和蕴含的法治文化。

服饰设施　服饰设施是指为了维护法律尊严、彰显法律的神圣专门制作的服装与饰物，如检察服、徽章等。检察文化要研究这些服饰的设计理念、象征意义及所体现的法治精神，探讨这些服饰所承载的法治理念和蕴含的法治文化。

其他文化设施　文化设施是指检察机关为了弘扬法治精神、传播法治理念专门设置的媒体（包括专栏、专门频道、专页等），专门制作的宣传作品、影视作品以及专门进行检察业务培训及文艺体育活动的场所。例如，报社、杂志社、电视台、广播台、网站、文艺活动场所、宣传画等。检察文化要研究这些文化设施所承载的法治理念和蕴含的法治文化，探讨这些文化设施如何才能更好地弘扬法治精神、传播法治理念。

3. 检察设施的文化特征

检察设施的文化特征与法院设施文化相类似，具有直观性、严肃性、专属性、民族性等特征。所谓直观性是指检察设施是一种有形的文化符号，具有直观性和可视性。当该设施被赋予某种意义后，便以特定的文化含义把抽象的法治理念具体化，并以直观的形象传达法治理念，彰显法治精神。检察设施的直观性便于大众解读法律的特性，全面深刻地理解法治精神。所谓严肃性，是指检察设施是依法设立和使用的设施，是检察机关进行检务活动的保障，既不能随意设立，也不得随意使用，必须遵循法律的规定方可设立和使用，它彰显法律的尊严，具有庄重严肃的特征。所谓专属性，是指诸多检察设施系专为保障检务活动设立，每一具体的法律设施都有其特定的意义，其使用主体均为特定的人员，如器物设施中的徽章、警具，服饰设施中的检察服，均具有排他性和独立性。所谓民族性，是指检察设施文化与一个民族的社会生产方式、历史文化传统、自然地理条件等息息相关，它代表着一个民族的法治文化传统，标志着一个民族的法治状况，反映着一个民族对于法治的态度。

五　检察行为文化

1. 概念解说

检察行为是指行为主体的涉法行为，这些行为是在法律规范调整范围内的、具有法律意义的行为。

检察行为文化是指检察行为所具有的精神内涵、所秉持的价值取向、所体现的文化特征。它的研究对象是检察行为中所蕴含并体现的对行为主体产生影响的一切文化因素及其内涵，包括心理状态、家庭环境、工作环境、社会环境、历史传统、相互关系、民族性格、思维方式、行为方式等。

2. 检察行为的主体与结构

检察行为的主体是指检察行为的实施者，即检察机关与检察官。检察行为的结构是指构成检察行为的必要因素，大致可以分为表层结构和深层结构。

检察行为的表层结构是指在实施某种检察行为时可视可见的因素。主要包括三个方面：一是实施行为的主体，即这种行为是由谁实施或做出的；二是行为实施的对象，即这种行为的接受对象是谁，对象可以是自然人，也可以是法人或团体，还可以是财产或其他；三是相应的法律规范，即这种行为必须与法律相关联，是受法律调整的涉法行为。

检察行为的深层结构是指在实施某种法律行为时不可视、不可见的因素。主要包括四个方面：一是行为的动机与目的，即行为主体在实施此种检察行为时的最初动机和最终目的；二是行为的方式与手段，即行为主体在实施此种检察行为时所使用的各种方式与手段；三是行为的效果与影响，即行为主体在实施此种检察行为之后所产生的结果与社会影响；四是产生行为的环境，包括自然环境、家庭环境、工作环境和社会环境等。

3. 检察行为主体的形象塑造

检察行为主体的形象虽然说要靠全社会来塑造，但"忠诚、公正、清廉、严明"的检察官形象更要靠每一位检察官自己来塑造。检察官应有一种社会责任感，检察官既是国家法律的执行者，又肩负着守护国家法律的神圣职责，肩负着维护国家法制统一的神圣使命。检察官应有一种个人尊严感，在公务活动中，检察官代表的是检察机关，尤其是在诉讼活动中，检察官的仪表形象、待人接物、言谈举止都代表着国家的形象，体现着法律的尊严。检察官还应有一种权利敬畏感，这种敬畏既包括对公民权利的敬畏，也包括对国家和集体利益的敬畏，检察官在行使检察权的过程中保持对客体权利的敬畏可以保证权力的正当行使，不被异化。

4. 检察行为模式和规范系统

检察行为模式分为两种。一是应为模式，是指检察机关或检察官应当或必须那样行为，即行为主体在法律明确规范的范围内行为做出符合法律规范的要求的行为。二是勿为模式，是指检察机关或检察官不得或禁止那样行为，即行为主体的行为是违反法律要求、具有社会危害性的行为。

检察行为的规范系统分为三个层次：一是法律法规层面，包括宪法、法律、法规条例、司法解释、国际条约等；二是政策规章层面，主要是指检察机关内部的规章制度等；三是伦理道德层面，包括政治品德、社会公德、职业道德、家庭伦理道德和民族地域道德等。

5. 检察行为的文化特征

检察行为的文化特征与法院行为文化特征相类似，具有以下四个特征。一是法律性，检察行为的法律性首先表现在它与法律密切相关，是涉及法律规定的行为；其次，检察行为是发生法律后果的行为，如果这种行为不存在法律后果，那么它就不能构成完整的检察行为。二是社会性，检察行为是行为主体在社会上的意志行为，是发生在社会上的法律行为，检察行为会对社会造成影响，产生社会后果。三是可控性，检察行为既受到行为主体的自我控制，又受到法律的控制，即受到国家强制力的控制。四是价值性，检察行为是基于行为人对该行为的意义的评价做出的，是一种对象比较明确的实践活动，体现了主体与客体的关系；检察行为是一定社会价值的载体，人们可以用善恶、好坏、利害等范畴对其进行评价。

六　检察语言文本文化

检察语言文本文化包括语言与文本两大类，其中文本又包括检察文学艺术文本与检察文书文本两类。

1. 检察语言

检察语言是贯穿检务活动过程中所使用的语言，包括法律术语、司法讯问语言、法庭语言等。

法律术语是表示法律专用概念的词语，其特点一是语义的单一性，二是语义的相对性，三是词语的类义性，四是术语具有组群。

司法讯问语言是检察官在询问证人，讯问犯罪嫌疑人时所使用的语言。司法语言具有程序性、格式性、繁复性等特点。

法庭语言是检察官在法院开庭中宣读起诉书、法庭调查、法庭辩论等环节所使用的语言。

检察语言的文化具有高度准确、简明、严谨、朴实、庄重等特点，并且具有严格的专业化要求。准确是检察语言的首要特征，一就是一，二就是二，此就是此，彼就是彼，比如起诉和抗诉两个术语就不能混用；简明是指检察语言不能拖泥带水，必须简洁明确；严谨是指使用检察语言要严肃谨慎，不含歧义或近义，如"故意"不能用"特意"来替换，"禁止"不能写（说）成"不准"；朴实是指检察语言不宜使用华丽的辞藻，基本不使用形容词或比喻等修辞手法；庄重是指语体庄严稳重，不漂浮不轻率，能够彰显法律的威严；专业化要求是指在检察语言的语境中，要讲"法言法语"，不能说外行话。

2. 检察文学艺术作品

检察文学艺术作品是运用文学与艺术的手段和表现方法来反映检察系统的工作与生活、弘扬法治精神的作品。检察文学艺术作品从体裁上可以划分为小说、诗歌、戏曲影视剧本、散文、报告文学、纪实文学、书法、绘画、摄影、歌词、曲谱等。

检察文学艺术作品的文化特征有四：一是源于生活、反映生活，在作品中融入作者对社会生活的体验、理解、情感和态度，又能引导生活；二是通过塑造的典型形象弘扬法治精神，彰显公平正义；三是鞭恶扬善，用艺术的手法增强受众的法治意识；四是雅俗共赏，在潜移默化中对受众进行法治教育。

检察文化要总结文学艺术作品在反映法治生活中的成功经验和存在的问题，要研究检察文学艺术作品如何与法治精神深度融合，要探讨如何更好地在检察文学艺术作品中贯注法治理念，更好地彰显公平正义等等问题，真正做到"以先进的文化陶冶人、以高尚的精神塑造人、以优秀的作品鼓舞人"。

3. 检察文书

检察文书是人民检察院在诉讼活动中依法制定和使用的法律文书。检察文书主要包括立案文书，侦查文书，审查批捕和其他强制措施文书，起诉书，抗诉书，监所检察和法律监督文书，控告申诉检察和刑事赔偿文书，审批延长办案期限文书和其他文书，等等。此外，笔录也是一种重要的检察文书。笔录的种类繁多，主要包括现场勘查笔录，调查笔录，侦查实验笔录，讯问笔录，死刑临场监督笔录，等等。

检察文书是检察机关在检务活动中的文字凭证，其特征主要有四个。一是内容的合法性，检察文书必须依法制作，某些检察文书的使用还须履行特定的法律手续。二是行文的格式化，检察文书大都有固定的结构，每部分有固定的内容，还有一些检察文书采取统一印制的格式。三是语言的精确和规范性，检察文书对语言的精确度要求很高，要求语义单一，不含二意，明确具体，简洁清晰，精确庄重，用语规范。四是检察文书具有强制性，它是实施法律的载体，以国家的强制力为后盾来保证其执行。

结　语

笔者认为，在检察文化的范畴中，检察理念文化是检察文化的精髓，是检察系统的灵魂，它决定和支配着检察人的价值取向；检察组织文化、检察制度文化、检察设施文化是构成检察文化体系的主体，检察语言与文本是检察文化的载体。如果我们把检察文化比作一座大厦的话，那么理念文化就是这座大厦的设计理念和灵魂，组织文化是这座大厦的基础，制度文化是这座大厦的主体，设施文化、语言与文本文化就是这座大厦的外观与形式，行为文化就是这座大厦的社会效果。

检察文化是一个重大的理论课题，目前的研究仍处于起步阶段。这项研究绝不仅是检察系统的事，而且需要从事人文社会科学研究和实务部门的工作者来共同研究探讨。

（原载《人民检察》2009 年第 21 期）

论人民法院文化体系的建构

关于法院文化的概念，在学术界和司法界有多种不同的解读。[①] 但是，法院文化的范畴究竟应当包括哪些内容，法院文化的理论体系框架究竟如何构建，很少有人进行较为全面、系统和深入的研究。笔者认为，法院文化是法院系统呈现的一种整体文化状态和精神风貌。具体而言，法院文化是指融注在法官群体心底的法治意识、法治原则、法治精神及其价值追求，是法院机关的组织、制度、设施所具有的文化内涵，是法官群体在工作和日常生活中的行为方式，是有关法官群体的法律语言、法治文学艺术作品和法律文书中所反映和体现的法治内涵及其精神。人民法院文化体系应当从理念文化、组织文化、制度文化、物态文化、行为文化和法律语言文学与文本文化等方面来建构。[②]

一　理念文化

法院理念文化除包括法治文化的一些基本概念如法、法制、法治、民主、自由、公平、正义、权利、义务等以外，[③] 还包括人民法院文化体系中一些特有的基本理念、基本关系和基本理论。

---

① 参见王双喜《关于法院文化的思考》，《人民法院报》2001 年 3 月 19 日；丁义军、隋明善：《法院文化研究》，人民法院出版社，2002，第 2～5 页。此外，骆洪彬《法院文化建设的理性思考》、徐爱民《法院文化建设任道重远》、冯海玲《论法院文化与法官队伍建设》、卢富茹《对法院文化建设的思考》等多篇文章也对法院文化的概念进行过解读。
② "文本文化"与"语言文化"这两个概念是在召开"中国政法大学法治文化论坛"学术研讨会时，陈夏红先生和邹玉华女士建议增加的，特此说明，并致谢意。
③ 关于法治文化的基本概念，笔者在《中国当代法治文化的研究范畴》一文中已做阐述，载《中国政法大学学报》2009 年第 6 期。

1. 基本理念

审判理念 这些理念一是审判为民的理念，法官在审判活动中不能忘记自己是人民的公仆，要为寻求社会公平与正义的人民群众提供司法便利，急民之急、解民之困，真正从思想上解决好为谁掌权、为谁执法、为谁服务的问题。二是以人为本的理念，法官在审判活动中要认真贯彻"国家尊重和保障人权"的宪法原则，在审判活动中要充分尊重人，注重依法保障人权，既要体现出审判的刚性与力度，又要体现出审判的柔性与温度，使审判更具亲和力。三是审判效率的理念，为了保障司法公正的及时实现，法官在法律规定审限内要尽量提高效率，尽快解决纠纷，不让公正迟到。四是职业道德理念，法官应当忠于职守、秉公办案、刚正不阿、不徇私情，真正做到忠诚、公正、清廉、严明。

审判意识 一是法律至上的意识，法官在审判活动中要摒弃权大于法的思想，无论遇到什么情形，受到任何干扰，都要有以法为是、法为至上的意识，真正做到崇尚法律、忠于法律、维护法律。二是审判中立的意识，中立是司法公正最基本、最重要的因素，法官在审判活动中要保持中立，处于一种中性的、超然的状态，做到不偏不倚，平等保护，居中裁判。三是案结事了的意识，法官对案件的裁判是为了化解矛盾、解决纠纷，但在司法实践中往往发生案虽结、事未了的情形，当事人对裁判不服，甚至产生抵触情绪，因此，法官在审判活动中一定要重视调解的作用，力求案结事了，实现定纷止争的诉讼目的，不留后遗症。四是廉洁自律的意识，法官的廉洁自律意识在当今显得尤为重要，作为法官，要自重、自省、自警、自励，任何情况下都不为物累、不为名惑、不为利迷、不为欲诱，真正做到贫贱不能移、富贵不能淫、威武不能屈，养一身浩然正气。

审判原则 一是公平正义原则，公平正义既是社会主义核心价值理念，也是人类所追求的一种理想的社会状态，其从本质上集中体现了法院和法官群体设立与存在的意义。由于司法审判是维护社会公平正义的最后一道防线，法官是公平正义的最后守门人，因此它是法官从事审判活动最基本、最重要的原则，是法官需要倾注全力乃至生命来坚持和捍卫的原则。二是独立审判原则，是指法官在审判各类案件时，独立自主地做出裁判，不受其他任何组织和个人的干涉。此项原则不仅要求法官对外保持独立，而且要求在法院内部也要保持独立，不受其他法官和法院行政工作人员的干涉。三是审判公开原则，审判公开是确保司法公正的有效途径，是指除涉及国家机密、个人隐私、未成年人等案件外，将一切案件的审判过程与结果公之于众，将审判置于社会和民众的监督之下。此外，审判原则还包括公民在适用法律上一律平等，适用本民族语言文字进行诉讼，被告人有权获得辩护、合议、回避等原则。

2. 基本关系

在人民法院理念文化中，需要在理论上明确一些有关人民法院的基本关系及其文化内涵。这些关系包括：人民法院独立审判与加强政法委领导的关系，人民法院独立审判与接受人大监督的关系，人民法院独立审判与人民检察院法律监督的关系，法院内部各职能部门的关系，法官与检察官、警官、律师及当事人的关系，法官与人民陪审员的关系，法律监督与控辩平等及审判权威的关系，司法审判与公平正义、保障人权的关系，法、理、情的关系，继承传统与创新发展的关系，刑事案件依法审判与贯彻宽严相济政策的关系，古代审判制度与当代审判制度的关系，西方审判制度与中国审判制度的关系，法院文化体系中理念文化、组织文化、制度文化、物态文化、行为文化、语言文学文本文化之间的关系，等等。

3. 基本理论

在人民法院理念文化中，需要搞清楚一些基本理论及其文化内涵。例如，人民法院的性质与职能定位，法院机构及法官的渊源流变，当代审判制度的渊源流变，审判权的性质、作用与行使，审判权的内容及其监督制约机制，人民法院公信力与审判权威的树立，司法体制改革与公正、高效、权威的司法制度建设，人民法庭体制建设与多元化纠纷解决机制的完善，人民法院案件质量评估机制的建设与完善，法官考评制度与评价机制的建设与完善，审判公开和司法民主机制的完善，人民法院司法能力建设与发展的科学路径，优化审判职权的配置与办案效率的提高，法官等级、人事管理、审判运作方式的去行政化，法官的职业道德建设与法院的形象塑造，法官与检察官、警官等职业群体的共性与差异性，提升法官素质的措施和途径，法院依赖地方行政及司法地方化等问题的解决途径，法院理念、组织、制度、设施的现代化，法院文化的构成要素、功能及其作用，法院文化的特征与文化养成机制，人民法院文化建设追求的目标和效果，人民法院文化建设面临的问题与困境，营造和构建人民法院文化的措施与路径，等等。

二 组织文化

人民法院组织文化是指法院机关依据法律规定，在长期实践中形成的行政体制、运作机制和管理方法所具有的文化内涵。

1. 法院组织的设置

按照我国宪法与人民法院组织法的规定，国家设立最高人民法院、地方各级人民法院和军事法院等专门人民法院，省一级人民法院和县一级人民法院根据需要可设置工矿区、农垦区、林区人民法院（庭）。最高人民法院的内设机构包括办公厅、政治部、机关党委、立案庭、民事审判庭、刑事审判庭、行政审判庭、审判监督庭、执行局、监察室、研究室、外事局、司法行政装备管理局、离退休干部局、赔偿委员会办公室、司法体制和工作机制改革领导小组办公室、咨询委员会办公室、院基建办公室、机关服务中心、国家法官学院、人民法院报社、人民法院出版社、中国应用法学研究所、中国法官协会、中国女法官协会等。地方各级人民法院和专门人民法院大致设立相对应的内设机构。法院组织文化要研究的内容是，设置上述机构的必要性，各内设机构和事业单位的分工与职责是否明确、如何明确，现行的法院组织体系是否完备、如何完备，现行的工作运行机制是否顺畅、如何顺畅，等等。

2. 法院组织的显性文化

人民法院组织的显性文化主要包括四个方面。一是法院机构的名称、标志、徽、歌、服饰等所具有的文化内涵。二是法院机构的外貌，如标志性建筑与雕塑及其风格、审判场所的设计和布置方式以及周边自然环境等所体现的文化内涵。三是法院机构的文化设施，如自办的学院、报刊、网络、宣传栏（册）、广告牌、招贴画、纪念品等。四是法院机构的风俗与仪式，包括法院机关长期相沿、约定俗成的习惯、仪式、典礼、纪念日、活动等。

3. 法院组织的隐性文化

人民法院组织的隐性文化也主要包括四个方面。一是法院机构沿革与建制所具有的文化内涵。二是法院机构的性质与职能，它是法院机构不同于其他组织的标志。三是法院机构的制度与管理，制度层面规定了法官群体在公务活动中应当遵守的行为准则，管理层面主要是指法院机构在运行过程中所采用的方式方法、措施手段。四是法院组织文化的特质与功能，法院组织文化是一种在特定职业环境中形成的文化，是以法官为主体、不同于其他职业群体的文化凝聚，具有独立性、群体性、场域性、传承性等特性，具有导向、凝聚、约束、激励等功能。

4. 法院组织文化建设的目标

人民法院组织文化建设的重心在于建立顺畅的体制和高效的运行机制，形成李清在《法院文化建设的路径思考》一文提及的构建"不愿为"的自律机制、"不能为"的防范机制、"不必为"的保障机制、"不敢为"的惩戒机制。法院组织文化建设的根本在于培养和造就一支政治坚定、业务精通、作风优良、清正廉洁、执法公正的法官队伍。此外，如何有效地排除和解决法院管理体制的行政化问题，如何突出以人为本、实行人性化管理，如何完善审判保障机制，如何采取竞争机制选拔人、素质教育培养人、量化考核管理人、章程制度规范人、监督机制约束人、奖惩机制激励人，也应当是法院组织文化研究的主要课题。

三　制度文化

法院制度是审判机关的组织和活动原则、工作制度以及全体工作人员的行为规范的总称。法院制度文化是指法院机关依法制定的规章制度所具有的文化内涵和所体现的法治精神。①

1. 法院制度分类

人民法院制度大致可以分为八类。一是行政办公制度，主要包括行政事务管理制度、会议制度、业务信息工作制度、接待与信访制度、文件管理制度、档案制度、统计制度、保密制度、办公用品及设备管理制度等。二是人事管理制度，主要包括单位编制、人事录用、选拔、任用、培训、交流、考核、奖惩、职务任免、辞职辞退、工资福利保险制度等。三是审判运行制度，主要包括立案制度、证据制度、主审法官制度、人民陪审员制度、审判公开制度、合议庭制度、审委会制度、回避制度、调解制度、司法鉴定

---

① 奥地利法学家凯尔森认为，法律制度是一个有层次的体系，下级规范的权威来自上级规范，层次上溯，最后止于最高级的基础规范。参见〔奥地利〕凯尔森《法与国家的一般理论》，沈宗灵译，中国大百科全书出版社，1996，第126页。

制度、司法建议制度、执行工作制度、司法赔偿制度、法警工作制度等。四是内部审查监督制度，主要包括司法审查制度、错案追究制度、廉政行为管理制度、行政监督制度、层级监督制度、问责制度等。五是司法调研与司法解释制度。六是计划财务制度，主要包括计划制度、预算制度、采购制度、会计制度、核算制度、审计制度等。七是后勤管理制度，主要包括机关事务管理制度、车辆管理制度、消防安全管理制度、物资财产管理制度、环境与卫生管理制度等。八是法院所属事业单位及其他机构的相关制度。

2. 法院制度文化的特性

人民法院制度建设的一个重心在于整合司法资源，优质高效地进行司法活动。就其文化特性而言，是要具有系统性、实效性、可操作性和创新性。系统性是指法院是一个由相互联系、相互作用的若干要素构成的具有稳定结构和特定功能的有机整体，因此，法院的制度建设就要特别注重使这个整体的结构完整、层次清晰。实效性是指法院的每一项制度都要祛除形式主义，不空不虚，不搞花架子，讲求实效、能够落到实处。可操作性是指法院每出台一项制度，必须经过调研论证，结合实际，既能够操作，又便于操作。创新性是指法院的制度建设要与时俱进，富有新意，能够适应形势发展的需要，紧跟时代前进的步伐，变被动司法为主动司法。

3. 法院制度文化研究的内容

人民法院制度文化不是就制度研究制度，不是就规章研究规章，而是要研究有了哪些制度、缺少哪些制度、现行的制度存在哪些问题、健全和改善的方法与路径是什么。例如，关于法院队伍建设，法院制度文化要研究现行的法官任免、考核、培训、奖惩制度是否完善、如何改进和完善；法院队伍的整体素质与人民法院担负的使命如何相称；法官职业的特殊化要求与法官的现实表现如何缩小差距；法院队伍建设的主旨、重心、目标是什么，采取哪些措施与途径才能有效提高法院队伍的整体素质等问题。例如，关于审判运行机制，法院制度文化要研究的是现行的审判运行机制是否高效和完善；是否可以将现行的助理审判员制度改为法官助理制度；是否可以将现行的案件汇报审批制度改为主审法官负责制度；是否可以废止违反审级独立原则的下级法院向上级法院请示案件的制度；是否可以弱化或者取消审判委员会讨论案件的制度等问题。

人民法院制度文化要挖掘这些制度所具有的文化内涵，研究这些制度与其他司法制度的相互作用和关系，分析这些制度存在的问题及其原因，探讨改革和完善这些制度的措施与途径。此外，法院制度文化还要重点研究法院立法建制的指导思想、规章制度本身的文化内涵以及所体现的法治精神，要研究和探讨有关法院的规章制度在形成过程中的文化原因、在实施过程中的文化环境、在修改完善过程中的文化因素。法院制度文化建设的目标是要形成"用制度规定流程、用流程规范行为、用行为优化管理、用管理完善制度"的动态化运行机制。

四　物态文化

1. 概念解说

法院设施是指法院机关为保障审判活动的正常运行和弘扬法治精神设立或制作的建筑场所、器物、服饰以及其他文化设施。

法院物态文化是指借器物形状、服饰与建筑设计风格以表达法治理念的文化符号，当法院设施被赋予某种意义后，便可以特定含义的文字图释把抽象的法治理念具象化，彰显法治的精神，传播法治的理念。法院物态文化是指物态设施的设计理念、象征意义、所体现的法治精神以及其所承载的法治理念和蕴含的法治文化，它是法院文化最直观的文化要素。

2. 法院设施的类别

建筑设施是指专门用来开展审判或其他活动的场所或建筑物，如办公大楼、审判庭、展览馆、纪念碑、雕塑、法治广场等。法院的建筑设施要力求直观地凸显国家审判机关的庄重、威严和神圣，法院物态文化要研究这些建筑及其内饰的设计理念、象征意义及所体现的法治精神，探讨这些建筑及其内饰所承载的法治理念和蕴含的法治文化。

器物设施是指为了保障审判等活动正常开展和传播法治理念专门制作或配备的器物，如法槌、警车、警具、强制器械等。法院物态文化要研究这些器物设施的设计理念、象征意义及所体现的法治精神，探讨这些器物设施所承载的法治理念与蕴含的法治文化。

服饰仪仗是指为了维护法律的尊严、彰显法律的神圣而专门制作的服装饰物和专门进行的仪式，如法袍、警服、徽章、开庭仪式等。法院物态文化要研究这些服饰仪仗的设计理念、象征意义及所体现的法治精神，探讨这些服饰仪仗所承载的法治理念和蕴含的法治文化。

其他文化设施是指法院机关为了弘扬法治精神、传播法治理念专门设置的媒体（包括专栏、专门频道等）、专门制作的宣传品、影视作品以及专门进行审判业务培训及文艺体育活动的场所，如报社、出版社、杂志社、网站、文艺活动场所、宣传画等。法院物态文化要研究这些文化设施所承载的法治理念和蕴含的法治文化，探讨这些文化设施如何才能更好地弘扬法治精神、传播法治理念。

3. 法院物态文化的特征

法院物态文化具有直观性、严肃性、专属性、民族性等特征。法院设施是一种有形的文化符号，具有直观性和可视性。当该设施被赋予某种意义后，便以特定的文化含义把抽象的法治理念具体化，并以直观的形象传达法治理念，彰显法治精神，法院设施的直观性便于大众解读法律的特性，全面深刻地理解法治的精神。法院设施是依法设立和使用的设施，是法院进行审判活动的保障，这些设施既不能随意设立，也不得随意使用，必须遵循法律的规定方可以设立和使用，如审判法庭的设立和使用，它彰显法律的尊严，具有庄重严肃的特征。① 诸多法院设施系专为保障审判活动设立，每一具体的法律设施都有其特定的意义，其使用主体均为特定的人员，如器物设施中的法槌和警具，服饰设施中的法袍，均具有排他性和独立性。此外，法院设施文化与一个民族的社会生产方式、历史文化传统、自然地理条件等息息相关，它显示着一个民族的法治文化传统，标志着一个民族的法治状况，反映着一个民族对法治的态度。

五　行为文化

1. 概念解说

法院行为是指行为主体的涉法行为，这些行为是在法律规范调整范围之内、依据相关的法律程序、具有法律意义的行为。法院行为是一种

---

① 笔者认为：法院设施的使用内含着对法律秩序的维持，彰显着法律的庄重严肃。例如，使用法槌的目的之一就是维持法庭秩序；讯问室里对犯罪嫌疑人使用手铐、用铁栏将审讯人员与犯罪嫌疑人隔开，目的就是维护正常的审讯秩序，以保证审判活动的顺利进行。

法律行为。①

法院行为文化是指法院行为所具有的精神内涵、所秉持的价值取向、所体现的文化特征。它的研究对象是法院行为中所蕴含并体现的对行为主体产生影响的一切文化因素和内涵，包括心理状态、家庭环境、工作环境、社会环境、历史传统、相互关系、民族性格、思维方式、行为方式等。

2. 法院行为的主体与结构

法院行为的主体是指法院行为的实施者，主要包括法院机关、法官和法警。法院行为的结构大致可以分为表层结构和深层结构两类。②

法院行为的表层结构是指法院在实施某种法律行为时可视可见的因素。主要包括三个方面：一是实施行为的主体，即这种行为是由谁实施或做出的；二是行为实施的对象，即这种行为的接受对象是谁，对象可以是自然人，也可以是法人或团体，还可以是财产或其他；三是相应的法律规范，即这种行为必须与法律相关联，是受法律调整的涉法行为。

法院行为的深层结构是指在实施某种法律行为时不可视、不可见的因素。主要包括四个方面：一是行为的动机与目的，即行为主体在实施此种法律行为时的最初动机和最终目的；二是行为的方式与手段，即行为主体在实施此种法律行为时所使用的各种方式与手段；三是行为的效果与影响，即行

---

① 关于法律行为，学术界有多种解读。有人认为法律行为是指"能发生法律上效力的人们的意志行为，即根据当事人的个人意愿形成的一种有意识的活动，它是在社会生活中引起法律关系产生、变更和消灭的最经常的事实"。参见《中国大百科全书·法学》，中国大百科全书出版社，1984，第102页。有认为法律行为是指"具有合法权能的人所做的、能够产生特定法律后果的或产生法律上可能且允许的后果的意思表示或意愿宣告"。参见《牛津法律大辞典》，法律出版社，2003，第493页。有人认为"法律行为就是法律规范作为阶级社会调整与控制人们行为的方式的集中体现和必然结果，是人类社会行为的一部分，从法理学方面来说，法律行为是指法律规范规定的具有法律意义的，能够使法律关系产生、存续、变更或消灭的法律关系主体的行为"。李林：《法制的理念与行为》，社会科学文献出版社，1993，第119页。有人认为"法律行为是由法律所调整的，法制人在一定的法律心理支配下而实施的，能够实现法律价值目标的社会行为。我们也可以把法律行为看成是由法律所调整的法律关系的主体在一定的法律心理支配下所实施的，能够引起法律关系产生、存续、变更和消灭的社会行为"。莫纪宏：《法律行为的几重透视》，《中国社会科学院研究生院学报》1988年第3期，第37~44页。

② 张文显等人认为：法律行为是主体与客体、主观因素与客观因素交互作用的复杂过程，在结构上表现为行为的内在方面和外在方面。人的行为必然有一个内在的、主观的领域，即行为的内在方面。它包括动机、目的和认识能力等要素。法律行为的外在方面就是法律行为的客观表现。在法律行为结构中，外在方面具有决定意义。法律行为的外在方面包括行动、手段和效果等要素。参见张文显主编《法理学》，法律出版社，1997，第133~137页。

为主体在实施此种法律行为之后所产生的结果与社会影响；四是产生行为的环境，包括自然环境、工作环境和社会环境等。

3. 法院行为主体的形象塑造

法院行为主体的形象主要是指法官的形象，法官的形象虽然说要靠全社会共同来塑造，但更要靠每一位法官自己来塑造。法官的行为文化是法官精神文化的折射，举手投足、一言一行，体现着法官的水平、素质和文化。法官的言谈举止要让人可信、可敬，法官要自律、自重、自省、自励、自警，堂堂正正审判，干干净净做人。同时，法官应有一种社会责任感，法官既是国家法律的执行者，又肩负着守护国家法律的神圣职责，肩负着维护国家法制统一的神圣使命。法官应有一种个人尊严感，在公务活动中，法官代表的是人民法院，尤其是在审判活动中，法官的仪表形象、待人接物、言谈举止，代表着国家的形象，体现着法律的尊严。法官还应有一种权利敬畏感，这种敬畏既包括对公民权利的敬畏，也包括对国家和集体利益的敬畏，法官在行使审判权的过程中保持对客体权利的敬畏可以保证审判权的正当行使，不被异化。

4. 法院行为模式和规范系统

法院行为模式分为两种：一是应为模式，是指法院机关或法官、法警应当或必须那样行为，亦即行为主体要在法律规范的范围内行为，行为要符合法律规范的要求；二是勿为模式，是指法院机关或法官、法警不得或禁止那样行为，亦即行为主体的行为是违反法律要求、具有社会危害性的行为。①

---

① 法院行为是一种法律行为，《中国大百科全书》法学卷将法律行为分为合法行为与违法行为两类，参见《中国大百科全书·法学》，中国大百科全书出版社，1984，第102页。赵震江等人将法律行为分为：合法行为、违法行为、中性行为；积极法律行为（作为）、消极法律行为（不作为）；具体法律行为、抽象法律行为；个体法律行为、集体法律行为。参见赵震江、付子堂《现代法理学》，北京大学出版社，1999，第49~51页。武步云对法律行为作了如下分类。根据法律行为是否实际上所实施，可以划分为抽象法律行为和具体法律行为。根据法律行为的不同性质，可以划分为合法行为和非法行为。根据法律行为主体的不同，分为自然人行为、法人行为、国家行为、最高权力机关的行为等。根据法律行为主体的数量不同，分为单方法律行为和双方、多方法律行为。根据行为方式的不同，分为作为法律行为和不作为法律行为。根据法律行为的部门不同，分为民事法律行为、刑事法律行为、行政法律行为等。根据运动的过程来划分，分为立法行为、执法行为、司法行为、守法行为等。从实体法和程序法的角度来划分，可以分为实体法律行为和诉讼法律行为。参见武步云《马克思主义法哲学引论》，陕西人民出版社，1992，第57页。卓泽渊将法律行为分为9类，参见卓泽渊主编《法理学》，法律出版社，1998，第132~137页。张文显等人从公民依照法律和法律工作者依法处理法律关系的角度，将法律行为分为12类。参见张文显主编《法理学》，法律出版社，1997，第139~142页。

法院行为的规范系统分为三个层次：一是法律法规层面，包括宪法、法律、法规条例、司法解释、国际条约等；二是政策规章层面，主要是指法院机关内部的规章制度等；三是伦理道德层面，包括政治品德、社会公德、职业道德、家庭伦理道德和民族地域道德等。

5. 法院行为的文化特征

法院行为是一种法律行为，主要具有以下四个文化特征。[①] 一是法律性，法院行为的法律性首先表现在它与法律密切相关，是涉及法律规定的行为；其次，法院行为是发生法律后果的行为，如果这种行为不存在法律后果，那么它就不构成完整的法院行为。二是社会性，法院行为是行为主体在社会上的意志行为，是在社会上发生的法律行为，法院行为会对社会造成影响，产生后果。三是可控性，法院行为既可以受到行为主体的自我控制，又受到法律的控制，即受到国家强制力的控制。四是价值性，法院行为是基于行为人对该行为的意义的评价做出的，是一种对象性比较明确的实践活动，体现了主体与客体的关系；法院行为是一定社会价值的载体，人们可以在善恶、好坏、公正与否等范畴对其进行评价。

六　法院语言文学与文本文化

法院语言文学与文本文化包括法官语言、文学艺术作品、法律文本三大类。

1. 法官语言

法官语言是贯穿审判与执行活动过程中法官所使用的语言，包括法律术语、司法讯问语言、法庭语言等。其中，法律术语是表示法律专用概念的词语，其特点一是语义的单一性，二是语义的相对性，三是词语的类义性，四是术语具有组群。[②] 司法讯问语言是法官在询问证人、讯问犯罪嫌疑人、提

---

① 谢邦宇、黄建武认为，法律行为一般特征是：法律行为都起因于主体需要，并对社会造成影响，产生社会后果；法律行为的主体都是法律所确认的行为主体，无论合法行为或违法行为，其主体资格都有法律规定；法律行为是主体的意志行为；法律行为的方式都有法律规定；法律行为能够引起法律后果；法律行为受国家强制力控制。参见谢邦宇、黄建武《关于法行为的一般研究》，载黎国智、马宝善主编《行为法学在中国的崛起》，法律出版社，1993，第68页。李林认为，法律行为可以概括为阶级性、客观性、主观性和能动性等四个基本特征。参见李林《法制的理念与行为》，社会科学文献出版社，1993，第122页。
② 参见刘洪婴《法律语言学》，北京大学出版社，2003，第9页。

审犯人时所使用的语言，司法语言具有程序性、格式性、繁复性等特点。法庭语言是指法官在开庭过程中所使用的语言。①

法官语言具有准确、简明、严谨、朴实、庄重和专业化等文化特征。准确是法官语言的首要特征，一就是一，二就是二，此即此，彼即彼，不能混用；② 简明是指法官语言不能拖泥带水，应当简洁明确；严谨是指法官语言要严肃谨慎，不含歧义或近义；朴实是指法官语言不适宜使用华丽的辞藻，基本不使用形容词或比喻等修辞手法；庄重是指法官语言的语体要庄严稳重，不漂浮不轻率，能够彰显法律的威严；专业化是指在法官在审判等公务活动中，要讲"法言法语"，不说外行话。

2. 法院文学艺术作品

法院文学艺术作品是指运用文学与艺术的手段和表现方法来反映法院系统的工作与生活、弘扬法治精神的作品。法院文学艺术作品从体裁上可以划分为小说、诗歌、戏曲、影视作品、散文、报告文学、纪实文学、书法、绘画、摄影、歌词、曲谱等。

法院文学艺术作品的文化特征一是源于生活、反映生活，在作品中融入作者对社会生活的体验、理解、情感和态度，因而又能引导生活；二是通过塑造的典型形象弘扬法治精神，彰显公平正义；三是鞭恶扬善，用艺术的手法增强受众的法治意识；四是雅俗共赏，在潜移默化中对受众进行法治教育。

法院文学艺术作品是法院文化的重要组成部分，法院语言文学与文本文化要总结这些文学艺术作品在反映法院生活中的成功经验和存在的问题，要研究法院文学艺术作品如何与法治精神深度融合，要探讨如何更好地在法院文学艺术作品中贯注法治理念、更好地彰显公平正义等问题，真正做到"以先进的文化陶冶人、以高尚的精神塑造人、以优秀的作品鼓舞人"。

3. 法院文书

法院文书是人民法院在诉讼等活动中依法制定和使用的法律文书，主要包括立案文书、拘传文书、判决书、裁定书、司法建议书，等等。此外，笔录也是一种重要的法院文书。

---

① 参见刘斌《新闻报道中的法律语言规范》，《中国记者》2005 年第 7 期，第 66 ~ 67 页。
② 比如拘传、拘捕、拘留、拘役四个词就不能混用，再如"故意"不能用"特意"来替换，"过错"不能用"错误"来替换，"禁止"不能写（说）成"不准"。

法院文书是诉讼等活动中具有法律效力的文字凭证，其文化特征主要包括四个方面。一是内容的合法性，法院文书必须依法制作，某些法院文书的使用还须履行特定的法律手续。二是行文的格式化，法院文书大都有固定的结构，每部分有固定的内容，还有一些法院文书采取统一印制的格式。[①] 三是语言的精确和规范性，法院文书对语言的精确度要求很高，要求语义单一，不含二意，明确具体，简洁清晰，精确庄重，用语规范。四是法院文书具有强制性，它是实施法律的载体，国家的强制力为后盾来保证其执行。

结 语

笔者认为，在人民法院文化体系中，理念文化是精髓和灵魂，它决定和支配着法官群体的价值取向；组织文化、制度文化、物态文化是构成法院文化体系的主要内容；语言文学作品与法律文本是法院文化的载体之一。法院文化体系建设的基础是组织、制度与设施文化建设，关键是确立现代司法理念，重心是提高法官群体的素质，目标是促进司法的公正与效率、实现社会的公平正义。人民法院文化体系建设是一个重大的理论课题，目前的研究仍处于起步阶段。这项研究绝不仅是法院系统内部的事，而且需要从事人文社会科学研究和司法实践的同仁共同来研究探讨。

（原载《中国政法大学学报》2010 年第 4 期）

[①] 例如起诉书，首部必须写明原告、被告、案由、诉讼请求；正文写明事实与理由；尾部签署具状人及时间。再如，人民法院的一审民事判决书尾部，要告知当事人上诉权事项，必须用如下固定文字表述："如不服本判决，可在判决书送达之日起 15 日内，向本院递交上诉状，并按对方当事人的人数提出副本，上诉于×××人民法院。"

法治设施文化的分类、特征及其建设路径

一 法治设施的概念与类别

法治设施是指用来弘扬法治精神、保障法律制度实施的建筑场所、器物、服饰以及其他文化设施。法治设施大致可以分为法意建筑、法意器物、法意服饰和其他法意文化设施四类。

法意建筑是指专门用来立法、司法、执法和法治宣传的场所或建筑物。包括人民大会堂、法院、检察院、监狱、看守所、劳改所、少年犯管教所、刑场、讯问室、监室、展览馆、纪念碑等。例如法庭，是法官进行法律聆讯、审判诉讼案件的特定场所。法庭的布局非常有讲究，就建筑规模而言，我国法庭分为大、中、小三种，内部分为审判区和旁听区两大区域。依据《最高人民法院关于法庭的名称、审判活动区布置和国徽悬挂问题的通知》的规定，人民法院开庭审理民事、经济、海事、行政案件时，审判活动区按下列规定布置：法庭内法台后上方正中处悬挂国徽；审判活动区正中前方设置法台，法台的高度为 20~60 厘米；法台上设置法桌、法椅，为审判人员席位，其造型应庄重、大方，颜色应和法台及法庭内的总体色调相适应，力求严肃、庄重、和谐；法台右前方为书记员座位，同法台成 45°角，书记员座位应比审判人员座位低 20~40 厘米。① 审判台左前方为证人、鉴定人位置，同法台成 45°角。法台前方设原、被告及诉讼代理人席位，分两侧相对而坐，右边为原告席位，左边为被告座位，两者之间相隔不少

---

① 有条件的地方，是将书记员的座位设置在法台前面正中处，同法台成 90°角，紧靠法台，面向法台左面，其座位高度比审判人员座位低 20~40 厘米。

于 100 厘米，若当事人及诉讼代理人较多，可前后设置两排座位；也可使双方当事人平行而坐，面向审判台，右边为原告座位，左边为被告座位，两者之间相隔不少于 50 厘米。刑事案件开庭时，法台之下的布局与上述有所不同，张建伟认为："法庭布局看似寻常，却承载着一个国家或者社会的司法文化，体现司法文明的进步，如此看来，显然也是不可等闲视之的。"①

法意器物是指为了保障法律的实施、法治理念的传播和司法活动的正常进行专门制作或配备的器物。包括徽章、秤戥、法槌、警车、警具、强制器械、独角兽等。譬如法槌，法槌是由中国古代的惊堂木演变而来，当然也借鉴了西方法院的法槌。在全国法院推广使用法槌的原因，一是法槌体现了现代司法理念，二是审判实践的需要，三是批判地继承了历史传统，四是与国外通行做法相协调，五是有助于增强法庭的权威性和严肃性。各级法院现在使用的法槌均取"花梨木"的材质，寓指人民法官刚直不阿、坚韧不拔的优秀品质；圆柱形槌身，矩台形底座，取"智圆行方"之意，明示方圆结合、有规矩成方圆，暗喻司法公正、法律的原则性与灵活性结合，象征法官应是智慧和正义的化身。槌身与底座的深红颜色，凝重庄严，烘托法庭庄严神圣的气氛、体现司法的尊严；以槌击座，声音清脆响亮，寓指敲定，内含"一槌定音"之意。再如独角兽，本名"獬豸"，它是最能体现中国古代司法喻义的象征物之一。相传它是中国历史上第一位大法官皋陶身边的一只神兽：它似鹿非鹿，似马非马，双眼圆睁，怒目而视，头上长着独角，当遇到疑难案件，只要将它牵出，它就能撞击真正的犯罪分子。我国古代司法官员的衣服上也绣有"獬豸"的图案，这种形象实际是一种工具主义的象征。②

法意服饰是指为了维护法律的尊严、彰显法律的神圣而专门制作的服装与饰物。包括法官服、检察官服、警服、律师服、服刑人员服装等。以法官袍为例，法官袍不只是一件服装，它还象征着法律的神圣、司法的威严和法官的崇高地位，承载着司法正义的理念。法官身穿法袍是司法礼仪的一部分，或者说是形式化的司法。西方早期的法袍有红、黑、粉红、紫、蓝和绿

① 张建伟：《法庭布局：诉讼文化的外在体现》，《人民法院报·法律文化专刊》2012 年 3 月 23 日。

② 参见郑智航《鬼神观念与法律文化》，《人民法院报》2004 年 10 月 18 日，第 4 版。

等多种颜色,其中以红色和黑色最为常见。从 17 世纪开始,欧洲各国开始以法令形式统一法袍的颜色、样式和穿着方式。① 我国法官现在出庭是穿着 2000 式审判服,2000 式审判服除法袍外,还包括西式制服。法官袍为黑色散袖口式长袍,黑色代表的是庄重和严肃;红色前襟与国旗的颜色一致,前襟配有装饰性金黄色领扣,意在体现人民法院代表国家行使审判权;四颗塑有法徽的领扣,象征我国的审判权由基层、中级、高级、最高人民法院四级行使。法官袍整体象征着法官成熟的思想和独立的判断能力,穿着法官袍有一种职业上的尊严感,同时也意味着要遵循法律、对国家和社会负责。再如律师服,20 世纪 80 年代,中国律师服装分冬服和夏服,冬服是蓝色大棉衣,夏服分男律师夏服和女律师夏服。从 2003 年 1 月 1 日开始,中国律师出庭服装由律师袍和领巾组成。律师出庭着装时,应内着浅色衬衣,佩带领巾,外着律师袍,律师袍上佩带律师徽章。下着深色西装裤、深色皮鞋,女律师可着深色西装套裙。律师出庭服的设计,坚持了以庄重的色调、鲜明标志、大方的款式为设计基本理念,辅之以简洁实用、便于携带等特点。服装主体设计为黑色宽松式短袍,前摆呈开放式,以适应多种体型,便于起坐。同时,也有别于法官的黑色长款法袍和检察官的深色西装。此外,服刑人员

---

① 英国 1635 年威斯敏斯特委员会颁布了法令,对法官和法庭其他成员服装及其穿着样式做出统一规定。该法令规定英国法袍分为正装法袍和便装法袍,正装法袍为猩红色,便装法袍有黑色和紫色两种。在审理刑事案件及圣徒日、国王生日和其他重大礼仪场合时穿着猩红色正装法袍,并装饰白貂皮;在审理民事案件时穿着便装法袍,紫色或黑色由法官自行选择。美国学者哈罗德·J. 伯尔曼将法袍作为象征法官职责的符号,表示司法是种正式庄严的行为,类似宗教仪式。我国学者张建伟认为,法袍"昭示的是对于法律神圣性的尊重,也带有司法的尊严感和权威性的意味在里面。身穿法袍,承担的是'上帝'的角色,辨明是非,判断罪错,施以制裁,加以刑罚,掌握他人之生命自由,评定争议的财产归属,其功能虽在判断,意义却非同凡响"。参见《法制博客·张建伟的个人空间》,2012 年 2 月 9 日。张薇薇认为法袍具有"屏障"作用,"虽然在实体的制度构设上法袍无能为力,但法袍可以在形式上保护司法权与司法者,在法律情感上拒斥一些窥视和干涉司法过程与司法独立的险恶动机。法官身穿与众不同的法袍,就无形中与不穿法袍的广大群体形成了一定的距离。特别是法袍象征权力和地位,使穿着者有一份尊荣和自豪,无意间会增强对法律和司法神圣性的追求和对不偏不倚、公正司法的热爱。一些觊觎司法权(侵害或扭曲司法权行使与本质)的人看到法袍,在视觉中的第一印象是司法的神圣和权威毕竟是可视的——众目共睹、众望所归。黑森森的法袍、肃然的法官神态无疑会震慑一批居心叵测的人。身穿法袍的法官由于形式上远离公众(媒体)和政治权势,能够平静下来兼听则明,做出独立的、公正的判断。可以说黑色的法袍让法官从人群中回到判席上'从台前走到台后',以更超然更独立的第三者身份去看待世事、定纷止争。"参见张薇薇《法袍与法文化》,《法律科学》2000 年第 5 期。

的着装也有讲究。①

其他法意文化设施主要是指为了弘扬法治精神、传播法治理念而设置的法治媒体，包括报刊、电视台、电台、网站、自媒体及其相关的专栏、专门频道、专页等；专门制作的法治影视作品和宣传品；专门进行法治文化宣传的活动场所，包括法治文化长廊、法治书画展览、法治教育基地、法治文化公园、法治文化家园、法治文化主题乐园、法治文化广场、法治文化墙、法治宣传栏等。这些法治设施作为特殊的载体，将法治宣传教育的触角延伸到方方面面，融入人们的工作与生活之中，营造出法治文化的良好氛围。

就总体而言，法治设施是借器物形状、服饰、建筑、设计风格来表达法治理念的文化符号，设施本身是规范或禁忌，是一种价值观和文化，设施被赋予某种意义后，便以特定的含义把抽象的法治理念具象化，彰显法治的精神，传播法治的理念。法治设施从它的设计理念到它的象征意义，内含的是法治理念，体现的是法治精神，营造的是法治氛围，是法治文化的重要组成部分。法治设施文化就是要探讨法治设施的设计理念、象征意义、所体现的法治精神，探讨这些法治设施承载的法治理念和蕴含的法治文化。

二 法治设施的文化特征

法治设施作为表达法治理念、弘扬法治精神的文化符号，具有鲜明的文化特征。

一是直观性。法治设施是一种有形的法治文化符号，具有直观性和可视性。以人民法院法庭建设为例，依据自 2010 年 11 月 1 日起施行的人民法院法庭建设标准，人民法院法庭建设项目由房屋建筑、场地和法庭装备三部分组成。人民法院审判法庭房屋建筑由立案用房、审判用房、执行用房、审判配套用房、辅助用房等组成。立案用房包括：当事人接待室、诉前调解室、立案登记室、诉讼收费室、法律服务室、法律资料查询室、法警值班室等。

---

① 为确保监狱的安全稳定，消除各类安全隐患，2005 年 12 月司法部监狱管理局发出通知，决定对全国监狱服刑人员夏装上衣的颜色作如下改变：男装上衣颜色改为浅驼色，女装上衣颜色改为豆绿色，服装样式及布料质量保持不变。司法部监狱管理局有关负责人介绍，此次变更是由于 2005 年全国监狱人民警察开始配发 99 式浅蓝色警用长、短袖制式衬衣，该衬衣的颜色与服刑人员夏装上衣颜色十分相近，不易识别，给监狱的监管安全造成隐患。

审判用房包括：大法庭、中法庭、小法庭、独任法庭、合议室、法官更衣室、审委会评案室、诉讼调解室、听证室、证据交换室等。执行用房包括：执行工作室、执行物保管室等。审判配套用房包括：候审大厅、陪审员室、公诉人室、律师室、证人室、鉴定人室、翻译室、刑事被告人候审室、法警值庭室、羁押室、法庭设备中心控制室、音像资料编辑室、阅卷室、案卷档案室、信访接待室，还有辅助用房等。再如法意建筑中的展览馆、纪念碑、雕塑、法治文化广场、法治文化主题乐园，法意器物中的徽章、秤戥、法槌、警车、警具、强制器械等，都是看得见、摸得着的实物，具有直观性和可视性。人民法院法庭建设充分体现法庭作为国家司法活动的公共场所和国家司法文明标志的特点，满足人民法院行使国家审判权和有关国家机关、公民、法人、其他组织进行诉讼活动，以及国家对公民进行法制教育的需要。当这些设施被赋予某种意义后，便以特定的文化含义把抽象的法治理念具体化，并以直观的形象传达法治理念，彰显法治精神。法治设施的直观性和可视性便于大众解读法律的特性，领悟法律的奥妙，全面深刻地理解法治的精神。

二是专属性。法治设施是为了弘扬法治精神、保障法律制度实施和运行依法设立的设施，它的设立和使用不能随意而为，既不能随意设立，也不得随意使用，必须遵循法律的规定方可以设立和使用。例如，设置和使用法槌的目的之一就是维持法庭秩序，法槌专属于法官，别人无权使用法槌；法槌不能拿到其他场所去敲，即使法官在法庭上也不能拿着法槌随便乱敲。如同法袍和法槌专属于法官一样，警服或警徽是专属于警察，其他人员是不能随便着警服、佩戴警徽从事社会活动，如果非警察人员着警服、戴警徽在社会上活动，那么就有招摇撞骗之嫌。法治设施的专属性决定了它专属于某一特殊人群使用，其他群体不得随意使用，许多法治设施具有排他性。①

三是严肃性。诸多法治设施系专为保障法律的实施与运行而设，每一具体的法律设施都有其特定的意义，其使用主体均为特定的人员，设施的使用不能随随便便。例如手铐，手铐是法意器物之一，讯问室里对于重大犯罪嫌疑人使用手铐，或用铁（木）栏将审讯人员与犯罪嫌疑人隔开，目的就是

---

① 笔者认为一些法律设施的使用、空间的布置、服饰的设计与衣着，内含着对法律秩序的维持，彰显着法律的庄重严肃。

维护正常的审讯秩序，使侦察活动顺利进行。但谁来使用手铐是一个非常严肃的问题，一个法律上不具有携带或使用手铐职权的人员是绝不能使用手铐的，即使是具有携带或使用手铐职权的人员，在什么样的情况下可以使用，也需要依据法律的规定。诸多法律设施从它的设计到它的使用、从它的外形到它的内部布局，蕴含着对法律秩序的维持，彰显着法律的庄重严肃。再如警徽，警徽是人民警察专用标志，警徽及其图案不是可以随便使用的。警徽一般用于授衔、授装、宣誓、阅警等重大仪式，用于人民警察机关及其事业单位的重要建筑物、会场主席台。用于人民警察机关颁发的奖状、荣誉章、证书、证件，人民警察报刊、图书出版物和警服、警帽、警用交通工具、标志等物品。悬挂警徽，应当置于显著位置；使用警徽及其图案，必须严肃庄重。

四是时代性。法治设施带有明显的时代烙印。下面以人民警察的服饰为例。井冈山时期我国红色政权设置警察机构，警服与红军战士的服装一致。延安时期我党正式成立延安市公安局，此间的警服为黑色制服，黑白相间的大檐帽，无帽徽，铝合金特制白色领章，铸有"边警"两字，沿用至1942年。解放战争时期，警察着装同解放军着装基本一致，男服上衣为中山装，下衣为马裤，女服为列宁装。新中国成立后至"文化大革命"时期的警服分为50式、55式、59式、66式、72式。①改革开放后的警服有83式、89式、99式之分，较之前几套警服，83式从整体设计和工艺加工上，更能体现人民警察的庄重严肃、威武雄壮的气概和警容风貌，这套警服取消红领章，改为佩戴松枝衬托红色盾牌的领章，另一个特点是警服上出现了警号。89式警服是在83式警服的基础上做了小的改进，警服裤子取消了两侧红裤线，红领章改为松枝衬托的红色盾牌领花，内有金色五角星，大檐帽增配了金黄色丝编装饰带，女性民警改戴短立筒有檐软帽。99式警服即现行警察

---

① 50式警服与中国人民解放军相同，区别是胸章标有"人民公安部队"字样，臂章为盾形，上方横写"公安"二字，下方缀军徽，帽徽为中间嵌"公安"字样的红五角星，该式警服使用到1956年，这个时期公安部门的工作重点是"反特控特、剿匪、镇压反革命"。55式警服上衣为草绿色，下衣藏青色，平顶大檐帽，即人们所熟悉的"马天民式"；59式警服上衣白色，增加了领章，领章中有一铜质盾牌，上缀五颗五角星，下装颜色由藏青改为藏蓝，各警种一律佩戴领章。这两个时期公安工作的重点是"保卫经济建设、打击政治犯罪"。66式警服服装制式、技术规格和质量均与解放军干部相同，上衣草绿色，有红领章，下衣藏蓝色，取消了大檐帽。72式警服颜色由草绿色改为藏蓝色，增加大檐帽，突出了人民警察的特点。

着装。这套警服颜色选用国际上警察通用的藏青色或藏蓝色，交、巡警衬衫采用浅蓝色，普通民警衬衫采用铁灰色（后改为浅蓝色），高级警官衬衫采用白色，服饰佩戴帽徽、领花、警衔、警号、胸徽，分为常服、作训服和多功能服。纵观人民警察服饰的演变历史，有四个明显的特点：一是逐步脱离中国人民解放军的序列，形成了人民警察自身的服饰系列，标志着人民警察的正规化建设不断取得新的进展；二是人民警察的徽章总体上由简约到丰富、由单一到多样，更好地展示人民警察的良好形象；三是人民警察服饰的形式注重与国际接轨，功能更齐全，样式更美观，充分体现了时代特色和人民警察部队威武雄壮的风采；四是人民警察的服饰从一个侧面反映了人民警察的发展历史，具有丰富的文化内涵，深深打上时代的烙印，从一个侧面反映了人民警察队伍不断向前发展的历史进程，同时也标志着人民警察部队的正规化、现代化建设发展到了一个新的阶段。①

五是象征性。一般来说，法治设施均具有象征性，除了每一个体的设施或器物的具体象征意义外，法治设施还具有共同的象征意义，这就是法的象征、权力的象征、国家的象征。下面以警察徽章为例。人民警察的警徽图案由国徽、盾牌、长城、松枝和飘带构成。国徽衬地和垂缕为正红色，盾牌衬地为深蓝色，长城、松枝和飘带为金黄色。警徽中的国徽是中华人民共和国的标志和象征，国徽上的天安门图案，象征伟大的祖国，象征我国人民的革命传统；齿轮和谷穗图案象征工人阶级与农民阶级；五星图案象征中国共产党领导下的中国人民大团结。警徽在中心位置突出国徽图案，表明人民警察是国家的捍卫者，担负维护国家安全的神圣使命。警徽中的蓝盾具有护法、守卫和安宁的含义，象征人民警察是人民民主专政的重要工具和社会主义祖国的坚强保卫者，表明人民警察保卫人民的神圣职责。长城是中华民族坚强团结、坚不可摧的伟大力量和百折不挠、英勇奋斗的民族精神的形象体现，警徽中的长城象征人民警察是维护社会秩序和国家安全的钢铁长城。警徽中的松枝代表常青与和平，象征人民警察的品质和战斗意志；松枝环抱盾牌，象征中华民族热爱和平、青春永在，国家欣欣向荣、繁荣昌盛。

六是民族性。法治设施文化与一个民族的社会生产方式、历史文化传统、自然地理条件等息息相关，它体现着一个民族的文化传统，标志着一个民族的法治状况，反映着一个民族对于法治的态度。在少数民族聚集的地

---

① 参见刘道纪《警察徽章的文化内涵》，《人民公安》2010 年第 6 期。

域，不同民族的宗教信仰不同、风俗习惯不同，生活方式也不尽相同，有些法律设施的风格也不尽相同。例如，新疆、西藏等少数民族地区中有的法院与检察院的建筑风格就带有鲜明的民族特色。

三　法治设施文化建设存在的问题及对策

法治文化设施既是弘扬法治精神、展现法治建设成果的重要平台，也是开展学法用法活动、传播法治理念的有效载体。近些年来，一些地区和行业系统的法治文化设施建设取得了令人瞩目的成效。以成都市为例：截至2012年底，成都市已建成各类法治文化基础设施4173处，其中，法治教育基地37个、法治文化公园2个、法治文化广场16处、法治文化墙8面、法治文化家园13个、户外LED显屏223处、村（社区）法制宣传栏3800余处，内容丰富、形式多样的法治文化设施赢得了广大人民群众的普遍赞誉。① 2014年3月28日，成都市正式出台《成都市依法治市实施纲要》，共包括9个方面32条内容，明确要求："把法治文化阵地建设纳入公共服务配套设施规划，积极推进法治公园、法治广场、法治长廊、法治墙报等法治文化基础设施建设，各区（市）县至少建立1个法治文化广场、1个青少年法治教育基地。"同时提出成都市到2020年要初步建成全国一流的法治城市，让"法治化"成为成都最为显著、最为核心的竞争优势。在成都，诸如郫县水乡尚法大道，古城镇花牌村民主法治村，友爱镇农科村法治绿道，德源文明法治家园，锦江区春熙法治文化商圈，彭州市升平镇银雀村法治广场，新津县法律服务大厅，普兴镇袁山法治社区，等等，都各具特色。② 成都市司法局为落实《成都市依法治市实施纲要》，提出推进法治文化设施建设的"十要十结合"，其经验值得推广和借鉴。③ 此外，诸如江苏等省的人民法院系统近些年来在法治设施文化建设都取得了显著成就。

但就全国范围的法治设施文化建设而言，还存在不少的问题和需要改进

---

① 参见《四川法制报》2013年10月18日。

② 参见朱光泽《法治文化基础设施建设成果大比拼》，《成都日报》2011年11月24日。2014年12月5日，成都市委员会审议通过了《全面深入推进依法治市的决定》，颁布了251项重要举措，推进依法治市。

③ 参见黄鹏《推进法治文化设施建设　政府部门不能唱"独角戏"》，《成都日报》2014年5月19日。

的地方。这些问题主要集中在如下几个方面：一是各地区、各行业系统的法治设施文化建设发展不平衡；二是有些地区或行业的领导对法治设施文化建设不重视；三是法治设施文化建设注重形式、轻视内涵；四是法治设施文化建设注重建设、轻视效果，利用率不高；五是有些法治设施文化建设不接地气、不符合实际；六是有些法治设施文化建设主题不突出、形式不灵活；七是有些地区虽然政府重视、司法部门积极，但并未形成全社会参与的氛围；八是有些地区与行业系统的法治设施文化建设一阵风、阶段性、尚未形成长效机制；九是现有的一些法治设施投入不少，利用率不高，社会效益不佳。

那么，法治设施文化建设应当注意哪些问题呢？

一是法治设施建设要统筹考虑，合理布局，重点推进。法治设施文化建设是一项综合性、全局性的工作，各级党委和行政部门在部署本地区或本系统的法治设施建设的时候，应当先行调研，通盘考虑。法治设施的分布要与区域特征相结合、与行业特征相结合、与地理环境相结合，法治元素展示与民生功能相结合，一般项目建设与重点推进项目相结合，做到横向有宽度，纵向有深度。

二是法治设施建设要发动全社会参与，发挥各行各业的资源优势。法治设施的建设绝不仅是法院、检察院等司法机关的事情，更应当发动全社会参与，发挥各行各业的资源优势。各级党委和行政部门及司法机构在法治设施的建设中，要转变角色，由"主演"向"导演"转变，从"独唱"向"合唱"转变，发挥各行各业的资源优势，引导社会力量主动参与建设，构建"政府主导、行业联动、社会参与、优势互补"的联动机制。①

三是法治设施建设的形式要多样。法治设施建设不应当是单调的、生硬的，除了司法机构所需要的、法律法规所要求的设施之外，形式应当生动活泼，丰富多彩，为广大人民群众喜闻乐见。例如，既可以兴建法治教育基

① 例如：成都市青羊区为"省级法治文化试验区"，在建设法治文化阵地这一过程中，青羊区司法局不搞"包办一切，单打独斗"的传统模式，明确提出了"三借"的工作思路。首先，通过"借脑"，组织39个相关责任单位召开征求意见会，进行了充分论证；其次，通过"借势"，争取区委、区政府大力支持，切实增强了司法局牵头抓总的能力；最后，在"借力"方面，青羊区司法局牢牢把握"五新青羊"工作主题，形成了"全区参与、部门联动、重点突出、形式多样、特色鲜明"的创建工作新格局。另据成都市温江区司法局相关负责人介绍，在打造这一法治文化设施过程中，他们转变思路，充分运用社会资源资金，实现了法治文化平台共建共享。通过为企业冠名、发布企业形象广告等形式，法治文化阵地项目前后吸收了近500万元资金。这样既宣传了企业形象，也解决了法治设施建设经费不足的难题，实现了共赢。

地、法治广场、法治公园、法治社区、法治院落，也可以兴建法治一条街、法治长廊、法治墙、法治展板、法治宣传车等。要将静态的法治设施与可流动的法治宣传活动相结合，单项的灌输法治理念与彼此互动的形式相结合，用群众看得明白、听得生动、理解得透彻的语言、文字、图案、雕塑和其他设施传播法治精神，力求营造出浓厚的法治氛围。

四是法治设施建设的内容要丰富。法治设施除了注重对宪法、法律专业知识的宣传外，可以融入法治人物、法律案例、法治故事等内容，可以将古代法制文化与现代法治相结合，将外国法治与中国法治相结合。法治设施建设的内容不仅要贴近广大人民群众的政治生活，而且要贴近广大人民群众的日常生活。①

五是法治设施建设要主题突出，有针对性。就某一项法治设施建设而言，主题要突出，要有针对性。在法治设施的建设中，首先要明确是针对什么样的人群、要突出什么样的主题，面对不同的地域、不同的行业、不同的需求、不同的环境和不同的时期，不可强求千篇一律、整齐划一。因为有些法治设施是永久性的，有些法治设施是临时性的，有些法治设施是移动性的，所以一定要主题突出、有针对性，有针对性才会产生喜闻乐见的效果，主题突出才会收到良好的社会效益。

六是法治设施文化建设要采取"以评促建"的措施，充分发挥先进单位的示范和引领作用。近年来，全国法院系统的法治文化建设开展得有声有色，重要原因之一就是采取了"以评促建"的措施。2009 年前，全国法院系统采取评比"全国法院文化建设先进单位"的措施推动法院文化建设，2010 年 1 月 29 日，最高人民法院命名北京市东城区人民法院等 40 个法院为首批"全国法院文化建设示范单位"，2015 年 1 月 12 日，命名北京市房山区人民法院等 50 个法院为第三批全国法院文化建设示范单位。"以评促建"，充分发挥先进单位的示范和引领作用，使全国法院文化建设取得显著成绩，有力地促进了人民法院各项工作的发展。法院系统是这样，其他系统或不同的地区也可以借鉴"以评促建"的措施，充分发挥先进单位的示范和引领作用。

---

① 据介绍，成都市温江区"国色天乡·法治文化主题乐园"是国内首家以法治文化为主题，集互动性、体验性于一体的乐园，它以特有的时代主题、地域特色，成为温江区法治文化精品建设的新地标和新平台。

中国法治文化的研究现状

引 言

中国当代的法治理念可以追溯到 20 世纪 50 年代中期，在 1956 年 9 月 15 日召开的中国共产党第八次全国代表大会上，董必武提出并系统阐述了"依法办事、有法可依、有法必依"的问题，这应当视为"法治"理念的萌芽。1978 年党的十一届三中全会明确提出"有法可依，有法必依，执法必严，违法必究"的原则。1979 年 9 月，李步云等人发表《论以法治国》文章，同年 9 月 9 日，被政法界称为"64 号文件"的《中共中央关于坚决保证刑法、刑事诉讼法切实实施的指示》颁布，中央首次提出了"社会主义法治"的概念。1980 年 11 月，《人民日报》特约评论员题为《社会主义民主和法制的里程碑》的文章，首次出现了"以法治国"的表述。1996 年，中共十四届六中全会通过的《中共中央关于加强社会主义精神文明建设若干重要问题的决议》首次出现"依法治国"的提法。1997 年 9 月，党的十五大报告将"依法治国"的方略提升到国家层面，同时明确提出"建设社会主义法治国家"的目标。至此，法治的理念在执政者的层面得到确立。2012 年 11 月，党的十八大进一步明确"法治是治国理政的基本方式"；同年 12 月，习近平《在首都各界纪念现行宪法公布施行三十周年大会的讲话》中提出坚持依法治国、依法执政、依法行政共同推进，坚持法治国家、法治政府、法治社会一体建设的思想。2013 年 2 月 23 日，习近平在中央政治局就全面推进依法治国进行第四次集体学习的讲话中，提出全面推进"科学立法、严格执法、公正司法、全民守法"的新十六字方针。2014 年 10 月 20 日，党的十八大四中全会又将全面推进依法治国作为主题，提出

"建设中国特色社会主义法治体系，建设社会主义法治国家"的总目标。这意味着法治已成为全党的意志，成为指导政府和司法机关行为的国家意志，成为国家与社会治理的基本方式，成为我国公民生活的基本样式。

一　法治文化研究的基本状况

进入 21 世纪后，"法治"这个词在中国越来越响亮，法治文化的研究也越来越热。近十几年来，关于法治文化的研究主要呈现出以下六种情况。

一是相关的研究论文与文章大量发表。保守估计不下 10 万篇，仅《中国政法大学学报》"法治文化"专栏就发表了 142 篇（截至 2014 年第 3 期），民主与法制网主办的"我为法治文化发展建言献策"全国征文大赛，3 个月就征集到稿件 7138 篇。近些年来实务界与学术界的不少人士参与法治文化的研究，还有一些博士、硕士论文专门研究法治文化。例如：吴招男的《法治与人性关系研究》、冯宇路的《中国法治进程研究》、王金霞的《论当代中国的法治文化概念》、乔以明《论法治文化建设的社会化路径》、周柳的《论建设中国特色社会主义法治文化》、田政的《当代法治文化研究》等。

二是相关的研究著作陆续出版。1994 年梁治平出版了《法律的文化解释》，1999 年刘作翔的《法律文化理论》问世，2002 年吴玉章的《法治的层次》由清华大学出版社出版，2004 年夏勇的《法治源流——东方与西方》由社会科学文献出版社出版，2007 年刘斌主编的《法治文化论集》由中国政法大学出版社版，2008 年何家弘的《从通俗到深奥：法治文化杂论》由中国法制出版社出版，吕芳的《中国法院文化研究》由人民法院出版社出版；2012 年知识产权出版社推出徐汉明等人的《当代中国检察文化研究》，同年叶三方等编著的《法院文化建设研究》（制度文化篇）由华南理工大学出版社出版，群众出版社推出《中国法治文化读本系列》；2013 年李林、冯军主编的《依法治国与法治文化建设》由社会科学文献出版社版，该书分上、中、下三篇分别探讨了法治与法治文化的若干理论问题、中国特色法治文化的建设与发展和文化建设的法治保障等问题；同年宋春香的《法治文化论》由中国政法大学出版社出版，陈鸿彝的《中华法治史话》由群众出版社出版。①

　　三是相关的研究机构不断成立。例如，2006 年，专门从事法治文化市场化研究的上海东方法治文化研究中心成立；2009 年 11 月，法官协会法院文化分会经民政部批准正式成立；2010 年 1 月，北京市法学会中国法律文化研究会在中国人民大学成立；2011 年 4 月中国政法大学法治与文化研究中心成立；2012 年 9 月，山西省法治文化建设研究会在太原成立；2013 年 4 月，山东省民政厅批复同意成立山东省警察文化研究会；2014 年 4 月，扬州大学"中国法律文化与法治发展研究中心"成立，等等。2014 年 6 月，中国法学会批准成立法治文化研究会。此外，中国政法大学从 2008 年起，率先在全国招收法治文化方向的博士生和硕士生。这些研究机构的相继成立和学科点的设立，既为法治文化的研究汇聚了队伍，也为法治文化研究的深入夯实了基础。

　　四是相关的研讨会、座谈会和论坛经常举行。论坛方面，如在无锡连续举行三届全国性的法治文化建设论坛；2009 年中国政法大学学报编辑部与人文学院联合举办"中华文化与现代法治"高端学术论坛；2009 年秋上海市律协为纪念中国律师制度恢复 30 周年举行"律师的社会角色与律师文化论坛"；2010 年 12 月海南省高院主办法治文化专家论坛；2012 年 5 月杭州市警察协会主办"公安机关法治文化论坛"；2013 年 11 月中国法学会在山东大学举办"中国特色社会主义法治文化论坛"；2013 年 12 月由中国法学会主办，中国法理学研究会、山东大学法学院共同承办的第八届中国法学家论坛以"繁荣社会主义法治文化"为主题。座谈会与研讨会方面，如 2006 年 11 月 28 日中宣部宣传教育局、司法部法制宣传司在人民网举办的"法治文化与和谐社会建设"网上座谈会，2010 年 10 月最高人民检察院在山东济宁市召开的全国检察文化建设工作座谈会，11 月初在武汉召开的全国检察文化暨法治文化理论研讨会，2012 年 8 月中国社会科学院法学研究所主办的"依法治国与法治文化建设理论研讨会"，2014 年 7 月由中国政

---

　　① 此外，2006 年 4 月推出多部发行量大、影响面广的社会主义法治理念教育读本：长安出版社出版由中共中央政法委员会编写的《社会主义法治理念教育读本》，红旗出版社推出由求是杂志政治编辑部编写的《社会主义法治理念教育学习读本》；中国方正出版社出版的《社会主义法治理念教育干部读本》；中共中央党校出版社出版的《社会主义法治理念教育学习问答》；2009 年 9 月，人民日报出版社推出本社理论部编写的《社会主义法治理念学习读本》，同时出版了《社会主义法治理念读本辅导百问》；2011 年 5 月国家行政学院出版社又推出一部《社会主义法治理念读本》。

法大学法治与文化中心主办的"法治中国与法治文化"研讨会，同年10月中国政法大学与光明日报社联合主办的"法治中国论坛"，以及先后在西安、太原、鄂尔多斯、南宁、湖州等地多次举行全国公安文化研讨会和座谈会，等等。

五是相关的网站、专栏与专刊相继设立。例如，中国政法大学学报编辑部从2007年9月创刊起即设置"法治文化"专栏，2009年3月"太原法院文化周刊"创刊，2010年1月《人民法院报》创设"法律文化周刊"。还有一些以法治文化为主要内容的网站和专栏，如中国政法大学学报编辑部的"法治文化网"，中国法学会属下的"中国法治文化网""中国法治网"，国政（北京）文化发展中心的公益性门户网站"中国法制文化网""苏州法治文化网"，中国法院网的"法院文化"专栏，中国警察网法治频道的"法治文化"专栏，中央司法警官学院白焕然创办的"监狱文化网"，南京普法网设"法治文化专栏"，等等。

六是有关的征文、讲座频繁举行。例如，2012年2月，由民主与法制网主办、中律人网承办的"我为法治文化发展建言献策"全国征文大赛，共征集到稿件7138篇；2014年6月，从全国检察系统1000多篇征文中评选出第三届中国检察官文化论坛一等奖5篇、二等奖10篇、三等奖20篇；2010年，中国法官协会法院文化分会发出首届法院文化建设论坛征稿启事，并在山西太原举行论坛暨颁奖仪式；2012年，《山东审判》编辑部举办的"法治文化征文"；2013年中共商州区委举办的"法治文化征文"；2013年，苏州市司法局启动的"法治文化征文"等。有关法治文化的讲座也在全国各地政府、司法机关和院校频繁举行，如中国政法大学人文学院举办的"法治与文化系列专题讲座"截至2014年5月8日已进行到第十三讲。

二 法治文化研究的特点

中国当代法治文化研究具有如下四大特点。

一是法治文化研究呈现出明显的阶段性。中国法治文化的研究大致经历了三个阶段：第一个阶段是1978～1997年，这一阶段由于法治理念在执政党的层面处于酝酿和确立阶段，所以其间虽有零星的关于法治文化的研究文章发表，但未能蔚然成风，这一阶段可称为萌芽期；第二个阶段是1997～2011年，即从党的十五大明确提出"依法治国"和"建设社会主义法治国家"，到党的十七届六中全会审议通过了《中共中央关于深化文化体制改革、推动社会主义文化大发展大繁荣若干重大问题的决定》，这一阶段可以称为成长期，其特点是法治的理念得以确立、法治文化的研究逐渐成为热门；第三个阶段是 2011～2014 年，即党的十七届六中全会到党的十八届四中全会，这一阶段可以称为发展期，其特点是发表的论著多，论文质量也有明显的提升，讲座、征文、座谈会、研讨会、论坛频繁举行。这三个阶段同时具有一个明显的特征，这就是法治文化的研究与我国的法治进程保持相同的步伐。

二是各级党委和政府高度重视，尤其是政法系统。法治文化的研究得益于各级党委和政府的推动，尤其是政法系统自上而下的高度重视。例如，从 2006 年 9 月开始，最高人民法院就在全国法院系统多次开展法院文化建设先进单位评选与表彰大会，并授予"全国法院文化建设先进单位"荣誉称号；2010 年 8 月，最高人民法院出台《关于进一步加强人民法院文化建设的意见》；2010 年 12 月，最高人民检察院下发《关于加强检察文化建设的意见》；2012 年 4 月，公安部法制局下发《关于抓好"公安法治文化建设示范点"培育工作的通知》，决定在全国开展公安法治文化建设示范点培育工作。地方党委和政府也纷纷行动，以江苏为例：2011 年 6 月，江苏省委办公厅、省政府办公厅日前下发《关于加强社会主义法治文化建设的意见》，要求建立省级法治文化建设联席会议制度，负责全省法治文化建设的组织、协调、指导工作，推进全省法治文化建设。

三是各级司法机关等实务部门较之学术机构动作大、行动快。在最高法、最高检、公安部等司法机关下发上述政策性文体的同时，各地司法机关此前后都做出了相关的规定和部署。例如，2010 年 12 月中共汕头市公安局委员会做出《关于加强公安文化建设的决定》，2012 年 2 月中共天津市公安局委员会出台《关于进一步加强公安文化建设的意见》等。地方仍以江苏为例：苏州的法治文化节，海安的法治文化节，昆山的法治文化艺术节，等等，均已举行过多次；扬州市还建设了引潮河法治文化广场，常熟市也建设了法治文化街。此外，全国各地许多单位还开展"法治文化建设年"等活动，并制定了实施方案。

四是实务界有更多的人士参与法治文化的研究队伍。从十几年来的情况看，研究法治文化的人员绝不仅限于学术界，实务界参加研讨会、座谈会以及撰写论文和文章的人员占绝大多数，举办有关法治文化论坛的机构也多是实务界。从某种意义上说，是实务界在带动或推动学术界关于法治文化的研究。尤其是"社会主义法治理念教育"开始以来，为数众多的党政干部、政法干警参与法治文化的研究队伍，这种现象是以前哲学社会科学学术研究很少有过的。

三　法治文化理论研究的主要内容

十几年来，法治文化的理论研究的涉及面非常广，但研究的重点主要集中在基本概念、内涵与特征探讨、法治文化与法律文化的联系与区别、法治文化建设路径与措施探讨等方面。

1. 关于法治文化的概念

这是研究中涉及最多的问题，多数研究者认为法治文化是一种与人治文化相对立的先进文化。[①] 代表性的观点可以分为方式论和状态说等类别。方式论以李德顺先生为代表，他在中国政法大学法治与文化研究中心成立仪式上的发言认为：法治文化实际上是一个带有一种导向性、理想性的概念，就是要让法治成为中国未来社会人们普遍的、基本的生活方式和生活样式。此外，孙育玮认为：法治文化是指与法治紧密关联，体现着法治的精神和理念、原则和制度、运作实践和生活方式，与人治文化相对立存在的进步文化形态，其实质和核心是一种现代人的法文化共识、价值取向和行为方式。[②] 陈仲认为：法治文化是指文明的、先进的法律文化，不但指先进的法治物质存在方式，而且指人们的一种科学的法律思维方式、一种文明的法治生活方式。它要求法治行为能够成为人们的一种常态、一种习惯、一

[①] 关于法治文化的概念解读，有人从文化发生学的视角，把法治文化界定为历史文化积淀成的、共识性的法治价值观，认为法治文化是"一个国家或民族的法的精神内核，是在一定历史时期积淀下来的支配法律实践活动的群体性法律价值观以及这种价值观被社会化的过程和方法"；有人以后现代主义的文化观为基础，把法治文化界定为法的现象中的精神部分，即由社会的经济基础和政治结构决定的，在历史过程中积累下来并不断创新的有关法和法律生活的群体性认识、评价、心态和行为模式的总汇；有人从认识论角度解读法治文化，认为法治文化并不是一个严谨的、实证科学意义上的概念，而是在进行学术研究时用于沟通法社会学与比较法学研究的桥梁；有人借助文化人类学中关于"文化"的基本认知，将法治文化界定为社会群体中存在的较为普遍的某些法律生活方式；也有人从系统论角度认识法治文化，把法治文化界定为由法律制度、法学理论和法律观念三个因素组成的一种特有的文化机制。参见易小平《新时期法制文化建设的时代特征及路径选择》，民主与法制网，2012 年 6 月 4 日。

[②] 孙育玮：《"和谐社会法治文化"命题的理论与实践》，《法学》2006 年第 6 期。

种自觉。① 董邦俊将法治文化概念界定为：法治文化是指从一定的政治、经济和文化的历史和现实的环境中生长出来的，经过长期社会化过程相对稳定地积淀于一个国家或地区的，即一个国家、地区、民族、社会对法律生活所持有的以价值观为核心的思维方式和行为方式，包括人们的法治意识、法治观念、法治思想、法律价值取向等内容。②

状态说以笔者和李林为代表，笔者认为：法治文化是法治社会呈现出来的一种文化状态和精神风貌，是指融注在人们心底和行为方式中的法治意识、法治原则、法治精神及其价值追求，是一个国度的法律制度、法律组织、法律设施所具有的文化内涵，是人们在日常生活、工作中涉及法治的行为方式，是在法律语言、法治文学艺术作品和法律文本中所反映和体现的法治内涵及其精神。③ 李林认为：广义地讲，法治文化是一个国家中由法治价值、法治精神、法治理念、法治思想、法治理论、法治意识等精神文明成果，法律制度、法律规范、法治措施等制度文明成果，以及自觉执法守法用法等行为方式共同构成的一种文化现象和法治状态；狭义地讲，法治文化是关于法治精神文明成果和法治行为方式相统一的文化现象和法治状态。④ 蒋传光认为：法治文化是以追求民主、自由和权利保障为目标，在一定的治国理念和与此相适应的制度模式确立过程中形成的一种社会文化形态和社会生活方式，具体而言，法治文化就是在建立法治社会的过程中，形成的一种文化形态和社会生活方式，其核心是法治理念和法治思维模式的确立，以及在此理念支配下相应制度和组织机构的建立与运行。⑤

除了以上两类观点外，关于法治文化的概念还有多种不同的解读。例如，刘作翔认为：法治文化是指包含民主、人权、平等、自由、正义、公平等价值在内的人类优秀法律文化类型，法治文化就是法律的意识形态和与其相适应的社会制度和组织机构。法治文化建设就是制度性文化建设与观念性文化建设的结合和互动。⑥ 缪蒂生认为：法治文化是为社会物质生活条件决

---

① 陈仲：《法律文化与法治文化辨析》，《社科纵横》2009 年第 9 期。

② 董邦俊：《和谐社会背景下的法治文化》，东方法治网，2008 年 1 月 11 日。

③ 刘斌：《中国当代法治文化的研究范畴》，《中国政法大学学报》2009 年第 6 期。

④ 李林：《社会主义法治文化概念的几个问题》，《北京联合大学学报》2012 年第 2 期。

⑤ 蒋传光：《法治文化的内涵及其特点》，《人民法院报·法律文化周刊》2012 年 9 月 21 日。

⑥ 刘作翔：《法治文化的几个理论问题》，《法学论坛》2012 年第 1 期。

定的，经过长期历史积淀成的共识性的法治价值观，以及由这种价值观支配的法律规范和法治实践活动的总和，① 等等。

2. 关于社会主义法治理念

20世纪80年代以来，我国法学界一些人士对法治的理念等问题进行过有益的探讨，提出了一些很有价值的学说，具有代表性的观点有三种。一是王家福等人提出的"三观念说"，即法律具有极大的权威，法大于权，任何人在法律面前都是平等的。② 二是李步云提出的"十原则说"，即法制完备、主权在民、人权保障、权力制衡、法律平等、法律至上，依法行政、司法独立、程序正当、党要守法。③ 三是夏勇提出的"法治十大规诫"，即有普遍的法律、法律为公众知晓、法律可预期、法律明确、法律无内在矛盾、法律可循、法律稳定、法律高于政府、司法权威和司法公正。④

胡锦涛任总书记期间，中央领导集体正式提出了"社会主义法治理念"这一崭新命题。2006年4月，中央政法委在北京举办社会主义法治理念研讨班，时任中共中央政治局常委、中央政法委书记的罗干在讲话中将其基本内涵概括为"依法治国、执法为民、公平正义、服务大局、党的领导"五个方面。之后，有上万篇的文章围绕"社会主义法治理念"进行研究和探讨。其核心观点是：坚持党的领导、人民当家做主和依法治国有机统一是社会主义法治理念的核心和精髓，公平正义是社会主义法治的基本价值取向，尊重和保障人权是社会主义法治的基本原则，法律权威是社会主义法治的根本要求，监督制约是社会主义法治的内在机制，自由平等是社会主义法治的

---

① 缪蒂生同时将此概念分析如下。第一，法治文化由社会物质生活条件所决定，存在于现实的经济关系之中，存在于人们在相互交往的活动过程中所形成的权利要求之中。第二，法治文化的群体性、共识性特征来自历史传统积淀。第三，法治文化具有独特的内在结构层次：一是观念形态的法治文化，如法治意识、法治理念、法治理论等；二是制度形态的法治文化，如法律制度、法律组织机构和法律设施等；三是实践形态的法治文化，如具体的立法活动、行政执法行为、司法活动等。这三个层次虽有表里之别，但相互开放，彼此影响。以此法治文化认知为基础，可以将中国特色社会主义法治文化界定为：与中国特色社会主义相适应并由其决定的，经过5000年中华文明积淀来的共识性的法律价值观，以及这种价值观规范化、社会化的法律制度、法治实践活动的总和。参见缪蒂生《论中国特色社会主义法治文化》，《中共中央党校学报》2009年第4期。

② 参见王家福、李步云、刘海年、刘瀚、梁慧星、肖贤富《论依法治国》，《法学研究》1996年第2期。

③ 参见李步云《实施依法治国战略论纲》，载刘海年等主编《人权与宪政》，中国法制出版社，1999，第157～159页。

④ 参见夏勇《法治源流——东方与西方》，社会科学文献出版社，2004，第22～34页。

理想和尺度。

一些学者纷纷撰文阐释社会主义法治理念,如谢鹏程从时代背景、历史定位和基本内容三个层面结合中国国情和现代法治理念,分析了树立和统一社会主义法治理念的必要性,厘清和界定社会主义法治理念体系的进步性,阐明和论证社会主义法治理念内容的科学性。同时对当代中国社会主义法治理念的发展规律、体制特色和历史局限进行了理论解释,并对监督制约、基本人权、司法公正、司法独立和法律权威等观念在社会主义法治理念体系中的定位以及它们分别与依法治国、执法为民、公平正义、服务大局和党的领导之间的关系进行了理论阐述。①

但是,究竟如何界定社会主义法治理念?"依法治国、执法为民、公平正义、服务大局、党的领导"这五个词是否科学合理地适用于我国所有法律关系主体,是否充分体现了社会主义宪制的原则要求,是否明确表达了社会主义法治实施的具体内容,一些学者撰文阐述了他们的观点。李德顺认为"服务大局"不准确,不能作为法治理念。童之伟从 2011 年 3 月 9 日起发表"关于社会主义法治理念的思考"系列网文,他认为:概括和表述社会主义法治理念内容的"五个词"有明显结构性缺陷,如果不经充分讨论就以"五个词"为内容推动社会主义法治理念教育,效果很可能不理想,"五个词"可能需要调整和充实。② 李林认为:社会主义法治理念这个概念的适用对象,应当包括中华人民共和国的所有法律关系主体,对于社会主义法治理念应当做扩大和深化解释,应当包括意识形态、宪制、操作和实施三个层次。社会主义法治不仅要做到"执法为民",而且要做到"执政为民""立法为民""司法为民""法律监督为民"……社会主义法治不仅要服务大局,而且要服务"小局";不仅要服务国家"全局",而且要服务地方"局部";

---

① 参见谢鹏程《论社会主义法治理念》,《中国社会科学》2007 年第 1 期。喻中从历史的角度阐释了社会主义法治理念,他认为:从辛亥革命兴起的百年中国的法治文化大潮,依次涌现出了三波此起彼伏的波澜。法治文化的第一波,是 20 世纪初期开始的国家主义法治理念,其核心价值是国家富强。第二波是 20 世纪 80 年代开始的自由主义法治理念,其核心价值是个人自由。2006 年正式提出的社会主义法治理念,作为超越国家主义法治理念与自由主义法治理念的法治文化形态,代表了中国百年法治文化的第三波,其核心价值是公平正义与社会和谐。百年中国先后兴起的三波法治文化大潮,其演进规律,恰好体现了百年中国的法治文化从"正题"到"反题"再到"合题"的辩证法。参见喻中《社会主义法治理念:中国百年法治文化的第三波》,《法学论坛》2012 年第 1 期。

② 参见童之伟《概括社会主义法治理念的内涵不能不"较真"》,法学学术网,2011 年 3 月 9 日。

不仅要服务经济和社会建设，而且要服务政治和文化建设；不仅要"服务"，而且要规范、保障、制约甚至惩罚……社会主义法治建设不仅要坚持党的领导，而且要坚持人民当家做主，坚持"三者有机统一"，① 等等。

3. 关于法治文化的内涵与特征

关于法治文化的内涵与特征，学术界众说纷纭，莫衷一是。陈仲认为：从法治的运行过程来看，法治文化理应包括立法法治文化、执法法治文化、司法法治文化、守法法治文化等。② 笔者认为，法治文化的内涵主要包括法治理念文化、法律制度文化、法律组织文化、法治设施文化（物质）、法律行为文化、法律语言与文本文化六个方面。③ 刘作翔认为：法治文化由表层结构和深层结构组成，前者包括法律规范、法律制度、法律组织机构、法律设施等，后者包括法律心理、法律意识、法律思想体系。④ 蒋传光认为：一切对法治内涵的揭示，对法治社会表征和遵循原则的描述与总结，法治运行机制的建构和实践活动，诸如法治的价值目标追求、法治的理念和精神、法治的制度设计和运行模式、法治的实现状态等，都属于法治文化的内容。⑤

---

① 李林还阐述了社会主义法治理念的三个层次。第一个层次是政治哲学、法政治学和意识形态层次。不仅包括依法治国、执法为民、公平正义、服务大局、党的领导"五个词"，还应当包括中国特色社会主义理论体系、现行宪法序言规定的国家指导思想、改革开放以来党和国家关于社会主义民主法治建设的一系列思想理论、方针政策等。第二个层次是社会主义政治文明与宪政层次。主要包括以下宪政原则：人民当家做主的人民主权原则，宪法和法律至上的法治原则，尊重和保障权利的人权原则，民主政治、科学执政和依法执政的执政原则，民主立法、科学立法、高质立法的立法原则，依法行政的政府法治原则，公正高效廉洁的司法原则，控权制约的权力监督原则。第三个层次是社会主义法治的操作和实施层次。主要包括以下具体法治要求：有法可依、有法必依、执法必严、违法必究，公民在法律面前人人平等，法律的公开性、法律的明确性、法律的可预测性、法律的权威性、法律的统一性、法律的可诉性、法不溯及既往、依法独立行使审判权和检察权等。此外，还应当包括法律规范的具体实施过程、实施方法、实施效果，领导干部和公职人员依法办事的能力和素质，全体公民信仰法治、自觉守法的原因、方式、程度、效果，违法犯罪受到遏制或者减少的状况等。参见李林《社会主义法治文化概念的几个问题》，《北京联合大学学报》2012 年第 2 期。
② 陈仲在"2008 第三届中国·无锡法治建设论坛"撰文同时认为：立法法治文化必然要求立法科学化、民主化、程序化，以追求"良法"为目标；执法法治文化必然要求依法行政、合理行政，以追求"合法、合理"为目标；司法法治文化必然要求司法独立、公正司法，以追求"公平正义"为目标；守法法治文化必然要求在全社会形成依靠法律、相信法律、信仰法律的良好风气，以追求"和谐"为目标。
③ 参见刘斌《中国当代法治文化的研究范畴》，《中国政法大学学报》2009 年第 6 期。
④ 刘作翔：《法治文化的几个理论问题》，《法学论坛》2012 年第 1 期。
⑤ 蒋传光：《法治文化的内涵及其特点》，《人民法院报·法律文化周刊》2012 年 9 月 21 日。

　　李林在一篇文章中概括了社会主义法治文化的三个层面的主要内容。一是作为精神文明成果的社会主义法治文化,包括社会主义的法治精神、法治意识、法治观念、法治价值、法治原则、法治思想、法治理念、法治理论、法治学说等和公民与国家公职人员的法治态度、法治心理、法治偏好、法治立场、法治信仰等。二是作为制度文明成果的社会主义法治文化。包括社会主义的根本政治制度、基本政治制度、基本经济制度、基本社会制度、基本文化制度等和社会主义的宪法制度、民主选举制度、人权保障制度、民主立法制度、严格执法制度、公正司法制度、法律监督制度、自觉守法制度等以及中国特色社会主义法律体系、民法经济法行政法等法律部门、各种法律规范和法律条文、立法司法解释等。三是作为社会行为方式的社会主义法治文化,包括执政行为、立法行为、行政行为、司法行为、监督行为、守法行为等和法治习惯、法治功能、法治实效、法治权威、法治秩序、法治环境、法治状况等。①

　　薛虹认为:社会主义法治文化的内涵十分广博,可以分为三大类:一是以宪法为核心的中国特色社会主义法治体系,以及围绕这一体系产生的立法、行政、司法、法律监督、法制宣传、法律服务等各类机构和法治实践活动等;二是由中国特色社会主义法治体系和社会主义法治实践活动形成的社会主义的法律意识、法治观念、法治理念、法治思想、法治精神、法治理论乃至法治习惯与传统等,这些构成了社会主义法治文化中的主流文化部分;三是在社会主义制度下人们所创作的反映社会主义法治实践与法律生活的各类法治文学艺术作品,以及古今中外的人们所创作的与社会主义制度相适应的那些进步和优秀的各类法治文学艺术作品。②

　　还有的学者概括了法治文化的一些特征。蒋传光认为,法治文化有以下特点:制度层面上应是良法善治;政体的组织机构应是一种有效的权力制约模式;社会治理遵循理性规则之治;公民的人权和各种法定权利能得到有效保障;社会各类主体具有自觉的规则意识和契约意识;法治思维成为社会治理的主要思维模式;法治的模式具有多样性和差异性;法治的理念具有时代性。③缪蒂生认为:与其他类型的法治文化相比,社会主义法治文化具有鲜

---

① 李林:《社会主义法治文化概念的几个问题》,《北京联合大学学报》2012 年第 2 期。
② 薛虹:《加强社会主义法治文化建设若干问题的探讨》,《中国司法》2012 年第 5 期。
③ 蒋传光:《法治文化的内涵及其特点》,《人民法院报·法律文化周刊》2012 年 9 月 21 日。

明的特征。一是社会主义性，二是历史传承性，三是与时俱进性，四是思想开放性。① 董邦俊认为：对于法治文化的内涵解读，可以循着以下两条思维路径进行。标本意义上的西方法治文化，其具有如下主要内容：一是法律主治性，二是制度依赖性，三是生成商谈性，四是地位主导性，五是价值合理性。特色意义上的中国法治文化的内涵注释：一是时代先进性，二是历史必然性，三是制度保障性，四是国际开放性，五是民族本土性。② 陈仲认为法律文化与法治文化都是人类社会所特有的，从文化的层面看，具有三个特性：一是历史性，二是发展性，三是借鉴性。③ 李林认为：社会主义法治文化具有国家意志性、意识形态性、人民民主性和制度构建性等特征。从社会、民间的角度来看，社会主义法治文化在实践中还有社会性、民间性、地域性和自发性等特点。④

4. 关于法治文化与法律文化的关系

刘作翔认为：法律文化为中性概念，法治文化为价值概念。这两者的区别有点类似于形式法治观和实质法治观。法律文化概念可以是正价值的文化类型，也可以是负价值的文化类型，可以用来表达人类历史上出现的任何一种法律文化类型，不管这种法律文化类型是好的还是坏的，是进步的还是落后的，是先进的还是野蛮的。法治文化是一种蕴含人类正价值概念的文化类型，它从制度到观念，都必须是包含和反映了人类的基本价值，即应该是反映人类进步的、先进的、优秀的价值理念和制度构造。⑤ 陈仲认为：法律文化的外延大于法治文化的外延，法律文化是法治文化发展的基础，法治文化是法律文化发展的结果。二者的区别在于：建立的基础不同、价值取向不同、普遍适用程度不同、实现难易程度不同。⑥ 蒋传光认为：法治文化与法律文化的联系具有历史属性、实践关联性和实践可转化性。二者的区别首先在于研究背景的不同，法律文化更主要的是回应和解释，法律作为一套规范体系与法律规范背后的习惯、传统和长期养成的社会心理等因素之间存在悖论和冲突。法治文化是人们对既有的法治建设的一种反思和重新思考的

---

① 参见缪蒂生《论中国特色社会主义法治文化》，《中共中央党校学报》2009 年第 4 期。
② 董邦俊：《和谐社会背景下的法治文化》，东方法治网，2008 年 1 月 11 日。
③ 陈仲：《法律文化与法治文化辨析》，《社科纵横》2009 年第 9 期。
④ 李林：《社会主义法治文化概念的几个问题》，《北京联合大学学报》2012 年 36 期。
⑤ 刘作翔：《法治文化的几个理论问题》，《法学论坛》2012 年第 1 期。
⑥ 陈仲：《法律文化与法治文化辨析》，《社科纵横》2009 年第 9 期。

产物，更多地回应了人们对于谋求公民权利、政治权利和人权等的诉求，特别是在精神和理念层面要求人们去信任法律、信仰法律。其次是两者的价值判断不同，法律文化为中性概念，法治文化为价值概念。法律文化中既有正面的价值判断，也有负面的价值判断；法治文化是正向价值判断的文化类型。①

董邦俊认为，法治文化与法律文化二者的区别在于，首先，从历史发展看，法律文化是历史和现实的凝结，包括过去和当今不同时代的法律文化成果，是古代、近代和现代法律思想、理论、观念的综合反映；法治文化是法律文化发展到一定历史阶段的产物，是近现代法律思想、理论、观念的集中反映，它与近代民主政治的兴起和发展是不可分离的。其次，从文化基础看，法律文化对文化并没有特别的要求，法治文化强调需要理性文化作为其文化基础。再次，从概念范畴看，法律文化是相对于政治文化、宗教文化等而言的，法治文化是相对于人治文化、礼治文化等而言的。② 此外，笔者撰文也专门探讨了法文化、法治文化、法制文化与法律文化的联系与区别。③

5. 法治文化的构建及其路径

关于法治文化建设，是研究论文发表较多的领域之一，仅知网和普维两

① 蒋传光：《法治文化的内涵及其特点》，《人民法院报·法律文化周刊》2012 年 9 月 21 日。
② 董邦俊：《和谐社会背景下的法治文化》，东方法治网，2008 年 1 月 11 日。
③ 关于法治文化与法律文化的联系与区别，笔者的理解是：就一般情况而言，法律的表征是条文、是强制性的规范，法治的表现形式是法的统治、是一种社会治理模式，法律是实现法治的前提，法治的基础在于有较为完备的法律。法律文化是法律在起源、制定、实施、演变、沿革过程中所具有的文化内涵和所体现的精神风貌，法治文化是法治社会呈现出来的一种文化状态和精神风貌。就研究现状而言，法律文化较多地侧重历史，法治文化更多地侧重现代。虽然有些学者将法律文化定义为一个民族或国家在长期的共同生活过程中所认同的、相对稳定的、与法和法律现象有关的制度、意识和传统学说的总体，包括法律意识、法律制度、法律实践，是法的制度、法的实施、法律教育和法学研究等活动中所积累起来的经验、智慧和知识，是人民从事各种法律活动的行为模式、传统、习惯。但从倡导法律文化的研究者来看，主要集中在研究法律制度史及法律思想史的学者群，法治文化的倡导者主要是从事法理、现代法及法学之外学科的学者，还有为数不少政法系统实务部门的人士。此外，从近几年大众传媒与学术期刊的提法来看，这两个概念也在逐渐明晰，称谓一般是"中国传统法律文化"与"中国当代法治文化"。当然，法律文化的研究并非摒弃现代法治，法治文化的研究也脱离不开传统的法律文化，两者的区别除了侧重点不同外，根本区别在于法律文化主要是就法律制度本身而言，法治文化主要是就社会或国家的治理方式而言。可以说我们国家有着历史悠久的法律文化，但不能讲我们国家具有历史悠久的法治文化。参见刘斌《法治文化三题》，《中国政法大学学报》2011 年第 3 期。

个网站就收录了 38000 多篇（不计重复）研究文章。研究的内容主要涉及法治文化建设意义、法治文化建设存在的问题、法治文化建设的核心与目标、法治文化建设的路径，代表性的观点摘要如下。

刘进田认为：法治文化建设的意义从消极方面说是为了克服中国传统文化的缺陷，再造中国文明；从积极方面说，是为了实现中国人的幸福、尊严，建立新的文明秩序与和谐社会。首先，法治文化能保障人的幸福价值。其次，法治文化能保障人的尊严价值。再次，法治文化可以保障文明秩序的生成和存在。最后，法治文化可以保障社会和谐。①

王恺认为：当前法治文化建设中存在的主要问题是基层工作存在漏洞，社会主义法治理念受到影响和破坏；党委政府为民谋福利的决策成为某些利益团体或个人的唐僧肉，党委政府成了人民的对头；领导本位主义严重，工作人员素质低下，严重损害了党和国家关于社会主义法治建设的努力；一些领导法治意识低下，动辄脑门发热，从事违背法治的事情。他认为解决当前法治文化建设中存在问题的对策是：必须真正认真地贯彻落实执行党和国家所制定的政策法规；必须真正坚持实践"以民为本"的社会主义法治理念；必须将社会主义法治文化建设与中华民族优良传统和国（境）外的成功经验有机地结合起来；必须充分尊重社会主义法治文化建设自身的客观规律；必须培养好社会主义法治文化建设工作队伍。② 刘贻石认为：法治文化构建面临诸多障碍，如传统文化中的法治因素薄弱，熟人社会与人情关系阻滞法治文化生成，社会生活中法律权威尚未形成，等等。构建法治文化的过程中应当明确：政府守法是法治文化构建的关键，法律规则成为社会生活准则是基础，法治精神成为全社会的核心价值是归宿。③ 卓泽渊在一次与新华网网友交流的过程中认为，我们国家建设法治文化面临一些困难：一是我们在历史上缺少法治文化的传统，二是现实中法治文化尚未建立，三是我们法治文化建设中还缺少必要的社会条件，四是法治文化的发展需要一个历史过程。他同时认为，立足现实、继承传统、借鉴先进、革新自我、注重建设是建设具有中国特色法治文化的路径。

徐显明在第八届中国法学家论坛上的发言认为：在法治文化的精神、制

---

① 刘进田：《法治文化的主体是制度》，《检察日报》2012 年 1 月 19 日。
② 王恺：《当前法治文化建设中存在的问题及其对策》，中国法制网"2008 中国·无锡法治文化论坛"，2008 年 9 月 16 日。
③ 刘贻石：《构建法治文化的探析》，《法治与社会》2012 年第 24 期。

度、行为方式、物质承载这四个要素中，制度是核心，制度是根本。建设法治文化，要抓住制度文化建设这个关键。制度中沉淀着精神和价值观，制度也可以塑造人的行为，也可以通过有效实施养成大家共同的生活方式和形成稳定的生活习惯。制度又同时可以找到合适的物质承载形式，制度文化对其他文化要素具有统摄性。①

董邦俊提出民族精神的坚守、开放态度的坚持、法律现代化的终极追求三个基本维度和破解传统臣民文化、融入现代人文精神、重视本土文化资源、丰富法文化传播机制四条路径。② 周柳认为：建设中国特色社会主义法治文化应通过以下三个基本途径：一是为法治文化的生长提供肥沃的经济、政治和社会土壤，二是加强法律制度建设，推进法律文化现代化进程，三是培养公民的法律意识，为法治国家建设提供精神动力。③ 笔者提出"立法的人本化、司法的人性化、执法的文明化"是法治文化建设的三条路径。④ 笔者同时在《人民法院报》撰文，提出加强法院文化建设的六条路径。⑤ 高凛、张锋会、张光全、王淑琴、许莉、王秀萍、祝捷、廖奕等诸多人士撰文发表了对法治文化建设的观点与主张。⑥ 此外，还有大量的关于法治文化建设的论文与文章是涉及区域或单位、系统或行业。

四 法治文化理论研究存在的主要问题

1. 法治文化的内涵与外延泛化，研究范畴无边无际

在提倡法治文化的初期，出现过短暂的"窄化"时期，将其类同于

---

① 参见徐显明《法治文化的核心是制度文化》，法制网，2013 年 12 月 18 日。
② 董邦俊：《和谐社会背景下的法治文化》，东方法治网，2008 年 1 月 11 日 11：26。
③ 周柳：《论建设中国特色社会主义法治文化》，硕士学位论文，湖北省委党校，2008 年。
④ 参见刘斌《法治的人性基础》，《中国政法大学学报》2008 年第 2 期。
⑤ 参见刘斌《加强法院文化建设的六条路径》，《人民法院报》2010 年 7 月 8 日，第 2 版。
⑥ 参见高凛《法治文化及其建设路径探讨》，《江南论坛》2008 年第 11 期；张锋会《构建社会主义法治文化路径探析》，《学术探索》2012 年第 2 期；张光全、张梓洋《法治文化建设存在的问题及路径分析》，《辽宁行政学院学报》2010 年第 11 期；王淑琴等《法治文化及其建设路径探析》，《中国司法》2008 年第 1 期；许莉《构建法治文化的路径分析》，《法制与社会》2009 年第 13 期；王秀萍《试论加强法治文化建设的路径选择》，《决策与信息》（中旬刊）2013 年第 7 期；朱崇坤《我国法治文化建设路径探讨》，《吉林省教育学院学报》2012 年第 9 期；祝捷、廖奕等《社会主义法治文化的建设路径》，《人民政坛》2013 年第 3 期。

"文化事业"，关注的是涉法的诗文书画及文艺活动，后来迅速泛化，可谓"文化是个筐，啥都能往里面装"，法治文化的概念界定泛化虚化，研究范围越来越大，只要涉法，无所不包、无处不在。以专业性的《中国政法大学学报》"法治文化"专栏为例：从 2007 年创刊到 2014 年第 3 期共发表论文和文章 142 篇，依据内容大致可以分为三类：一是研究法治文化，二是与法治文化沾边，三是其他专业的文章，这三类的比例大致各占三分之一。

2. 相关概念混乱

在法治文化的研究中，涉及一些相关的概念术语。例如，法治意识、法治观念、法治理念、法治价值、法治原则、法治精神、法治思想、法治思维、法治情怀、法治理论、法治学说等。这些概念既在学者的访谈与论述中使用，也在党和国家的文件及领导人的讲话中使用。诚如李林在一篇文章中所谈：这些名词概念究竟具有什么科学含义，各个概念之间到底是什么关系，似乎没有系统研究和深入辨析过，以至于这些名词概念许多都大同小异，尤其是社会主义法治观念、社会主义法治思想、社会主义法治理念、社会主义法治理论这几个概念几乎别无二致，把它们翻译成外文后也难分伯仲。①

3. 论述肤浅，重头论文少

在关于法治文化研究的文章中，有若干篇有分量的论著，如李德顺先生的《法治文化论纲》。但更多的文章是应景性的、描述性的、解释性的，翻来覆去阐释或演绎文件或领导人讲话，缺乏独到的见解和观点，如关于社会主义法治理念研究中的大量文章，人云亦云，抄来抄去；另如关于法治文化建设的大量文章，虽然一些文章在实务的层面上能够结合本系统、本地区、本单位进行一些有益的探讨，但缺乏理论的高度、缺乏新意。

4. 专业性的研究队伍尚未形成

法治文化的研究不像法学或其他门类的学科那样，已经有一支研究该领域的基本队伍。例如，刑法学、诉讼法学、中国哲学、中国古代史等。法治文化的研究夸张一点说是全民性的，上至中央领导，下到普通百姓，各行各业、理论界与实务界、法学与非法学，涉及的面特别广，大家都在研究法治文化。形成这种现象的原因一是官方的推动与号召；二是法治文化的研究本身起步较晚；三是学科体系正处于建设时期，尚未组成全国性的相关研究

---

① 参见李林《社会主义法治文化概念的几个问题》，《北京联合大学学报》2012 年第 2 期。

会。大众的参与绝对是件好事，为法治文化的学科建设和学术研究奠定了广泛坚实的基础，但在学者群体亟须形成一支专业性的研究队伍，以引领法治文化的研究走向深入。

结　语

法治文化研究是当今社会的一个重大理论课题，处于法学研究乃至人文社会科学研究的前沿领域，从文化的视野来研究法治，代表着法学研究乃至人文社会科学研究的前进方向。十几年来，法治文化研究已经具有广泛的社会基础，初步形成了学术界与实务界联合互动、高层领导与普通干警共同探讨的良好局面。但是法治文化的研究要走向深入，笔者认为其路径在于：一是要摆脱做官样文章、转向真正的学术研究；二是要在研究的精度和深度下功夫；三是要在理论体系的建立上用气力；四是要在专业研究队伍的建设及全国性研究机构的设立上努力。笔者相信，法治文化的研究在经历了萌芽、成长、发展三个时期后，随着依法治国的全面推进，必将在最近几年迎来它的繁荣。

法治的人性基础

法治是人类文明发展到一定阶段后的产物，是人类文明进步的结晶，人类的一切文明成果都可以以这样或那样的方式回溯到人性的研究，法治社会的任何行为不论其形式上与人性离得多远，它们总是会通过这样或那样的途径回归人性。本文要探讨的是法治与人性的关系，想阐明的核心问题是人性应当是实现法治的基础。以下笔者将从人性的内涵与人的权利、为什么说法治的实现不能脱离人性这个基础、法治的实现如何顺应人性的发展三个方面予以论述。

一　人性的内涵与人的权利

所谓人性，是指人的共同属性，是人的自然属性和社会属性的统一。人之为人，首先是自然的人，但同时又是社会的人。马克思有一段关于人的本质的著名论断："人的本质不是单个人所固有的抽象物，在其现实性上，它是一切社会关系的总和。"① 这个论断揭示了人是现实的人，人的本质是社会关系的总和。马克思主义还从自然属性、社会属性和精神属性三个方面揭示了人性的内涵。从法治与人性的关系来看，笔者认为：从人的自然属性可以推演出公民必然享有的自然权利，从人的社会属性可以推演出公民应当享有的社会权利，而从人的精神属性可以推演出公民应当享有的精神权利。②

---

① 《马克思恩格斯选集》第一卷，人民出版社，1995，第56页。
② 李伟迪、曾惠燕在《人性与法治》一文中认为："必须研究法治与人权的关系。生存需要产生生存权，人有珍惜自己生命的权利，也有珍惜他人生命的义务。尊严和名誉需要产生人格权，人在任何情况下都有把自己看作人的权利，更有把他人看作人的义务。人有捍卫名誉的权利，也有尊重他人名誉的义务。亲情需要产生亲权，人有保护亲缘的义务，有享受亲情的权利。合群需要产生参与权，人都有参与社会生活的权利，也有接受（转下页注）

公民必然享有的自然权利包括人身权（生存权、健康权、平等权、婚姻家庭权等）、自由权（人身自由等）、人格权（名誉权、肖像权、隐私权等）等基本权利，这些权利是人与生俱来的自然权利，是超越社会关系、超越历史发展、不可转让的权利，除非构成法律规定的某些罪行，否则是不可剥夺的、永恒的，任何他人、社会组织和政府都不能干预、侵犯和剥夺。

公民应当享有的社会权利包括自由权（言论自由、结社自由、集会自由、示威自由、出版自由、通信自由、宗教信仰自由等）、受教育权、劳动权、休息权、财产权（包括知识产权）、选举与被选举权、知情权、参政议政权、诉讼权、发展权、社会保障权、社会救济权等，这些权利是公民要求国家积极作为，使公民在社会活动中拥有并予以保障的权利。这些权利不同于人的自然权利，它因时代和国度不同而不尽相同。①

公民享有的精神权利散见于人的自然权利和社会权利之中，如爱与被爱的权利归属在自然权利之中，宗教信仰自由归属在社会权利之中。这是因为纯精神的东西可感而不可触，可名而不可状，精神权利往往兼具自然属性和社会属性，所以往往是以附着或表现在人的自然权利和社会权利之上的形式出现。

笔者认为人的精神属性主要是指人的欲望与情感。人的欲望包括性欲、财欲、权欲、名望欲等，欲望在人类社会的发展过程中起着重大的推动作用。从积极的意义上讲：性欲推动着人类社会的种族繁衍；财欲推动着人类

（接上页注②）他人的义务。自由需要产生自由权，人有自己的自由，不能妨碍他人的自由。发展需要产生发展权，自己要发展，他人也要发展；穷人要发展，富人也要发展。基本人性凝结成人的基本权利，就是人权。"参见李伟迪、曾惠燕《人性与法治》，《光明日报·理论周刊》2004 年 9 月 21 日。

① 1948 年 12 月 10 日联合国通过的《世界人权宣言》宣称："人人生而自由，在尊严和权利上一律平等"，"人人有资格享有本宣言所载的一切权利和自由，不分种族、肤色、性别、语言、宗教、政治或其他见解、国籍或社会出身、财产、出生或其他身份等任何区别"。《公民权利与政治权利国际公约》规定："每一缔约国承担尊重和保证在其领土内和受其管辖的一切个人享有本公约所承认的权利，不分种族、肤色、性别、语言、宗教、政治或其他见解、国籍或社会出身、财产、出生或其他身份等任何区别。"《经济、社会及文化权利国际公约》也规定："本公约缔约国承担保证，本公约所宣布的权利应予普遍行使，而不得有例如种族、肤色、性别、语言、宗教、政治或其他见解、国籍或社会出身、财产、出生或其他身份等任何区别。"自联合国通过《世界人权宣言》至今，当今世界上 170 多个国家的宪法几乎无一例外地规定了对人权的保护，我国宪法也单列章节较为详细地规定了对公民权利的保护。

社会的财富创造；权欲推动着人类社会的治理与秩序；名望欲推动着人类社会的崇高与文明。人的欲望一般是通过占有来实现的，因此占有欲就成为人的欲望的主要特征，如对美色、钱财、权力、名誉的占有。人的占有欲又往往是无限的，如秦始皇欲递万世而为秦，希特勒欲霸世界而称雄，经商者欲其钱财千万亿兆，文化人欲其名誉多多益善……人的欲望的消极一面（姑且称之为"恶欲"）是产生法的前提之一，法的制定应当且必须顺应、保护人的正当欲求，制约人的"恶欲"，规范和惩治因"恶欲"产生的过当行为。

人的情感包括亲情、爱情、友情等。亲情的适用范围主要在于亲属家庭，人有享受亲情的权利，如未成年时享受家庭和亲属的抚养与关爱；人也有维护亲情的义务，如尊敬长辈、赡养老人等。爱情的适用范围主要在于男女交际，人在发育到一定年龄时就会对自己感兴趣的异性产生一种特殊的情感，彼此相爱，每个人都有爱和被爱的权利，但也要承担由此而来的义务。友情的适用范围主要在于社会交往，人是社会中的人，社会由人组成，人在与他人交往的过程中，脾性相投、志趣相近者就可能成为关系密切的朋友，每个人都有分享朋友快乐、接受友情支助等权利，但也要承担"对得起朋友"这个义务。此外，人的精神属性还包括善恶之因、避苦求乐、自私自利、报恩复仇等心理意识。由此可见，人的情感也是产生法的缘由之一，法应当顺应、保护人的正当情感，矫正和惩治因"无情"和"滥情"产生的过当行为。

人的自然属性在多个层面上影响甚至决定着法的产生与价值；人的社会属性为法的产生提供了前提条件，并决定着法的价值设定；人的精神属性也是法产生的精神基础。法本来不存在，当人有了制定法则的这种意识，才有了法赖以产生的主体和能动性。人的自然属性、社会属性和精神属性构成人的基本属性，法治的实现不可能脱离人的这些基本属性，离开了人的这些基本属性去谈法治，那等于是在谈无本之木、无源之水。

二 为什么说法治的实现不能脱离人性

首先，法的起源脱离不开人性。法因人而生，人在先，法在后，人是法的逻辑起点，法是人类活动的结果，"理性的法学家决不会做出人类活动的结果产生于人类之先的明显的反逻辑的判断"。① 人性中有保全自己生命和健康的需求，当人类出现斗殴、厮杀、人身受到侵犯时，就需要一种强制性规则来保护被侵犯者的生命和健康，防止和惩罚危害他人的行为，这种强制性的规则就是最初的法律；人性中有贪婪和自私的一面，当人类出现抢夺、盗窃、霸占等现象之后，消除社会的无序状态，营造稳定的社会秩序就成为必要，因为如果任由这种现象存在和发展，人们的生活、生产活动就难以正常进行，这时就需要一种强制性规则来"定纷止争"，这种强制性的规则就是最初的法律；人性中有生存和发展的需求，"在社会发展某个很早的阶段，产生了这样一种需要：把每天重复着的产品生产、分配和交换用一个共同规则约束起来，借以使个人服从生产和交换的共同条件，这个规则首先表现为习惯，不久便成了法律"。② 此外，我们还可以列出诸多的人性需求，比如性欲需求、交往需求、权力需求、荣誉需求等，这些需求虽然是人类自身发展的必要条件，但问题在于，人性的这些需求是无限的，社会资源却是有限的，社会不可能完全满足每个人的需求。于是，人性需求的无限性和社会资源的有限性之间必然产生矛盾，这种矛盾又必然导致人与人之间的纷争，这就需要制定一些规则来化解这些矛盾，解决这些纠纷，这些规则经过修订，就成为后来的法律。从现代法律产生的角度讲，我们可以认为市场经济是现代法律的经济基础，民主政治是现代法律的政治基础，多元文化是现代法律的文化基础，但是人的基本属性又是这些基础的奠基石。"不论是市场经济、民主政治，还是多元文化，其对现代法律的独特作用均是以主体——人在如上社会基础中的特征来显现的，离开上述社会条件下人的特征的考察，现代法律的深厚人文背景便会丧失。"③ 由此可见，法的起源脱离不开人性。

其次，从人性的善恶理论讲，法是为善而设立的，其目的就在于扬善。但由于在人性中还存在着与善相对立的恶，所以为了扬善就必须惩恶。扬善是目的，惩恶是手段。扬善是要弘扬人的善性，惩恶也是为了保障和弘扬人

---

① 周永坤：《法理学——全球视野》，法律出版社，2000，第472页。但宗教神学认为法是神意的体现，神是法的创造者或启示者。事实上，神只是人们对客观世界的虚幻反映，正如德国哲学家费尔巴哈所言："上帝的人格性是手段，人借以使他自己的本质之规定及表象成为另一个存在者、一个外在于他的存在者之规定及表象。上帝的人格性，本身不外就是人之被异化的、被对象化的人格性。"参见《费尔巴哈哲学著作选集》（下），荣震华、王太庆、刘磊译，商务印书馆，1984，第267页。

② 《马克思恩格斯选集》第三卷，人民出版社，1995，第211页。

③ 谢晖：《现代法律及其性质界定》，《天津社会科学》1995年第6期。

的善性，扬善应当是人类立法、司法、执法的指导思想，并以此引导人们去从善驱恶。"有善有恶是法的价值的人性基础"，"正是人性的善因与恶因并存，才为人难免作恶又要防止作恶奠定了人性基础；正是人性的善因与恶因并存理论，才为人为什么既会作恶，又要防止和惩治作恶做出了恰当的解释；正是人性的善因与恶因并存理论，才使人们无尽善与无尽恶的人性现实可以被理解"，"人的恶，是法产生的前提；人的善，则是法产生的动力。没有人的性与行的善恶，便无法的产生"，"人性的善因恶因并存与人的行为的有善有恶导致了法的产生，法的产生又反过来证明了人性的善因恶因并存。法就是为抑恶扬善而产生的。抑恶扬善，法的价值追求；善，法的重要价值目标"。所以，"法的产生，是人性导致人类行为有善有恶的必然结果。可以说，有善有恶是法存在的人性基础"。①

再次，法的存在、演变与发展同样不能脱离人性。一部人类历史，实际上也是一部人性的解放史，是一部人性自由全面发展史。法的存在、演变与发展与人类的文明进步、人性的解放程度是相伴随的，人类每前进一步，人性就得到进一步解放，法也就向人性化更靠近一步。18世纪意大利历史学家维科认为：迄今为止，诸民族在历史上都经历了神的时代、英雄时代和人的时代三个阶段，与此相应，人类社会的法律也经历了三个阶段，第一种法是神的，人们相信自己和一切规章制度都依存于神；第二种法是英雄的，即凭借强力的法；第三种法就是人道的法，是受充分发达的人类理智来下判决的。"人道的法"的时代来临，标志着法的人性化得到揭示，开近代法治之先河。从另外一个角度讲，法是因人而设的，人不仅是法产生前提和原因，还是法存在、演变与发展的依据，历史上的每一次变法都是由人来完成的，法的逐步完善和法治的昌明都是由人来推动和实现的。诚如何士青所言：人是法的始基，法存在和发展的价值在于它能够满足人的需要，实现人的利益，促进人的发展，离开人，法没有任何存在的理由。人又是法的源泉，人的需要决定法的内容，人的需要的多样性决定法的内容的丰富性，人的物质需要、精神需要、生存需要和发展需要等，使法的内容涉及政治、经济、文化、社会生活乃至人的身体和精神等方方面面的权利和义务。人还是法发展的原动力，法随生产方式的发展而发展；是否有利于人是衡量法"良""恶"的根本

① 参见卓泽渊《法的价值论》第三章第二节"人性与法的价值"，法律出版社，1999，第86页。

标准，尊重人的价值、保障人的权利、促进人的发展是良法的基本标志，相反，轻视人、压制人、把人不当作人是恶法的重要表征。①

最后，人性决定着法的目的及其价值取向。法是人为的东西，是人为他人和自己制定设置的硬性条条框框。从国家的层面来讲，法是一个国家具有强制力的规则，国家通过对这种规则的设立和执行来协调社会关系、平衡社会利益、实现社会价值、解决社会冲突，将社会中的各种矛盾控制在一定的限度之内，以保护公民的基本权益，维系社会的秩序、稳定和发展。奥古斯丁认为，法的目的和作用就是控制那些没有理性的人的各种欲望。阿奎那将法定义为：法律是一种由管理社会的人所公布的、以共同福利为目的的理性的命令。笔者认为，时代不同、国度不同，人们制定法律的目的及其价值取向不尽相同，对法律本质的认识也不尽相同，但无论是何目的、何取向，无论是"善法"还是"恶法"，法的制定、修订、实施始终受到人性的制约。以制定法律的目的为例，比如制定刑法，究竟是为了"打击"还是为了"保护"，抑或既为"打击"也为"保护"？这就涉及制定法律的出发点，或曰法律的目的是什么。受人的社会属性制约，专制社会肯定是以"打击"为首要目的，但法治社会就不同了，应当以"保护"为目的，"保护"必然要"打击"，"打击"是为了"保护"，因为"保护"是目的，"打击"只是手段，如果把手段当成了目的，那么制定出来的法就可能背离人性。背离人性的法不会以人为本，会成为人的枷锁，成为人发展的藩篱，成为扼杀和奴役人性的力量，这是法对自己本质和目的的背叛。法治的终极价值目标是人性的解放和人的全面自由地发展，为了实现这一目标，现代法律就应当秉持正义，以追求"秩序、公正、自由"为价值取向，② 这种价值取向将引导人们把对安全、自由、平等、民主等需要内化为法的精神，使法能够满足人们对公平、正义的价值诉求。

总之，法是人的产物，是基于人性的需求而产生的规则体系。法的调整对象是人的行为，规定的是人的权利和义务，维护的是人的权益，追求的是人的全面自由地发展；人是法的依据，是法的根本，是法的原动力，是法的

① 参见何士青《法与人：从对立到和谐》，《现代法学》2005 年第 6 期。
② 陈泉生在《论可持续发展法律价值取向》一文中认为：传统价值观念以当代人眼前利益为中心的"秩序、公平、自由"作为传统法律的价值取向，他主张以"人类和生态共同利益"为中心作为价值观念取代以"人类利益"为中心的传统价值观念，并提出法律价值取向应由人与人的社会秩序向人与自然的生态秩序扩展，由代内公平向代际公平迈进，由发展经济的绝对自由向相对自由推移和对个人价值的承认向对其他生命物种群价值的承认拓展。参见陈泉生《论可持续发展法律价值取向》，中国自然保护区网，2007 年 5 月 18 日。

实现对象，所以，法应当服务于人，维护人的权利，满足人的需要，实现人的利益。如同台湾学者杨奕华所言："追根究底，法律的存在，法律的演变蜕变，实乃人的生存所呈现的一种文化现象，法律之源于人、游于人、依于人，法律之以人为本，以人的社会生活为经纬，诚毋庸置疑。"①

三　法治的实现如何顺应人性的发展

法治的起点、终点、目标和实施都离不开人，法治的最终主体是自然人，抛开人的法治是不可想象的。人的属性决定了法治的属性，前者是内容、目的、灵魂，后者是形式、手段、躯体。人为了塑造人性而立法，为了扶持人性而执法，为了修复人性而司法，为了发展人性而护法。② 人性既然是法治的基础，法治就必须以人为本，顺应人性。法治顺应人性的要义是"一切从人出发，以人为中心，把人作为观念、行为和制度的主体；人的解放和自由，人的尊严、幸福和全面发展，应当成为个人、群体、社会和政府的终极关怀；作为主体的个人和团体，应当有公平、宽容、诚信、自主、自强、自律的自觉意识和观念"。③ 具体说来包括以下内容：一切法律活动都应该以人为本，将保障和实现人的权利作为出发点和归宿，法律运行的每一环节都应该注意尊重人格、保障人权、体恤人的正当需求；弘扬人文精神，提倡人文关怀，尊重、确认、保障、救济人权，促进人的全面发展，应该成为法学研究和法律实践的共同使命；法的发展与人的发展都不是孤立的过程，二者相互联系、相互作用、相互促进，同时法律的发展、人的发展与社会经济发展相辅相成；当法的价值形态如正义、公平、平等、自由、秩序、效益等发生冲突时，以人为本是解决冲突的依据和标准，解决之道是看当时哪一价值的实现更有利于人。④

---

① 杨奕华：《法律人本主义——法理学研究诠释》，台湾：汉兴书局有限公司，1997，第24页。

② 参见李伟迪、曾惠燕《人性与法治》，《光明日报·理论周刊》2004年9月21日。

③ 汪太贤：《论中国法治的人文基础重构》，《中国法学》2001年第4期。

④ 参见李龙《人本法律观简论》，《社会科学战线》2000年第6期。危玉妹在《法律人性化价值取向与和谐社会建设》一文中认为，法律人性化的意思主要是指：在立法、执法与司法中，要以保障人权为核心，应该关心人、尊重人、处处以人为本，维护和保障人民群众的利益。立法、执法、司法要做到：尊重和保护人权，以人为出发点和归宿，一切为了人；理解人的正常情感和需求；尊重人、信任人、关爱人、培养人，使人健康全面地发展；把人不仅仅当作国家、集体的人，还应把人还原为个人，并与家庭、亲属和环境联系起来。参见危玉妹《法律人性化价值取向与和谐社会建设》，《东南学术》2005年第5期。

那么，法治的实现如何顺应人性呢？笔者认为立法的人本化、司法的人性化、执法的文明化是法治顺应人性的必由之路。

1. 立法的人本化

立法的人本化主要是就法律自身而言，涉及立法的目的和价值取向。首先，立法应当顺应人性的发展，以保障人的自然权利和社会权利为基本的价值取向。法治社会是以权利为本位的社会，"从宪法、民法到其他法律，权利规定都处于主导地位，并领先于义务，即使是刑法，其逻辑前提也是公民、社会和国家的权利"，[①] "权利最能把法律与现实生活联系起来的范畴，……法的真谛在于对权利的认可和保护"。[②] 所以，现代社会要实现真正意义上的法治，其立法主旨应当在于维护公民的基本权利、维护国家和集体的利益、维护社会的秩序，这一主旨具有唯一性。惩治违法、打击犯罪不应当成为立法的主旨或目的。如果是为惩治违法而立法，为打击犯罪而立法，等于把手段当成了目的。但现实问题在于，我们国家的某些立法在指导思想上仍然把目的和手段等同视之。比如，《中华人民共和国刑法》开宗明义，在第一条中就规定："为了惩罚犯罪，保护人民，根据宪法，结合我国同犯罪作斗争的具体经验及实际情况，制定本法。"《中华人民共和国刑事诉讼法》在第一条中也规定："为了保证刑法的正确实施，惩罚犯罪，保护人民，保障国家安全和社会公共安全，维护社会主义社会秩序，根据宪法制定本法。"这两部大法都把"惩罚犯罪"作为立法的目的。笔者认为，"惩罚犯罪"与"保护人民"虽然存在着辩证关系，但不是并列关系，这是因为"惩罚犯罪"的目的也是"保护人民"，"惩罚"只是手段，"保护"才是目的，我们可以说为了保护人民而"惩罚犯罪"，却不能讲为了惩罚犯罪而保护人民。手段不能等同于目的，二者不能混为一谈。由于立法指导思想上的这种重刑主义，我国是全世界执行死刑人数最多的国家。

其次，立法不同于司法和行政执法，它是一项制定普遍性的行为规范及其运作秩序的活动。因此，立法应最大限度地体现人性、反映民情、表达民意；立法应当充分体现民主，保证各种不同利益群体、不同利益阶层公民代表的参与。正是由于立法活动是制定对社会主体行为具有法律约束力、对社

① 张光博、张文显：《以权利和义务为基本范畴重构法学理论》，《求是》1989 年第 10 期。

② 孙国华：《法的真谛在于对权利的认可和保护》，《时代评论》1988 年创刊号。

会成员利益具有重大影响的规范性法律文件的过程，这就要求立法者的视野不能局限于某个部门或某个方面，不能根据自己的意志和需要去制定法律法规。但我国存在的问题是，现行的许多部门法律法规多是由该部门起草制定的，有些法律虽经全国人大常委会讨论审议，却很难完全跳出维护部门权益的藩篱。部门立法的弊端在于：设定法律的出发点难以避免从便于部门管理的角度出发，立法的内容容易出现注重维护部门利益而相对忽视社会大众权益的现象，更何况某些行政机关既是立法者，又是经营者和执法者；既当裁判员，又当运动员。①

再次，立法应当体现对公权力的制约和对社会弱势群体的保障。现代法治的重心是"依法制权""依法治官"，做到"依法行政"，逐渐缩小公权力的比重，强化私权利的地位，运用法律手段将行政权力的行使严格限制在法律规定的范围内，要有相应配套的责任追究和赔偿救济措施和制度。这样，所有的社会主体和公民在与政府打交道时，不仅可以清晰地了解相关的法律法规和政策，而且能够知道如果受到政府部门非法侵害后通过怎样的途径维护自身的合法权益。但我国现存的问题是：公权力膨胀，很难受到制约；私权利萎缩，经常受到挤压；政府的行政权力太大，有时政府不作为，有时政府还乱作为；② 政府部门的管理意识太强，服务意识太弱，依法行政意识太差。另外，国家对社会弱势群体的保障这几年虽然有所改善，但保障的幅度和力度仍然离法治社会的要求距离很大。例如，对

---

① 例如：邮政法规是由行政部门制定的，它同时又是经营者，那么邮政部门如果侵犯了公民的权益，就很难有办法去依法制约它。如果再让邮政部门去严格执法，那么结果更是不堪设想。

② 2007 年 9 月 13 日，国家预防腐败局在北京揭牌。局长马駮在新闻发布会上表示，新成立的国家预防腐败局将以加强对权力运行监督制约为重点，采取有效措施防止权力滥用。另据新华社呼和浩特 2007 年 9 月 12 日的电稿：在内蒙古乌兰察布市，当地林业部门将一片国有苗圃林地，以每平方米 20 元的价格（包括各种费用）出让 50 年，给开发商建所谓的"香港商贸城"。地方政府还与开发商签订了一份离谱的开发协议：免除土地增值税、房产税等 7 项税和人防费、水电增容费等 9 项费用。并称"具有国际法律效力，若双方发生纠纷，要交国际仲裁机构解决！"乌兰察布市监察局综合室主任说："免除了 16 项税费，等于是政府明着送钱给开发商。国家对土地使用和项目开发有着严格的制度规范。然而，在建设"香港商贸城"项目的过程中，当地的林业局、规划局、发改委、集宁区政府、区国土局等多个部门竟"集体违规"，为开发商打造"绿色通道"。据新华社记者披露：乌兰察布市规划局原局长，集宁区国土资源局原局长，集宁区国土资源局原党支部书记、监察队队长等，因行政权力使用上违纪、违规、失职、渎职等，已经被免职或给予党纪处分。

失地农民利益的保护、对失业职工权益的保护、对农民工权益的保护、对劳动者休息权利的保护、对消费者权益的保护以及社会保障制度等都需要加强。

专制时代的法有许多是非人性的，刑罚的最大特点是就是恐怖，就是轻视人、蔑视人，使人不成为人。例如，中国古代死刑的处决方式，就有砍头、挖心、凌迟、五马分尸等，还要公开行刑示众，还有脸上刺字等肉刑，使犯罪人蒙受终身耻辱，让旁观者感到震惊恐惧，这种对人的肉体和精神双重摧残的酷刑，是对人性典型的扼杀。法治时代的法应当体现出一种人文关怀，法律不仅要有硬度，还要有温度，这个温度就是以人性暖慰人心，使公民不是恐惧法律，而是信仰法律，遵守法律，维护法律，运用法律保护自己。同时，立法要尽可能完善，不要留有大的漏洞，不要成为导致社会成员做出非人性举动的原因。①

2. 司法的人性化

司法的人性化主要是指司法机关在办理案件和诉讼活动中要表现出一种人文的情怀，这是司法以人为本的价值取向进一步的延伸和发展。司法人性化在民事诉讼领域，主要表现为不仅要保护胜诉方的权益，而且要注意到败诉方的合法权益，使公平、正义的法律精神真正得以实现。② 司法人性化在刑事诉讼领域，主要表现为司法机关和办案人员对犯罪嫌疑人、被告人、服刑人员人格

---

① 2006年12月20日下午3时，四川省都江堰市国堰宾馆内发生一起惨剧：一辆奔驰车将一名小男孩撞倒拖行后，两名男子下车看了看，然后又上了车。随后，奔驰车再次启动，倒退着再次从男孩身上碾过。这绝非首次出现司机反复碾压撞伤者致死的事情：2006年4月，浙江台州市一名64岁的老太太在出门散步时，被一辆正在倒车的帕萨特轿车撞倒，让人震惊的是，在这之后这辆轿车又反复地倒车，从老太太身上反复碾压了5次才停。是什么让这些司机泯灭了人性，一次次碾压那些本已在车轮之下流血呻吟的无辜人呢？以北京地区为例，撞死一个人赔偿总数一般不超过40万元，撞伤一个人则可能赔偿上百万元。于是，"撞死要比撞伤强"就成了那些无良司机的潜规则。一位自称"无心无月"的网友说得好："其实现在存在的交通潜规则，本身就是对人性对信任的一种极大背叛。被撞伤的人往往争取最大的权益，寻回公道，司机则怕被敲诈和背上沉重的经济包袱和法律制裁，当两方都在争取本身利益最大化时，必然产生了人性和利益的冲突。"因此，在立法时，要尽可能完善，不要留有大的漏洞，不要成为导致社会成员做出非人性举动的原因。

② 例如，2005年1月1日起施行的《最高人民法院关于人民法院民事执行中查封、扣押、冻结财产的规定》第七条就明确指出，对于超过被执行人及其所扶养家属生活所必需的房屋和生活用品，人民法院根据申请执行人的申请，在保障被执行人及其所扶养家属最低生活标准所必需的居住房屋和普通生活必需品后，可予以执行。

和尊严的尊重。① 司法人性化在行政诉讼领域，主要表现为司法机关和办案人员对作为被告的行政主体不予袒护，敢于秉公执法，敢于维护原告的合法权益。

最近几年，随着"人权入宪"和"以人为本"科学发展观的提出，人权观念和意识越来越受到重视，人性化司法在各地司法部门多有实践。比如，在过去的司法实践中，死刑犯临刑前不允许和家属见面，如果家属有什么问题想交流，只能向看守所申请，获准后写一份问题提纲，经审查后递进看守所，再由看守所工作人员提供给死刑犯，最后将死刑犯的意见传达出来。司法实践中，绝大多数死刑犯在临刑前往往有会见亲属、交代后事等人性方面的诉求，死刑犯的亲属也往往有类似心理请求。② 能够满足死刑犯在临刑前会见亲属这样一种人性需求，并不是对犯罪行为的宽容，而是为了更好地实现每一个人的权利，是司法机关尊重人权、司法走向人性化的表现。给犯罪者以应有的人文关怀，他们就多了一分成功改造、重新做人的希望，少了一分自暴自弃、再次为害社会的可能。③ 即使他们中有人不会再有"重

---

① 危玉妹在《法律人性化价值取向与和谐社会建设》一文中认为："犯罪人虽然要受到法律的制裁，但他作为一个人应有的尊严还是应受到法律保护，而并非一个人犯了罪，就失去了所有权利。作为一个公民，虽然有的权利被剥夺，有的权利被限制，但他仍然还享有其他一些未被剥夺和限制的权利。更为重要的是，犯罪嫌疑人、被告人作为一个人，其基本的人权、人格和尊严，是法律无法剥夺、不能剥夺，也不应剥夺的，这正是现代文明司法理念的体现。因此，司法要以人性的救济为最终目的，对被害人而言，其作为人的权利遭到损失，司法机关以公力去救济，恢复被害人的人性权利，这是对人性的救济；对加害人而言，由于人性的扭曲或裂变，所以做出了伤害他人权利的行为，司法机关强迫加害人承担法律责任，使其痛苦、反思、悔恨、自新，恢复人性，这也是人性的救济。所以，我们看司法人性化，不能把它仅仅当作一种司法现象，而要认识到这是一种司法理念的重大转变。"参见危玉妹《法律人性化价值取向与和谐社会建设》，《东南学术》2005年第5期。

② 2006年1月4日《南方日报》的报道《死囚的人性与司法的人道》称：2005年12月29日下午4时，关押在佛山顺德区第一看守所的死刑犯周某，在临刑前见到了家人。这是广东第一个被允许在执行死刑前会见家属的死囚。次日，周某被执行死刑。此前，海南、北京、辽宁等地均已实现死刑犯临刑前会见家属的"零"的突破。2007年11月22日《检察日报》的报道《跨越生命的临终关怀》称："11月17日上午，家住西安市长安区马王镇的死刑犯张科，在临刑前与自己的父母相聚了15分钟。死刑犯临刑前会见家属，在西安尚属首例，引起了西安市民的强烈关注。"本案公诉人、西安市检察院公诉一处检察官慕明君认为：这次临终会见对张科来说是生命结束前的一次心灵慰藉，展示了法律应有的柔情。

③ 例如：先后六次荣立一、二、三等功，连续八年被公安部评为"一级看守所"，2006年又荣膺"全国标兵看守所"的山东省莱州市看守所，在工作中提出了"人性化关爱，法理情结合"的管理理念，对于留所服刑人员，民警采用理性及人性化的管理手段，实行星级管理。依据留所服刑人员的认罪态度和悔改表现，划分为特别严管级、一般严管级、普管级、宽管级四个级别，分别以无星、一星、二星、三星标识区分级别。对表现出色的留所服刑人员，在法律允许的范围内从会见、通信、活动范围、生活待遇、申报减刑假释等方面给予较为宽泛的待遇，收到良好的效果。

新做人"的机会，也可以给他在死前一点心理安慰，给他的亲属一点精神安慰，这就叫司法的"终级关怀"。

近几年来，我们国家的司法机构也大力倡导恢复性司法。所谓恢复性司法，就是通过建立刑事案件当事人之间的对话机制，在专业人士居中主持下，让犯罪情节轻微的人与被害人面对面沟通，促使犯罪分子认识到自己的犯罪行为所造成的危害，并以道歉、赔偿、社区服务、生活帮助等方式向被害人表明自己的悔罪心情，获得对方和社会的谅解与接纳，同时也使被害人接收到犯罪分子的悔过信息，更好地抚平创伤，宽恕对方。这些举措都是司法人性化的表现。①

当然，司法的"人性化"不能违背法律的基本原则，不能损坏法律的统一性，不能为"人性化"而"人性化"。据 2006 年 6 月 1 日《新华日报》报道：江苏省公安厅根据《治安管理处罚法》《卖淫嫖娼人员收容教育办法》等法律和行政法规的规定，出台了《关于办理卖淫嫖娼案件的指导意见》，其中规定，"对因生活所迫初次卖淫的予以从轻处罚"，这与公民在适用法律上一律平等的法律原则是相违背的。② 再如公开逮捕，这种曾经是中

---

① 例如：2006 年以来江苏省江都市检察院共适用恢复性司法理念办案 20 件，其中做出相对不起诉处理的 3 件 3 人，无逮捕必要不捕的 9 件 11 人，建议公安机关撤案的 8 件 12 人。既提高了诉讼效率，又平和解决了刑事案件双方当事人的矛盾，促进了犯罪分子的真诚悔改，最大限度地增加了和谐因素。参见刘宁、长剑《以恢复性司法修复社会裂痕》，《光明日报》2007 年 6 月 11 日。李伟迪、曾惠燕在《人性与法治》一文中认为：司法要以人性的救济为最终目的，对被害人而言，其人性权利遭到损害，司法机关以公力去救济，恢复被害人的人性权利，这是人性的救济；对加害人而言，由于人性的裂变，所以做出了伤害他人人性权利的行为，司法机关强迫加害人承担法律责任，使其痛苦、反思、悔恨、自新，从而恢复人性，这也是人性的救济。参见李伟迪、曾惠燕《人性与法治》，《光明日报·理论周刊》2004 年 9 月 21 日。

② 有评论认为：这条新规中包括一种"体贴穷人无奈之恶"的法律善意。从道德情感上讲，笔者认同这种"体贴穷人无奈之恶"的法律善意，但从法律理性看，笔者并不认同法律通过如此方式向"穷人的无奈之恶"示善。因为这种方式既伤害了"法律面前人人平等""同种行为同等惩罚"的法理灵魂，又可能在破坏法律刚性中带来非意图的反面效应。因生活所迫卖淫就可从轻处罚，法律不能一视同仁，其权威和效力会大打折扣；而且"从轻处罚"会引导一种非常不好的贫穷价值观：因贫穷而卖身是可以原谅的。既然法律严厉打击卖淫嫖娼，就应该通过刚性的法条传播这样一种价值判断：任何情形下卖淫都是不可取的。从另一个角度看，"因生活所迫"和"初次卖淫"都是非常模糊的概念，这种模糊既然能容纳法律善意，也可能在执行中被偷换为"恶"的东西，即利用自由裁量权敲诈勒索乱罚款。在打击卖淫嫖娼上，法律承载的价值应该很简单和单纯，就是通过一视同仁的惩罚确立行为禁区——至于其他社会目的，只能通过法律以外的手段，社会政策、公共救济、教育、团体合作等方式进行。参见曹林《"容忍因贫卖淫"与错位的法律人性化》，四川新闻网，2006 年 6 月 2 日。

国特色的司法行为，违反罪刑法定的原则，但近几年来仍有司法机关采用这种方式。① 按照我国法律规定，未经法院审判的嫌疑人不能确定为犯罪分子，对他们实行公捕，显然是已经把他们作为犯罪份子对待。但即使是犯罪分子，也不能采取示众的方式，因为这种"杀鸡儆猴"，把当事人像动物一样展览的方式侵犯了他们的人权，会在当事人心中留下永远的阴影，同时也不利于犯罪分子的改造。更有甚者，未经法定程序，竟搞杀人、抢劫、伤害等暴力性犯罪的重刑犯提前回家服刑的"试点"。② 我国刑法虽然对被判处管制、拘役、有期徒刑、无期徒刑的犯罪分子规定了其在刑罚执行期间的减刑制度，但减刑是有条件的。我国刑法在假释适用条件中规定，对累犯以及因故意杀人、强奸、抢劫、绑架、放火、爆炸、投放危险物质或者有组织的暴力性犯罪被判处十年以上有期徒刑、无期徒刑的犯罪分子不得假释。暴力性犯罪的重刑犯提前回社区"服刑"，既不是减刑，也不是假释，是未经法定程序的"法外施恩"。这样搞"试点"，不仅违反了《刑事诉讼法》和《刑法》有关刑罚和刑期的规定，违背了监狱管理制度，而且不符合公平正义的法律原则，对受害人的权益造成二次侵害，同时对其他服刑人员也不公平，因为重刑犯可以提前回社区，那么"轻刑犯"就更有理由提前回到社区。③

---

① 例如：2007年9月8日，郑州市金水公安分局按原计划在都市村庄进行了公捕大会。早上7时30分，数辆押解车准时从郑州市人民公园东门出发，前往郑州市第一看守所提审张宁等30名犯罪嫌疑人。按照既定方案，每两名民警押解一名犯罪嫌疑人，7个命案犯罪嫌疑人全部上脚镣，每辆押解车有专门民警手持微冲、头戴钢盔进行警卫，解押车队先后来到柳林派出所辖区内的杨君柳村、庙李派出所辖区内的陈砦村和张家村三个会场。金水公安分局公开逮捕这30名犯罪嫌疑人。更令人惊叹的是，公捕大会竟然开进了校园。惠济公安分局的公捕大会在北大学城郑州师范高等专科学校举行。一大早，中州大学和郑州师范高等专科学校的数千名学生就陆续来到会场。9时许，公捕大会正式开始，15名犯罪嫌疑人涉嫌抢劫、盗窃、强奸、故意杀人等种种严重危害群众生命财产安全的罪行——被公布出来，会场不时传来学生的惊叹声。参见《郑州举行"违法犯罪定点揭露"大会遭专家质疑》，大河网，2007年9月10日。

② 据2007年7月9日《北京青年报》一篇题为《"杀人"等重刑犯回家"服刑"是否可行？》文章称：北京市朝阳区试点杀人、抢劫、伤害等暴力性犯罪重刑犯回家服刑。主要特点是，这些重刑犯都被判处十年以上的有期徒刑、无期徒刑或死刑缓期执行的刑罚；事先征得所在社区居民的同意；由所在地基层司法所监管，并接受义务劳动。朝阳区已陆续接收了20名重刑犯回社区"服刑"。有人甚至认为：与其等着重刑犯释放后回到社会上没人管，不如先尝试着让他们回家试试，这个阶段有人看他，有人帮他，不行还可以送回去，"这样符合人性，同时对社会也更安全"。

③ 法律对假释的规定相当慎重，条件极为严格，法律程序明确，假释人员的监管制度也很明晰。《中华人民共和国刑法》第81条规定：被判处有期徒刑的犯罪分子，执行原判刑期二分之一以上，被判处无期徒刑的犯罪分子，实际执行十三年以上，如果认真遵守监规，接受教育改造，确有悔改表现，没有再犯罪的危险的，可以假释。如果有特殊情况，（转下页注）

司法的人性化如何"化","化"到什么程度,是法治社会中应当关注的一个问题。社会上曾经对"一个贫困家庭的孝子,为给母亲治病抢了别人的钱,从司法人性化角度看,法律应不应当对其从轻处理"的问题有过争论,这里就牵涉到一个如何"化","化"到什么程度的问题。笔者的看法是:触犯法律,就应该受到惩罚,适用法律人人平等;"人性化"应该体现在对那位"无钱治病的母亲"的关怀上,社会应当对"生病的母亲"给予救济,不能因此姑息或纵容儿子的违法犯罪行为。当然,也有一些"人性化"的司法行为引起了争议,如2007年2月8日《新京报》报道:"今年春节,北京女子监狱将开设同居会见,将挑选12名女犯与探监丈夫同居24小时。目前该工作已进入最后准备阶段。"监狱的这一做法究竟是彰显人性还是挑战法律的尊严,学术界形成两种截然不同的看法。①

3. 执法的文明化

执法的文明化主要体现在行政机关的执法过程中。执法是法律价值的实

（接上页注③）经最高人民法院核准,可以不受上述执行刑期的限制。对累犯以及因故意杀人、强奸、抢劫、绑架、放火、爆炸、投放危险物质或者有组织的暴力性犯罪被判处十年以上有期徒刑、无期徒刑的犯罪分子,不得假释。第84条规定:被宣告假释的犯罪分子,应当遵守下列规定:(一)遵守法律、行政法规,服从监督;(二)按照监督机关的规定报告自己的活动情况;(三)遵守监督机关关于会客的规定;(四)离开所居住的市、县或者迁居,应当报经监督机关批准。

① 正方认为:用亲情、家庭温情感化犯人,激励犯人改过自新,帮教他们走上正途,是一件合情合理的好事。对已婚的服刑劳教人员奖励"夫妻同居权"这比说多少话都管用。这体现出对人性的尊重,是社会的进步,也是犯人回归社会和社会犯罪再防治的必要。许多国家的监狱都有类似的"夫妻同居室"。而且,服刑人员被剥夺的只是人身自由权,对已婚犯人要求感情和生理交流的权利,法律没有剥夺。监狱设立的夫妻同居室也没有超过监戒区,不违反有关法律。法律没有明确禁止的,在实践中可以尝试。反方认为:既然法律没有剥夺女犯与配偶的同居权,那么,每个服刑人员应该都享有此等权利,若其他表现不够优秀的女犯提出与配偶同居,该监狱若不答应,算不算侵权行为呢?退一步说,既然法律没有禁止女犯与配偶同居,那么,这种本身就应该享有的同居权能被当作一种奖品吗?一般来说,女犯们曾经对他人或社会造成过比较重大的损害,她们理应受到相应制裁才足以平息百姓的愤怒。如果被她们伤害过的人得知她们在监狱里仍然享有与配偶同居的权利,并且还是整个监区近百人当中只有她一个人受此"殊荣",不知道会不会对法律的严肃性产生怀疑?如果众多女犯尽心尽力接受改造争取"同居"的奖励,当然无可厚非;倘若监管人员考核挑选时出现些许不公现象,必将致使其他女犯丧失上进之心,或者引发腐败现象。其实,如果赋予女犯同居权的各方面步骤和细节尚未征集多方意见,包括被害者参与的讨论,最好暂不执行为妙。参见《女犯狱中与丈夫限时同居:彰显人性还是挑战法律的严肃》,《新京报》2007年2月8日。

现方式。一方面，执法主体的权力行使范围必须以法律的明确规定为界限，法律之外不得有权力，一切法外权力的行使均应宣布为非法；另一方面，执法主体同时作为社会的管理者，必须以法律规则为管理根据，一切决策、决定、对策、裁决的做出，必须严守法定的条件、程序和实质要求。这有两方面要求：一是执法主体的执法行为必须限定在法定的权力范围内，二是其管理行为必须以法律为根据。这里贯穿的是现代法治的基本原则和要求，所以，从执法层面界定，现代法律是社会据以限制国家权力和国家据以管理社会的基本规则。①

如何做到执法的文明化呢？首先，执法的文明化要求执法机关改变森严、冷峻的"专政"色彩和衙门作风，在严格遵守和执行法律上要"刚"，在执法的细节和手段上要"柔"，刚柔相济，彰显人性，体现出人文关怀。②过分强调法律的惩治功能就会导致法律失去亲和力，过分强调执法的刚性化就会导致法律的僵化，过分强调法律的震慑力就会导致法律失去人性。在这一问题的处理上，中国古代汉朝的官吏就比秦朝官吏智慧和理性。秦的法律体系具有明显的"严而少恩"特色，百姓所能感受到的只是法律对自己极为严格的控制和惩罚，却无从感受法律对自身的保障与呵护。秦末陈胜之所以能率同行戍卒揭竿而起，一个主要的原因就是秦律有戍守途中"失期，法皆斩"的硬性规定。汉朝比较重视法律的人性化，虽然立法上"汉承秦

---

① 参见谢晖《现代法律及其性质界定》，北大法律信息网，2006年1月24日。

② 危玉妹认为：这种执法理念与过去以打击违法犯罪为特征的执法理念相比，主要有以下四个方面的区别。一是在执法目的上，以打击违法犯罪为特征的执法理念强调的是打击违法犯罪的不法行为，落脚点放在"打击"上，以人性化价值取向为特征的执法新理念则强调通过打击与教育相结合，建立起权力与权利相和谐的社会关系。二是在执法重点上，以打击违法犯罪为特征的执法理念强调的是以打击为重点，以处罚为主，以帮教为次之；以人性化价值取向为特征的执法新理念则强调打击违法犯罪不是目的，目的在于预防和减少违法犯罪，并教育、帮助违法犯罪人员改邪归正、回归社会，使行政执法主体与行政相对人建立起和谐的工作关系（包括管教关系），以实现和谐社会的建构。三是从执法的结果上，以打击违法犯罪为特征执法理念执法打击的是个案，个案完成了，执法工作也就停止了，结果仅仅是个案的效应；以人性化为特征的执法新理念则强调打击、查案不是目的，处罚更不是结果，是通过执法，查处一件违法行为、打击一个犯罪分子，达到制止可能出现的违法行为，教育广大人民群众，建立正义、公平、和谐等普世的法律价值。总之，以人性化价值取向为特征的执法新理念，就是要确立以人为本，关心人、爱护人，协调好人与人之间的关系、权力与权利的关系、权利与权利之间的关系，达到构建和谐社会的目的。参见危玉妹《法律人性化价值取向与和谐社会建设》，《东南学术》2005年第5期。

制"，但"执法宽平、议法从轻"① "法与皇帝诏旨制衡" 的理论与司法实践使僵硬的、冷冰冰的律条有了变通和温度。② 在汉代，人性时常作为定罪量刑的一个参考指数，从人性出发讨论立法和执法的得失也颇为常见。汉初的贯高案，③ 董仲舒的"原心定罪"，④ 文帝时的废除肉刑，路温舒主张的"尚德缓刑"，朱博的"三尺律令，人事出其中"之说⑤等，都强调的是法律可以通人性，使原本繁缛苛重的汉律，变的刚柔相济、变通有度，减轻了法律残酷无情的色彩，保证了人心的归属和社会的稳定。近几年来，我们国家的各级执法机关，推出了不少充满人性关怀的新举措，如重庆探索一种体现人性化的办案措施，在侦查过程中，如发现犯罪嫌疑人家中的老人、小孩

---

① 推崇执法宽平是汉代官场的主导倾向，以西汉张释之、于定国父子、东汉郭躬父子为代表的一批以执法宽平的官员，被奉为吏治的楷模。议法从轻的主张，同样在汉代的执法思想中占据主流，如西汉后期的杜钦，主张"罚疑从去"，这与现代法理的"疑罪从无"相类似；东汉中期的陈宠，官至廷尉，其曾祖父陈咸是两汉之际的法学名家，他留给子孙的规诫就是："为人议法，当依于轻，虽有百金之利，慎无与人重比。"陈宠本人"及为理官，数议疑狱，常亲自为奏，每附经典，务从宽恕，帝辄从之，济活者甚众。其深文刻敝，于此少衰"。

② 例如，汉文帝出行，有一人无意中惊扰乘舆马。文帝使人捕之，押送廷尉张释之审判。不久，张释之奏报审案结论：按照"犯跸"之法处以罚金。汉文帝大怒："此人亲惊吾马，吾马赖柔和，令他马，固不败伤我乎？而廷尉乃当之罚金！"张释之从容解释："法者，天子所与天下公共也。今法如此而更重之，是法不信于民也。且方其时，上使立诛之则已。今既下廷尉，廷尉，天下之平也，一倾而天下用法皆为轻重，民安所错其手足？唯陛下察之。"至此，汉文帝也不得不承认张释之是依法断案。

③ 汉初，赵国大臣贯高极力辩白赵王张敖没有参与刺杀汉高祖刘邦的密谋，刘邦命人以私交身份核实贯高供词的真伪，贯高答曰："人情岂不各爱其父母妻子哉？今吾三族皆以论死，岂以王易吾亲哉！顾为王实不反，独吾等为之。"刘邦据此认定贯高证词为实，乃赦赵王。参见《汉书》卷三十二《张耳传附子敖传》。

④ "原心定罪"（又称"论心定罪"）是汉代量刑判案时的原则。据《春秋繁露》卷三《精华》载，董仲舒认为："《春秋》之听狱也，必本其事而原其志。志邪者不待成，首恶者罪特重，本直者其论轻。"其含义是：执法者在断案时，不仅要弄清犯罪的事实，更要追索涉案人的动机。只要有邪恶的犯罪动机，不必待其犯罪行为实际发生，就应当加以惩罚；对首犯必须从重论处；对虽有犯罪行为但动机出于善良或情有可原的人，应当从轻论处。这一原则的适用在西汉后期发生的围绕着涉及前丞相薛宣"毁谤案"处置之争也得到充分的印证。

⑤ 朱博本不精通法律，却出任廷尉，且凭借洞晓人情的优势试断狱案。据《汉书》卷八十三《朱博传》载："复征为光禄大夫，迁廷尉，职典决疑，当谳平天下狱。（朱）博恐为官属所诬，视事，召见正监法掾史，谓曰：'廷尉本起于武吏，不通法律，幸有众贤，亦何忧！然廷尉治郡断狱以来且二十年，亦独耳剽日久，三尺律令，人事出其中。掾史试与正监共撰前世决事吏议难知者数十事，持以问廷尉，得为诸君覆意之。'正监以为博苟强，意未必能然，即共条白焉。博皆召掾史，并坐而问，为平处其轻重，十中八九。"

及病人在场，暂不进行搜查和抓捕；对于小额受贿又主动自首退赃的，可不起诉。有个逃犯，在家里给女儿过生日，民警知道后守在门口等了3个小时，逃犯出来以后才把他抓获。① 南京市公安人员拘捕犯罪嫌疑人时，在戴上手铐的同时，在外面加一个手铐罩；交警执法时，对违章车辆用"贴单"代替"拖走"。② 沈阳铁西交警大队的女交警对违章司机的警告和处罚程式中，在过年时多了一个送"福"的情节："快过年了，请您小心驾驶，您的家人正期待着您的平安归来。"③ 这些文明化的执法新举措是各级执法部门为构建和谐社会的具体尝试，彰显出人性与法律的交融，有利于社会的稳定与和谐发展。当然，在我们国家冷冰冰、硬邦邦的执法也比比皆是。④

其次，执法的文明化要求政府及其各执法机构转变重管理、轻服务，重实体、轻程序的观念，构建以人性为基础、以人权为底线的执法新模式。以公安机关为例：有人曾指出，长期以来，公安机关的专政职能得到强调，但服务职能和人权保障职能却被忽视，导致少数民警粗暴执法、漠视公民权利的事件屡屡发生。2006年5月31日，新华社播发了一篇题为《列车拾荒被拘，法理情难容》的报道：湖南省临澧县一位年近六旬的农村老人，在孙女身患白血病后，从长沙回临澧家中凑医药费。她因为途中在所乘坐的列车上捡了28个空瓶子，被怀化铁路公安处石门县火车站派出所拘留。显然，这种过度的处罚无论于法、于理、于情都与人性不符。⑤ 2007年9月初，银

---

① 参见《华西都市报》2007年2月7日。
② 参见《中国青年报》2003年6月9日。
③ 参见《辽沈晚报》2006年1月24日。
④ 例如：一位丈夫用板车拉着难产的妻子直奔医院，在国宾道前被警察拦住，按规定此时国宾车道不允许人力车通过，尽管当时并无贵宾通行，警察也毫不通融，孕妇的呻吟和流血、丈夫下跪哀求都无济于事。丈夫只好绕道而行，结果耽误了时间，孕妇和婴儿都死了。再如：2005年高考，陕西渭南的一名考生于14时47分赶到考场，仅比规定入场的时间晚了2分钟，离正式开考还有13分钟，可考场的大门已经关闭，该女生跪地痛哭哀求，痛不欲生，可看守大门的三名门卫不为所动。该考生一年的全部希望就这样彻底破灭了。严格执法并没有错，但问题在于人的生命与尊严在"规则"面前竟如此苍白，这种漠视人性的"无情"规则是否有存在或变通的必要？
⑤ 从法的角度看，当地公安机关的执法依据有二：一是2006年3月1日起施行的《治安管理处罚法》第23条第1款第3项，即"扰乱公共汽车、电车、火车、船舶、航空器或者其他公共交通工具上的秩序"，"情节较重的，处五日以上十日以下拘留"；二是内部通知，即"从（2006年）3月1日起，火车上不准捡废品，违者将处以治安拘留"。这里的"情节较重"，至少可以理解为在交通工具上无理起闹，故意违反乘车纪律和规则，聚众起哄滋事，造成乘车秩序混乱，老太太拾荒或许给他人带来不便，但不至于"扰乱公共秩序"，更谈不上"情节严重"。至于内部规定，其不具有超越或高于法律的效力。从理的角度讲，（转下页注）

川市兴庆公安分局胜利街派出所在宣传栏上将 28 名卖淫女的照片当街曝光。在"卖淫嫖娼人员曝光板"上张贴着卖淫女的正、侧面相片,虽然在眼部进行了简单处理,但面目轮廓依然清晰可辨。这些将嫌疑人照片置于众目睽睽之下,任由市民"嬉笑怒骂",这显然有侵害公民隐私之嫌,与文明执法是背道而驰的。①

再次,执法的文明化要求执法者注重执法效果,营造一种以人为本、体现人的价值、充满人文关怀的大环境。在传统的行政管理模式中,行政机关单纯依赖行政检查、行政许可、行政处罚、行政强制等强制性手段,这些刚性监管方式虽然见效快、显权威,但也易激化行政机关与当事人之间的矛盾和冲突。实践证明,完全使用强制性执法已经不适应当前的城市管理方式,各级政府也正在积极探索"柔性"管理方式,改善政府形象。作为柔性监管方式之一的行政指导行为,近年来在行政实务中得到越来越

(接上页注⑤)老太太在火车上捡拾了几个废弃的瓶子,无非完成两个动作:一是在火车上走动,二是捡拾瓶子。关于第一点,列车车厢不同于某个企业的生产车间,是属于公共空间,属于每一位持票上车的乘客。每个乘客都应有在公共场所自由行走的权利,当然也包括这位老太太。即使是穿行于拥挤的人群,这项权利也不应受到丝毫损害,谁能说一个老妇人在大街上行走是扰乱公共秩序?至于捡拾瓶子,大凡坐过火车的人都知道,列车员经常会收拾走一些旅客喝完饮料的瓶子,这些瓶子通常是被当垃圾处理的。问题在于,列车员捡走垃圾是为了打扫卫生,为什么老太太捡走垃圾便成了"扰乱公共秩序"呢?从情的角度说,一位年近六旬的老人,不顾旅途劳累和一路颠簸,在车上捡几个瓶子,多半是为生活所迫。面对此情此景,那位自称"特派员"的"小分队队员"不但没有丝毫的同情,反而"纵容"老太太捡瓶子。如新华社的报道指出,"特派员"之所以不告知老太太"铁道部门有不准捡空瓶子的规定",竟是因为"我们就是不让你知道,好抓你们"。如此执法,以及因为捡拾瓶子就要被剥夺人身自由,这是对人权的挑战和对人性的亵渎。

① 参见《新消息报》2007 年 9 月 5 日(宁夏)。执法不能超越人权这条底线,这在国际上也有通例,联合国的《囚犯待遇最低限度标准规则》明确规定:无论对于已决犯还是未决犯,在被送入或者移出羁押场所时,"应尽量避免公众耳目,使他们不受任何形式的侮辱、好奇的注视或宣传"。又据公安部有关负责人介绍,2003 年 3 月以来,公安队伍接连发生西安某派出所因暂住证问题扣留 32 名民工事件、广州孙志刚事件、成都金堂县被强制戒毒人员的幼女饿死等事件,这些事件的发生,直接侵犯了公民的人身权利,严重损害了公安队伍的形象和声誉。为此,公安部强调要做到四个"坚决":坚决杜绝再次发生伤天害理、激起民愤的恶性案件;坚决纠正一切严重侵占群众利益的滥收滥罚的政策和指标;坚决停止滥用侵犯人权、侮辱人格的强制措施;坚决撤出参与经营的娱乐场所。同时,公安部向媒体发布了《公安机关办理行政案件程序规定》,首次在公安执法程序中明确排除了非法证据的效力,有利于从根本上防止刑讯逼供等侵犯人权现象的发生,第一次在公安执法程序中明确提出了尊重当事人人格尊严的要求,体现了文明执法的观念。

广泛的运用。^① 行政指导是行政机关在职责范围内实施的指导、劝告、建议、提醒等柔性管理行为，具有非强制性、示范引导性、广泛适用性、柔软灵活性、方法多样性、选择接受性、沟通协调性等诸多特点，它与行政合同、行政奖励、行政资助等非强制手段一道，构成柔性监管行为体系，在经济与社会管理领域发挥着积极作用。行政指导体现以人为本、行政为民的理念，有利于尊重和保障公民合法权益。^②

最后，执法的文明化不能被扭曲，行政执法不能以罚代管，更不能使行政处罚成为常态。2005 年初夏发生的安徽来京人员杜宝良要缴纳万元交通违章罚款就是典型一例。^③ 我们还经常可以看到或听到一些执法机构以罚代管的行为。例如，有些工商部门对制造假冒伪劣的行为，有些税务部门对偷逃税的行为，有些计划生育部门对"超生"行为，有些公安部门对赌博和卖淫嫖娼的行为……采取的就是一罚了之的做法。有的执法部门甚至下达罚款指标，把行政执法作为创收的手段。这种把罚款当成目的的执法，不仅偏离了执法的宗旨，而且纵容了违法犯罪，是对文明执法的严重扭曲。此外，文明执法也不能步入歧途，合肥交警四大队以送玫瑰花的方式搞"柔情执法"的行为就是一例。^④ 交警执法，讲究文明和人性化，值得大力提倡和鼓励。但是实行"柔情执法"绝不能抛弃和损害法律的权威与尊严，不能胡乱"柔情"。这种看似"柔情"的"执法"，实质是对文明执法的曲解与误

---

① 例如，泉州、北京、沈阳等地工商行政机关尝试运用行政指导，取得了提高监管功效、构建和谐工商的积极效果。北京城管执法部门于 2007 年 9 月公布了将在全市逐步推开的六项柔性执法指导措施，取代曾经"一步到罚"的简单执法方式。比如，初次无照经营将只会受到告诫而不再处罚，摆摊设点、店外经营等违法行为也将不再仅依靠罚款进行处置，执法方式由刚变柔，更加人性化。

② 参见莫于川《刚性监管易致冲突，行政可以更"柔"些》，《瞭望》2007 年 09 月 17 日。

③ 2005 年 5 月 23 日，安徽来北京务工人员杜宝良查询得知自己于 2004 年 7 月 20 日至 2005 年 5 月 23 日在北京市西城区真武庙头条西口同一地点被"电子眼"记录 105 次违章，被交管部门扣罚 210 分、缴纳罚款 10500 元。杜宝良为此向法院提出申请 3000 元国家赔偿的行政诉讼，6 月 18 日北京市西城区人民法院已做出受理决定。北京市交管部门在该罚单事件发生后，于 7 月 13 日向社会公布了交管局规范执法行为的八项具体措施，包括进一步完善规范执法告知制度，规范交通标志设施，规范固定违法监测设备的设置以及规范移动违法监测设备的使用，等等。鉴于此情，杜宝良于 7 月 27 日撤回对北京市交管部门的行政诉讼请求。

④ 据 2006 年 7 月 31 日《扬子晚报》报道：今天是我国传统的"七夕"节，今天上午如果您在合肥市百花井等地"乱穿行"被逮到，交警送上的不是一纸罚单，而是一朵粉红色的玫瑰花。为了让处罚"乱穿行"不再冷冰冰，合肥交警四大队此举旨在用"柔情执法"唤起市民的交通意识。

读，至少是很不严肃的执法行为。要之，文明执法，是指在有法可依的基础上，讲究执法态度和执法方式，尊重他人人格，不能有损法律的权威与尊严。

结　语

人性应当是实现法治的基础。专制时代的法与法的实施有许多是背离人性的，法治时代的法与法的实施应当顺应人性的正当发展。在法的制定中，弘扬人性的法是良法，压制人性的法是恶法；在法的实施中，保护人的正当权益的司法与执法是正义之举，侵犯人的正当权益的司法与执法是不良之行。人类的文明进步与人性的解放影响和决定着法的人性化程度，反过来，法的人性化程度也反映和体现着人类的文明进步与人性的解放。总而言之，要实现法治，离开人性这个基础是决然不行的。因为人性的彻底解放，人的全面自由地发展，是人类社会追求的终极目标。

（原载《中国政法大学学报》2008 年第 2 期）

当代法治与传统法制的关系

我国古代有"法制"，但无现代意义上所讲的"法治"。古代的"法制"一般是指法律和制度，如"是月也，命有司，修法制，缮囹圄，具桎梏，禁止奸，慎罪邪"①"威不两错，政不二门，以法治国，则举措也"②中的"法治"，并非今天我们所讲的"法治"，只是到了近代，才有了现代意义上的"法治"。但无论如何，"法制"与"法治"二者存在天然的联系。

一 当代法治理念的形成与发展

受西方资产阶级革命的理论影响，我国近代思想家有意识地把"法治"与"法制"区别开来。例如，黄宗羲主张"有治法而后有治人"，梁启超主张"法治主义"，孙中山进一步提出了法治思想和原则。这些主张除了提出普遍守法、依法办事的主张外，更强调法治政府、法律至上，要求治国者即政府及其官员的行政行为要受法律约束，要有法律依据，要依法保护公民的平等权利，要保护公民的合法权益，这就是通常被称为近现代意义上同民主相联系的法治。③ 这一时期人们对于"法治"的认识不只局限于法律制度体系及其动态实现过程，还包括亚里士多德所讲的已成立的法律获得普遍的服从、所服从的法律又应该是良好的法律。

经过近一个世纪的衍化，"法治"的含义具有了更为稳定的价值取

---

① 参见《礼记·月令》。
② 参见《管子·明法》。
③ 王启富：《对"法制与法治"之我见》，《政法论坛》1993 年第 5 期。

向。20 世纪 60 年代，美国法学家富勒把法治原则进一步具体化为法的一般性、公开性、不溯及既往、明确性、没有矛盾、有遵守可能、稳定性、官方行为与法律规定的一致性八条。1956 年 9 月，董必武在中国共产党第八次全国代表大会上，提出并系统阐述了"依法办事、有法可依、有法必依"的概念，1978 年党的十一届三中全会明确提出"有法可依、有法必依、执法必严、违法必究"的原则。1979 年 9 月 9 日，《中共中央关于坚决保证刑法、刑事诉讼法切实实施的指示》颁布，首次提出了"社会主义法治"的概念。1980 年 11 月，《人民日报》特约评论员题为《社会主义民主和法制的里程碑》的文章，首次出现了"以法治国"的表述。20 世纪七八十年代，我国学者关于"刀制"和"水治"展开了一场深入持久的大讨论，逐步厘清了这两个概念的内涵，"法制"的含义更加趋向于基础性的制度层面的建设，在此基础上的"法治"受到了更多的关注，成为"民主、自由、平等、人权、理性、文明、秩序、效益与合法性的完美结合"。① 1997 年 9 月，党的十五大报告将"以法治国"改为"依法治国"，同时明确提出"建设社会主义法治国家"的目标。至此，法治的理念在我国得以确立。

二　法治与法制的联系与区别

当代法治与传统法制有着密不可分的联系，二者都属于上层建筑，是社会政治结构的有机组成部分；二者都从制度层面为国家机构和公民设定了行为界限。在表现形式上，二者都把法作为治国的有效手段，都包含着静态的法律条文和动态的执法、守法、护法等。当然，法治与法制有着诸多的区别，主要表现在如下几个方面。

第一，就其产生而言，法制的产生与所有国家直接相联系，在任何国家的任何时代都存在法制；法治是人类社会发展到一定阶段的产物，只有在民主制的国家才能产生真正意义的法治。

第二，就其内涵而言，法制是指法律制度及其实施，属于制度的范畴，是一种实际存在的东西；法治是法律统治的简称，是相对于"人治"的一种治国原则和方略，是民主社会的一种治理模式。

---

① 张文显：《法学基本范畴研究》，中国政法大学出版社，1993，第 289 页。

第三，传统法制的内容以法律制度为基本要素，通常指一个国家的法律体系以及相关的各项制度，包括制定和实施法律的一整套制度如立法制度、司法制度、执法制度等，[①] 主要关注的是法律制度的有无与是否施行，当代法治则把良好的法律制度当作其应有之义，对法律制度有一系列具体的内容和要求，在内涵的规定性上较之传统法制更加严苛。

第四，法治的本义是"法的统治"（rule of law），而不是"使用法律手段进行统治"（rule by law）。"法治"意味着唯有法才享有最高的政治权力和权威，任何个人和团体都不得超越其上；特别是执政者的管理行为，必须处处以法律为根据，才能够合法有效，法是"依"法治国的"根据"，而非"以"法治国的"工具"。法制是指在任何社会都可以建立的制度化法律法规体系，法制可以在人治体系下建立，属于人治的体系；也可以在法治的体系中建立，属于法治的内容。作为"法治"内容的组成部分时，"法制"是"法治"所要实现的一套制度体系本身，"法治"是"法制"的全面建设、实施和兑现。[②]

第五，传统法制一般只注重法的工具性功能，认为法是治国的一种工具和手段，法治更注重法的价值目标和追求，以民主和权利为本质要求。法制不一定以民主为前提，有时法制可以完全建立在专制的基础上，排斥或不讲民主。

第六，就其所奉行的原则和基本要求而言，法制所奉行的原则是有法可依、有法必依、执法必严、违法必究；而法治所奉行的原则是法律至上、司法独立、法律面前人人平等、依法行政、权力要受到制衡与监督。法制的基本要求是各项工作都法律化、制度化，法治的基本要求是科学立法、严格执法、公正司法、全民守法。

第七，就其主要标志而言，实行法制的主要标志是一个国家从立法、司法、执法到法律监督等方面，都有比较完备的法律和制度；实行法治的主要标志是一个国家的任何机关、团体和个人，包括国家最高领导人都必须严格遵守法律和依法办事。[③]

---

① 李步云、陈贵民：《关于法治与法制的区别》，《人大工作通讯》1998 年第 8 期。

② 李德顺：《法治文化论纲》，载《中国政法大学学报》2007 年第 1 期。

③ 本段在阐述中综合了诸多学者的观点，参见刘斌《法治文化研究三题》，《中国政法大学学报》2011 年第 3 期。

三 法治与法制的应然关系

就我国的现实而言，法制是法治的基础，要实现法治必须有较为完备的法律制度体系；法治是法制发展的方向，是法制进步的必然结果。

法制是法治的基础和前提条件。如果我们将法制解读为"法律制度及其实施"，法治是社会发展到一定阶段后国家的一种治理模式，那么要实行法治，首先必须具有较为完备的法制。法制既是实现法治的前提，也是实现法治的基础，有了较为完备的法制，才具备实现法治的前提，才具有实现法治的基础。如果法律制度尚未建立，处于一种无法可依的状态，那么谈论实现法治就是一句空话，所以说法制是法治的基础和前提条件。

法律是法制的内核，没有法律难以形成法制；法律至上是法治的内核，如果法律不能至上，就谈不上法治。传统法制存在着较大的局限性。因为法制并不意味着"法"在社会实践具有至高无上的权威，更不意味着"法"必然与民主有不可分割的联系；相反，"法"有时会成为统治者手里的一个治理工具。[①] 在我国长期封建社会历史的法制实践基本上是如此。

法制这一概念可以延展成为法的整体运行过程，也就是围绕法的全部活动。法治为法制的发展完善过程提供了一个有价值取向的总原则，这个总原则提供了民主、平等、自由、公平、正义等一系列核心价值观，这些价值观念体现在法制实践中成为具体的法律条文和法律行为所遵循的准则。从存在时间的角度来看，法制几乎贯穿了国家产生后的全部历史，法治则是自资产阶级登上历史的舞台后方始出现。法治的演进历史明确地向我们宣示，法制既是实现法治的前提，也是实现法治的基础。中国当代法治就是建立在社会主义法制体系基本形成的基础之上。

法治是传统法制演进的历史必然。传统法制在封建礼法制度的影响之下成为统治者个人权力扩大甚至失控的手段，在漫长的中国古代，是以人治为国家机器运行的杠杆。所谓人治，实质上是君治和君主操控下的吏治，这是专制制度所决定的。[②] 皇权的制度化和法律化使皇帝掌握了国家的最高立法权、司法权、行政权、军事权等，这种权力的集中使皇权凌驾于法律之上，

---

① 参见李德顺《法治文化论纲》，《中国政法大学学报》2007 年第 1 期。
② 张晋藩：《中国法律的传统与近代转型》，法律出版社，2009，第 78 页。

法律服从权力。这种状态下法制的运行有明显的两个特点：一是专断性，法从君出，皇帝的话就是法律，皇帝既可以修改法律，也可以废止法律；二是随意性，法律可以朝令夕改，适用法律可以畸重畸轻，甚至可以在个案上不使用法律。

传统法制下法律制度的施行依靠人治，这种治理要求皇帝自律，官吏廉洁，百姓守法，然而社会实践情况具有一定的随意性。历史上虽然不乏诸如唐太宗李世民慎择官吏、从谏如流的帝王将相，但也存在昏君隋炀帝贪官治下冤狱丛生、民不胜其苦的例子。这说明社会治理不能单纯依靠法律的立废，官吏的素质成为更加关键的一环。

历史的车轮虽然有时会停滞或倒退，但总的趋势是滚滚向前。封建社会法制相对奴隶制社会法制有了大的进步；就封建社会而言，清代的法制明显比秦朝的法制要文明进步；清末变法虽然未获成功，但是至少在理念上较之清代初期有了跨越式的进步；民国期间的法制显然又比清代进步。中国法制演进的道路告诉我们：中国古代传统法制的形式是"王制"，表现为"人治"，其实质是"专制"。传统法制本身也会随着生产力的解放与发展、人们民主意识的觉醒、时代的进步而有所进步。在传统法制向现代法治转变的历史过程中，法制价值取向的变化是显而易见的，主要表现为由维护"三纲"到批判"三纲"，由专制神圣走向民主共和，由以人治国走向依法治国，由义务本位走向权利本位，由司法与行政不分走向司法独立。当人民真正能够当家做主之时，就是传统法制终结之时，民主是历史进步的必然，当代法治是传统法制演进的历史必然。法治是法制发展的归宿，法制的发展最终应当是实现法治。

我国社会主义法治的进程，也可以佐证法治是法制演进的历史必然。新中国成立之后，废除了旧中国的法律和国民党的六法全书，逐步形成了包括《中华人民共和国宪法》在内的诸多法律法规，法制建设取得了初步的成就。1978年党的十一届三中全会明确提出"有法可依，有法必依，执法必严，违法必究"的法制原则。1979年9月9日，《中共中央关于坚决保证刑法、刑事诉讼法切实实施的指示》颁布，中央首次提出了"社会主义法治"的概念。之后，我国的立法和法制建设取得了长足进展。1996年，中共十四届六中全会通过的《中共中央关于加强社会主义精神文明建设若干重要问题的决议》首次出现"依法治国"的提法。1997年9月，党的十五大报告将"依法治国"的方略提升到国家层面，同时明确提出"建设社会主义法治国家"的目标。至此,法治的理念在执政者的层面得到确立。2012 年 11 月,党的十八大进一步明确"法治是治国理政的基本方式";2013 年 2 月 23 日,习近平在中共中央政治局就全面推进依法治国进行第四次集体学习的讲话中,提出全面推进"科学立法、严格执法、公正司法、全民守法"的新十六字方针。2014 年 10 月 20 日,党的十八届四中全会又将全面推进依法治国作为主题,提出"建设中国特色社会主义法治体系,建设社会主义法治国家"的总目标。这意味着我国的法制建设转型为法治建设,法治已成为全党的意志,成为指导政府和司法机关行为的国家意志,成为国家与社会治理的基本方式,成为我国公民生活的基本样式。

四 传统法制向当代法治的转型

传统法制向当代法治的演变既是历史必然,同时也是一个漫长、痛苦的过程。首先,从文化传统来看,中国文化的传统因素异常强固,在中国文化历史上,很少引进、吸收、改造、消化外来的法律文化,基本上是一个相对自足的、相对恒定的文化传统。其次,法律移植,实质是一个引进、吸收、改造、消化和创新的过程,受到移植的法律在新的国度里实际效果往往不如在其故乡。再次,中国领土幅员辽阔,人口众多,因此经济、文化各个方面发展极不平衡。最后,现代中国进行的是社会主义市场经济与法治建设,这与西方社会的经济和政治并不能达到完全的接轨。

当代法治与民主政治理念紧密相连,它既是对民主政治的确认和保障,也是民主制度化与法律化的基本形式,所以法治是民主政治的集中体现。没有民主,不可能出现真正的法治。但是,我国过去并不具备民主政治的传统,漫长的封建社会以及国民党统治时期基本上是专制独裁政治。新中国成立后我们提倡社会主义民主政治,规定一切权力属于人民,少数服从多数,人民有决定国家制度和管理国家的平等权利,承认公民在法律面前一律平等,任何组织或者个人都不得有超越宪法和法律的特权。但实践中并不像书面规定的那样,权力过分集中、权大于法、一言堂的现象普遍存在,尤其是"一把手"的权力并没有得到有效控制,民主往往流于形式。

市场经济是法治存在的经济基础,完善的市场经济必然是法治经济,但是我国的市场经济还不够完善。我国经济体制改革正在打破单一的所有制结构,形成多元化的利益格局,国家干预的成分,特别是指令性计划的部分越来越小，其目标是建立"小政府，大社会"，随着计划经济向市场经济转变，调整平权主体之间关系的民法的作用日益突出，那种行政命令型的调整方式逐渐退居次要地位。我国实行的是社会主义市场经济，公有制占主导地位，"私有财产神圣不可侵犯"不是我国法治的基本原则。此外，我国有相当多的经济关系不属于民法的调整对象，如政府对经济的管理，国家和企业之间以及企业内部等纵向经济关系或者行政管理关系，不是平等主体之间的关系，主要由有关经济法或行政法调节，社会主义社会的政治关系和组织关系更不为调节商品关系的法所调节。

中国传统法制存在相当大的局限性，传统法制并不意味着"法"在实际上具有至高无上的权威，更不意味着"法"必然与民主有不可分割的联系；相反，它有时却意味着"法"仅仅是当政者手里一个治理工具而已。① 在我国历史上，一度出现的"法家政治"和某些法制实践的状态就是如此。中国传统法制要向现代法治转型，最先要做的是要转变观念。法治观念主要是指积淀在人们心底的本位观、法权观和权利义务观。法治社会的本位观应当是以人为本，应当防范公权力对公民权利的侵犯，公民的法治观念应当逐步实现从传统的"国家本位"到"社会本位"向"个人本位"的转变。同时应当确立法律至上的法权观，改变权大于法、权力凌驾于法律之上的状况，在法权观上要实现从传统的权力至上向法律至上的转变。法治社会的法应当是以权利为本位的法，长期以来，国人受儒家所谓"君子不言利，小人不言义"的传统观念和封建伦理道德观念的影响，个人权利的意识相当淡薄，传统法制要向现代法治转变，就要强化公民的权利意识，这绝不是要照搬西方那种与集体主义相对立的个人主义，而是要倡导权利与义务的统一的观念，将国家利益、集体利益和个人利益相结合。因此，要改变传统人治社会中强调义务本位、轻视公民独立人格和权利的状况，使权利义务观实现从"义务本位"向"权利本位"的转变。②

中国传统法制虽然存在相当大的局限性，但也具有一些精华，有一些当代法治值得继承和弘扬的优良传统，因此，在传统法制向现代法治演进的过程中，不可全盘抛弃中国的传统法制。中华传统法律文化最重要的特征，就是带有"礼"的浓厚色彩，礼也成为中国法治的本土资源。我们在进行现

---

① 李德顺：《法治文化论纲》，《中国政法大学学报》2007 年第 1 期。
② 参见刘斌《中国当代法治文化的研究范畴》，《中国政法大学学报》2009 年第 6 期。

代法治建设时，仍可从传统礼制中获得启示。具体而言，中国传统礼制对现代中国法治的启示主要可概括为以下四个方面：一是"出礼入法"，合理区分道德与法律的界限；二是"引礼入法"，不断推动道德的法律化进程；三是"以礼统法"，积极促进法律的道德化完善；四是"隆礼重法"，努力构建现代德法合治社会。① 此外，我们还应当充分重视传统法制中自然法与民间法调节社会矛盾的作用和意义，使当代社会的治理形成有机的整体，进一步实现当代法治的目标。

---

① 参见屈振辉《中国传统礼制对现代中国法治的启示——"礼"的法伦理学视角解读》，《伦理学研究》2009 年第 5 期。

西方法治与中国法治的关系[*]

西方法治与中国法治是两个既有联系又有区别的范畴，在各自的历史进程和地域文化中发展起来，迥异的时间和空间维度造就了二者不同的特质，在主动或被动的交往中也产生了联系。

一 西方法治的内涵与特征

西方法治观念具有悠久的历史，最早可追溯至古希腊哲学家亚里士多德，他对法治的描述是："已成立的法律获得普遍的服从，而大家所服从的法律又应该本身是制定的良好的法律。"^① 这个定义主要有两重含义，首先是法律的普遍适用性，即法律必须得到一切人的服从，包括统治者在内，没有人可以凌驾于法律之上；其次，法律本身必须是良法，即具有公正性、正确性、明确性、稳定性。西方法治理念虽然由来已久，但真正意义上的法治是指现代西方法治理论及其制度，是西方以理性主义和科学主义为背景、在市场经济与民主政治逐步现代化的过程中形成的法治。17 世纪的英国是现代法治的起点，此后，各国由于地域差异和历史进程不同，法治的发展状况也不尽相同。

现代西方法治不单纯是有法条的存在，更重要的是一种政治生活上的愿景，即所有国家权力的行使都由法律来约束，整个社会都由法律来治理，而不是由某个人来统治。1959 年 1 月，在印度新德里召开的"国际法学家会议"通过《德里宣言》，归纳了各国法学家对于"法治"的一般性看法，总结出现代法治的共性：第一，立法机关的职能在于创设和维护使每个人保持

---

    * 本部分是在中国政法大学法治文化专业研究生钱星的学年论文基础上增、删、改、调而成的。

    ① 〔古希腊〕亚里士多德：《政治学》，吴寿鹏译，商务印书馆，1965，第169页。

"人类尊严"的各种条件；第二，法治不仅要防范行政权力的滥用，而且要使政府能够有效地维护法律秩序，以保障人民具有充分的社会和经济生活条件；第三，法治要求正当的程序，司法独立和律师自由是实施法治必不可少的条件。① 从上述法治原则的声明不难看出，现代法治的内涵主要包括两种理念：一是前两条所注重的法律背后的实体价值考量，即实质法治的理念；二是第三条所强调的程序正当，即形式法治理念。

形式法治的特征：实质指的是法律内在的东西，形式指的是法律外部的东西。② 形式法治产生于现代社会对于公民权利和国家权力行使的可预期化要求，需要社会组织形成相对稳定的结构并在一定的规则秩序之下流转运行。通过形式层面也就是法律观念之间的关系分析法律就能保证法律的自足性和客观性。关于形式法治的特征，从戴雪的法治三原则开始，无论是法律实证主义的拉兹、哈特还是新自然法学派的代表人物富勒，甚至是经济学领域的哈耶克都表达过自己的主张。虽然学者们在论证形式法治的细节上有差异，但对其内涵的把握却大体一致：形式法治是由一套公认的形式规则所组成；这套规则是明确的、抽象的、可操作的；这套规则要求非人格化的服从，要求具有专门性的司法组织执行和保障。③ 具体而言就是首先要强调依法统治，把法治作为治国安邦的主要方式，不论任何人与任何组织都不能凌驾于法律之上；其次是强调法律与道德宗教的分离，反对特别法律，反对朝令夕改，注重程序公正和司法独立，维护个人权利与自由。

实质法治的特征：随着资本主的发展和资产阶级国家的建立，形式法治工具性的缺陷逐渐显露，其在遭受诟病的同时也带来了法治理论和价值的变化，实质法治的概念日益成熟并受到重视。美国大法官的名言"法律的生命在于经验而非逻辑"就是对实质法治的最好阐明。哈耶克提出了"法治之法"的概念，并将法律区分为"形式意义上的法律"和"实质意义上的法律"。法治之法的性质应该是实质法治。罗尔斯也认识到形式法治的局限，认为形式正义要求的力量或遵守制度的程度，有赖于制度的实质正义和改造它们的可能性。④ 实质法治同样肯定规则的重要性，但并不是机械地运用规则而是强调规则的理性；不仅强调用法律治理国家，而且更注重通过实

① 转引自刘平《法治与法治思维》，上海人民出版社，2013，第 34 页。
② 〔美〕理查德·A. 波斯纳：《法理学问题》，苏力译，中国政法大学出版社，2002，第 51 页。
③ 王人博、程燎原：《法治论》，山东人民出版社，1998，第 107 页。
④ 〔美〕罗尔斯：《正义论》，何怀宏等译，中国社会科学出版社，1988，第 54 页。

在法之外的道德标准衡量法律内在的善以及善的法律追求的社会价值目标。

形式法治是"真法之治",实质法治是"良法之治",真法之治注重法治的规则化,良法之治注重法的道德价值。形式法治是实质法治实现的保障,一个缺乏有效规则秩序的社会无论其法律的内在道德如何至善至美也没有实现的可能;实质法治又是形式法治的根本价值追求,若无合乎正义的终极目标,无论规则设计得多么精密,遵守得多么严格,形式法治都丧失了存在的意义。因此,形式法治和实质法治是辩证统一、不可相互替代的,形式法治应当是常态,实质法治只有在形式法治暴露出其无可弥补的缺陷时才启动其补救功能。[①]

二 中国法治的内涵与特征

关于中国法治的内涵与特征,我们可以分为中国传统法制和现代法治两个方面阐述。

中国传统法制最主要的理论根基是儒家思想,天道论是中国传统法制的哲学基础之一。张晋藩先生认为,儒家崇尚天人合一,对道德法则和自然法则不加区分,法的外在规则化体现就是"礼"。儒家特别注重礼,礼不仅起源早,而且贯穿中国两千多年的封建社会,影响社会生活的各个领域,起着调整人与人、人与家庭、人与国家,甚至人与天地宇宙的关系。礼与法的相互渗透与结合,又构成中华法系中最本质的特征和特有的中华法文化。[②]

中国古代早期,刑与法不分,刑即法,法即刑,礼是与法相辅相成的概念。西周时期的礼与刑,礼居于主导地位,刑居于辅助地位,刑要服从礼的指导,后来就演化为所谓的"德主刑辅"。礼同时是一种规范,是一种积极、主动、禁恶于未然的预防性规范,"礼之所去,刑之所取,失礼则入刑,相为表里",[③] 后来就演化为所谓的"出礼则入刑"。礼与法体现了古代法律的道德精神,道德的法律化成为中国传统法制又一主要特征。

及至汉代,中国传统法制的另一特征得以彰显。董仲舒在《春秋繁露》提出了三纲原理和五常之道。他认为:在人伦关系中,君臣、父子、夫妻三

---

① 刘平:《法治与法治思维》,上海人民出版社,2013,第39页。

② 参见张晋藩《中国法律的传统与近代转型》,法律出版社,2009,第3页。

③ 参见《汉书·陈宠传》。

种关系是最主要的，这三种关系存在着天定的、永恒不变的主从关系，即君为臣纲，父为子纲，夫为妻纲。董仲舒同时认为，仁、义、礼、智、信五常之道是处理君臣、父子、夫妻、上下尊卑关系的基本法则，坚持五常之道，就能维持社会的稳定和人际关系的和谐。到了宋代，理学集大成者朱熹认为："三纲五常，天理民彝之大节而治道之根本也，故圣人以治之为之教，以明之为之刑。"① 不但肯定了法律的道德性，而且把它作为实现道德价值追求的工具。儒家的人性论主张人性本善，从孔子对"仁"的推崇，到孟子主张人皆有不忍之心，儒家讲究配天以德，在形而下的经验层面为德治提供了人性基础，德治就是在这种文化背景下产生与形成的，它要求统治者拥有高尚的道德修养并注重对民众的道德教化，因此，"德主刑辅"成为中国传统法制的又一鲜明特征。

此外，我国古代法家也提出过"以法治国"的主张，比如"缘法而治""不别亲疏，不殊贵贱，一断于法""君臣上下贵贱皆从法""法不阿贵，绳不挠曲""刑过不避大臣，赏善不遗匹夫"等，但是在涉及君王时法律的普遍适用性往往就会大打折扣，反映出极强的法律工具主义色彩。归根到底，法家的"法治"仍是一种"人治"，或者说是"人治"下的法制。

中国当代法治的源头虽然可以追溯到一百多年之前，但真正意义上的法治建设时间并不长。粉碎"四人帮"之后，国家认识到了与法制长期隔绝的巨大负面后果，着手法制的重构。1978年党的十一届三中全会明确提出了民主与法制建设的重要性；1997年党的十五大报告正式提出"依法治国，是党领导人民治理国家的基本方略，是发展社会主义市场经济的客观需要，是社会文明进步的重要标志，是国家长治久安的重要保障"。2014年党的十八大四中全会做出的《中共中央关于全面推进依法治国若干重大问题的决定》，标志着中国的法治进程由理论建设阶段进入全面实施阶段，民主、公平、正义、权利等核心价值理念逐渐深入人心。

总体而言，中国当代法治主要呈现出两大特征。首先，现代法治建设的源头是外发型的。鸦片战争后被迫打开大门，西方法治理念不断冲击国人的大脑，列强的入侵，救亡图存的不断尝试与失败等因素都迫使中国开始思考

---

① （宋）朱熹：《晦庵先生朱文公文集》卷十四《戊申延和奏札》，刘永翔、朱幼文校点，上海古籍出版社，2002，第656页。

并学习借鉴西方法治的理念和实践。从清末变法到国民政府的法律制度再到新中国的法治实践，都是受到现代西方法治的启发，很大程度上是采取移植和借鉴的方法来构建当朝当代的法律制度体系。其次，中国当代法治选择的是一条由执政党来推动法治建设的道路。执政党推进式的法治建设具有平稳和渐进两个特点。一是平稳，体现在中国当代法治建设三十年多年来虽有极少不稳定因素，但国家整体的政治、经济、文化和所处的国际环境都处于相对稳定的状态，大环境的稳定使法治建设能够平稳扎实地向前迈步。二是渐进，体现在中国当代法治建设没有采取革命式的手段，而是采取改良式的方法，总体看是逐步向前推进，虽然没有突然性的重大突破，但也没有出现类似"文革"时期的倒退，尤其是十八届四中全会之后，中国当代法治建设呈现出良好的发展态势，逐步在形成中国特色的社会主义法治模式。

三　西方法治与中国法治的关系

法治既是一种治国理念，同时也是一种治国模式。中西方的传统法治文化有一些相近之处，但是并不是很多，主要体现在如下两个方面。

首先，在传统治国方略上，两者都以人性论为其理论根据，注重道德和法律之间的关系，推崇法律的内在价值；在政策的实行上推崇和谐稳定，反对极端化，正如孔子对中庸之道的推崇、亚里士多德主张把"中产阶级"作为社会的基础力量一样。其次，在司法理念上，中西方都表达了对司法人道主义的诉求，在西方体现为犯罪嫌疑人权利的保障、对刑罚的不断人道化以及审判的公开公正化；中国的"明德慎罚""疑罪从轻"也是对于司法宽容的追求。

但即使在上述具有相似之处的两个方面，也存在不少细微的差别。比如在治国方略上，西方的"法治"注重保护公民的私权利和限制国家的公权力，中国古代的法制更强调法律作为君主统治臣民的工具性作用。在司法理念上，两者虽然都注重宽刑轻罚，但中国古代的法制把法律看作一种消极的社会力量，司法的终极意义在于"无刑"；在西方法治的视域中，司法的最高目标是实现"正义"，这时的法律就成为一种推进社会进步发展的积极力量。

中西传统法治文化存在明显差异。中国古代习惯于把刑、律、法等同起来，把法仅看成禁止性规范、惩恶的工具。在法律制度方面，漠视权利，形成以"刑"为核心的法制观念；在法律意识方面，认为皇权至上，法自君出。西方对法的认识主要以权利为轴心，把法看成目的、权利。所以有人认为：中国传统法律文化是一种公法文化，西方传统法律文化是一种私法文化。公法文化本质上是一种刑事性即刑法化或国家化的法律体系；私法文化是一种民事性即民法化或私人化的法律体系。中国传统法律中确有关于民事、婚姻、家庭、诉讼等方面的规定，但这些规定在性质上都被刑法化了，也即往往以刑法的规定和方式来理解和处理非刑事问题。西方法律文化作为一种传统的私法文化，其主要标志是民法和商法的发达。①

中国古代法律以儒家思想为立法指导思想，带有明显的伦理性，西方以基督教神学为指导，带有明显的宗教性；中国古代法律一开始就是以统一的法典形式出现，具有封闭性特点，西方古代法律较为分散，呈现开放性特点；中国古代法律以维护君主专制为立法目的，维护君权至上和等级划分，西方法律到了封建末期才将君权放到第一位；中国古代法律呈现公法性，西方古代法律体现私法特性。②

此外，西方法治还带有较为强烈的宗教性，基督教和教会法对西方法治理念的影响非常深远，主要体现在对自然法的理论、具体的行为规则、刑罚的依据以及对个人价值和生命的法律保护上；以儒家思想为文化根基的中国法制则具有明显的伦理性，与注重"彼岸"的宗教性质不同，它更突出在"此岸"现实世界中以伦理原则作为具体法律规范背后的指导理念。"……

---

① 参见胡桃夹子的博文《中西法律文化的差异》，网易博客 48682 日志，2008 年 1 月 1 日。

② 刘绪贻先生认为，首先，西方的法治观认为法是主体，宪法至上，没有任何一种权力能凌驾于法律之上，权力必须受法律的约束；统治者没有个人意志，只是说话的法律。其法治体制基本上也是这样的。中国传统的法治观认为，统治者（君主、总统、国家主席等）是主体，统治者本身就是法律，他不受法律约束，而是以法（或依法）甚至严刑峻法治理国家，控制、驯服、管理人民群众；他可以置法律于不顾，以自己意志治理国家。其法治体制也是这样的。其次，西方的法治观认为主权在民，而且在全体人民，只有全体人民或全体人民选出的代表集体（议会或国会）才能制定宪法和法律，任何个人、团体或政党都不能制定宪法和法律；国家元首和政府官吏由人民选举，人民选举他们出来是让他们按照人民制定的宪法和法律治理国家，保障人民权利并为人民谋幸福的，如果他们违反人民的意志而不守法，人民就有权依法惩治和废黜他们。这样，国家元首和政府官吏才能真正成为人民公仆。中国传统的法治观认为，主权在统治者，君权由天授，人民只有义务，没有权利，统治者的权力就高于一切。最后，西方的法治观认为，法治与政治体制密切相关，要实行法治，必须建立立法、行政、司法三权分立并相互制衡的政治体制，特别要保证司法机关的独立性。中国传统的法治观与此相反，主张君主大权独揽。参见刘绪贻《中西法治观和法治体制比较及意义》，《社会科学论坛》2005 年第 9 期。

以礼入法，使法律道德化，法由止恶而兼劝善；以法附礼，使道德法律化，出礼而入于刑。凡此种种，都说明了礼法互补可以推动国家机器有效地运转，是中国古代法律最主要的传统，也是中华法系最鲜明的特征。"①

中国当代法治的特征是外源型并由执政党推动型的法治建设道路，这条道路的选择并不是随机选取的，而是由中国的传统文化和近代历史所决定的。除了文化方面的原因，中国国家与社会的关系也与西方不同。西方在资本主义经济发展的基础上逐步实现了现代化，市民社会的出现和壮大就是现代化进程的重要推动力，市民社会生活方式的规范化与制度化就是法治形成的社会土壤。② 在中国特殊的历史背景下，国家主义、社会主义意识形态保持稳定和连续这两条线路交织中，无法产生西方意义上的市民社会，有的只是以身份为标签，以成分为根据的阶级划分。③

西方法治与中国法治的正式接触开始于清末的修律，这场自觉的改革运动受到西方法治的影响巨大，在法律制定上，一改自古以来律法不分的情况，出现了部门法律专门化的观念；在法治思想上，三权分立极大冲击了当时的学者，提出了司法与行政分离的要求。然而这首次规模化的变革仅仅停留在学习西方法治的器物层面，国人的思想意识没有大的改变。后来的辛亥革命，孙中山为代表的资产阶级革命派积极主张学习美国的共和宪政，虽然民主共和的理念得以广为传播，但是新制定的法律并没有得到有效执行。直到新中国成立、改革开放以后，我国才逐步完成了从法制建设到法治建设的转变，开始正视政体、国情、文化等方面与西方存在的差异，摒弃盲目的移植，批判性地借鉴西方法治合适有效的成分，建设有中国特色的社会主义民

---

① 张晋藩：《中国法律的传统与近代转型》，法律出版社，1997，第 34 页。

② 王霄燕：《西方法治社会成因论》，《山西大学学报》（哲学社会科学版）2012 年第 1 期。

③ 胡桃夹子的博客《中西法律文化的差异》一文，将中国传统法文化与西方法文化的差异概括为七点：第一，在法律内在精神上，中国传统法文化把法仅看成禁止性规范、惩恶的工具，与西方法文化把法看成目的、权利、管理存在冲突；第二，在法律的价值取向上，中国传统法律文化追求秩序与和谐的取向与西方法文化憧憬自由和正义的取向相冲突；第三，在法律与权力的关系上，中国传统法文化的人治主义，权大于法的格局与西方法文化中的法治主义，以法治权存在冲突；第四，在法律的原则上，中国传统法文化的义务本位，重群体与西方法文化中的权利本位，重个人相冲突；第五，在法律与其他社会规范的关系上，中国传统法文化的"礼法结合"，法与道德、法与政治不分与西方法律的相对分化、自治和独立性相冲突；第六，在法律体系的内在结构上，中国传统法律文化的"诸法合体"，实体法与程序法不分与西方法律注重形式合理性，注重法律公法与私法的划分，注重实体法与程序法的分立的冲突；第七，在法律实施的运作机制上，中国传统法文化的"司法与行政不分"与西方法律文化中的司法独立，法律职业化、司法程序化对立。

主法治。正如舒国滢所言："法治是一个有价值导向、有目的的活动，中国的法治化道路应当走政府推进与社会推进的道路，以政府推进法治的改革为主导，辅之以社会、民间自然生成的具有现代法治精神的制度、规范和力量，两者缺一不可。"①

近些年来，西方权利本位的法治价值观念对中国当代法治产生了较大的影响，深受"君君臣臣"思想影响的中国人对于权利的意识和维护总是缺乏天然的自觉性，在西方权利本位的法治价值观念的冲击下，国人的权利意识逐渐增强，根深蒂固的传统法制文化正在发生改变。保障公民的权利成为法治的重要内涵，舍弃权利谈论法治就丧失了意义。树立权利本位价值观念的意义还在于，要求法治在国家话语中从政治意义回归法律意义，从法律工具主义转向法律价值主义。

近些年来，西方注重法治的形式和司法程序的理念对中国当代法治也产生了较大的影响。中国由于自古以来伦理与法律的捆绑式发展，不可避免地形成轻视形式注重结果的现象，将正义的实现寄托于包拯式的"清官"和德高望重的裁判者，因此，轻视法治的形式和司法程序的现象比比皆是。受西方影响，国人越来越深切地认识到形式法治是实质法治实现的保障，程序正义是实质正义实现的前提，表现在立法层面，就是我们这些年来不断地修订和完善程序法。

就总体情况而言，中国当代法治受西方法治的影响很大，是在向西方法治的学习和借鉴中不断完善的。但是学习与借鉴西方法治经验不等于要照搬西方模式，中国当代法治建设实际上是沿着一条在共产党的领导下、在确保社会稳定的前提下、渐进式推进中国法治建设的路线前行，所建设的法治名之为"中国特色的社会主义法治"。

---

① 舒国滢：《中国法治建构的历史语境及其面临的问题》，《社会科学战线》1996 年第 6 期。

法治与宗教规范和风俗习惯[*]

在现代法治社会进程中，宗教规范与风俗习惯对法治的建设和发展会产生较大的影响。近现代西方国家的法律制度，就是以基督教的经典教义和价值理念为基础产生和发展起来的。美国法律史家哈罗德·J. 伯尔曼在阐述法律与宗教的关系时，强调了基督教在西方法律传统的形成与发展中有着十分重要的作用，他认为："宗教因法律而具有社会性，法律因宗教而获得神圣性；没有信仰的法律将退化为僵死的教条，而没有法律的信仰将蜕变为迷信。"① 探究法治与宗教规范和风俗习惯的关系，是法治文化研究的重要内容。

一 宗教规范与风俗习惯

一般认为"宗""教"二字合并形成这一特定概念是在佛教传入中国之后。宗教是一种与人类以往的传统、现实的生活和将来的希望相关联的复杂的社会文化现象。宗教的形成，与信仰有着密切的关系。在诸多关于"宗教信仰"的解读中，本文认为"百度百科"收集的解读较为全面：它是指信奉某种特定宗教的人群对其所信仰的神圣对象（包括特定的教理教义等）由崇拜认同产生的坚定不移的信念及全身心的皈依。这种思想信念和全身心的皈依表现和贯穿于特定的宗教仪式和宗教活动中，并用来指导和规范自己在世俗社会中的行为。宗教信仰属于一种特殊的社会意识形态和文化现象。②

---

[*] 本部分是在中国政法大学法治新闻专业研究生秦晓媛 2014 年学年论文的基础上增、删、改、调而成，特此说明。

① 〔美〕哈罗德·J. 伯尔曼：《法律与宗教》，梁治平译，中国政法大学出版社，2003，第 59 ~ 61 页。

② 参见百度百科"宗教信仰"：http://baike.baidu.com/view/1327059.htm，最后访问日期：2014 年 3 月 6 日。

宗教规范是以宗教教义、教规为依据，调整信教群体及成员之间关系的宗教信仰和行为准则。从广义来讲，宗教规范是指宗教信仰以及在信仰指导下所形成的宗教教义、宗教规范和风俗习惯；狭义来讲，宗教规范是指长期存在于宗教群体中的行为规范和风俗习惯。风俗是指特定社会文化区域内人们共同遵守的传统风尚和行为方式，习惯泛指某一地区或某一民族长期以来形成的习性、道德传统和惯常做法。风俗习惯是一种具有民族特色的社会传统，是在历史的变迁下长期所形成的一种约定俗成的规矩，它对社会成员的行为亦具有制约作用。

宗教规范与风俗习惯有三个共性：其一，二者都是一种规范形态，是信仰或传统观念的外在化和规范化，是宗教群体和某一地区民众奉行的行为模式；其二，二者都是一种社会治理方式，具有不同于其他社会治理方式的特性，同时它也是宗教信仰者和某一地区民众的独特生活样式；其三，宗教规范与风俗习惯都是一种价值体系，这种价值体系的形成基于特定的地域或特定的群体，具有独特的价值体现。①

二　法治与宗教规范和风俗习惯的关系

在我国社会转型时期，初创的法治面临着法律情感的薄弱和法律信仰的缺失。从法治与宗教规范和风俗习惯的关联性出发寻找二者的共同点，从法治与宗教规范和风俗习惯的互动性出发，发挥宗教规范和风俗习惯的独特功能，可以推动中国特色的现代法治社会的进程。

1. 法治与宗教规范和风俗习惯的关联性

纵观法律产生和发展的历史，宗教土壤是滋生法律的渊源之一。西方文明的初期，希伯来时代的法律与宗教是不分的。中世纪晚期，宗教改革后形成的新教，有力地推动了近代西方法律的发展，教会法成为西方法律制度的重要组成部分。宗教作为法律之源，亦为涵养法治之源。法律必须被信仰，否则它将形同虚设。在西方，没有宗教的法律会丧失它的神圣性和原动力，没有宗教的法治社会也会失去精神的给养，失去发展活力。如果说法律是社会治理的工具，那么在统治者看来，宗教亦是治理社会的工具，统治者利用宗教维护社会秩序。法律和宗教乃是人类经验的两个不同方面，但它们各自

---

① 参见王宏选《法律文化视野下的宗教规范研究》，博士学位论文，山东大学，2007。

又都是对方的一个方面。① 同时，风俗习惯也是法律产生的渊源之一，如在人类社会早期，产生了这样一种需要：把每天重复着的产品生产、分配和交换的行为用一个共同规则约束起来，借以使个人服从生产和交换的共同条件，这个规则首先表现为人们的交易习惯，然后就逐渐成为法律。②

宗教是一种意识形态，是对人类社会内在精神信仰的终极关怀，法治与宗教二者对社会的内在精神和外在制度都有规范和弥补的作用，实现法治的基础在于人们对它的信仰，一种宗教般虔诚而真挚的信仰。风俗习惯是一个地域或一个民族长期形成并为该地域或该民族民众共同遵循的生活方式，如果这些风俗习惯不违背法律，那么它就会成为法律的补充。法治所表达的真实意义在于，它既是社会公众普遍具有的一种精神、信仰、意识和观念，又是一种典型的社会民情与社会心态；它既是个人的一种思维方式与行为方式，又是社会公众的一种普遍的生存方式与生活方式。宗教规范和风俗习惯的价值在于它与法治共同发挥着稳定社会、凝聚社会力量和维系社会群体关系的功能。

2. 法治与宗教规范和风俗习惯的互动性

在西方，"没有宗教的法律，会退化为机械僵死的教条；没有法律的宗教，则会丧失其社会有效性"。③ 宗教与法律是调整社会关系的两个不同的手段，但二者在内容上是互为补充的。宗教规范是法治原则的重要组成部分，如上帝面前人人平等的宗教观念被广泛传播，后来影响法律制度，产生了"法律面前人人平等"的法治原则；《圣经》中的诚实、公正的观念对形成西方衡平法"诚实信用"原则的作用更是不言而喻。④ 自由、人权的说法，社会契约和自然法的一些基本原则也与宗教的新潮文化有着密切关系。宗教方面的共识深刻地决定着法律的面貌，甚至法律的通用语言、惯常程序以及汇集成的传统都是在宗教文化的氛围中发育成长的。⑤ 在宗教规范和风俗习惯中，既有法治可以借鉴和吸收的部分，也有法治应该摒弃的部分，这些宗教规范

---

① 参见李长健、曹俊《和谐语境下宗教对法治建设的影响力探析》，载《福建政法管理干部学院学报》2007 年第 3 期。
② 参见刘斌《法治的人性基础》，《中国政法大学学报》2008 年第 2 期。
③ 〔美〕哈罗德·J. 伯尔曼：《法律与宗教》，梁治平译，中国政法大学出版社，2003，第25 页。
④ 赵震江、付子堂：《现代法理学》，北京大学出版社，1999，第 324 页。
⑤ 王景斌：《从关联性视角看宗教与法律在社会发展中的作用》，《长春师范学院学报》2009 年第 1 期。

和风俗习惯，可以弥补法律的缺憾，充实法治的内容，拓展法治的范畴。

宗教规范和风俗习惯扮演了弥补法治空缺的社会角色。宗教的魅力在于信仰，法治的基础也在于信仰，宗教信仰有助于弥补法治信仰的缺失。宗教是对人生活意义和目的的一种终极关切，注重约束人的内心，宣示社会秩序的神圣性与不可侵犯性，使社会共同体在宗教的凝聚下，产生一种认同感与归属感，并演化成内在行为标准的认同感与敬畏感。在此情感的支配下，人们对社会规范的适应与遵从，都可能变成一种高度自发的习性。① 良好的风俗习惯有助于社会的稳定和秩序的井然，是对法治的补充。习惯法为当代中国正式的法律渊源，当代中国宪法、法律、行政法规、地方性法规、民族区域自治法规、政府部门规章、中国缔结和参加的国际条约中都对习惯进行了认可，赋予习惯法律地位，确认了习惯法在我国正式法律渊源中次要、补充的法律渊源地位。我国法律法规认可的习惯的内容比较广泛，包括民族习惯、地方习惯、物权习惯、商事习惯、婚姻习惯、家庭习惯、继承习惯、丧葬习惯、生活习惯、宗教习惯、国际惯例等。当代中国法律对习惯认可的变化代表了一种"为生活而立法"的新的立法理念。② 当然，宗教的极端化和不良的风俗习惯，也会违背法治的精神，成为社会变革的障碍和阻力，成为社会稳定的绊脚石。

中国古代传统文化中缺乏一种使法律秩序赖以运行的宗教基础，没有宗教作为涵养之源，法律就难以得到滋养并被信仰，这使形式意义上的法治普遍性和实质意义上的法治正义性都缺少了法治的精神内核，缺少了法律信仰。③ 现代法治社会的建设，不仅限于其物质层面的制度建设，不仅限于其技术性"硬件"系统的完备周详。法治社会的有效建立，最为关键的是作为其基础以支撑整个"法治大厦"的精神层面的意识与观念的确立，是作为其内在灵魂的"软件"系统的开发。④

3. 法治是宗教信仰自由和良好习俗的基石

中国是个多民族、多宗教的国度，佛教、道教、伊斯兰教、天主教和基督教等宗教团体并存，不同地域和民族也保持和沿袭着一些悠久的风俗习

---

① 段德智：《宗教概论》，人民出版社，2005，第 286~288 页。

② 高其才：《当代中国法律对习惯的认可》，《政法论丛》2014 年第 1 期。

③ 方立新：《法治成长中的宗教之维》，《社会科学辑刊》2011 年第 4 期。

④ 赵毅：《两个世界的游离与超越——对伯尔曼法律与宗教思想的一个初步解读》，《法学论坛》2007 年第 3 期。

惯。多年来，我国在立法、执法和司法过程中，注重对宗教信仰和风俗习惯的保护。《宪法》第 4 条第 4 款规定："各民族都有使用和发展自己的语言文字的自由，都有保持或者改革自己的风俗习惯的自由。"宪法第 36 条规定："中华人民共和国公民有宗教信仰自由。任何国家机关、社会团体和个人不得强制公民信仰宗教或者不信仰宗教，不得歧视信仰宗教的公民和不信仰宗教的公民。国家保护正常的宗教活动。任何人不得利用宗教进行破坏社会秩序、损害公民身体健康、妨碍国家教育制度的活动。宗教团体和宗教事务不受外国势力的支配。"①

但从整体上看，我国的宗教立法和良好风俗习惯保护作为国家法治建设的一部分，相比较而言仍然滞后，仍然存在一些问题，宗教立法过程中出现的矛盾与问题也一直未能得到充分的讨论和解决。比如，现行《宪法》第36 条并没有充分体现宗教自由，立法中还存在歧视宗教和语言逻辑不严谨的问题，宪法对我国政教关系是否应以政教分离为原则也并无说明，还缺少一部相对系统、完整的"宗教法"。

法治是宗教信仰自由和良好风俗习惯的基石，宗教和良好风俗习惯又是实现法治的重要支撑，二者虽然不在一个层面，但其相互作用的事实是明显的。法律法规与宗教规范和良好的风俗习惯不但可以互相兼容，而且可以互相支持和配合。在现代社会，法律作为主要的治理手段具有强制力，宗教习惯作为一种软性约束，同样是治理一个社会所必需的。因此，法治文化就要研究促进法律与宗教和风俗习惯的良性互动，实现各方利益的共赢。

三 正确处理法治建设与宗教习惯的路径

1. 依法贯彻政教分离的政策

我国宪法没有明确规定国家实行政教分离的制度，但宪法条文所表达的

---

① 此外，《刑法》第 251 条规定："国家机关工作人员非法剥夺公民的宗教信仰自由和侵犯少数民族风俗习惯，情节严重的，处二年以下有期徒刑或者拘役。"在地方层面，民族自治地区的民众多信仰各种宗教，自治条例和单行条例保护宗教信仰自由，尊重宗教习惯。如四川省《甘孜藏族自治州藏传佛教事务条例》（2011）第 19 条第 2 款规定："任何组织和个人进入寺院，应当尊重藏传佛教的传统习惯。"青海省《黄南藏族自治州藏传佛教事务条例》（2009）第 36 条提到本条例所称的佛教活动是指按照佛教教义、教规以及传统习惯进行的佛事活动。第 38 条要求举行跨地区的超过佛教活动场所容纳规模的佛教活动，应当具备的条件中包括符合佛教教义教规和佛教传统习惯。

含义却是符合政教分离的基本法理。我国宪法将公民的宗教信仰自由权利作为公民的一项私权利来规定，它排斥国家机关、社会团体和任何人非法侵入公民的私人信仰领域。国家依法予以规范和保护信教公民和宗教团体在公共领域内进行的涉及国家利益和社会公共利益的正常的宗教活动，同时，国家也禁止任何人利用宗教进行破坏社会秩序、损害公民身体健康、妨碍国家教育制度的活动。① 一方面，国家实现法治，要对宗教抱以宽容的态度，尊重和保护公民的宗教信仰自由权利；另一方面，宗教也要通过自身的努力，促进社会的安定、和谐、有序与进步。政教分离是正确处理法治建设与宗教习惯的基础和前提，也是促进我国法治建设的题中之义。

2. 充分发挥宗教与习惯在法治建设中的作用

宗教与习惯由于经过长期的沉淀，有着稳固的社会基础和思想根源。法律作为一种社会调整规范，必须在公民内心占据重要的位置，形成威信。这种威信的确立需要有坚实的社会基础和思想根源，这种基础与根源就包含对宗教的虔诚信奉，引发人们对法律的信赖感，这种信赖感在法律不断对社会的作用中受到强化并予以反馈，形成良性循环，最终形成人们对于法律的尊重与信仰。例如，伊斯兰教特别强调孝敬父母，对于这种有利于社会和谐以及法治建设的宗教意识，使之映照在法律上，可以促成公民对于法律的确信。法律中相应的有关赡养等维护家庭伦理关系的规定会强化公民道德认识，并与宗教教义比照，形成对于法律的信仰。②宗教强调对道德的遵从，对秩序的维护，法律与宗教紧密相连，其目的是建立并维持一定的秩序，因此宗教的价值对法律价值和原则的确立不无裨益。我们所需做的是仔细辨别，剔除其中的糟粕，发扬其精华，正确发挥宗教与习惯在法治社会中的作用。

3. 避免宗教与习惯对法治建设的消极影响

实现法律与宗教和习惯的良性互动，还需充分认识到宗教习惯对法治的消极影响并依法予以限制。在一些少数民族聚居区，宗教习惯经过长期的积淀已经深深融入民众的思想意识中，形成具有宗教文化特征的传统习惯。由于历史、现实及自然环境等多方面的因素，一些民众的文化教育水平相对落后，对于现代法律缺乏了解与认识，对于宗教的认同以及对传统的纠纷解决

---

① 参见宋尧玺《政教分离的比较视野》，《西部法学评论》2011 年第 1 期。
② 齐国胜：《论宗教对西部法治建设的影响》，《中国西部科技》2009 年第 10 期。

方式的承认与固守，不利于法治的推行。例如，一些少数民族结婚、离婚按照宗教程序进行，没有遵照《婚姻法》规定到民政部门登记领取结婚证书、离婚证书等。如果顺应这种思维模式，强调民族宗教习俗的现实地位与影响，有可能导致法律的公信力、权威性的削弱，在民众的意识中形成错误的法律观。因此，限制宗教习惯中的消极因素，依法加强和完善宗教事务管理，是保证法律与宗教良性互动的必然要求。①

　　法治与宗教规范和风俗习惯各自作为一种规范形态，都是现代社会的治理方式，三者虽然处于不同的层面和范围，但将在一个很长的历史时期共同存在，我们要做的，就是正确处理好法治与宗教规范和风俗习惯的关系，使宗教规范和风俗习惯在国家的法治建设中更好地发挥作用。

---

① 马克林：《宗教文化与法治秩序——兼论少数民族地区法治建设中的宗教因素》，《西北师大学报》2011 年第 2 期。

法治状态下国家与公民的关系[*]

一 国家与公民概念的内涵

国家是在一定疆域内全体公民按照一定规则组织起来的社会共同体。荷兰著名法学家格劳秀斯说："国家是一群自由的人民，为了享受法律上的利益和为了他们的共同利益，而结合的一种完善团体。"美国最高法院对国家的定义是：国家是自由的人们为了共同利益，安享其所有的一切，并对他人维持公道，而结合在一起的团体。[①]

恩格斯认为："国家是社会在一定发展阶段上的产物；国家是表示：这个社会陷入了不可解决的自我矛盾，分裂为不可调和的对立面而又无力摆脱这些对立面，而为了使这些对立面，这些经济利益互相冲突的阶级，不致在无谓的斗争中把自己和社会消灭，就需要有一种表面上驾于社会之上的力量，这种力量应当缓和冲突，把冲突保持在'秩序'的范围以内；这种从社会中产生但又自居于社会之上并且日益同社会脱离的力量，就是国家。"[②]列宁认为："国家是阶级矛盾不可调和的产物和表现。在阶级矛盾客观上不能调和的地方、时候和条件下，便产生国家。"[③] 从恩格斯和列宁关于国家的起源和实质看，国家是社会发展到一定阶段的产物，国家的作用是调和不

---

  * 本部分是在中国政法大学法治新闻专业研究生林珊珊的 2014 年学年论文的基础上增、删、改、调而成，特此说明。

  ① 社会学意义上一般把国家看作一个社会共同体，如古希腊哲学家亚里士多德认为，国家是一种自然产生的、不可避免的及有益的团体；每一个国家都是一种团体，每一种团体都是为了某种的善而建立。

  ② 〔德〕恩格斯：《家庭、私有制和国家的起源》，人民出版社，1972，第 166 页。

  ③ 《列宁全集》（第三十一卷），人民出版社，1985，第 6 页。

同阶级的利益、缓和社会冲突、维护社会稳定和发展，国家所代表的利益有阶级性，代表统治阶级的利益。

梁启超《少年中国说》说："夫国也者，何物也？有土地，有人民，以居于其土地之人民，而治其所居之土地之事，自制法律而自守之；有主权，有服从，人人皆主权者，人人皆服从者。夫如是，斯谓之完全成立之国。"[1] 这样看来，国家的核心要素有四：人民、领土、主权、政府。人民是构成国家的主体，既然称之为国家，首先必须有相当数量的民众；领土是国家赖以存在的基础，没有一定的疆域就不具备活动的空间，就不能称其为国家；主权是一个国家的象征，不具有主权而任人摆布不是真正意义的国家，充其量只是傀儡；政府是国家的具体形态和组织标志，对内行使政治统治和社会管理等职能，对外代表国家行使主权和处理国际事务。

公民是一个主权国家的自然人。梁启超认为："以一国之民，治一国之事，定一国之法，谋一国之利，捍一国之患，其民不可得而侮，其国不可得而亡，是之谓国民。"[2] 依据《中华人民共和国宪法》第33条的规定："凡具有中华人民共和国国籍的人都是中华人民共和国公民。中华人民共和国公民在法律面前一律平等。国家尊重和保障人权。任何公民享有宪法和法律规定的权利，同时必须履行宪法和法律规定的义务。"这意味着公民是拥有某一国家的国籍，具有人权和自主独立的人格，根据国家的法律享有一定的权利、承担一定的义务，并和其他满足这些条件的自然人在国家面前身份都平等的自然人。[3] 在现代社会，国家与公民之间的关系是最为基本的关系。

二 国家与公民关系的实质是权力与权利的关系

人民是整体概念，所以我们经常说人民大众；公民是个体概念，所以我们经常讲公民个人。正因为如此，所以我国宪法规定人民当家做主，但人民的当家做主是要通过公民的个体权利体现出来的。为了保障每一位公民的个体权利，为了保障人民的整体利益，为了保障社会的稳定与发展，为了保障

---

[1] 李华兴等编《梁启超选集》，上海人民出版社，1984，第116页。

[2] 李华兴等编《梁启超选集》，上海人民出版社，1984，第116页。

[3] 参见于东、占年标《对现代中国公民与国家和谐关系的社会学解读》，《天府新论》2007年第1期。

国家的疆域与利益不受外部力量的侵犯，公民行使个体的权利，通过一定的规则与程序推选出国家机关组成人员，同时也赋予国家机关对内行使政治统治和社会管理等职能，对外行使国家主权和处理国际事务权力。这意味着国家的权力是源于人民、归属于人民、依托于人民，同时也意味着国家是人民利益的代表，国家必须为人民的利益服务，国家的任何权力都不能凌驾于人民的意志之上。

以霍布斯和洛克为代表的自由主义学者认为，国家与公民的关系是：人的生命权、财产权等自然权利是国家建立的前提和基础，人们通过订立社会契约，将自己的一部分自然权利让渡给国家赋予国家权力，因此，国家的职能及其界限都必须由自然权利来界定。在这种契约关系中，国家权力被预设为公民的天然敌人，必须通过自由主义立宪，创立严格的"限权"法律秩序来限制国家权力，以保障公民权利。在自由主义学者看来，国家的目的是保障公民权利的行使，公民高于国家。在该理论指导下，国家承担的角色过于消极，除了迁就个人和社会之外，很难有实质性的作为。

以黑格尔、卢梭、马克斯·韦伯为代表的国家主义学者强调国家理性至上。他们认为，基于人民主权、国家政治或社会公正等理由，国家优先于公民，国家干涉公民自由是正当的。所以，国家主义理论要求国家履行各种实质功能，往往导致国家权力高于个人权利，国家优先于个人。在该理论指导下，国家权力极易膨胀而蚕食公民的权利和自由。

自由主义理论或国家主义理论支配下的政治实践，国家与公民的关系往往处于对立的状态。极端情况下，或者是公民疏离国家，或者是国家侵蚀公民的权利；要么个人拥有自由国家丧失权威，要么国家强大公民丧失自由。那么，究竟应当如何看待国家与公民的关系呢？

现代公民与国家的关系，是公民与按照一定规则组织起来的所有公民共同体的关系，这种关系往往根据一定的规则，通过公民与国家公务员这个公民群体之间的社会交往表现出来。但公民与国家公务员之间的社会交往，并不都是公民与国家关系的表现，只有涉及公民与国家之间的权利义务关系的社会交往才可以这样说。依此类推，现代公民与国家的和谐关系，也就是公民与按照一定规则组织起来的所有公民共同体的和谐关系。它要求公民和国家之间根据一定的规则和谐相处、和谐交往、处理好各自的权利和义务关系，并通过公民与国家公务员之间在一定规则下和谐相处、和谐交往、处理好双方的各种权利和义务关系表现出来。①

国家与公民关系的实质是权力与权利的关系。从法源关系看，权力源于权利，权利优先于权力；从法律形式上看，国家的权力是公民的委托，国家公务人员的权力是公民的授权。因此，从理论上讲，国家如果不能很好地保障公民的权利，不能很好地代表人民的利益，国家的权力运作超出约定的范围，人民就有权将权力收回。但问题在于当人民将权力赋予国家机构时，往往会失去对权力的约束。在普选制的国家里，人民可以通过选举程序将权力收回，但在专制国家里，人民对权力的约束和收回几乎是不可能的，唯一的办法只能通过起义。这就是权力的异化。所以说，完善权力的监督制约机制是保证人民利益实现的根本措施。不受制约的权力必然导致腐败，违背人民的根本利益。②

在国家与公民关系中，二者有着不同的利益诉求和战略选择：国家试图扩张势力，联合基层民众抗击中间层的贵族抵制，这是现代国家建构逻辑的应有之意，③ 但很多时候又在加大税负压制公民的权益诉求，因为这些直接关涉其统治者的权益与管理的便利性；公民随着权利意识的觉醒与权益的追求，必然对国家体制和既得权益产生莫大的冲击。

三 法治状态下国家与公民关系的应然状态

在法治状态下，国家权力与公民权利的关系不应当是完全对立的，二者的理想关系应当包含以下几个方面。

1. 国家权力源于公民通过法律的授权

真正意义的法治一定是建立在民主的基础之上。法治国家应该是人民当家做主或者主权在民的国家，由法律支配权力是法治的根本。④ 权力机构所拥有的权力必须由法律授予，权力涉及的范围也必须由法律规定。首先，在实体上，国家应当通过制定良法保障公民权利和自由。良法应当是体现自由、善待公民的法。公民自由包括积极自由和消极自由两个方面，所谓积极

---

① 于东、占年标：《对现代中国公民与国家和谐关系的社会学解读》，《天府新论》2007年第1期。

② 参见杨黎源《执政党、国家、人民三者的关系浅说》，《探索》2003年第4期。

③ 〔法〕托克维尔：《论美国的民主》，董果良译，商务印书馆，1988，第5页。

④ 焦洪昌：《宪法学》，北京大学出版社，2011，第34页。

自由，就是公民自身的生活和活动取决于自身的选择，而不是来自某种外界的力量；所谓消极自由，就是公民不受妨碍和干预地追求他们为自己确定的任何目标。① 在法治状态下，国家制定法律的目的应当是赋予公民广泛的权利，确保公民在法律面前一律平等，尊重和保障人权，抛弃严刑峻法，转向良法善治。这样的法治精神蕴含和决定着法的价值取向与基本原则，支配着对社会经济、政治、文化各方面的具体制度安排，指引着对法律资源以及其他资源的社会性配置，通过完善公民权利和人权立法、建立健全权利救济制度、加强法律援助等方式确保公民权利和自由。其次，在程序上，国家制定法律应当通过民主程序。法治的基础是民主，公民参与是民主最显著的特征，因而，在法治状态下，良法应当通过民主程序制定出来，只有反映公民的期待，符合公民的利益，体现社会的共同理想，法律才能受到全社会的尊重和遵守。

2. 宪法是调节国家与公民关系的根本大法

宪法是法治的前提和依据，宪法至上是法律至上的核心，宪制是现代国家权力与公民权利的联系纽带。宪制的核心要素在于限制政府权力和保障公民权利。从近代成文宪法的基本架构来看，宪法文本基本都是分为"国家权力"与"公民权利与义务"两大部分；就宪法的调整对象来看，主要定位于公民与国家之间的关系；就其法律功能而言，也主要在于规范和调整国家与公民之间的关系上。② 基于其根本性，宪法是国家与公民关系调节的最重要的法律。法治状态下，国家应当通过宪法文本的合理设计与宪法的有效运行来保障国家权力与人民权利之间的和谐关系。以我国宪法为例，在第一章总纲、第二章公民的基本权利和义务和第三章国家机构中，集中体现了国家与公民的关系。首先，在总纲中通过人民主权原则，国家机构将其统治的正当性和权威性建立在公民之上，使国家机构与公民之间建立了观念上的联系；通过人民代表大会制度，公民得以行使宪法中规定的政治权力，选举产生国家行政机关、国家审判机关和检察机关，为公民和国家的联系提供了实现的形式；通过法治原则，确保国家权力在宪法和法律规定的范围内行使。其次，在宪法第二章中，通过赋予公民积极权利和保障消极权利体现了国家目的。再次，在第三章中通过对国家权力的分配和国家结构的设置为公民行

---

① 刘平：《法治与法治思维》，上海人民出版社，2013，第174～175页。
② 陈兆旺：《美国国家与公民关系的宪法调节》，《比较政治学研究》2013年第6期。

使权力提供了渠道和途径。从文本上看，我国宪法在国家与公民关系的问题上有较为全面的正当性设计，但法治的实现不仅要求宪法文本为良宪，更重要的是宪制实践、依宪治国，让宪法在调节国家与公民关系上发挥实际的作用。

3. 国家权力在运行层面必须受到限制和制约

法治本身是一种"控权"机制，法治的核心就在于有效地控制公权力。法律在授予国家权力的同时，也一并确立了其权力界限、责任和行使程序。国家权力的运行必须要接受法律的监督，以合法形式作用于社会。首先，依法行政是法治的基本要求。权力本身有其利益考量，加上权力的单向性、主动性、扩张性、自由裁量性等特点，一旦失去了约束，将严重威胁处于弱势一方的公民自由。在法律中，仅仅宣告权力只能为权利而行使是不够的，依然难免会出现权力偏离权利目的的情形。因而，如果要通过法律手段来调整国家与公民的关系，就必然要求权力的行使要有严格、具体的法律规定，要获得法律的授权、受到法律的限制并遵循法定的程序。相对人在受到公权力的侵害之后，应当能够获得有效救济，确保国家机关按照法定权限和程序行使权力。其次，国家依法行使权力是公民守法的前提。"法治把权力与法律的关系置于一种新的格局，法律不但得到权力的支持，而且它作为一种非人格化的力量对权力发挥着制约的作用。在此基础上，法律（宪法）具有最高效力，具有普遍权威，无论是制定法律的统治者还是作为守法的普通国民都必须遵守的，法治在此意味着国民守法必须以统治阶级的守法、护法为前提。"[1] 一方面，国家要颁布相关法律法规和相关政策，从行政许可、行政处罚、行政强制、行政征收、行政确认等方面规范各项行政权力的运行；另一方面要确保权力公开运行，党的十七大报告明确指出："保证人民赋予的权力始终用来为人民谋利益，确保权力正确行使，必须让权力在阳光下运行。"国家权力的公开运行是保证国家权力规范行使、始终以保障公民权利为目标的重要手段。再次，健全的控权制度，加强对权力运行的约束和监督。国家掌握着庞大的社会资源，如果失去监督，必然会出现权力的异化。因此在法治状态下，对政府的监督是极其必要的，必须建立健全行之有效的监督机制，在国家和公民之间形成稳定的"监督—合作"关系。在法治状态下，政府必须是权力受到监督制约的责任政府，政府权力的监督制约不能

---

① 王人博、程燎原：《法治论》，山东人民出版社，1998，第102页。

只来自政府内部，独立性的监督制约更应来自外部，包括国家权力机关的监督和司法机关的监督。法治建设的重要方面就在于完善外部监督机制，如人大的特定问题调查制度、预决算审查制度、质询制度、行政诉讼制度、法院独立审判制度、新闻舆论监督、民主党派监督等。

四 建立国家与公民良性互动的关系

如前所述，自由主义理论与国家主义理论的局限性在于，它们都认为国家与公民是一种非此即彼的对立关系。而事实上，国家与公民之间有着不可分割的逻辑联系，只有在一个自由的国家里，公民的个人自由才能得到充分保障。在法治状态下，国家与公民自由应当是相容的、互相依存、良性互动的关系。

1. 国家的强大是公民权利自由的前提

首先，国家的独立自主是保障国内公民权利与自由的前提。只有在一个独立自主的强大国家里，公民才能安享个人的权利与自由；也只有公民充分地享受权利与自由，国家才能实现繁荣与伟大，一个没有摆脱外部奴役的国家，是无法按照自己的意志管理社会的，公民的权利与自由也就无法得到保障，只有生活在一个独立自主的强大国家，公民才不至于沦为异邦人的奴隶，才可能安然无恙享有安宁、平静与和谐的生活。其次，国家的繁荣富强为公民实现其权利与自由提供了保障的可能，公民权利与自由的实现需要社会资源的支持，国家在政治、经济、文化方面的富强才能保证给公民权利与自由以更大的空间，公民充分享有权利与自由是维护国家稳定、实现国家繁荣、社会和谐的根本保障。

2. 国家既要自我约束，也要积极作为

纵观世界各国法治发展的进程，几乎所有的国家都经历了从消极行政到积极行政的改变。在自由资本主义时代，国家的行政往往被认为是一种消极行政，国家的行政作用被限制在保护领土安全、维护社会秩序这个极其狭小的范围内。权力只为保障个人自由和社会安定运行，在这一时期，"小政府、大社会"的古典有限政府理论盛行。19世纪末到20世纪初，资本主义的发展进入垄断资本主义阶段，市场经济的发展暴露出诸多弊端，国家权力在此时应当且必须站出来，重新调整并扩大其职能范围，以应对单个社会个体无法解决的问题。西方国家以美国的罗斯福新政为代表的政府干预

力度加大，开始进入积极行政时代。这时候国家与公民的关系被认为是一种服务与合作、信任与沟通的关系。国家以服务为使命，公共服务的积极行政理念逐步在各个资本主义国家确立起来。① 法治国家的新发展使政府不仅要保持原有的传统，通过立法和司法约束政府权力，并形成以责任控制权力、以程序规范权力、以权利制衡权力的控权制度和机制，而且要求政府必须善用权力促进公民权利的实现。在现代法治状态下，国家不应当只是消极的"守夜人"的角色，而是应当积极履行国家义务。当代著名的公法学家霍尔姆斯和桑斯坦认为，公民权利依赖于政府的实施，所有权利都要求政府积极地回应，几乎每一项权利都蕴含着相应的政府义务。从国家与公民关系的历史发展及其在现代民主法治国家的发展趋势来看，国家义务与公民权利的关系现已经成为主导国家与公民关系的主轴。② 法治状态下，国家应当奉行法律至上的原则，同时法治精神也应当成为权力运行的依据。由此，行政活动才能在更大的范围里发挥其能动作用，才能适应现代积极行政下多样化的行政方式的综合运用，同时应当给行政主体留有一定的自由裁量空间。需要指出的是，这里的积极行政并不是否定了有限政府理论，而是强调应体现国家与公民的互动作用，既要保证国家权力的顺利运作，又要进行必要的法律控制；既要保障公民的基本权利，又要使其活动限定在合法的范围内。正如程燎原、江山在《法治与政治权威》中所言："应维护执政者的'有效权力'，使之具有相当的权利资源，以求达到手段与目的的相称与平衡。"权力固然应以不侵犯权利为尺度，权利制约权力也应以不妨碍合法权力正当行使为尺度。

3. 法治国家的实现离不开公民的积极参与和合作

梁启超曾说，"未有其民愚陋、怯弱、涣散、混浊，而国犹能立者"，"民富则国富，民智则国智，民勇则国强"。③ 法治是民主社会的产物，它的基础建立在市民社会之上，没有一个健全和发达的市民社会，就不可能有真正的法治。国家与公民更为完备地结合在一起，并且可以通过比较完善的多种机制形成良性的互动。法治有赖于公民自愿的合作和对权威的自觉认同，没有公民的积极参与和合作，至多只有统治，不会有善治。因此在

---

① 参见刘平《法治与法治思维》，上海人民出版社，2013，第68页。
② 参见龚向和《国家义务是公民权利的根本保障》，《法律科学》2010年第4期。
③ 李华兴等编《梁启超选集》，上海人民出版社，1984，第206页，第410页。

法治状态下，公民应当有足够的积极性行使自己的权利，在我国表现为通过人民代表大会制度对立法、行政和司法等政治过程广泛参与，真正实现主权在民。在法治状态下，国家与公民是相互依存的和谐关系，二者能够达成良性互动。法律授予国家以权力，保障公民自由，权力的运行、限制和分配亦以此为目标；法律确认公民的权利，保障民主，权利的实现能够推进国家权力的良好运行。

法治状态下人的生存与发展模式[*]

自有人类以来，生存与发展的问题就一直伴随着人类走到今天，不同的时代，人的生存与发展所面临的问题不尽相同，在我们全面推进社会主义法治国家建设的背景下，或者说在法治的状态下，人的生存与发展应当是怎样一种模式，是一个非常值得探讨的问题。

一 生存与发展的含义

生存是一切生命体存在的现实状态。生者，活着；存者，存在。对一个人来说，最基本的就是生存，只有活着，一切才有可能；只有存在，一切才有意义。人类在漫长的历史中不停地探索着人生的真谛，这就是既要生存，又要发展。生存中的"生"等同于拥有生命，当一个人作为个体出生时，能够自主呼吸，能够脱离母体而独立，也就具有了生的特征，直至死亡降临，生都是一个存续的状态，不因任何主观意愿和客观条件而转移。

存在是一个重要的哲学命题，随着人类历史的进步与发展，存在的观点也在不断地改变。从唯心主义到唯物主义，存在都是一个值得深入探讨和研究的领域。贝克莱在其《人类知识原理》中提到一个观念的存在，正在于其被感知，亦即"存在就是被感知"。^① 一切事物在能被感知的时候，也就存在了。但贝克莱观点的缺陷也显而易见，他的存在观是主观唯心主义的观点，因为事物的存在与否是客观的，不会因为你是否感知而存在或不存在，当我们闭上眼看不见、摸不着有形物体的时候，那该事物是不是就不存在

---

* 本部分是在中国政法大学法治文化专业研究生吕硕琦的 2014 年学年论文的基础上增、删、改、调而成，特此说明。
① 〔英〕贝克莱：《人类知识原理》，关文运译，商务印书馆，2010，第 23 页。

了？当这个人离开人世间后，那该事物是不是就不存在了？如果说它存在的话也就不符合"被感知"的观点了。黑格尔在《法哲学原理》中提到凡合乎理性的东西都是现实的，凡现实的东西都是合乎理性的，即"存在即合理"。① 只要一切存着的东西也就有其存在的合理性，只要是合理的东西也都是存在着的。但现实世界也并非如此，譬如抢劫、强奸、腐败等的存在是不合理的，是我们必须治理或祛除的东西，所以黑格尔的观点又走向客观唯心主义。

唯物主义认为世界统一于物质，物质是不依赖于人的主观意识又能为人的意识所反映的客观实在，是标志客观实在的哲学范畴。② 尽管世界的存在是世界的统一性的前提，但绝不能说世界统一于存在，存在与思维是哲学的基本问题。存在主义以人为中心、尊重人的个性和自由，认为人的存在本身也没有意义，但人可以在存在的基础上自我造就，活得精彩。存在主义的代表萨特曾说过存在先于本质，即指人是在他存在的过程中创造了他自己，是人自己造就了自己。

发展是指事物从出生开始的一个进步变化的过程，是事物的不断更新，是指一种连续不断地变化过程，既有量的变化，又有质的变化；既有正向的变化，又有反向变化。在哲学史上，围绕着事物是否变化发展主要有形而上学的发展观和辩证法的发展观两种，在这两种观点的碰撞与改良的过程中，我们对发展问题也有了更深层次的理解。

形而上学的发展观认为世界上各种不同事物和事物的特性，从它们一开始存在的时候就是如此，永不变化，事物之间也是永远彼此孤立的。它否认在一定条件下一种事物可以向另一种事物转化，认为一种事物只能反复地产生同一种事物。虽然他们并不否认事物的运动，但他们认为运动也仅仅是位置移动和数量增减，亦即机械运动。由于这种发展观否认事物的普遍联系和永恒发展，它不能提供关于客观事物及其发展的真实图景，存在很大的局限性。辩证法的发展观则不然，马克思在黑格尔的唯心主义辩证法的发展观基础上建立了唯物主义的辩证的发展观。唯物辩证法认为事物的内部矛盾是事物变化发展的根本动力，世界是变化的、联系的、发展的，事物的发展总是由量变到质变的，事物的发展是否定之否定。唯物辩证法的发展观为人们认

---

① 〔德〕黑格尔：《法哲学原理》，范扬等译，商务印书馆，1961，第11页。

② 《列宁选集》（第二卷），人民出版社，2012，第128页。

识事物及其运动提供了最一般的方法论原则，它教导人们要善于用对立统一的观点去观察事物，对各种事物的矛盾运动进行全面的具体的分析，并据此指出解决矛盾的方法。在实践中，不胜枚举的成功例子已经证明了这种发展观的先进之处。

生存与发展是人类社会永恒的主题。生存同时是一个人与生俱来的权利，每个人有珍惜自己生命的权利，也有珍惜他人生命的义务。发展也是一个人与生俱来的权利，每个人自己要发展，他人也要发展，穷人要发展，富人也要发展。① 由此产生了生存权与发展权两种最基本的人权。

第一代人权理论主要是人身自由、精神自由和经济自由这三大自由，第一代人权理论是从人自身的角度来看待生存权，强调人自身生存需要的自由，一般称为消极的权利。19 世纪末 20 世纪初，社会主义运动中提倡社会权利，在这个阶段生存权作为一个完整的权利体系确定了下来，从国家社会的角度来保障生存权，增加和完善了生存权的内容，形成第二代人权理论，亦即将生存权视为积极的权利。

发展权是第三代人权理论的代表，联合国《发展权利宣言》第 1 条规定："发展权利是一项不可剥夺的人权，由于这种权利，每个人和所有各国人民均有权参与、促进并享受经济、社会、文化和政治发展，在这种发展中，所有人权和基本自由都能获得充分实现。"② 人在解决了生存问题之后就会谋求发展，在发展的过程中就会力求更好的生存，而且只有生存好了才可以更好地发展。生存与发展两者相辅相成，前者是最为基础的权利，后者是由前者必然延伸出来的权利。

二 生存与发展的演进

在奴隶社会和封建社会，普通人被当成一种物依附于奴隶主或者贵族，在自然权利都得不到保障的时代，社会权利自然也就无从谈起，所以我们也就看到了诸如陪葬、屠杀等现象贯穿古代。马克思、恩格斯在《德意志意识形态》中指出："我们首先应当确立一切人类生存的第一个前提也就是一切历史的第一个前提，这个前提就是：人们为了能够'创

---

① 参见《光明日报·理论周刊》2007 年 9 月 21 日。
② 联合国大会 1986 年 12 月 4 日第 41/128 号决议通过。

造历史'，必须能够生活。但是为了生活，首先就需要衣、食、住以及其他东西。"① 以平均寿命为例：中国人在西汉时期平均寿命仅二十岁、唐朝平均寿命二十七岁、宋朝平均寿命三十岁、清朝平均寿命三十三岁，古罗马人平均不超过三十岁、中世纪英格兰人的平均寿命大约是三十三岁。在今天看来，这些年纪才属于青壮年范畴，在那些年代，疾病、战争、环境导致了能够生存就是一个奢侈之物，生存下来本身就不是一件易事。

随着人权思想的觉醒，自资本主义社会开始，生存条件开始逐渐得到改善。在资本主义早期，生存依然艰辛，维多利亚时代的英国，工人工作环境恶劣、童工盛行，法国大革命雅各宾派专政期间，三年斩首"反革命分子"七万余人。但在西方资产阶级革命后，自由、平等、博爱的思想响彻全球，生存权得到重视。资本主义制度确立之后，生存权问题有所缓和，发展权问题得到普遍关注，一战、二战以及其他局部战争告诉我们，一个国家如果不发展，不走在其他国家前面，那么它的生存也将成为问题，对于人来说也是如此。马克思的人的全面自由发展的理论，是马克思主义最高价值理念，是未来社会的价值目标，也是现实社会人们发展的理想境界。

在当今社会，虽然文明已经发展到了一定程度，继第三代人权发展权之后，人类又出现第四代人权理论——和谐权，② 但是这并不意味着我们已经不存在生存权的问题。就我国的大环境而言，我们仍然处于一个弱肉强食的世界。美国一家独霸的不良国际格局、周边国家对于中国强盛的恐惧与嫉妒，这些都不利于我国的发展。当代中国虽无外侵亡国的可能，但这也是建立在我国强盛国力的基础之上，诸如南斯拉夫解体、伊拉克、叙利亚战争，都在时刻警示我们。从我国国内情况来看，截至 2012 年还有将近 1.28 亿的贫困人口，③ 东西部地区发展的不平衡，人口压力带来的就业、住房问题，还有生态环境等问题也一直在困扰着我国人民的生存与发展。

人类的生存模式与发展模式不是割裂的、单独的，而是普遍联系的，两者越来越融合，如果一个人想要生存，他就必须谋求发展，使自身不断地进步。而当这种发展取得良好效果的时候，生存问题也就得到了较好的解决，以生存谋发展，以发展提高生存的品质，两者一荣俱荣、一损俱损。

---

① 《马克思恩格斯选集》（第一卷），人民出版社，1972，第 32 页。
② 徐显明认为，中国将进入一个新的时代——和谐权本位时代。他将人权发展分为四个阶段，分别是：自由权本位的人权、生存权本位的人权、发展权本位的人权和和谐本位的人权。
③ 摘自中国科学院《2012 中国可持续发展战略报告》。

当今社会人们的生存模式与发展模式正在并轨，求生存也就是求发展，不发展也就不能更好地生存。人的生存与发展从内容上看，是自己发展自己、自己完善自己的过程。从形式上看，是螺旋式上升或波浪式前进，方向是前进上升的，道路是迂回曲折的，是前进性与曲折性的统一。人的生存与发展有反复性，当一个人发展到一定程度的时候，他就需要考虑生存的问题，比如对于一个迟暮的伟人来说，生存问题远比发展问题更值得他去忧虑。人的生存与发展也有间断性，任何事情都不可能是一帆风顺的，生存与发展过程中会面临着种种困难与挫折，这些困难与挫折往往会中断原有的进程，迫使其停滞或后退。所以，人的生存与发展的过程实际上就是一个勇敢地接受挫折与考验、不断地克服前进道路上的各种困难、战胜自我、战胜环境、在曲折的道路上不断奋进的过程。

三　法治状态下人的生存与发展模式

法治是人类社会发展到某个阶段的产物，是一种治国理政的方式，治国理政的重心就是要解决好人的生存与发展问题。在法治状态下，人的生存与发展应当是基于自由、平等、有尊严、有法律保障的模式。

1. 自由地生存与发展

关于自由，古今中外有不少定义。例如，法国著名哲学词典 Lalande 对自由的定义是："自由的一般意义可定义为人的一种状态，即他的行动不受除自己意志及天性外的任何限制。"在西方，最初意义上的自由，主要是指自主、自立、摆脱强制，意味着人身依附关系的解除和人格上的独立。1789年法国大革命纲领性文件《人权宣言》第 4 条讲，自由即有权做一切无害于他人的任何事情。联合国《世界人权宣言》重申了第二次世界大战中美国总统罗斯福提出的"表达、信仰、免于匮乏、免于恐惧"四大自由的精神。

从心理的角度看，自由是按照自己的意愿做事，就是人能够按照自己的意愿决定自己的行为。自由是一种免于恐惧、免于奴役、免于伤害和满足自身欲望、实现自我价值的一种舒适和谐的心理状态。从社会的角度看，自由是不侵害别人的前提下可以按照自己的意愿行为，自由既有为所欲为的权利，又有不损害他人的责任与义务。从政治的角度看，自由是人们有权选择自己赞同的执政者，也有权不选择自己不赞同的执政者。如同洛克在《政府论》中所言：自由意味着不受他人的束缚与强暴。现代民主制度的本质就是保护人们的政治自由，尊重人们的自由意识，维护人们行善的自由，并制止侵害他人的恶行。从法律的角度看，自由是在法律许可的范围内任意行事的权利。亦即公民在法律规定的范围内，自己的意志活动有不受限制的权利。从哲学的角度看，如同康德所言：自由不是我要做什么就做什么，自由是我不要做什么就能够不做什么。

20 世纪下半时期，赛亚·伯林开始用"消极自由"和"积极自由"两个概念来划分自由。他认为，积极自由是指人在"主动"意义上的自由，即作为主体的人做的决定和选择，均基于自身的主动意志而非任何外部力量。当一个人是自主的或自决的，他就处于"积极"自由的状态之中。这种自由是"去做……的自由"。消极自由指的是在"被动"意义上的自由，即人在意志上不受他人的强制，在行为上不受他人的干涉，也就是"免于强制和干涉"的状态。

自由是一个具有时限性和相对性的概念。法治状态下人自由地生存与发展首先与自己的意志有关，自由是意志的动向，也是意志的一个本能的表达，按照自己的主观意愿，从事自己喜欢和感兴趣的事业。其次与自己的权利有关，我行使我的权利，因为在我的权限之下，我不能随便被侵犯。再次与自己的义务有关，当我行使自己权利的同时，应当履行应尽的义务。最后与法律相关，即在法律许可的范围内任意行事，不能超越法律的框架。

2. 平等地生存与发展

皮埃尔·勒鲁在《论平等》一书中认为，"平等是一种原则"，"平等是一项神圣的法律，一项先于其他一切法律的法律，一项派生其他法律的法律"。① 他在该书的序言中开宗明义："现代的社会，无论从哪一方面看，除了平等的信条外，再没有别的基础。但这并不妨碍我们认为：不平等仍占统治地位。"② 我们在法治状态下谈平等地生存与发展，就是因为在我们当今的社会中仍然存在着各种不平等，如社会地位的不平等、权力与权利的不平等、收入和财富的不平等、教育与服务的不平等、就业与职业的不平等。在一个平等的社会环境下，人需要凭借自己的天赋与努力在同一个舞台中公平

① 〔法〕皮埃尔·勒鲁：《论平等》，王允道译，商务印书馆，1988，第20、247页。
② 〔法〕皮埃尔·勒鲁：《论平等》，王允道译，商务印书馆，1988，第1页。

竞争，平等给了每个人生存与发展的希望。恩格斯在《反杜林论》中认为："一切人，或至少是一个国家的一切公民，或一个社会的一切成员，都应当有平等的政治地位和社会地位。"① 法治状态下平等地生存与发展主要包括法律平等、机会平等和结果平等。

法律平等的观点，早在古希腊时期就有人提出过，但作为一项基本原则，是在资产阶级革命时期提出来的，1776 年 7 月 4 日美国的《独立宣言》和 1789 年 8 月 27 日法国的《人权宣言》都提及了这一原则。就一般意义而言，法律平等是指法律确认和保护公民在享有权利和承担义务上处于平等的地位，不允许任何人有超越法律的特权。法律平等首先是参与政治、经济、文化及其他社会活动的权利平等，尤其是制定规则权利的平等。权利平等是其他所有平等的基础，没有权利平等就很难谈得上其他的平等。当然，人们在依法平等地享有权利的同时，也必须平等地履行法律所规定的义务。

平等是指所有的行为人无论其性别、民族、出身、地位或贫富，只要符合相应的条件和标准，都有平等参与、获得发展的机会，不受其他任何人为因素影响。机会平等属于形式上的公平，主张普遍性而不是特殊性，它意味着一个社会的每个人能够公平地享有机会。机会平等是实现平等的前提，是每个个体享有公平的前置性条件，对于社会每一个个体而言，如果不能获得平等的机会，就不会拥有真正意义的平等。机会平等靠的是个人才智能力，而不是靠承袭归属，机会平等是对特权垄断和权力寻租的否定，也是对出身、地位以及裙带关系优先的否定。

如果说机会平等属于形式上公平的话，那么结果平等就是实质意义的公平。罗尔斯在《正义论》中认为，平等应该建立在两个原则基础上：一是每个人都有权利同等享有与他人同样自由相一致的最广泛的基本自由（机会平等），二是在社会经济生活方面应该合理地达到人人受益（结果平等），职务与工作应该向人人开放（机会平等）。获得文化知识和技术的机会不应取决于一个人的阶级地位，应当对每个能力和才智类似的人提供大体相等的文化和成就的前景。② 结果平等是指社会成员之间在获得生产或生活资料上、个人才能发挥和发展的条件上、享受权利和履行义务上的平等，也就是

---

① 《马克思恩格斯选集》（第三卷），人民出版社，1972，第 143 页。
② 〔美〕约翰·罗尔斯：《正义论》，何怀宏等译，中国社会科学出版社，1988，第 60～61 页。

人们在社会实践结果的分配上平等。机会平等是起点意义上的平等，结果平等是终点意义上的平等。但结果平等不是平均，也不是相等，是相对平等而不是绝对平等，结果平等不是反对任何差别待遇，而是承认合理的差别待遇，如个人的才智能力不同，很可能在收入、财富、经济地位等方面会有差别。

3. 有尊严地生存与发展

人的尊严主要是指人格尊严，即一个人在家庭和社会上应当受到他人和社会最起码的尊重。人的生存与发展离不开人的尊严，人在有尊严的前提下，才能心情舒畅地生存与发展，人的尊严与价值是法治的核心价值所在。我国古代有"士可杀，不可辱"之说，普列姆昌德说：对人来说，最最重要的东西是尊严，尊严是人类灵魂中不可糟蹋的东西。海卡尔也认为：人的尊严比金钱、地位、权势，甚至比生命都更有价值。我国《宪法》第38条规定："中华人民共和国公民的人格尊严不受侵犯。禁止用任何方法对公民进行侮辱、诽谤和诬告陷害。"人格权利包括姓名权、名誉权、肖像权、隐私权等。

姓名权是公民依法享有的决定、使用、变更自己的姓名并要求他人尊重自己姓名的一种人格权利。姓名不仅包括身份证（或户口本、护照）等证件登记的姓名，而且包括笔名、艺名、别号等。我国《民法通则》第99条规定："公民享有姓名权，有权决定、使用和依照规定改变自己的姓名，禁止他人干涉、盗用、假冒。"姓名权的主体是自然人，核心是姓名的专有权，只有权利人自己享有和使用，他人不得享有和使用。公民的姓名权受到侵害时，有权要求停止侵害，恢复名誉，消除影响，赔礼道歉。

肖像权是人格权的重要组成部分，主要包括肖像制作专有权、肖像使用专有权和肖像利益维护权。公民的肖像在某些情况下可以转化或派生出物质利益。根据我国有关法律的规定，肖像权是公民的基本权利，未经本人同意，任何人不得擅自使用、侮辱其肖像。法律保护公民的肖像，正是基于肖像能够体现公民的精神利益、人格利益和物质利益。公民有权禁止他人非法使用自己的肖像或对肖像进行损害、玷污，如果公民的肖像被他人或法人擅自使用，既可采取协商的方式解决，也可申请司法保护，维护自己的合法权益。

名誉，是指他人或社会对于自然人的品德、才干、声望、信誉、荣誉和形象等各方面的综合评价。名誉权是自然人依法享有的对自己所获得的客观社会评价、排除他人侵害的权利。名誉权包括名誉获得权、名誉利益支配权、名誉维护权、名誉收益权等。名誉侵权的形式主要是侮辱和诽谤，侮辱是指用语言或行动公然损害他人人格、毁坏他人名誉的行为，诽谤是指捏造并散布某些虚假的事实、损害他人名誉的行为。此外新闻报道失实、文学作品利用素材不当也会构成对名誉权的侵犯。《民法通则》第 101 条规定："公民、法人享有名誉权，公民的人格尊严受法律保护，禁止用侮辱、诽谤等方式损害公民、法人的名誉。"自然人的名誉权如果受到侵害，有权要求停止侵害，恢复名誉，消除影响，赔礼道歉。

隐私是指自然人不愿意让他人知悉的个人秘密，隐私权是指自然人享有的私人生活安宁与私人信息秘密依法受到保护不被他人非法侵扰、知悉、收集、利用和公开的权利。① 隐私的主要特征在于：自然人是在个人生活的领域内所作所为、不为他人知悉、与公共利益和群体利益无关。我国在《侵权责任法》颁布之前，基本上是把隐私权纳入名誉权的范畴，没有作为一种独立的人格权受到司法保护。② 隐私权具有专属性、私密性和可放弃性等特征，主要包括隐私隐瞒权（自然人对于自己的隐私进行隐瞒，不为人所知）、隐私利用权（自然人对于自己的隐私积极利用以满足自己精神物质等方面需要）、隐私支配权（自然人对于自己的隐私有权按照自己的意愿进行支配）和隐私维护权（自然人对于自己的隐私有不可侵犯性在受到非法侵犯时可以寻求司法救助）。③

4. 有法律保障地生存与发展

法律的主体是人，法律的客体也主要是人，人的生存与发展离不开法律

---

① 王利明认为：隐私权是自然人享有的对其个人的与公共利益无关的个人信息私人活动和私有领域进行支配的一种人格权。

② 1988 年颁布的《关于贯彻执行〈民法通则〉若干问题的意见》、1993 年《关于审理名誉权案件若干问题的解答》中均规定：公布、宣扬他人隐私，致使他人名誉受到损害的，应认定侵害他人名誉权。这是"隐私权"一词初见于成文法律，但这只是间接保护，并非直接保护。2001 年，最高法颁布《关于确定侵权精神损害赔偿责任若干问题的解释》，只是隐含了保护隐私权的内容。

③ 侵犯隐私权范畴大致包括擅自公开他人姓名、肖像、住址、证件、电话、网址、卡号等信息，非法侵入搜查他人住宅或以其他方式破坏他人居住安宁，非法跟踪他人、监视他人住所、安装窃听设备、私拍他人私生活镜头、窥探他人室内情况，非法刺探他人财产状况或未经本人允许公布其财产状况，私拆他人信件、偷看他人日记、偷看他人手机与电脑信息、刺探他人私人文件内容，私自调查刺探他人的行踪和社会关系，干扰他人夫妻的性生活，散布他人的婚外性生活，刺探、泄露他人的网络个人材料，散布他人不愿向社会公开的健康、疾病等情况，未经他人许可私自公开他人的其他秘密。

的保障。法律对人的生存与发展的保障集中体现在政治、经济、社会、文化、生态五个方面。

政治保障在人的生存和发展过程中至关重要。政治保障的核心在于能够保证人民自己当家做主。我国《宪法》第 2 条规定中华人民共和国的一切权力属于人民，第 33 条规定国家尊重和保障人权，《宪法》第 34 条至 49 条还规定了公民有选举权和被选举权（年满 18 周岁），有言论、出版、集会、结社、游行、示威、宗教信仰，进行科学研究、文学艺术创作和其他文化活动的自由，规定了公民的人身自由、人格尊严、住宅不受侵犯，规定了公民有劳动、休息、获得物质帮助、受教育和男女平等的权利，同时规定了公民的通信自由和通信秘密受法律的保护，公民对于任何国家机关和国家工作人员，有提出批评和建议的权利和申诉、控告或者检举的权利等，在我们国家，人的生存与发展离不开法律对这些权利的保障。

经济保障在人的生存和发展过程中处于基础性的重要地位。人要生存与发展，首先应当具有起码的物质资料和生产资料，当一个人不具备赖以生存的物质生活资料就根本无法奢谈发展的问题。经济是一国的命脉，同样也是一个人的命脉，一个人的发展离开了经济基础就是无源之水。法律应当首先保障每一位公民能够生存下去的经济基础，然后通过适时地调整经济制度、改革收入分配制度使每一个人都有发展的空间。由于地域、职业、家庭、个人等情况的不同，人与人之间肯定会存在财富占有和收入多寡的差异，但是对于一个国家来说，应当通过制定和修改法律，发挥宏观调控的职能，不断地改善民生，促进共同富裕，推动经济更有效率、更加公平、更可持续地发展，这样，作为这个国家的公民，生存与发展才会有更大的空间。

社会保障制度是在政府的管理之下，国家通过立法的形式制定社会保险、救助、补贴等一系列制度，通过国民收入的再分配，以社会保障基金为依托，为保障人民生活提供物质帮助和服务的社会安全制度。社会保障是总称，具体包括社会保险制度、福利制度、救济制度、优抚制度、互助制度和个人社保储蓄积累等，其作用在于保障全社会成员的基本生存与生活需求，特别是保障社会成员在年老、退休、疾病、伤残、生育、死亡、遭遇灾害、面临生活困难时的特殊需要。社会保障意在保障社会成员在生存与发展过程中权利公平、机会公平、调节分配公平，其根本目的是维护社会公平，使所有社会成员的效用最大化。目前社会保障的重点人群是城市下岗职工、失地农民、外地流动人群和未能就业的大学生群体，使他们不因暂时无业而生存困难，不因生存困难而丧失发展机会，不因没有特权而受到伤害，不因分工不同所形成的社会地位而变得卑微。

文化既是一个国家的软实力，也是社会成员的精神食粮。人的发展不是单向的，而应当是多维度的、全面的，不能脱离良好的文化氛围。文化保障首先是国家以法律的形式保障公民受教育权利，同时，国家为了满足公民对文学艺术作品、影视作品、报刊书籍等多方面的文化需求，就要通过深化文化体制改革，加快完善文化管理体制和文化生产经营机制，建立健全现代公共文化服务体系、现代文化市场体系，推动社会主义文化大发展大繁荣。① 文化熏陶往往决定一个人的道德、情操、素质，文化保障说到底是要保障公民日益增长的精神需求，提升公民的文化素质，为公民的生存与发展提供丰富多彩的精神食粮。

生态决定着人的身体健康和生活环境，人要很好地生存和发展离不开良好的生态环境，生活在一个好的生态环境，本身就是生存的需要和发展的基础。我们提倡生态文明就是要强调人与自然的和谐，我们需要建立系统完整的生态文明制度体系，用制度保护生态环境。要健全自然资源资产产权制度和用途管理制度，划定生态保护红线，实行资源有偿使用制度和生态补偿制度，改革生态环境保护管理体制。② 生态问题涉及现在和将来的人类，因此，保护环境既是对我们自身的保护，同时也是在保护我们的子孙。从国家的层面而言，应当运用法律的杠杆，强化生态环境的保护，使破坏生态环境的行为受到惩罚，使人与自然更加和谐，使生态环境更加适合人的生存与发展。

人的生存与发展已经延续了数万年的历史，法治状态下人的生存与发展有了新的时代特征，这就是自由地生存与发展、平等地生存与发展、有尊严地生存与发展和有法律保障地生存与发展，法治的最终目标就是实现人的全面自由地发展。

---

① 参见《中国共产党第十八届中央委员会第三次全体会议公报》。
② 参见《中国共产党第十八届中央委员会第三次全体会议公报》。

法律组织之间的关系及运作机制

一　法律组织的内涵及分类

法律组织是指依法设置的制定、执行、维护法律制度的专门法律机关和组织。[①] 从广义的角度讲，法律组织是根据法律所规定的不同权力职能范围设立的，但由于各国的制度与文化不同，法律组织的称谓与内容也各不相同。例如，"司法系统"在美国仅指法院系统，在我国还包含人民检察院系统，"大司法"的概念中还包括公安系统、司法行政系统等。我国依法设置的国家机关，除人民代表大会外，还有中华人民共和国主席、国务院、中央军事委员会、地方各级人民政府、民族自治地方的自治机关、人民法院和人民检察院等，这些都是法律组织，但本书所讲的法律组织限于各级人民代表大会、各级公检法机关、司法行政机关、仲裁机构和律师机构等。

人民代表大会是我国最高权力机关；人民法院是国家的审判机关，代表国家行使审判权；人民检察院是国家的法律监督机关，代表国家行使检察权；公安机关目前作为人民政府的组成部分，担负着打击违法犯罪和恐怖活动、维护社会治安秩序等多项职能；司法行政机关是为司法工作提供政府行政服务的机构，主要职责是管理监狱、劳改、律师、公证、人民调解、司法考试和法制宣传教育等工作。此外，仲裁机构和律师机构也是重要的法律组织。

二　法律组织之间的关系

法律组织是依据法律所规定的不同权力职能范围设立的机构，不同

---

① 刘斌：《中国当代法治文化的研究范畴》，《中国政法大学学报》2009 年第 6 期。

的法律组织的存在，表明在法律活动和法律秩序中权力和职能的分工不同。

人民代表大会与法院、检察院的关系：依据我国宪法规定，审判机关、检察机关都由人民代表大会产生，对它负责；各级法院院长、检察院检察长由各级人民代表大会选举和罢免，副院长、副检察长、审判委员会委员、检察委员会委员、审判员、检察员等由本院院长或检察长提请本级人民代表大会常务委员会任免。此外，法院、检察院必须依法向人大报告工作，接受人大的监督，因此人大与法院、检察院之间存在监督与被监督的关系。同时，人大行使立法权，法院行使审判权，检察院行使法律监督权，虽然职责不同、分工不同，但目标一致，都是维护法律的统一，实现公平正义，所以三者又存在协调一致的关系。

人民代表大会与公安机关、司法行政机关的关系：人民代表大会是我国最高权力机关，我国的行政机关都由人民代表大会产生，对它负责，受它监督；公安机关和司法行政机关是国务院和地方各级人民政府的职能部门。国务院、地方各级人民政府与人大是什么样的关系，公安机关和司法行政机关与人大就应当是什么样的关系。人大与公安机关、司法行政机关之间主要存在两种关系。一是决定与执行的关系，人民代表大会行使立法、重大事项决定、选举和任免、监督等国家权力，人大制定的法律、做出的决定，公安机关、司法行政机关必须执行。二是监督与被监督的关系，人民代表大会拥有对"一府两院"工作的监督权。"一府两院"必须依法对人大负责并报告工作，接受人大的监督；公安机关和司法行政机关作为政府的行政职能部门，理应接受人大的监督。但人民代表大会对公安机关和司法行政机关的监督属于外部监督。① 在保障法律实施的层面上，人民代表大会应当对公安机关和司法行政机关的活动进行监督，但这种监督应当体现的是立法与执法的区别性监督，即立法只能监督所立的法是否在既定轨道上实施，不能参与实施，更不能左右实施。

法院与检察院的关系。从机构性质和权力行使的角度看，根据宪法的规定，人民法院和人民检察院是审判权与法律监督权的关系，是权力制约和法律监督关系。从刑事诉讼活动看，检察院与法院是诉与判的关系，检察机关负责案件的审查起诉和出庭支持公诉、抗诉，法院负责审判。法院

---

① 陈斯喜：《冲突与平衡：人大监督与司法独立》，《人民司法》2002 年第 6 期。

通过独立行使审判权对检察权进行权力制约：对于检察院不予追究被告人刑事责任的案件，被害人有证据可以向人民法院提起自诉；被害人对检察院不起诉决定不服的，可以向法院起诉；对于检察院提起公诉的刑事案件，法院审理认为被告人无罪的或者证据不足不能认定被告人有罪的，应当做出无罪判决。这些都是法院以审判权对检察机关行使检察权的制约。检察院通过行使法律监督权对法院的审判活动进行监督，通过法院和检察院的相互制约和监督，确保刑事、民事、行政诉讼依法进行。检察机关对人民法院已经发生法律效力的判决和裁定，如果发现确有错误，有权按照审判监督程序向人民法院提出抗诉。同时，检察机关对民事、行政案件的终审生效判决、裁定也有抗诉权力，检察长可以列席法院审判委员会会议，对审委会讨论的案件发表意见，进行诉讼监督。检察机关行使抗诉权同样受人民法院审判权的制约，如人民法院认为原判决认定事实和适用法律正确、量刑适当的，可以根据刑事诉讼法的规定做出"驳回抗诉，维持原判"的裁定。[①]

检察院与公安机关的关系：检察机关与公安机关之间是权力制约和法律监督关系。公安机关具有侦查权，其立案侦查权要受检察机关法律监督，公安机关负责对除了人民检察院自侦案件外的大部分刑事案件的侦查、拘留、逮捕和预审活动，公安机关逮捕犯罪嫌疑人要提请检察机关批准，侦查终结要移交检察机关审查起诉。对于检察机关的不批准逮捕、不起诉决定，公安机关可以提出复议。此外，公安机关大部分刑事案件在业务上与人民检察院相衔接。公安机关的侦查活动与检察院的起诉、诉讼监督活动构成刑事诉讼的主要内容。

检察院与司法行政机关的关系：检察机关与司法行政机关之间存在权力制约和法律监督的关系，这种关系主要体现在检察机关与作为司法行政机关一部分的监狱管理部门之间。监狱对专门案件具有侦查权，其立案侦查权受检察院的法律监督；要逮捕犯罪嫌疑人，需提请人民检察院批准；侦查终结后还要移交人民检察院向法律规定的专门法院进行起诉。同时，监狱如果对于人民检察院的不批准逮捕、不起诉决定有异议，可以向人民检察院提出复议的申请。

---

① 参见周其华《检察机关与公安、审判和司法行政机关是什么关系》，《检察日报》2004 年 12 月 9 日。

法院与司法行政机关的关系：法院与司法行政机关各司其职，互相合作，先后衔接，前后为继。法院做出的刑事判决需要执行刑罚的，执行工作交由包括监狱、社区矫正机构、劳改所、少管所等司法行政机关执行。司法行政机关在执行过程中如遇到需要减刑等情形，需报告法院审批。

法院、检察院、公安机关在办理刑事案件过程中的关系：在刑事案件的侦查起诉与审判程序中，法院、检察院与公安机关之间存在时间上先后衔接，空间上各司其职的关系。按照《宪法》第 135 条的规定："人民法院、人民检察院和公安机关办理刑事案件，应当分工负责，互相配合，互相制约，以保证准确有效地执行法律。"所谓的分工负责，是指法院、检察院和公安三机关根据法律规定的责任，依照法定程序，各司其职、各尽其责，既不互相推诿、不履行职责，也不互相干涉、越权代办。除了由检察院依法自行侦查的案件外，公安机关负责对刑事案件的侦查、拘留、预审、执行逮捕，按照法律的规定完成自己的职责及时移交检察院；检察院负责批准逮捕、审查起诉和出庭支持公诉、抗诉；法院负责审判。所谓互相配合是指三机关在分工负责的基础上，互相支持，通力合作，密切配合。所谓互相制约，是指三机关在分工配合的基础上，依照法律的规定，互相监督，防止错案的发生，保证准确有效地执行法律。

法院与仲裁机构的异同：仲裁活动和法院的民事审判活动都是解决民事纠纷的方式。仲裁是当事人依据所订立的仲裁协议，自愿将其争议提交由仲裁员组成的仲裁庭进行裁判、并受该裁判约束的一种制度。仲裁排除法院管辖，即如果选择了仲裁，就不能到法院诉讼。首先，法院与仲裁机构的受案范围不同，婚姻、收养、监护、扶养、继承纠纷在我国不能申请仲裁，但法院却可以受理上述案件。其次，法院与仲裁机构在裁决纠纷时组成人员不同，法院由法官组成合议庭裁决纠纷，仲裁机构由有资质的专家学者、律师或政府机构人员组成仲裁庭裁决纠纷，仲裁庭的组成人员称为仲裁员。再次，法院与仲裁机构的管理不同，法院是国家的审判机关，法官是专职的，仲裁员一般为兼职，接受仲裁委和中国仲裁协会的管理与监督。最后，法院与仲裁机构裁决纠纷的程序不同，法院诉讼是两审终审，仲裁是一裁终局。

律师机构与上述各法律组织的关系。律师事务所是律师的执业机构，律师行为的最大特色是接受委托或者指定，为当事人提供法律服务。律师的职责是维护当事人的合法权益，维护法律的正确实施，维护社会的公平和正义。律师机构与上述各法律组织的关系主要表现在律师执业过程中与法院、检察院、公安部门、司法行政部门、仲裁机构所发生的关系，律师依据当事人的委托权限行事，接受全权委托的律师就是当事人的"化身"，所以，从这个角度看，律师机构与上述各法律组织的关系类似当事人与各法律组织的关系。

三　诉讼活动中法律组织的运作机制

诉讼活动中法律组织的运作坚持一个总的原则，即分工负责，相互配合，相互制约。这是我国宪法对公、检、法机关办理刑事案件的要求，在实践中，这项规定不仅对公、检、法三机关的职权和职能进行界定，还对各个法律组织的运作机制有理论上的指导意义。

首先，人民检察院拥有两项职能，分别是监督职能和诉讼职能。[①] 正是这两项职能使检察院在诉讼活动中串联起了法院和公安机关。当检察院履行监督职能时，它与法院和公安机关之间形成了法律监督关系，从侦查、立案到审判，再到审判监督，整个程序都有检察院的全方位监督，保证程序的公正性。当检察院履行诉讼职能时，它履行的是自侦、审查、起诉职责，不能插足法院和公安机关的专门职责，这就与法院和公安机关之间形成了权力的相互制约，在诉讼活动中呈三足鼎立的态势。由此可见，在整个诉讼活动中检察院起着承前启后的作用，它对公安机关的制约和衔接体现在审查批捕和审查起诉制度中，公安机关逮捕犯罪嫌疑人和移送起诉案件，需要提请检察院批准和审查决定，检察院可以做出不批准逮捕或不起诉决定，公安机关认为应当逮捕或应当起诉的，可以要求复议；公安机关与人民检察院的制约是双向的，而非只有检察院对公安机关的制约。

其次，检察院与法院的相互制约主要体现在刑事公诉案件和刑事、民事、行政案件的抗诉中。在刑事公诉案件中，除了自诉案件外，检察院不提

---

① 孙春雨、张翠松：《宪法语境中公检法三机关之间的关系》，载《第九届国家高级检察官论坛论文集》，2013，第 3 页。

起公诉，法院就不能审判；法院的审判范围必须与起诉的范围一致，不能超越起诉的范围；检察院认为法院的裁判确有错误，可以提起抗诉。相反，法院对检察院也存在制约，包括法院对检察院提起公诉的案件在审理后认为证据不足或在法律上不构成犯罪的，可以做出无罪判决；法院即使做出有罪判决，也可能只是犯罪事实认定公诉人指控的部分，对不实部分或证据不足部分均不予认定；对公诉人提出的非法证据，法院不予采纳，不能作为事实认定的依据。

再次，人民代表大会在更高的层面进行监督，其作用体现在其统领性的监督权力上，被监督的对象不只是人民法院、公安机关，还包括人民检察院及同级政府其他机关，当然也包括司法行政机关。人民代表大会的职能还包括通过立法来规范其他司法机关、行政机关的权力行使范围及方式，甚至决定其他机关的人事任免。全国人民代表大会可以通过制定基本法改变其他机关的机构设置和职权。

最后，司法行政机关与法院、检察院关系密切，对法院、检察院职能之外的事项查漏补缺，对法院生效的刑事判决予以执行，其所指导的律所与公证等部门直接或间接参与诉讼活动，此外还对法院与检察院的法律事务做一些延续性或辅助性工作，如社区矫正机构运用行政权力对司法判决进行执行，保障法律确实得到实施，使审判落到实处。又如人民调解委员会在人民法院审理之外运用法律或风俗习惯对民间争端、纠纷进行兜底式解决，以节约司法成本，维护社会的稳定。

四　法律组织运作中出现的问题及解决方法

就制度设计而言，我国的各个法律组织各司其职、相互配合、相互制约，共同维护法律的尊严。但在司法实践中，这并不完全是理想的状况，依然存在一些问题。

首先，随着人民代表大会地位的提高和作用的加大，它对司法机关的监督力度也随之加大；与此同时人大中出现了一些越位监督、违法监督的做法，甚至出现以权压法、胁迫审判的现象。因此对人民代表大会是否应当监督司法产生了争论，有观点认为是必要的、正当的，也有观点认为人大监督司法损害了司法独立，不具有正当性，应当保持司法的绝对独立性。

其次，我国公、检、法机关的职权划分不够明晰。理想状态下的公、检、法关系是以法院的审判职能为主导的控、辩、审关系，然而在实践中往往并非这么理想化。这就导致为了完成检察院或法院的案件任务，双方会有不透明的各种形式的交流通气，导致被告人处在不利的地位，法院的司法中立地位往往受到检察院的影响，控辩双方地位悬殊。

再次，我国司法机关的人、财、物受制于地方，司法机关不能超然独立办案，法院无法独立行使审判权，同时，司法机关与司法行政机关之间的相互制衡不够有力，行政权力挤压司法权力，尤其是一些地方的行政领导，地方保护主义意识强烈，批条子、打电话，通过多种方式直接或变相干扰司法活动，司法机关在办理案件的过程中承受着不该承受的负担，导致对某一方诉讼主体的不公正。这种现象虽然在党的十八届四中全会的决定和正在进行的司法体制改革中有了改变的路线图和一些具体措施，但要从根本上改变还任重道远。

解决法律组织运作机制中存在的这些问题，就必须深化司法体制的改革，理顺法律组织之间的关系。首先，司法机关独立行使职权是非常必要的，但谁都不能保证在权力行使中不会发生司法不公正的现象，任何权力都必须受到监督和制约，司法权力也不例外。笔者认为：人民代表大会对司法机关的监督是必要的，尤其是在当前司法机关依然存在不公正和司法腐败现象、部分司法人员素质有待提高的情况下，人民代表大会对司法机关的监督就显得尤为必要，它有利于从司法机关外部形成压力，解决司法不公正和司法腐败的问题，也有利于树立司法权威和法律权威。但是，人民代表大会在监督过程中也应当明晰自己外部监督的地位，对司法机关的监督应当限制在一定的范围内，是在遇到司法人员违反职业道德枉法裁判、司法制度运行受到阻碍、司法活动违反立法意图的情况下实施监督，不能以监督为由随意进行个案监督，不能将监督变为干涉。人民代表大会在行使监督权时也可以采取听取和审议工作报告、提出询问和质询、组织特定问题调查委员会、罢免等合法形式。

其次，司法体制改革应当从权力划分入手，使各司法机关职权的边界清楚。要把审判权和执行权分开，改变法院既管审判又管执行的现状；要把侦查权和检察权分开，改变检察院既有自侦案件的侦查权又有普通案件检察权的现状；要把侦查权和羁押权分开，改变公安机关既有刑事案件的侦查权又有犯罪嫌疑人羁押权的现状；司法行政机关专门负责行政、执行等法律事务。真正做到相互独立，相互配合，相互制衡，节约司法资源，提高司法权力运行的效率。

再次，司法职能的划分必须深化，需要强调司法机关工作目标的专一性与纯粹性，法院是制度设立者以解决纠纷为目的而设立，检察院是为打击犯罪而设立，公安机关是为维护社会稳定而设立。司法机关可以包含不同的工作目的，但应分清主次，关注主要工作。每一司法机关对其他司法机关的工作绝不涉足或置评，每一机关的内部监督部门应履行监督司法公正实施的职责，一旦发现越权行为，及时上报该机关负责人或同级人民代表大会。

论孟子思想的多元性

关于孟子思想的属性，学术界争议颇大。各家同是依据着一部《孟子》，可有认为是客观唯心论，有认为是主观唯心论，还有认为主要是唯物论，等等，各执一说，莫衷一是。为什么会出现这种现象呢？固然这与研究者的认识、看问题的角度、方法、侧重点不同密切相关，但更主要的原因恐怕应当从孟子思想自身去寻找。一个大思想家的思想往往是复杂的、多元的，赫拉克利特是古希腊著名的唯物论者，但他非但没有摆脱神灵的观念，而且认为神远比智慧的人聪明；培根是近代唯物主义的始祖，但他却公开承认上帝的存在和灵魂不死；费尔巴哈可谓唯物主义的大师了，然而他的历史观却是唯心的。西方发达国家是这样，中国的情况何尝不是如此：墨子一方面宣扬"天志""明鬼""尚同"，另一方面却提出唯物论性质的"三表法"；杨雄相信"天命""符命"主张"以人合天"，但他同时亦认为物质的元气是世界的本原，这样的例子不胜枚举。至于孟子，由于他所处的时代、所代表的阶级，以及他的思想来源等原因，就显得更复杂些。在他的思想体系里，既有主观唯心的东西，又有客观唯心的内容，还有唯物论的成分；他的某种思想这个方面是主观唯心的，另外的方面可能是客观唯心或唯物的。笔者不否认复杂的思想总有个主导的方面，但笔者觉得就矛盾的主导方面对孟子思想作"定性分析"虽然是必要的，但是揭示孟子思想的多元性对于深入研究孟子的思想意义可能更大一些。

本文拟从天命观、人性论、仁政思想、伦理观等方面对孟子思想的多元性进行一些探讨。

一 孟子天命观中表现出的多元性

一些认为孟子思想主要是主观唯心论的文章往往很少谈论孟子的天命

观，即便谈也往往是轻描淡写；而有些认为孟子思想主要是客观唯心论的文章却常常抓住这个问题着力渲染。实际上孟子的天命观是一个很复杂的统一体，在这个统一体中，客观唯心论占据着重要的位置，同时也带有一些唯物论的成分。如果穷根究底，孟子的天命观可以追溯到他"求之于内"这个他全部思想的出发点上。

据杨伯峻先生的研究，《孟子》中"天"共出现了八十一次，其含义有三：一是自然之天，二是义理之天，三是命运之天。① 当孟子的"天"是指自然之天时，那么它是唯物的，如"天油然作云，沛然而雨，则苗渤然兴之矣"，② "天之高也，星辰之远也，苟求其故，千岁之日至，可坐而致也"③ 等。当孟子的"天"是指义理之天时，偏重于民意、道德和规律，这是用扭曲的形式反映合理的内容，如《万章上》引《泰誓》"天视自我民视，天听自我民听"；《离娄上》"顺天者昌，逆天者亡"等。当孟子的"天"是指命运时，孟子则在唯心论的泥潭里盘桓了。这种多元性一方面是孟子在不同的时间、针对不同的问题、与不同的对象谈论不同的问题造成，另一方面是孟子的主观认识与客观实际或即或离所致。但由于孟子"天"的概念里包含了"自然""义理"等内容，所以这比那种单纯的命运之天不能不说是一种进步。因此这种多元性同样标志着古人认识的发展、深化。

就孟子的命运之天而论，其含义也是复杂的，不可一概而言。孟子说："君子创业垂统，为可继也，若夫成功，则天也。"④ 又说："莫非命也，顺受其正，是故知命者不立乎岩墙之下。"⑤ 他认为舜有天下是"天与之"，舜、禹、益之间相隔时间的长短及他们后代的贤与不肖都是天意，不是人力所能做到的。⑥ 他还说"舜相尧二十有八载，非人之所能为也，天也。"⑦《梁惠王下》谈道：乐正子对孟子说，鲁侯本来打算看望你，可是由于宠臣臧仓作梗，所以没来成。孟子对曰："行止，非人所能也。吾之不遇鲁侯，天也。臧氏之子焉能使予不遇哉？"在上述言论里，孟子把社会的变动、人

---

① 参见杨伯峻《孟子译注·导言》，中华书局，1962。
② 参见《孟子·梁惠王上》，下文所引篇目均依据均中华书局1962年版，只注篇目，略去"孟子"。
③ 参见《离娄下》。
④ 参见《梁惠王下》。
⑤ 参见《尽心上》。
⑥ 参见《万章上》。
⑦ 参见《万章上》。

们的行为都看成天命所定，人在这种具有主宰作用的天命面前是无能为力的。

可是孟子并没有把上述观点贯穿始终。一次，梁惠王说到丧师失地，三面受辱于大国，希望为死者报仇雪恨，问孟子有什么办法。孟子回答说："凭借纵横百里的土地，就可以称王于天下。王如果对人民实行仁政，减轻刑罚，减少赋税，使人民深耕细作，及时除草，使青壮年利用闲暇时间来学习孝悌忠信的道理，在家能以此侍奉父兄，在外能以此侍奉上司，那就可以使他们拿着简陋的棍棒，打击秦、楚拥有坚甲利兵的军队了。"① 这里孟子并没有把梁惠王受辱于齐、秦、楚和丧师失地看作天意，而是强调了人的主观能动性，主张从梁惠王自身做起，奋发有为。《离娄上》也说："三代之得天下也以仁，其失天下也以不仁。国之所以废兴存亡者亦然。天子不仁，不保四海。"显然，这与他关于命运之天的言论是不一致的。

孟子在社会问题上是这样，在人事问题上也没有把一切都看成天意。公元前489年，孔子及弟子从陈国到蔡国，途中遇厄，据说断粮七日。对此，孟子就没有认为是天意安排，而认为这是孔子与两国的君臣素无交往的缘故。②

孟子既认为社会、人事都是天命所定，人对命运之天无能为力，又强调人的主观能动性，主张积极有为，这种矛盾的情况孟子是用"尽心——知性——知天"这个公式来将其统一的。他说："尽其心者，知其性也。知其性，则知天矣。存其心养其性，所以事天也。殀寿不贰，修身以俟之，所以立命也。"③ "尽心"，就是要求之于内，不断地体验、追求、扩充内心的"善"，只有这样，才能"知性"。明白了自己内心的"善"，明白了存在于自身的仁、义、礼、智，也就做到了"知天"。这样一来，孟子便把"天"人格化了，于是乎天人也就合一了。

从上面的分析我们可以看到，孟子的天命观是一个以客观唯心论为形式，主观唯心论为内核，同时又掺有朴素的唯物论成分的复杂合体。从思想发展史的角度看，这种多元性并不意味着落后，如果我们把它与殷商时期的天命论作比较，那么就会发现：后者带有更多的宗教迷信色

① 参见《梁惠王上》。
② 参见《尽心下》。
③ 参见《尽心上》。

彩，前者却破除了"天"的神秘性，强调了人自身的作用；二者社会效果的差异也相当大，一味地崇拜异己力量，人就会丧失自己的独立性，成为偶像的附庸，其后果只能是在愚昧中爬行；信任自我，认识到人类自身的价值和作用，才可能冲破旧牢笼的束缚。从对天的迷信盲从到可以认知，这是我们古人认识上的一大进步，所以从某种意义上说，孟子的天命论是由殷商时期的天命思想向荀子"制天命而用之"的唯物论过渡的一个中介环节。

当我们肯定孟子天命论具有进步意义时，也必须指出：孟子的"知天"，并没有脱离他全部学说的基点——求之于内。正如马克思指出的那样："和唯物主义相反，唯心主义却发展了能动的方面，但只是抽象地发展了。"①

二 孟子人性论中表现出的多元性

孟子生活的时代，社会大动荡，社会矛盾也充分展开，各种人表现出各种言行品德，这就促使思想家对人的本性进行探讨。春秋末年，孔子只说"性相近也，习相远也"，② 到了孟子生活的时代，思想家较为明确地讨论人性问题。孟子从他"求之于内"的认识论出发，主张性善论。善的内容就是人皆有之的恻隐之心、羞恶之心、恭敬之心和是非之心，即所谓的仁、义、礼、智"四德"。孟子认为，此四者是人之为人的特质。"非由外铄我也，我固有之也，弗思耳矣。故曰，'求则得之，舍则失之。'"③ 他还说："君子所性，虽大行不加焉，虽穷居不损焉，分定故也。君子所性，仁、义、礼、智、根于心。"④

孟子性善论的多元性首先表现为它内在的矛盾性。例如，告子认为人性之无分善与不善就好像水之无分于东西。⑤ 孟子反驳说："人性之善也，犹水之就下也。人无有不善，水无有不下。"孟子之辩貌似有理，其实是站不住脚的。第一，从科学分析来讲，水的属性是不能和人的本性类比的，用自

---

① 《马克思恩格斯选集》（第一卷），人民出版社，1972，第 16 页。
② 参见《论语·阳货》。
③ 参见《告子上》。
④ 参见《尽心上》。
⑤ 参见《告子上》。

然界的东西来解释社会中的事物往往会导致荒谬的结论；第二，就客观实际而言，"水无有不下"是事实，而"人无有不善"则不尽然，孟子以真论假，是违反逻辑的；第三，由于水性向下与人性之善两者之间并无必然的联系，所以孟子上面话中的"善"字同样可以换为"恶"字，设若当时人按照孟子的逻辑以"人之性恶也，犹水之就下也"与孟子辩，那他将何言以对？第四，善与恶（不善）本来是相对而言、互为依存的，孟子认为不善是后天形成的，那么也就应当认为善也是后天形成的，但是孟子并没有这样去看问题。就此而言，孟子在用朴素的辩证法看问题上要略逊老子一筹。

孟子性善论多元性的另一表现形式是其中包含了环境可以影响、制约、改变人性善恶和气质的合理成分。《滕文公下》谈到，孟子在与戴不胜谈论使宋王为善时说："你说薛居州（宋国人）是个善士，让他住在王宫里。王宫的人如果不论长幼贵贱，都是薛居州那样的人，那宋王跟谁一起做不善的事呢？但王宫如果都不是薛居州那样的人，那宋王又与谁一道做善事呢？"在《尽心上》孟子举了舜的例子，他说，舜住在深山里的时候，整天和树木、石头在一块，同鹿和野猪打交道，他不同于山里野人的地方很少。可见，孟子认为就是舜这样的圣君也要受环境的影响。一次，孟子从范邑到齐都去，望见齐王的儿子，感慨地说："居移气，养移体，大哉居乎！夫非尽人之子与？"[①] 在《告子上》中孟子也说："丰收年头，少年子弟大多懒惰；灾荒年头，少年子弟大多横暴，这并不是由于每个人的天资禀赋不同，而是那些使人堕落的东西造成的啊！"从这些言论里，我们可以看到孟子有时也认为环境可以影响和改变人。

从孟子性善论的多元性中我们发现：不从人的社会交际、经济交往出发，脱离人的社会关系和人的社会属性抽象地来谈人性，必然得出错误的结论；当能够正视现实，从具体的社会实际出发来谈论人性时，就可能得出正确的或比较正确的认识。孟子正是这样才有时走向唯心论，有时接近唯物论的。

三　孟子仁政学说中表现出的多元性

仁政学说是孟子社会政治思想的中心，它的多元性主要表现在以下几个问题上。

---

① 参见《尽心上》。

1. 在用人问题上孟子既主张"尊贤使能"，又不愿意废除奴隶制的爵位等级制

"尊贤"是时代的产物，同时也反映着时代。孟子之前，儒家祖师孔子就大讲"举贤才"，墨家也力倡"尚贤"，法家同样重视"举贤授能"，主张实行论功授爵。孟子游说诸侯，每到一处，总要发一顿尊贤使能的议论。他说："仁则荣，不仁则辱；今恶辱而居不仁，是犹恶湿而居下也。如恶之，莫如贵德而尊士，贤者在位，能者在职。国家闲暇，及是时，明其政刑。虽大国，必畏之矣。"① 又说："尊贤使能，俊杰在位，则天下之士皆悦而愿立于其朝矣。"② 这里我们要注意的是，孟子所言的"贤能"之士与墨、法诸家所指不是一回事。战国时期，"士"这个阶层急剧膨胀，成分非常复杂，策士、方士、术士、隐士、无赖食客、鸡鸣狗盗之徒，无奇不有。对这些人，孟子并不去尊，就是士阶层中声名最大，待遇最优的学士，如儒、道、墨、名、农、法家等，孟子也不是一概都尊，他辟杨墨，斥农法，攻捂道家。说到底，他的"尊贤使能"是要统治者尊儒，尊敬和使用像他那样道性善，讲仁义，言必称尧舜的儒士。在孟子看来，只有像他这样的人才称得上贤士、能者、俊杰，如欲平治天下，只有他们"在位""在职"才行。

但问题在于，孟子的"尊贤使能"并不是要废除爵禄等级制度。《万章下·北宫锜问章》载孟子大讲周代的世卿世禄制度；《梁惠王下》孟子对齐宣王说："所谓故国，不是说它有年代久远的高大树木，而是指它有世代相袭的大臣。"又说："国君选拔贤能，如果迫不得已非用不可，就会使地位卑贱的人超过地位高贵的人，疏远的人超过亲近的人，能不慎重吗？"他认为"为政不难"，只要"不得罪于巨室"。由于尊贤使能与奴隶制下的世卿世禄制本不相容，要实行前者，就必然触动后者，就必然会发生卑贱者超过高贵者，疏远者超过亲近者的现象，所以孟子的用人思想也就明显地带有捏合的痕迹了。

2. 重民思想是孟子仁政学说中极有价值的部分，值得肯定和称道。但也不能把它拔得太高，应当注意到它的多元性

孟子重民思想的多元性主要表现为企求用合理的手段来达到不合理的目的。孟子对那些暴虐其民的统治者深恶痛绝，他甚至严厉斥责那些殃民者

---

① 参见《公孙丑上》。
② 参见《公孙丑上》。

"不容于尧舜之世"。① 他认为邹国与鲁国争斗中，"死者三十三人，而民莫之死也"的现象之所以会发生，是邹穆公"上慢而残下"的结果。② 他警告那些当权者"暴其民甚，则身弑国亡，不甚则身危国削，名之曰幽厉"。③ 他要求国君"与民同乐，忧民之忧"。④ 滕文公问他治国之法，孟子开口便说"民事不可缓也"。⑤ 他还响亮地提出"民为贵，社稷次之，君为轻"。这些言论充分体现了孟子的重民思想。但另外，孟子也明明白白地讲，"无君子，莫治野人；无野人，莫养君子。"⑥ "治于人者食人，治人者食于人，天下之通义也。"⑦ 可见，孟子讲民贵君轻并不是要把民置于君王之上，他只是强调民对"王天下"至关重要，得到了民就等于得到了社稷，得到了社稷则王冠君位与之俱来矣。因此，孟子的重民既非出发点，也不是最终归宿，而是一种手段，重民是为了得民，得民是为了得天下。所以孟子的重民思想说到底是替当权者考虑的，是为统治阶级服务的。

3. 孟子在经济上提出薄赋敛，行什一税法，主张与民制产

它的多元性主要表现为形式复古，实际上含有新意。孟子认为，要王天下，必先得民；要得民，必先保民；要保民，就必须与民制产。所以他说："民之为道也，有恒产者有恒心，无恒产者无恒心。苟无恒心，放辟邪侈，无不为己……，是故贤君必恭俭礼下，取于民有制。"⑧ 又说"明君制民之产，必使仰足以事父母，俯足以畜妻子，乐岁终身饱，凶年免于死亡；然后驱而之善，故民之从之也轻"。⑨ 与民制产的主要形式是实行井田制："方里而井，井九百亩，其中为公田，八家皆私百亩，同养公田；公事毕，然后敢治私事。"⑩ 在这种制度下，社会将是怎样的一幅图景呢？孟子是这样描绘的：

> 五亩之宅，树之以桑，五十者可以衣帛矣。鸡豚狗彘之畜，无失其时，七十者可以食肉矣。百亩之田，勿夺其时，数口之家可以无饥矣。

① 参见《告子下》。
② 参见《梁惠王下》。
③ 参见《离娄上》。
④ 参见《梁惠王下》。
⑤ 参见《滕文公上》。
⑥ 参见《滕文公上》。
⑦ 参见《滕文公上》。
⑧ 参见《滕文公上》。
⑨ 参见《梁惠王上》。
⑩ 参见《滕文公上》。

谨庠序之教，申之以孝悌之义，颁白者不负戴于道路矣。七十者衣帛食肉，黎民不饥不寒。①

（黎民）死徙无出乡，乡田同井，出入相友，守望相助，疾病相扶持。②

井田制据说是奴隶制的基础，所以过去有人以为孟子主张井田制就是主张复古，实际上孟子所主张的是一种理想化了的授田制度，这种"井田"里的劳动者似为小农，他们有土地，可以享受教育，人们之间睦邻友好，这与"溥天之下，莫非王土"③ 时期的井田制是不能画等号的。再就劳动方式来说，西周时期井田制下的耕作方式是"千耦其耘"，④ 孟子"井田"里似乎是以家庭为单元的小生产。旧瓶里装上了新酒，借用前人的一个词，这是要"托古改制"。

4. 在用什么方式统一天下的问题上，孟子诅咒战争，反对使用暴力，主张用行王道、施仁政的方法

这种主张的愿望是良好的，头头是道，娓娓动听，然而实际上"迂远而阔于事情"，⑤ 不符合社会发展的现实，只能成为空中楼阁。孟子对当时的战争深恶痛绝，他说："争地以战，杀人盈野；争城以战，杀人盈城，此所谓率土地而食人肉，罪不容于死，故善战者服上刑。"⑥ 他又说："有人曰'我善为陈，我善为战'，大罪也。国君好仁，天下无敌焉。"⑦ 战争固非好事，然而有些事情的解决非此不能。尤其是在战国那个特定的历史阶段，要解决统一天下的问题，最行之有效的莫过于对内强化国家机器，对外发动战争了。虽然"春秋无义战"，但战争未必一切都坏，它往往是新事物的助产婆，若战国时期没有那些"不义"的兼并战争，也就不会在公元前221年出现一个大一统的秦帝国。社会发展到春秋战国时期，兼并战争非打不可，反对也反对不住，制止也制止不了，想不打也不行，这是历史发展的必然趋势，不以个人的主观善良愿望为转移。孟子幻想用"王道""仁政"来统一一个战

---

① 这段话在《孟子》中凡三见，《梁惠王上》两见，《尽心上》与引文小异。
② 参见《滕文公上》。
③ 参见《诗经·小雅·北山》。
④ 参见《诗经·周颂·载芟》。
⑤ 参见《史记·孟子荀卿列传》。
⑥ 参见《离娄上》。
⑦ 参见《尽心下》。

乱纷纷的天下，与当时社会的现实是相违背的。

孟子反战思想多元性的另一情形，是他尽管对战争深恶痛绝，但并不主张废止战争。他认为：天子在诸侯不述职、三次不来朝见的情况下，便可诉诸武力。诸侯对那些"虐其民""贼其民""陷溺其民""糜烂其民"的国君可以兴动干戈。① 他认为汤之伐桀，武王之灭纣是以仁战胜不仁，伐的应该，灭的应当。燕国内乱，孟子认为是"燕虐其民"，所以他就赶紧劝齐伐燕："今伐燕，此文、武之时也，不可失也。"② 可见，孟子的反战思想也不能一概而论。

孟子的伦理观是一个以"仁义"为主体，以"孝悌"为核心，包括礼、爱、信等内容的复合体。孟子讲伦理，特别强调求之于内，他说：如果有人对我横暴无理，那么君子就一定自我反省，我一定不仁吧，一定无礼吧，不然这样的事怎么会落到我的头上呢？③ 孟子伦理思想的多元性之一是许多正当的东西被他讲过头，扭曲了。比如孝敬父母，孟子说："不得乎亲，不可以为人；不顺乎亲，不可以为子。"④ "人悦之、好色、富贵，无足以解忧者，惟顺于父母可以解忧。"⑤ 他甚至认为：孝悌之道，人伦之至，贵为天子，宁可废弃天下，也不能废弃孝悌。⑥ 表现之二是在有些问题上言论相互抵牾，如说话要守信用，孟子有时说：君子不讲信用还有什么可保持的呢？⑦ 有时也说：说话一定要兑现，不是用以表示自己的行为端正。⑧ 有时又说：大人物，说话不一定兑现，行动不一定做到，只看是否合于义。⑨ 同一问题，几变其说，使人无所适从。

限于篇幅，本文关于孟子思想多元性的讨论多是就某一思想或某一思想的某些方面而论的。事实上，孟子思想多元性的形式也是多样的。在孟子思想中，此种思想与彼种思想之间、此种思想的某些方面与彼种思想的某些方面之间、此种思想的此一方面与彼一方面之间也呈现出复杂的情形。这里还

---

① 参见《告子上》。
② 参见《战国策·齐策》。
③ 参见《离娄下》。
④ 参见《离娄上》。
⑤ 参见《万章上》。
⑥ 参见《尽心上》。
⑦ 参见《告子下》。
⑧ 参见《尽心下》。
⑨ 参见《离娄下》。

需要说明的是，我们说孟子思想是多元的，并不等于认为孟子思想是一团乱麻，杂乱无序；我们把孟子思想的多元性分成几个方面来谈，并不等于认为孟子思想就是这几个方面的简单相加。孟子思想是一个有机的整体，用现在流行的一个术语说，是一个"系统"，在这个"系统"中，孟子的各种思想及各种思想的各个方面网状般地交织在一起，往往是你中有我，我中有你，牵一发而动全身。笔者之所以侧重于某一方面或某一思想的某些方面来论述，是因为只要认识了这些基本的现象，孟子思想整体的多元性也就容易认识了。如果我们把前面分"块"的分析统起来看便会发现，孟子的思想不是清一色的，它是一座以主观唯心论为主体，同时交错着客观唯心论的结构复杂的思想大厦。

四　孟子思想多元性的形成原因

孟子的思想是多元的，形成孟子思想多元性的原因也是多样的，而挖掘孟子思想多元性的原因较之分析孟子思想的多元性可能要更困难，笔者在这里只能作一些粗浅的探讨。

首先，孟子的阶级属性是形成孟子思想多元性的重要原因。

战国时期，在统治阶级内部主要有三种成分，一是奴隶主贵族，二是靠军功等起家的新兴地主阶级，三是从旧贵族中转化出来的那一部分贵族阶级。这最后一种成分带着它脱胎出来的旧阶级的印记，介乎新旧二者之间，它的经济状况、社会地位决定了它在政治上既对旧制度有所依恋，又对新制度有所向往，它既不像奴隶主旧贵族那样顽固地守旧，也不像新兴地主阶级那么态度坚决地革新，而是具有保守、改良的特征。这种阶级的特征必然要表现在作为此一阶级的思想代表的思想里，孟子正是这一阶级的思想代表，因此在他的思想言论里，既推崇三代的爵位等级制度，又提出要尊贤使能，常常企图用"旧瓶装新酒"的方式改良社会。这种现象告诉我们，孟子的阶级属性是形成孟子思想多元性的原因之一。

其次，传统的思想观念与无情的社会现实之间的冲突是形成孟子思想多元性的社会原因。

孟子幼年丧父，从小受到其母的严格管教。《列女传·母仪篇》载孟母三迁之事，最后一次舍于学官之旁。孟子受环境的影响，即便是玩耍，也要"设俎豆，揖让进退"。他的青少年时期主要是在读书中度过的，他受业于孔门，"治儒术之道，通五经，尤长于《诗》《书》。"① 《列女传》也说他"学六艺卒成大儒之名"。可见他从小所接受的是西周以来所谓的正统思想，这种正统思想的教育要求他维护旧有的观念，譬如君君臣臣，崇礼重乐，讲求仁义，等等。然而时代发展了，社会变化了，"礼崩乐坏""诸侯放肆"的现实出现了，这与他脑子中的传统观念发生了严重的冲突。在他的脑海里，国君应当是施仁政、行王道的"贤明"君主，客观现实中的君主则是另外的模样。他戴着正统的有色眼镜去看待天子诸侯，一方面强调维护原有的封建等级制，另一方面却主张对那些不听劝谏的所谓"暴君"可以取代，甚至对商汤夺桀的权、武王取纣的位这样封建等级制绝不允许的大事，他也持肯定的态度。他对当时的战争深恶痛绝，但又不主张废止战争；他是正统的，有些观点却与当时正统的观念是相悖的；他的不少主张是入"情"入"理"的，却不切实际，就连他的弟子公孙丑也看到这一点，说他"道则高矣，美矣，宜若登天然，似不可及也，何不使彼为可几及而日孳孳也"?② 历史的车轮滚到战国，社会大动荡，政体大改组，新旧交替，观念更新。孟子作为这个时代的人，虽然他的思想主体是正统的，但是也不可避免地要受无情的现实、新兴的观念的影响，因而在他的思想里也就介入了一些与传统的正统观念不太协调的东西，这是形成孟子思想多元性的原因之二。

最后，时间不同、场合不同、对象不同、谈论问题的侧重点不同是形成孟子思想多元性的又一原因。

孟子既是一个思想家，又是一个说客，《孟子》一书，记录了孟子大半辈子的言论，这些言论的时间跨度大，场合各异，对象九流百家，上至国君，下至庶民，于此可能强调的是问题的这一方面，于彼可能着重说的是问题的另一方面，如上文谈到的孟子天命论中关于"天"的概念、对讲话要守信用的三种说法等就是这样。因此，我们在研讨孟子思想时应当充分地注意到孟子的言论是在不同时间、不同地点、不同场合、面对不同对象以及有不同的侧重点等具体情况。只有这样，才可能对孟子思想做出较为客观公正的评论。

（原载《中国政法大学学报》第 1 辑，

中国社会科学出版社，2004）

---

① 参见赵岐《孟子题词》。

② 参见《尽心上》。

法治新闻传播学的四个基础问题

一 社会新闻、法制新闻与法治新闻

20 世纪 80 年代初，我国出现了"社会新闻"这一概念，被称为"8 小时以外的新闻"。有学者认为，社会新闻是指"在政治、经济、科技、文教、军事新闻之外，不受行业局限、侧重于从人际关系、群众生活与道德品质的角度来反映社会动态、社会风貌和社会问题的新闻"。[①] 在新闻传播领域，一般认为：社会新闻是指涉及人民群众日常生活的社会事件、社会问题、社会风貌的报道，包括社会问题、社会事件和社会生活方面的内容，尤以社会道德伦理为基础反映社会风尚的新闻为主。社会新闻是社会与人之间，人与自然之间的关系，它能够引起广泛的社会兴趣，是以社会伦理道德为基础的对现代社会的解析，是反映生活、意识、问题、现象，有深度、有教育、有传播意义的事实新闻报道，这些内容包括发生在身边的好的、恶的、感性的、离奇的事。例如，灾难事故、好人好事、感情纠葛、道德风尚、官司纠纷、奇异现象、生活变化、婚姻家庭、风俗习惯、趣闻逸事等都可划为社会新闻之列。它具有社会性、广泛性、生动性、讲究趣味性、富有人情味等特点。[②]

对于法制新闻的定义，近年来散见于一些文章和论著的代表性说法主要有如下几种。一是"法制新闻就是新近发生的重要的民主与法制生活的事实报道"。[③] 二是"法制新闻就是以法制事件、法制问题、法制动态为依托

---

① 周胜林：《社会新闻与法制新闻》，《新闻写作》2002 年第 3 期。
② 参见百度百科"社会新闻"条目。
③ 王强华主编《法制报刊采编实务》，法律出版社，1998，第 7 页。

的新近发生的法制事实的报道"。① 三是"法制新闻主要是新近发生的，重要的，有价值的，有关立法、司法、执法、守法和各行各业、社会生活各方面与'法'有关的新闻报道"。② 四是"法制新闻就是社会生活各方面新近发生的与法制相关的、有新闻价值的事实的报道"。③ 五是"法制新闻是新近发生或发现的关于民主法制信息的大众传播"。六是"法制新闻是大众传媒报道的新近发生的与法制相关的事实之信息"。④ 七是法制新闻就是对与法制相关的新闻事实的报道，是对生活中各种法制事件所蕴含的法制文化内涵的深层揭示，是对法律法规的宣传和普及，法制新闻本质上就是对法制文化建立的思考和呼吁。⑤

上述这几种具有代表性的说法，各以不同的语言表述了对法制新闻概念的理解，但这些观点均存在商榷之处。第一、第二、第三、第四、第七五种观点，都采用了"新闻是……报道"的句式，第五种观点虽然使用的是"大众传播"一词，但实质说的也是"新闻报道"。也就是说，这六种说法基本上是沿用传统的理论模式，即法制新闻等同于法制新闻报道。这些说法存在的问题在于将客观本源等同于主观反映，混淆了"法制新闻"与"法制新闻报道"两个概念的不同内涵。其中，第一、第二、第四种观点把法制新闻说成对与法制相关的"事实"报道，不大符合"新闻"传播的特征。因为新闻是客观事物所释放的"最新信息"，而不是"事实"的本身。同理，法制新闻是与法制相关的事实所释放的"最新信息"，并不是与法制相关的"事实"。这里要特别强调的是信息的时新性，将新闻等同于事实，将法制新闻等同于法制事实，忽视了新闻和法制新闻的时新性，忽略了新闻报道和法制新闻报道反映客观事物的快速性和及时性。此外，第一、第五两种观点使用"民主与法制"或"民主法制"来界定法制新闻的范围，这显然是不够的。因为"民主法制"是特指某一发展阶段的法制形态（现代民主法制），无法涵盖其他发展阶段的法律制度（比如封建法制，资本主义法制等），也就无法面对法制新闻所包含的各个历史阶段的法制信息（比如封建法制信息，资本主义法制信息等）。

① 陈应革：《法制新闻的特点与功能》，《中国记者》1999年第8期。
② 甘景山：《法制新闻写作纵横谈》，海峡文艺出版社，1997，第14页。
③ 蓝鸿文主编《专业采访报道学》，中国人民大学出版社，1997，第113页。
④ 赵中颉：《谈法制新闻概念的界定》，《法制新闻新论》，重庆出版社，2001，第41页。
⑤ 罗源：《法制新闻论》，《法制新闻新论》，重庆出版社，2001，第20~23页。

那么，如何较为简洁准确地界定"法制新闻"呢？我们认为，界定"法制新闻"这一概念，应当从本源、特征和价值三个主要元素来阐释。法制新闻的本源是"法制信息"，特征是"新近发生"，价值是"具有为受众及时知晓的意义"。所以，李矗先生与笔者的观点是：法制新闻是新近发生的具有为受众及时知晓意义的法制信息。[①]

法制新闻与社会新闻在报道中时有交错，两者往往容易混淆，在20世纪80年代中期，许多媒体是将法制新闻纳入社会新闻之中。社会新闻与法制新闻的联系在于：第一，从选材范围上来看，这两种新闻都有较为广泛的选材空间，较少受到行业或地域的限制，涉及社会生活的各个方面；第二，从报道所选择的对象来看，这两种新闻往往会有重合，社会新闻意在反映一种社会现象或者状态，这些现象或状态经常有其合法或违法性存在，一个事件既可以写作社会新闻，也可以写作法制新闻；第三，从受众接受角度来看，两者都较少受到职业、性别、年龄、民族、文化修养等方面的限制，都能引起较为普遍的阅读、倾听或观看的兴趣；第四，从报道的功能上来看，两者都可能对某一类事物具有较大程度的共同关注，或为道德或为法律都会产生相应的社会效果；第五，法制新闻往往是社会新闻的延伸和深化，它把社会新闻中的法律因素挖掘或凸显出来，给人以更多更深的启示与教育。

虽然社会新闻与法制新闻有着密切的联系，但这两种新闻形式又有着根本性的区别。主要表现在如下五个方面。一是观察问题的角度不同，社会新闻多是从社会学的角度来观察社会，反映社会伦理道德方面的新闻事实；法制新闻是从法律的视角出发，趋向于运用法律规则、法律概念解读新闻事实中的法律意义。二是关注的重点不同，社会新闻一般是关注社会动态、社会风尚、社会问题、社会趋势以及社会上某些突发事件和奇异现象的本身；法制新闻是关注这些动态、风尚、问题、趋势或社会现象中的法律问题及其与法制的关系。比如同样是对一起案件的报道，社会新闻更多地关注案情的惊险曲折或荒诞离奇，更多地关注案件对社会所造成的影响，以满足受众的知情权和好奇心理为价值取向；法制新闻更多地关注案件本身所涉及的法律问题，更多地关注案发的社会原因和当事人自身的原因，以引导受众明辨合法与非法、罪与非罪的界限，以关注和思考国家的民主与法制建设为价值取

[①] 关于"法制新闻"的这一定义的阐释，参见刘斌、李矗《法制新闻的理论与实践》，中国政法大学出版社，2005，第26页。

向。三是阐释的理念不同，社会新闻通过新闻事实来说"理"，主要阐释伦理道德方面的观念；法制新闻则是通过新闻事实来说"法"，主要阐释法律制度方面的观念，告诉人们什么是合法的、什么是非法的，什么可以做、什么不可以做，规范自己的行为。四是二者肩负的社会功能不同，在报道同一新闻事实时，社会新闻侧重社会风尚、伦理道德观念的引导和教化；法制新闻重在强调社会秩序和行为规范。五是表现手法不尽相同，社会新闻与法制新闻虽然都强调"三个贴近"及其可读性，但社会新闻多取材于社会生活，追求轻松幽默、风趣活泼的风格，表现手法上更注重亲和力和娱乐性；法制新闻大多题材反映立法、司法、执法方面，讲究用词的精确恰当，表现手法上更注重严肃性。

法制新闻与法治新闻二者既有联系，又有区别，二者的联系与区别主要应从"法制"与"法治"的联系和区别中来找寻。

法制和法治二者的联系在于以下几个方面。法治的内涵与外延应当大于法制；法制是法治的基础和前提条件，要实行法治，必须具有完备的法制；在现代社会，法治应当是法制的立足点和归宿，法制的发展前途最终应当是实现法治。

二者的主要区别在于以下几个方面。第一，法制往往只注重法的工具性功能，认为法是治国的一种工具和手段，法治更注重法的价值目标和追求，以民主和权利为本质要求，法制不一定以民主为前提，有时法制可以完全建立在专制的基础上，排斥民主。第二，就其内涵而言，法制是指法律制度及其实施，属于制度的范畴，是一种实际存在的东西；法治是法律统治的简称，是相对于"人治"而言，是一种治国原则和方略，是民主社会的一种治理模式。第三，就其产生而言，法制的产生与所有国家直接相联系，在任何时代的任何国家都存在法制；法治是人类社会发展到一定阶段的产物，只有在民主制的国家才能产生法治。第四，就其所奉行的原则而言，法制所奉行的原则是有法可依、有法必依、执法必严、违法必究；法治所奉行的原则是法律至上、司法独立、法律面前人人平等、依法行政、权力要受到制衡与监督。第五，就其基本要求而言，法制的基本要求是各项工作都法律化、制度化，法治的基本要求是严格依法办事，法律具有至上性、权威性和强制性，不能由当权者肆意妄为。第六，就其主要标志而言，实行法制的主要标志是一个国家从立法、司法、执法到法律监督等方面，都有比较完备的法律和制度；实行法治的主要标志是一个国家的任何机关、团体和个人，包括国家最高领导人都必须严格遵守法律和依法办事。

"法制"与"法治"含义的不同，必然带来"法制新闻"与"法治新闻"内涵的差异。就新闻报道实践而言，法治新闻的范畴要广于法制新闻，它不仅关注与法律制度相关的社会政治、经济、文化中的法律现象和法制问题，而且注重对法治意识、法治观念、法治精神、法治原则的阐发，注重对法的价值追求的体现以及对人的尊严和权利的维护。

区别"法制新闻"与"法治新闻"的意义如同将"法制"与"法治"相区别一样，既是不同内涵的要求，又是不同时代的要求，同时还是舆论引导的要求。随着依法治国、建设社会主义法治国家方略的提出，随着我国民主与法治进程的加快，随着我国社会主义法律体系的基本建成，"法制新闻"无论从广度还是深度已经不能涵盖其所要报道的内容，使用"法制新闻"已经不能完全适应新的社会发展时期和阶段的要求。适应时代的要求，出于新闻舆论应当以"法治"的理念来引导受众的考虑，用"法治新闻"来取代"法制新闻"一词势在必行。

二 法治新闻与法治新闻报道

习惯上，许多人将"新闻"与"新闻报道"相提并论、混为一谈，实际上"新闻"与"新闻报道"是既有联系又有不同内涵的两个概念。"新闻"不能与"新闻报道"画等号。这是因为：新闻是新闻报道的对象，新闻报道是对新闻的传播；新闻是本源，是新闻报道传播的客体和内容，新闻报道是新闻媒介和新闻记者对新闻的传播，是新闻赖以传播的载体和表现形式。如果将两者混为一谈，等于将客观本源等同于主观反映。新闻和新闻报道的这种区别，与历史学中的"历史"和"历史记录"的区别极为相似。

新闻报道的本质应当是对信息的传播，就其传播的方式而言，既包括范围广泛的大众传播，也包括范围较小的群体传播甚至个体传播。法治新闻报道是指人们通过声音、文字、图像等手段，对于新近发生的具有为受众及时知晓意义的法治信息的传播。[①]

作为一篇法治新闻报道，首先，其内容必须与法治密切关联，这是法治新闻报道区别于时政新闻、经济新闻、文化新闻、社会新闻等其他新闻报道

---

① 参见刘斌、李矗《法制新闻的理论与实践》，中国政法大学出版社，2005，第25～28页。

的重要标志，无论是消息、通讯、特写还是评论或调查报告，其内容必须与法治密切相关，否则就不能称之为法治新闻报道。

其次，法治新闻报道必须是对"新近发生的"法治信息的报道，而非陈年旧事，否则就不能称之为新闻，而是旧闻或回忆录。

再次，法治新闻报道应当是"为受众及时知晓意义"的法治信息，即所报道的法治信息要具有典型性或独特性，新鲜特别，极有新闻价值，而不是凡与法治相关的信息都去"闻"去"报"，因为这样的信息每天发生的太多了，根本"闻"不绝耳，"报"不应暇。

最后，法治新闻报道应当启迪受众的法治意识，向受众传播法治理念、法治原则、法治精神，营造法治文化的氛围，提升受众的法治素质，引导受众学法、守法、用法、护法，推动中国民主与法治的进程。

法治新闻报道经常涉及的部门行业主要是立法、司法、执法、学法、普法等机构，即各级人大、政府、政法委、法院、检察院、公安、司法行政、安全、工商、海关、税务、纪检、监察等系统及其他法律机构、团体、法学院校等，但从报道内容的角度讲，不仅限于对上述部门行业出现的法治信息的报道，各行各业、各个部门都有法治新闻。比如足球裁判"吹黑哨"，这一事实发生在体育界，体育新闻更多关注的是事件本身及其后果影响和职业道德等问题，法治新闻关注的是事件背后的行贿受贿和是否构成犯罪等法律问题。再如，2003 年 4～5 月，非典型性肺炎肆虐全国，如果从部门和行业来讲，这主要属于医疗卫生系统的工作，但法治新闻并非不能介入这个领域进行报道，而是应当从法律制度的角度就其中的法律问题，如《中华人民共和国传染病防治法》的贯彻执行及全国抗"非典"过程中出现的相关的法律问题进行报道。① 因此，从法治新闻报道的范

---

① 事实上，全国诸多法制媒体在抗击"非典"过程中也刊播出许多好稿件。例如，2003 年 5 月 12 日《法制日报》第 2 版用整版的篇幅刊载记者谢远东撰写的报道《非典引出话题：政府信息公开与法制》一文，这篇报道着重谈了五个问题：一是在建立公共信息法制体系上，信息公布的主体、权限、程序和法律责任四个方面缺一不可，公共信息法制是一个全新的课题；二是非典有可能带来短期经济损失，但如果带来政府信息公开法制化的深层次变革效应，则是用金钱无法衡量的，"政府信息公开条例"成为各界关注的热点；三是在开放的社会条件下，信息披露的渠道很多，面对谣言的盛传，需要畅通、透明、公开、权威的信息，公众是否可以发布公共信息；四是政府信息哪些应当公开，哪些必须保密，政府信息公开仅有条例还是不够的，应当上升为法律；五是政府部门采取开放的态度，主动提供信息，让公众及时了解有关问题的做法，已被证明对防止非典扩散有相当关键的作用。同时，该报还配发了署名赵翔的评论员文章《政府信息公开立法需提速》。

围来看，凡是与法治密切相关的各行各业新近出现的典型的为受众及时知晓意义的法治信息都在报道之列。

三 法治新闻传播学的研究现状与研究范围

法治新闻传播学就其学科的性质而言，属于新闻传播学与法学深度融合的一门交叉学科。

国（海）外把法治新闻一般称之为法庭新闻或犯罪新闻等，关于此学科的研究主要集中在三个方面：一是关于法庭新闻或犯罪新闻报道的技巧研究，主要阐述应当如何将此类新闻做深做透，吸引受众的关注；二是探讨写作此类新闻与当事人的关系，重点在于维护当事人的正当权益，避免新闻侵权；三是关于网络媒体的规制，重点在于探讨通过立法和自律的形式规范网络新闻。

随着法治新闻媒体和法治新闻报道的蓬勃兴起和迅猛发展，法治新闻实务界和理论界的一批同仁，通过对法治新闻报道的实践总结和理论探索，为法治新闻传播学的理论提供了丰富的素材。近些年来，不但散见于各种报刊的法治新闻传播学论文逐渐增多，一批有关法治新闻传播的学术专著也以其别具特色的风采登上新闻传播学的舞台。其中，具有开拓性和代表性的有：蓝鸿文主编的《专业采访报道学》，① 方可等主编的《法制新闻概述》，② 王强华等主编的《法制报刊采编实务》，③ 张平宇著的《法制新闻报道与写作》，④ 肖义舜、何勤华主编的《法制新闻学》，⑤ 赵中颉主编的《法制新闻新论——法制新闻研究第一卷》，⑥ 李蕼编著的《法制新闻报道概说》，⑦ 刘斌、李蕼合著的《法制新闻的理论与实践》⑧ 等。除了法学、新闻传播学及综合类的学术期刊刊载一些法治新闻传播的论文外，《法制日报》还主办了专门探讨法治新闻业务的《法制新闻界》，检察出版社也定期出版较

① 蓝鸿文主编《专业采访报道学》，中国人民大学出版社，1991。
② 方可等主编《法制新闻概述》，法律出版社，1992。
③ 王强华等主编《法制报刊采编实务》，中国法制出版社，1998。
④ 张平宇：《法制新闻报道与写作》，四川人民出版社，1998。
⑤ 肖义舜、何勤华主编《法制新闻学》，法律出版社，2001。
⑥ 赵中颉主编《法制新闻新论——法制新闻研究》（第一卷），重庆出版社，2001。
⑦ 李蕼编著《法制新闻报道概说》，中国广播电视出版社，2002。
⑧ 刘斌、李蕼：《法制新闻的理论与实践》，中国政法大学出版社，2005。

有影响力的学术性期刊《法治新闻传播》，刊发了诸多有关法治新闻传播的论文。

概括而言，国内关于此学科的相关研究主要集中在六个方面：一是对这门学科理论框架的研究，如李矗先生与笔者在其专著中对法治新闻学理论框架的构建；二是对新闻舆论监督及其相关问题的深入研究，如展江等先生连续多年（次）主持的全国性新闻舆论监督研讨会及其成果；三是关于新闻法制与新闻侵权的探讨与研究，如徐迅、杨立新、陈绚等先生对相关课题的研究；四是关于传媒与司法关系的探讨与研究，如景汉朝、赵中颉先生以及笔者等一批同仁的相关研究成果；五是法治新闻报道业务的研究与探讨，如毛磊先生关于采写人大新闻的探讨，王松苗先生关于法治评论写作的探讨、对案例采写的探讨等；六是关于新媒体的法律规制，这是最近几年来的热门话题，法学界和新闻界诸多同仁参与相关问题的探讨之中，兹不一一列举。

就总体情况而言，笔者认为国内关于法治新闻及其相关问题的研究较之国（海）外要广泛深入得多，但目前的研究仍然存在一些问题。一是有些相关的前沿理论问题并未得到很好的解决，如随着我国法治进程的加快，这门学科是称"法制新闻"，还是"法治新闻"；"新闻"与"新闻报道"是一个概念，还是应当区分；法治新闻传播学的研究范畴究竟包括哪些方面，理论体系如何构建；法治新闻传播的特点与规律，中国法治新闻报道的发展轨迹；等等。二是在法治新闻采写的实践中，有一些研究领域并未涉及或尚未做出较为系统和深入的研究与探讨，如法治新闻采访的特殊性，特殊机构（各级人大、法院、检察院、公安部门、司法行政部门等）、特殊场所（"两会"、案发现场、法庭、看守所、监狱、劳改场所、劳教场所等）、特殊群体（法官、检察官、警官、案件当事人、犯罪嫌疑人、服刑人员、证人、律师、人大代表与政协委员、法律专家学者等）的采访，法治新闻报道的写作原则，等等。三是一些焦点、热点问题研究的不深不透，如传媒与司法的关系、新媒体的法律规制、法治新闻报道中存在的问题、新闻图片使用中的法律问题、法治新闻媒体的经营与管理等；四是从法学的角度审视新闻侵权、新闻侵权的防范及其对策、新闻媒介管理的法治化、传媒经济的法治化、舆论监督的法治化以及新闻传播的立法等方面，仍有较大的研究空间。

笔者认为，法治新闻传播学的研究范围主要包括三个方面。

一是法治新闻传播的理论与历史，包括法治新闻传播学的基本概念与理论，法治新闻传播学的理论框架，法治新闻传播的发展轨迹，法治新闻传播的主体、内容、媒介、受众、效果、特点与规律，法治新闻报道的价值与选择、要素与特征、功能与作用、任务与基本要求，法治新闻报道与司法公正的关系等。

二是法治新闻传播实务，法治新闻实务带有极强的法律专业特性、独特的业务规范和复合型的知识要求，其研究范围又主要包括三个方面：一是法制新闻采访，主要包括采访的意识，采访选题及策划，公开采访与隐性采访，特殊机构、特殊场所、特殊群体的采访；二是法治新闻报道写作，包括法治新闻报道写作的基本原则，平面媒体法治新闻题材的写作，电子媒体法治新闻题材制作，法治评论的写作，法治新闻作品的标题，法治新闻作品中法律语言的运用；三是法治新闻报道编辑的作用与任务、策划与组织、稿件的选择与加工、版面编排与设计、新闻报道的把关与质量监控等。

三是法治新闻媒体的规制与经营管理，研究领域包括法治新闻媒体的自律与职业伦理，法治新闻传播的法律规制，法治新闻媒体侵犯人格权诉讼及其对策，法治新闻媒体的经营与管理，新闻传播的法治化，等等。

四　研究法治新闻传播学的意义及学科发展前景

法治新闻传播就学科而言，既是新闻传播学的一个分支学科，又是新闻传播学与法学的交叉学科。其中的一些理论问题，如法治新闻报道与知情权、法治新闻报道与舆论监督、法治新闻报道与司法独立、隐性采访的适法性、案件报道的选择与把握、新闻侵权的界定、新闻诉讼的规避及应对、新闻采编人员的自我保护等，都既需要新闻传播学的知识与理论，也需要法学的知识与理论。法治新闻传播既受新闻传播学与法学原理和规律的指导与制约，又不能简单套用这两门学科的原理与规律，它是新闻传播学与法学有机结合的产物，具有自身独特的个性。研究法治新闻传播自身的特点与规律，对于指导法治新闻报道的采访与写作具有重要的理论意义。

就采访与写作所涉的知识面和报道的角度而言，法治新闻报道不仅要具备采写其他新闻报道所涉及的知识，而且必须具备法学知识。因为随着我们国家法治建设的逐步完善，任何一个部门、行业、地区都会涉及法律问题，都离不开法律。同时，既然作为法治新闻报道，那么报道的角度就必须着眼于"法治"。比如，同样是军事题材或教科文卫题材，其他的记者报道时可能着重于军事、教科文卫自身，法治新闻报道则应当着眼于军事、教科文卫领域中有关法治的新闻事实。因此，研究如何采访与报道立法、司法、执法部门，尤其是其他行业或领域的法治新闻就显得非常必要了。

就法治新闻采访与写作的实践而言，从捕捉新闻线索到策划、确定选题，从具体采访到确定报道的角度、提炼报道的主题，从标题的确定到稿件的写作及修改等，研究采访与写作各环节之间的关系，归纳采访与写作全过程的规律，挖掘其特色，总结其经验，对于提高法治新闻报道的质量有着重要的实践意义。

就法治新闻的传播而言，在当今媒体融合的背景下，法治新闻传播的主体会发生怎样的变化、受众的需求是什么、传播的特点与规律是什么，研究这些问题对于收到更佳的法治新闻传播效果具有重要的理论意义和实践价值。

研究法治新闻传播学的意义还在于：通过探索法治新闻传播的理论与历史，总结法治新闻采访、写作、编辑、评论的规律，明确法治新闻媒体的法律规制，归纳法治新闻媒体经营管理方法，达到提高法治新闻传播从业人员的理论素养、提高法治新闻报道的采访与写作的水平、完善法治新闻传播学的体系、取得更佳的法治新闻传播效果之目的。

法治新闻传播学虽然是一个新兴的交叉学科，但其发展非常迅速，具有广阔的发展空间和光明的发展前景，原因主要有如下四个方面。

一是法治新闻报道的内容绝不仅涉及政法系统，而且涉及各行各业、各个领域、各个地区，可以说大到国家层面、小到家庭个人，都存在法治新闻报道的内容和对象，这为本学科的发展奠定了坚实的社会基础。

二是近些年来法治新闻媒体异军突起，全国不仅有110余家专业类法治新闻媒体，另有1600多家综合类新闻媒体也都开辟法治新闻专版、专栏、专门网页、专门频道，这为本学科的发展提供了极为广阔的平台。

三是近几年来全国法院、检察院、公安系统地市级以上的机关均要求成立新闻中心或外宣处（室），同时要逐步配备既熟悉法律又懂新闻的新闻发言人，再加上新闻媒体对具有法学背景的新闻人才需求量较大，使本学科培养的高层次人才处于急需的状态。

四是本学科有别于其他专业新闻，已形成自己明显的特色，并且有诸多属于本学科的理论问题和大量的实践问题需要探讨、研究、解决，具有广阔的学术研究空间。

作为一个学科，法治新闻传播学尚未成年，需要新闻传播理论界和实务界的同仁共同关注与培植。笔者就一些基础性的问题提出一些陋见，希冀同仁将法治新闻传播学的研究引向深入。

（原载《法治新闻传播》2011 年第 2 期》）

论传媒与司法公正[*]

一　传媒与司法的关系

传媒与司法就业务角度讲，两者是报道与被报道的关系。媒体对于司法活动的报道，尤其是法制新闻媒体对于司法活动的报道，是其业务的主要方面。由于司法部门属于国家机构，由于司法活动与公众利益息息相关，司法公正是社会正义的最后一道防线，因而司法部门也属于新闻舆论监督的对象，所以两者之间又存在监督与被监督的关系。

传媒报道与监督司法是将公众利益放在首位，以追求社会正义为其主要的价值取向，它遵循如下一些原则。一是真实，真实是新闻赖以存在的最基本条件，新闻报道的每个事实都必须是完全真实的，容不得一点造假或虚构。真实原则要求报道与监督所反映的背景、环境、过程、细节、人物语言等必须真实可靠，这是传媒应遵循的铁定原则。二是准确，要求报道和监督所涉及的时间、地点、人物、事件、原因、结果必须准确无误，所引用的各种资料和数据必须准确无误。三是客观，要求报道对所反映的事实在整体概括、评价、分析时必须符合客观实际，不臆测，不偏袒，不护短。四是讲求时效，要求及时报道新近发生或发现的新闻信息，否则事过境迁，不成其为新闻。

司法存在的本身是为了维护社会的秩序，追求社会的正义。司法活动也具有鲜明的特性，谢圣华先生将其归纳为四点：一是公正，它是司法活动的

---

* 本文所讲的传媒，主要是指传媒的报道与监督活动，即记者、编辑或社会各界人士通过广播、电视、报纸、杂志、网络等大众传播媒介，对国家机关、政党、社会团体、公职人员的公务行为以及社会上一切有悖于法律和道德的行为，用新闻报道、讨论、批评等方式，向社会公开传播事实真相或发表自己的意见和看法。本文所讲的司法，主要是指法院、检察院、公安、司法行政等部门所从事的司法活动，即上述司法机关通过行使侦查、检察、审判等权力，维护社会正常秩序，保障公众合法权益等行为。

出发与落脚点；二是独立，司法机关独立行使审判权不受其他干涉是各国公认的司法原则；三是求真，法律事实的真实是审判的基础；四是程序，法律为司法活动规定了一套完整、严密的诉讼程序。① 如果我们再加上一条，那就是时限，比如办理一起案件，从立案、批捕、侦破到起诉，再到一审、二审，均有时限的规定。

比较传媒报道和监督的原则与司法活动的特性，我们会发现两者有许多共同之处，如追求真实、准确、时效等。更为重要的是：司法与传媒在最终价值的追求方面也是一致的，根本目标都是追求社会的公正与正义。司法通过法律来解决纠纷，保障当事人的合法权利，以追求法律上的公正与正义；传媒则通过舆论来评判是非，扬善贬恶，以追求社会道德上的公正与正义。正是由于司法与传媒有许多共同之处，两者都能统一于"公正与正义"这一根本目标，传媒与司法两者之间具有一致性。除此之外，两者还具有兼容性。媒体对司法活动有关信息的搜集与传播是帮助大众行使知情权，由此公众能较好地对司法进行监督，促成司法公正；同时，司法存在的目的、开展司法活动的宗旨，就是为了保障社会正义的实现、保障最大多数人的最大幸福，它天生是同腐败、不公等阴暗面相排斥的。所以传媒与司法有情投意合、互相兼容的一面。②

然而，传媒毕竟与司法活动有着重大的区别，③ 两者之间除了具有一致

---

① 谢圣华：《新闻监督对司法活动影响之平衡》，中国新闻研究中心网站，2002年9月17日。

② 参见张雯、汪洋《浅论新闻监督与司法公正》，《新闻知识》2000年第6期。

③ 刘建华等先生认为，这种区别主要表现在：第一，司法机关在司法活动中并无自身利益在里面，它是超越案件利害关系的中立裁判者，履行国家赋予的法定职责。新闻媒体是事业或企业法人，虽以公众之代言人的身份出现，但有着事关其自身生存的商业利益，有时难免会影响其公正性。第二，被动是司法活动本性，冷静思考判决及审慎适用法律对司法活动显得尤为重要，故司法机关常常固守司法独立原则，不愿受到外界影响。新闻监督是主动的，具有扩张性的，新闻媒体会主动对司法活动这一社会热点领域进行报道、监督。第三，司法活动与新闻监督虽都追求真实，但司法活动有着严格的程序保障，包括以国家强制力来查证案件事实，新闻监督则没有这样的机会和条件，相反，新闻监督的时效特征决定了它不可能像司法机关那样对案件进行深入、全面的了解，并且新闻报道简洁的风格要求，也不可能使新闻监督的报道报道翔实、周密。第四，司法活动是一项专业性很强的运作过程，司法人员有着较高的法律素养和训练，新闻从业人员则在此方面有着较大的缺陷。正是此类诸多的差异导致新闻监督司法活动时难免出现偏差，甚至发生造假、歪曲事实等严重背离新闻监督目的的情形，妨碍了司法机关对案件的公正审判。司法机关为避免不当的新闻监督对司法公正造成不利的影响，自然会极力躲开甚至拒绝新闻监督，这样，新闻监督与司法活动有时就难免会处于紧张的对峙状态。参见刘建华、郑春笋《新闻监督对司法活动影响之探讨》，《人民法院报》2003年12月19日。孙奇杰也认为新闻舆论监督与法院审判活动之间存在着重大区别：一是程序保障不同，二是专业知识不同，三是双方视角不同，四是是非准则不同，五是追求利益不同。参见《舆论监督与司法公正》，《人民法院报》2003年1月15日。

性和兼容性外，其对立性也是非常明显的。我国法律规定，司法机关独立行使司法权，不受任何行政机关、社会团体和个人的干涉。这其中当然也包括不受传媒的干涉。这种对立性是由司法与传媒自身的性质决定的，司法要求独立与封闭，传媒则要求公开和透明，于是两者之间便产生了矛盾和对立。

如何看待传媒与司法之间的对立性呢？一方面，司法独立对媒体报道或监督具有天然的排斥性。司法是解决社会纠纷的最基本的手段之一，司法公正是司法的生命，司法独立又是司法公正的前提。司法活动需要一个相对封闭的环境，如侦破、起诉、审理一起案件，要求办案人员与社会保持适度的隔离，相对隔绝各种公共权力、社会势力、社会情绪对办案人员的指令、干扰和影响，使办案人员依据事实和法律独立行事，不受包括新闻舆论在内的各种声音和行为的干扰。另一方面，新闻自由和媒体的职责要求传媒适时地报道或监督司法活动，以保护公众的知情权，媒体必须介入司法活动。但是，媒体的任何不适当的介入，任何有倾向性的报道或评论都有可能给司法人员和受众造成先入为主的偏见，可能使司法人员基于传媒的影响或迫于公众舆论的压力，做出有失公正的判决。罗昕认为，形成这种情况的原因是媒体不适当的报道或监督与司法实践可能会存在差异，当传媒的评判与法庭的判决结果不相符时，就极容易把道德与法律的内在矛盾具体展示为公众与司法机构之间的现实冲突，造成司法机构不可信的错觉，损害法律的权威性。①

当然，传媒对于司法的影响绝不只是负面的，更多的是正面效应。新闻媒体通过对司法活动进行真实、公开、公正的报道，可以起到宣传法律知识、弘扬法治精神、促进司法改革、维护法律尊严的作用，这对于加快我们国家的民主与法治建设有着难以替代的、积极的、重要的意义，尤其是新闻舆论对司法活动中腐败行为的揭露对司法活动中所遇法律问题的讨论、对司法实践提出的新问题的探讨，对于促进司法公正起到了极其重要的作用。

---

① 例如以下几个方面。第一，事实认定不同。媒体报道或监督中所谓的事实，是记者通过采访了解到的事件，不一定是司法所言的那种依据法律规定、能够以确凿证据来证实的事实。第二，事实表述不同。媒体为了吸引读者和扩大传播范围，在叙述事实的过程中强调引人入胜、扣人心弦，其语言表达一般带有浓厚的感情色彩，容易对受众造成先入为主的误导。第三，评判标准不同。媒体主要是唤起公众内心的道德准则进行评判，记者不一定能够完全恰当地筛选过滤公众所宣泄的与法治要求并不完全一致的社会情绪，理性地得出法律意义上的公正评判。参见罗昕《司法与传媒关系的理性思考》，中国新闻研究中心网站，2002 年 10 月 12 日。

综上所述，传媒与司法的关系从本质上讲是权利与权力的关系，传媒与司法的冲突实际上是新闻自由与司法独立的冲突，是公众对司法活动的知情权、公民的言论表达权以及公民对任何国家机关及其工作人员的批评建议权等一系列基本权利与司法独立权的冲突。从价值层面上看，新闻自由与司法公正都是现代民主法治国家不可或缺的基石，是民主社会所必须珍重的基本价值，我们的社会既需要司法机关独立履行职责，也需要新闻对司法活动的报道与监督，两者不可舍弃其一，损害其中任何一者都是社会的巨大损失。我们应当在制度和体制的设计上尽量保持两者之间合理的平衡。①

二 传媒介入司法的必然性与合法性

传媒必然要介入司法，这不是司法本身愿意不愿意、高兴不高兴的问题，而是客观现实之必然。笔者认为至少有这样五个因素决定着传媒必然要介入司法。

1. 公众知情的需要

知情权是宪法赋予公民诸项表达权利的延伸，是公民以"知悉、获取信息"为自己实体性的权利要求和利益目标，即公民作为权利人在法不禁止的范围内可以自主地知悉、获取信息；义务人依法主动或应权利人要求公布、告示、提供一定的信息。换句话说，知情权是指公民有权知道他应该知道的事情，国家应该最大限度地保障公民获取信息的权利，尤其是政务信息的权利。知情权的意义还在于，公民许多权利的运用与实现都是以"知情"为前提和要件。例如，不了解有关的政治信息，公民的平等权、选举权、批评权、建议权、检举权、言论自由权、民主管理权、精神活动自由权等法定权利和自由便难以充分实现，知情权的这种构筑其他权利基础的功能，正是公民基本权利固有的特征。但是，由于现代社会公共事务纷繁复杂，人们直接获取信息的能力又有限，所以公民依法享有言论出版

---

① 从各国的实践来看，绝对的平衡是无法做到的，基本都是向新闻自由方面倾斜。正如王文先生所言，司法独立要求排除传媒的干扰，如果对新闻自由不作任何限制，传媒监督干扰司法独立也就在所难免，最终会累及司法公正，夹江打假案的教训也正在于此。但如果以司法独立为借口，排斥传媒监督，实质是压制、剥夺新闻自由，司法独立的膨胀会成为扼杀新闻自由的方便借口。传媒监督与司法公正的关系不仅是个理论问题，而且是个具体的实践问题。我们必须牢记，新闻自由和司法公正对于我们都是同样值得珍重的。参见《论传媒监督与司法公正》，中国新闻研究中心网站，2002 年 9 月 21 日。

的自由和权利需要借助大众传媒来实现。公民通过媒体了解有关司法的重要新闻，实现了知情权；公民又通过媒体对新闻事实发表意见，实现了表达自由。正是在这个意义上，媒体成为实现公民言论与出版自由权利的"社会公器"。

2. 权力约束和监督需要

在我们的社会中，公民需要有组织的社会生活，就需要公共权力；公共权力要发挥作用，就需要构建一个体系完备、分工细致的政治结构，并由被授权者的公职人员来掌握和使用这种公共权力。公共权力是国家支配社会的强制性力量，公民则需要公共权力保障其参与政治生活的权利。但是，授权者与被授权者的利益并非在任何情况下都是一致的，授权者也不能保证每个被授权者的忠诚。当被授权的公职人员有可能违背授权者的意志，或公共权力被公职人员的私欲所支配时，除了公共权力系统内相互监督外，新闻舆论监督便作为体制外的约束力发生作用，防止公共权力的异化。法治下新闻舆论监督的要义在于，为了确保人民当家做主的地位和每个公民的权利不受公共权力侵犯，必须对国家权力进行限制。在一定意义上说，这种体制外的约束和监督，就是权利对权力的约束和监督。① 司法，是社会正义的最后一道防线，是一项地位特别的国家权力，它在权力运作过程中，必须要接受新闻舆论的监督。

3. 媒体职责的需要

媒体作为信息的集散地，是公民个人、社会团体、企事业单位、国家机关之间的中介和纽带，是社会舆论的集中体现，带有强烈的社会性，它反映、表达社会舆论，又转而引导社会舆论。媒体的职责是向社会传播公众关心的、新近发生或发现的、具有典型性或独特性的客观事实、人物、理念及其言论。依据我国《宪法》第 2 条的规定，"中华人民共和国的一切权力属于人民"，但是人民不可能人人都具体行使管理国家的权力，也不可能具备知悉一切社会事务的客观条件和物质条件，更不可能人人都跑到政府机关或社会各界去了解情况，于是就要通过多种方式来实现对于国家和社会事务的知情权利及对国家机关、国家工作人员的批评权利和建议权利。在诸多的方式中，新闻媒体是最为广泛、最为迅速、充当主要角色的一种方式，新闻媒体的职责就是要帮助公民将这些权利规定变为现实。同

---

① 参见杨宣春《新闻舆论监督的法治化思考》，《新闻战线》2003 年第 8 期。

时，新闻舆论监督是公民行使民主权利的一种形式，是社会主义民主政治的重要内容，是公民有序参与政治的重要手段，也是社会主义政治文明的重要标志。因而，新闻舆论对国家机关和国家工作人员进行监督是新闻媒体义不容辞的一项职责。

4. 司法实践的需要

司法活动的独立性主要表现在办理案件上，除了办案，司法还要开展许多工作，需要借助传媒来实现。比如司法实践中司法机关可能会推出许多新的举措，需要通过媒体向社会公示；司法实践中涌现出许多英雄模范，需要通过媒体向社会表彰；司法实践中形成的许多先进经验，需要通过媒体进行交流；司法实践中经常运用的法律法规，需要通过媒体向公众宣传；司法实践中产生的许多新观念，需要通过媒体向社会传播；司法实践中出现的许多新问题，需要通过媒体来讨论等。同时，司法部门出于对司法公平、公正的价值追求，也为了减少司法人员在从事司法活动的主观性和片面性，自身也提出司法公开的问题。在这种情况下，新闻媒体作为实现社会大众知情权和思想表达自由的社会公器，介入司法便更成为可能。例如，对于电视对庭审的直播，虽然有学者对此持不同观点，但笔者认为从总体来说利大于弊。诚如有些先生认为的那样，电视直播作为客观地报道法院公开开庭审理的经过和判决结果的一种形式，它在很大程度上约束了司法审判人员的"暗箱操作"和枉法裁判，起到了很好的舆论监督作用。这种外在的监督力量对于树立司法权威的意义是巨大的。并且这种对庭审现场实时的直播，对一般社会大众带来的视觉冲击和思想冲击也是不可小觑的。它通过案件当事人现身说法以及法官的居中裁判，对人们进行了一场生动的法制教育，同时对社会上的一些不稳定分子起到了震慑作用，达到了一般预防的目的。此外，从我国目前司法制度尚不完善的现实出发，舆论的正确监督，仍不失为一种促进和保证司法公正的有力手段，这也是司法公正对传媒的要求。

5. 防范司法腐败的需要

在我们国家，司法队伍的整体素质还有待于提高，有法不依、执法不严、枉法徇私的现象还大量存在，司法腐败的问题依然十分严重。关于近十年来触目惊心的司法腐败，笔者曾写过一篇长文，归纳了六大类司法腐败现象，列举了大量的例子，剖析了司法腐败的主观原因和社会原因，提出了防范司法腐败的一些措施，其中一条就是要加大新闻舆论的监督力度。①从体制上讲，我们国家的司法并没有真正的独立。"在此种条件下司法的封闭性，不可能是一种真正意义上的封闭，它不具备对抗强权势力和利益诱惑的机理，只能是对弱势群体、对柔性监督的封闭。这种缺乏监督的封闭，将有可能诱发绝对权力异化为绝对腐败，导致司法机构内部猖狂的黑箱操作和司法人员肆意的枉法裁判。正是基于对权力可能蜕变的审慎和对权力行使者的不信任，具有开放性、透明性的传媒应该介入具有封闭性的司法，客观公正地展示司法过程，这与司法制度本身所要求的审判公开是天然契合的。"②面对严重的司法腐败，人们把目光投向了司法权力的监督资源。社会各方面的对司法现状的批评，也蕴含了对司法体制内部监督资源不足的抱怨，表明体制内的监督未能取得广泛的信任，司法体系外监督资源便成为司法改革中制度创新的重要关注点。传媒监督被普遍认为是司法体系外即监督的常规的、基本的形式。传媒监督司法的实践也证明，它成为司法腐败的一种社会救济手段，有助于促进司法的公正。

综上所述，笔者认为：以公开报道和新闻批评为核心的传媒介入司法，既有助于把宪法规定的公民的知情权、言论自由权等民主权利真正交给人民，又可以在一定程度上保证司法活动的廉洁和促进司法的公正。既然公众有知情的权利，媒体肩负着报道和监督司法的职责，既然司法实践也有通过媒体进行宣传的需要，防范司法腐败又有媒体参与之必要，那么，传媒介入司法就是必然的了。传媒介入司法不仅有其必然性，同时具有合法性。

第一，我国《宪法》第 35 条规定："中华人民共和国公民有言论、出版、集会、结社、游行、示威的自由。"这些权利概括起来讲就是公民所享有的表达权，这是公民表达意愿、参与国家和社会公共事务的最基本的方式与途径。记者的报道权、评论权、批评权等权利直接源于公民的表达权，记者采访权则源于由表达权衍生出来的知情权。如前所述，知情权是公民行使一切自由权利的基本前提，是民主宪制的基础要素，是信息社会运行的基础，也是监督政府的基本条件之一。没有知情权，公民的言论自由权、选举权、参政权都是一纸空文。知情权的实现虽然有多种途径，但对于大多数公

---

① 刘斌：《司法腐败面面观》，《视点》2000 年第 12 期。

② 罗昕：《司法与传媒关系的理性思考》，中国新闻研究中心网站，2002 年 10 月 12 日。

民来说，最直接、最迅速、最多的情况是要依靠新闻媒体。换句话说，新闻媒体是公民实现知情权最主要的渠道。

第二，我国《宪法》第27条规定："一切国家机关和国家工作人员必须依靠人民的支持，经常保持同人民的密切联系，倾听人民的意见和建议，接受人民的监督"；第41条规定："中华人民共和国公民对于任何国家机关和国家工作人员，有提出批评和建议的权利"。这是新闻舆论监督权的权源。新闻媒体的作用就是帮助公民将宪法赋予他们的权利变为现实，因而媒体是享有法律意义上的获取信息和舆论监督权利的主体。

第三，我国《宪法》第125条规定："人民法院审理案件，除法律规定的特别情况外，一律公开进行。"《人民法院组织法》第7条也规定："人民法院审理案件，除涉及国家机密、个人隐私和未成年人犯罪案件外，一律公开进行。"最近几年，最高人民检察院、公安部、司法部还就检务公开、警务公开、政务公开分别做出相应的规定。这些法律和规定向社会宣示：司法活动除了法律所规定的以外应当公开。因为公开才可能公正，公开是司法公正的前提和有力保证，要公开就需要新闻舆论的参与。

当然，法学界也有一些学者对于新闻介入司法持比较冷静的态度，如北京大学的苏力博士认为：司法执法机关的活动还是应与社会舆论保持一种恰当的距离，不能过多地强调社会舆论对审判机关的司法活动的监督。①

---

① 苏力的观点归纳起来，主要有如下理由。第一，社会舆论反映的结论或观点并不必然公正，历史上我们曾确信为正确的、公正的社会舆论事后看来也并非那么正确和公正。从统计学上看，"好人"和"坏人"在社会中的分布是均衡的，因此以新闻界为代表的舆论界也并不总是公正无私的。第二，法律是一门专门的知识，需要专门的技术，过多强调社会舆论的监督作用，在一定意义上是主张"外行领导内行"。第三，作为特定社会、特定历史时期的民意民心之表现的社会舆论倾向具有很大的不确定性和流动性，以这种不确定的、流动的东西作为审判机关活动的基础或准则，法律运行必然会表现出一种明显的波动；相对说来，法律审判机构的专门化和职业化，法律知识的积累和对人生经验的积累，以及职业规则的要求，都使审判机构相对来说可能更冷静一些。第四，能引起社会舆论的案件常常涉及的是政治性的、道德性的问题，对这些案件的政治性的、道德的评价，不应指导更不应替代法律的评价。如果过分强调社会舆论对司法机关活动的监督，更有可能是给具体的审判人员造成压力，结果将法律问题道德化、政治化，法律的运行变成隶属于政治和道德的活动。第五，现实生活中，如果涉及司法案件，舆论界大都是依据新闻报道的事实和历史社会背景，依据社会的道德意识以及实体法常识来评价法院的决定，并且往往是从判决的最终结果来进行评论。司法判决所依据的必须是现行的法律，依据法律所认可的、本案的事实，不仅要考虑实体法，而且要考虑程序法，因此有些司法判决不可能令舆论界满意。参见苏力《法治及其本土资源》，中国政法大学出版社，1996，第149～152页。

三　传媒究竟对司法有多大的影响

传媒对于司法的影响是不争的事实。传媒对于司法活动的公开传播有些是司法愿意接受的，有些是司法不乐意接受的，不管是司法愿意接受也好，还是司法不乐意接受也好，传媒应该按照自己的规则有理由、有法律依据进行公开传播。

传媒对于司法的影响，一方面是由新闻媒体自身的属性决定的，如它的公开性、传播性等。朱峰先生认为，传媒对于相关的人与事一经报道，就处在光天化日之下，来不得任何掩饰和逃避。这种公开的影响力可以直达人的心灵。所以，新闻监督虽然没有"刚性"的强制力，却有"软性"的影响力，"千夫所指，无疾而终"的道理即在于此。① 刘涌一案就非常典型地说明了这一问题：辽宁省高级人民法院二审改判刘涌死刑缓期执行公布一个星期后，上海的《外滩画报》首先发表质疑，《北京青年报》《南方都市报》《南方周末》等报刊迅速跟进，互联网上评论如潮，而后才有最高人民法院的提审和改判。还有前几年发生的内蒙古普通职工邓成和诉包头市邮电局案，郑州市的张金柱案，等等。此外，由于新闻报道与监督影响面广、反应快、震动大，许多久拖不决或处理不公的严重违法犯罪案件，一旦在新闻媒体中曝光，就容易引起社会的关注和有关部门或领导的重视，促使问题能较快较好地解决。由此看来，传媒对于司法的影响，是谁也无法否认的。

另一方面，我们国家的许多媒体不是一般意义上的传媒机构，绝大多数的新闻媒体背后都有一个权力系统在支撑，因而媒体在报道和监督司法活动时往往表现为该系统权力的延伸。同时，我们国家有党管媒体的现实和传统，绝大多数媒体本身就是党委宣传部直接管辖的一个职能部门。改制脱钩后许多媒体形式上成为独立的事（企）业单位，但实际上并没有摆脱原"主办（管）单位"的管辖，一些媒体的主要负责人的人事关系仍然隶属原来的机关，有些人至今还是同级党委的委员或常委。这就使媒体带有一种浓厚的行政色彩，兼备官方（至少是半官方）的性质。更为典型的是，不少媒体本身就是党委的机关报或机关刊物，在某种程度上代表着同级党委的声音，所以有"党的喉舌"之说。这种现象形成了我国新闻媒体的报道与监

① 朱峰：《公开审判与新闻监督》，中国新闻研究中心网站，2003 年 12 月 6 日。

督行为具有权利、权力双重属性，即除了自由权利属性之外，还具有某种权力的特征。有的时候，我国的一些媒体还充当和扮演着"工具"的角色，比如对某些司法举措或大案要案能否发、从哪个角度发、是发新华社的统稿还是其他类型的稿件，甚至什么时间或时段发，都要报请党委或宣传部来批准。试想，如果是这些党报党刊对司法活动实施监督，有多少人会认为这不带有权力干预之嫌呢？导致不少人认为我国新闻媒体权力过大，公众也认为新闻媒体表达出来的就是党和政府的声音。

那么，传媒是通过怎样的途径影响司法呢？

就一般情况而言，传媒影响司法的途径是：传媒在法律允许的范围内，将司法部门的有关信息传递给受众，受众在对各种信息进行判断、评价的基础上形成舆论，再通过新闻媒体将舆论的评价和公众的褒贬公之于社会并反馈于司法部门，形成一种舆论压力环境，达到约束和监督司法的目的。在这里，新闻媒介只是监督主体与客体之间的桥梁。传媒影响司法的具体途径有两种。

一是直接影响，司法公正以司法人员的职能活动为载体，体现在司法人员的职能活动之中，要靠司法人员的具体行为来实现。当司法人员看到传媒公开的报道或批评后，或多或少，或大或小，或正或反总要受到影响。张雯等先生认为：司法人员既是执法者，又是生活在社会中的人，处在社会力量的影响下。当新闻媒体的舆论监督发生作用时，他们作为社会大众的一部分，不可避免地也被传播的这些信息影响。如何从情感上和法理上区分这些信息的真伪与正误，司法人员在产生判断结果之前无疑会有多种选择，至于给司法人员造成过大的心理压力，影响最后的判决。①

二是间接影响，这种影响又分为两种情况。首先，媒体的传播极具广泛性，不仅司法人员可以看到或听到，司法人员的家属、亲戚、朋友也能够看到或听到，如果媒体报道或批评的内容与之接近或直接相关，他们极有可能将获悉的这些信息与司法人员交流，这样也会对司法人员形成影响。其次，媒体的报道很容易被上级领导或党和国家领导人所关注，领导通过批示或查询等方式影响司法。这种间接影响作用最大，是传媒影响司法效果最为显著的一种途径，尤其是监督批评类的报道。例如，1997 年 11 月 25 日，中央电视台《焦点访谈》栏目就同年 11 月 15 日发生在 309 国道山西长治市黎

---

① 参见张雯、汪洋《浅论新闻监督与司法公正》，《新闻知识》2000 年第 6 期。

城、潞城境内一些公安交警乱罚款、态度恶劣、越权执法的违法乱纪事件播出的《罚要依法》。① 再如新闻媒体对 2001 年 7 月 17 日发生在广西壮族自治区南丹县的特大矿难事故实施的监督②等。

实事求是地讲，虽然一些有违法乱纪行为的司法人员或司法机关也担忧被曝光后的社会影响，但更害怕的是上面领导看到后的批示或电话。因为这一层次的影响才是可以伤筋动骨、关乎自己前途命运的。这种现象的形成是由我国司法机关目前的体制决定的：法院和检察院由同级人民代表大会产生，公安和司法行政机关各属于政府的一个职能部门，而公、检、法、司都必须接受党的一元化领导，它们的编制、财政、人事等，都掌握在同级党委、政府的手里。因此，媒体的报道和意见一旦影响了上级领导，那情况就非同小可了。所以美国学者 Benjamin 在考察了中国媒介和司法关系后认为，中国媒介影响司法的基本模式是媒介影响领导、领导影响法院。这话说得是很有道理的，这种现象也告诉我们：权利对司法的影响要远远小于权力对司法的影响。

由上可见，我国传媒对司法的影响方式和效果与西方传媒是不尽相同的，在当代中国，传媒的干预面窄是西方人难以想象的，传媒的影响力之大也是西方人所难以想象的。再举两个实例：1995 年发生的四川省技术监督局处罚印制假商标的夹江县彩印厂，后者对前者提起行政诉讼，明明是技术监督局越权处罚，但是媒体却大造"打假者反而当了制假者的被告"之类

① 这一节目播出后，引起山西省的主要领导重视，当即责成省有关部门和长治市委、市政府认真查处。在受到处理的 18 名有关责任人中，有交警队工勤人员、中队长、大队长、教导员、公安局副局长、局长、副县长、副市长、市委副书记、市长等。其中，4 人调离公安机关，4 人被撤销职务，6 人受到行政记过或记大过的处分。另有 4 人被要求做出深刻检查。此事在全国引起强烈反响，特别是在公安交警内部影响甚大。

② 2001 年 7 月 17 日 3 时 30 分，广西壮族自治区南丹县大厂镇的拉甲坡矿和龙山矿的矿底巷道突然发生透水事故，正在井下作业的数十名矿工被大水淹没。事故发生后，矿主一方面重金收买死难者家属缄口，同时组织人员对进入矿区的陌生人盘查恐吓，当地政府也严密封锁事故的消息。一周后，驻南宁记者接到举报赶赴南丹调查采访，遭到种种阻挠甚至追杀。记者并未因此退缩，冒着被矿区打手刀枪伤害的危险，顶着当地政府某些官员的冷脸白眼，乔装打扮后与矿区黑恶势力斗智周旋。7 月下旬，互联网上首次披露了南丹"7·17"事故，随即中央及各地记者闻讯云集南丹，《人民日报》《广西日报》广西电视台等媒介以内参等形式向中央领导予以反映。在众媒体的努力和监督下，8 月 1 日广西成立事故调查领导小组，8 月 3 日广西的主要新闻媒体公开报道了南丹矿难事故。8 月 4 日中央调查组进驻南丹，8 月 20 日井下积水抽干，找到 80 具遇难矿工的遗体，这起被捂了半个多月的特大事故真相大白。2001 年 8 月 27 日，《人民日报》就此事发表评论员文章《假如媒体缺席……》。

的舆论，人大代表受到媒体报道的影响质询法院院长，最后以法院胡乱判决驳回夹江厂的起诉了事。魏永征先生在一篇文章中谈道："1999 年，我在一次研讨会上遇见此案发生时尚在最高法院副院长位上的某教授，谈起此案，某教授说，当时中央电视台都批评了，省人大开会人大代表质询法院院长就像开批斗会，省法院请示我们，我们看到再不解决人大会把高院院长都罢免了，这会造成难以挽回的后果，我们就同省里商量，考虑到在实体上总是夹江厂错，只好以驳回处理。"① 再如 1999 年 12 月各大媒体争相报道了南昌"德国牙医"章俊理一案，领导看了媒体的报道后，对此案很是关注。这种关注对司法来说又是个难以逾越的障碍，毕竟让司法为实现独立与公正向自己的衣食父母挑战，需要极大的胆量与魄力。于是，司法违心地向传媒倾斜，去迎合传媒，在此之时，司法的独立性变得飘忽不定了。

新闻舆论监督虽然不像司法监督、行政监督那样具有强制性，但由于它面向社会、面对公众，不受地域、行业的限制，具有警示教化的功能，又具有影响面广、传播速度快等特点，会形成一种无形的力量来规范和约束公共权力的运行。

那么，传媒对于司法的影响力究竟会有多大呢？笔者认为不能笼统而言。不同的媒体影响力不同，《人民日报》肯定比地方小报影响力要大，新华社的统稿也肯定比省、市级某一媒体单发的稿件影响力要大；同是等级等量传媒，不同的地方、不同的司法人员、司法机关的领导与具体办案人员所接受的影响力不同。换句话说，传媒对于司法的影响因人而异、因地而异、因时而异、因司法环境而异、因媒体不同而异，甚至会因媒体编发的时段、版面、篇幅而异，头版头条与第 8 版一小块不一样，在中央电视台一频道的"新闻联播"播发和在其他频道晚间三四点钟播发所产生的影响力也不会一样。

现在的问题是，有不少人过分看重传媒的影响力，有的文章干脆把一些报道称为"媒体审判"，这似乎过高地估计了媒体的作用。笔者很赞成陈应革先生对此问题的看法：媒体就是媒体。媒体者，传送信息的介质、工具也。既非司法机关，又非法官，何谈"审判"？如何审、如何判？如是说来，把报道称为"媒体审判"反倒抬高了媒体的身价，哪个媒体受得起此宠？即使心理上受得起实际上也是枉然，因为毕竟你是媒体。无论如何，不

---

① 魏永征：《媒体和司法审判：应该如何平衡？》，传媒学术网·专家论坛，2004 年 5 月 9 日。

可将传媒的作用夸大到不适当程度，使媒体同样产生"后顾之忧"，无法向社会公众交代。① 笔者认为：问题的根本还在于司法人员的素质，外因只能通过内因起作用。司法人员只要具备良好的职业素养和对法律的深刻理解，他们就能正视新闻舆论中的合情、合理、合法的部分，对其中有失偏颇的内容也会有恰当的态度，将实现司法权威的主动权掌握在自己手里。如果我们的司法人员都能做到贫贱不移、富贵不淫、威武不屈、名利不计，坚持"以事实为依据，以法律为准绳"的原则，忠于法律、严格执法，那么，传媒对于司法的作用就只能是促进和弘扬司法公正，不容易产生消极或负面的影响了。

基于上述分析，笔者的基本判断是：新闻报道和监督，对于素质较高、刚毅正直的司法人员来说，一般不会产生多大影响，他不会因为媒体的报道监督或舆论的说三道四枉法裁判，他会坚持以事实为依据、以法律为准绳的基本原则秉公司法。对于素质低下的司法人员来说，他可能会在乎媒体的反应和舆论的监督，但这种影响应当是促进其公正司法。道理很清楚，他的个人素质再低，也总不至于糊涂到在司法活动中以舆论为依据、以新闻报道为准绳的地步，否则他就压根不配做司法人员。对于那些司法腐败分子来说，新闻报道和监督是一种无形的压力，可能会迫使其瞻前顾后，不至于斗胆枉法司法。从总体上讲，新闻报道和监督对于司法的影响虽然是积极的，但影响力是有限的（除非有领导人关注）；传媒利益性、炒作性的报道和监督只能误导受众、伤害司法，但不一定对司法公正造成多大影响（除非媒体腐蚀了司法）。司法公正与否的关键在于司法人员自身，而不是舆论如何反响或新闻如何报道。因此，不可过高估价传媒的影响力，如果一定要说传媒对于司法公正具有较大影响的话，那么这种力量并非来自传媒本身，而是来自隐形在媒体背后的权力及媒体所代表的民意。

四　案件报道中应澄清的几个问题

1985 年 3 月 27 日，中央宣传部、中共中央政法委员会《关于当前报刊在法制宣传方面应注意的几个问题的通知》中有这样的规定："对正在侦查、起诉或审理的案件，以及尚未做出终审判决的案件，不要登报刊、广播

---

① 参见《法制日报》2001 年 4 月 23 日。

或上电视；个别必须见报的，要先报道破案、起诉或审理的消息，以后再报道判处结果，不得超越司法程序抢先报道，更不得利用新闻报道制造对司法机关施加压力的舆论。"自 1994 年 1 月 1 日起施行的《人民法院法庭规则》旁听人员必须遵守下列纪律：①不得录音、录像和摄影，②不得随意走动和进入审判区，③不得发言、提问，④不得鼓掌、喧哗、哄闹和实施其他妨害审判活动的行为。新闻记者作为旁听人员也应遵守本规则。《中国新闻工作者职业道德准则》第 6 条要求新闻工作者"维护司法尊严，依法做好案件报道，不干预依法进行的司法审判活动，在法庭判决前不做定性、定罪的报道和评论"。1996 年中宣部、全国人大常委会办公厅、司法部和新闻出版署等部门下达的关于新闻法制的意见中也明确指出："不对正在审理的案件作有倾向性的报道。"这些规定虽然提法不同，但共同的要求是，案件报道不能影响司法工作，对未经审理的案件在报道时不能带有倾向性。此外，有的地方规定，如 2003 年 6 月 30 日某省委宣传部和某省高级法院联合发文要求：尚未宣判的案件，记者可以旁听，但不得进行采访报道。[①] 据此，有人认为在法院做出判决前，媒体对案件尽量不要进行报道。这种观念至今仍有人坚持。

笔者认为，上述有些规定和观点是在当时的社会背景下形成的，但随着时间的推移和我们国家民主与法治化进程的推进，有的规定需要修改，有的规定可能还要废止，因为宪法和法律尚且需要修订，何况规章制度呢？法治建设是一个不断完善的过程，公民的知情权应当得到保障，媒体的善意报道应当得到宽容。事实也确实是这样：1998 年 4 月 15 日，新上任的最高人民法院院长肖扬在全国法院系统教育整顿工作会议上提出，审判机关要把宪法规定的公开审判制度落到实处，自觉接受舆论监督。1998 年 6 月 10 日，北京市第一中级人民法院率先宣布，从即日起，凡年满 18 周岁的公民可凭身份证自由旁听法院的审判。同时，新闻记者可以"以对法律自负其责"的态度如实报道公开审理的案件。国内记者凭法院核发的采访证可享受记录的特权，但不能录音、摄像，也不能私自采访办案人员。1999 年 3 月，最高人民法院正式颁布的《关于严格执行公开审判制度的若干规定》（法发〔1999〕3 号）更进了一步："依法公开审理的案件，经人民法院许可，新闻记者可以记录、录音、录像、摄影、转播庭审实况。"此外，一些地方也

---

① 参见张慧鹏《规范采访报道审判活动》，《人民法院报》2003 年 7 月 4 日。

以"规定"或"通知"的方式逐步放开对传媒介入司法的限制，如新疆伊宁市自2003年4月1日起正式实施的《关于不得拒绝新闻媒体采访的若干规定》中规定：对新闻采访实行首问负责制，面对记者不得"无可奉告"。"各部门、各单位应积极配合记者进行采访报道和舆论监督，不得以任何借口拒绝新闻采访，更不得出现辱骂、推搡记者及没收、损坏采访器材等不文明的过激行为。"

当然，有的司法机关对于传媒的抵触情绪仍非常严重，借维护司法独立之名，强行将传媒的报道和监督拒之门外。一个典型的例子就是2003年某地高级人民法院出台的《关于规范采访报道法院审判案件活动的若干规定》，其中有这样的条文："依法公开审理的、尚未宣判的案件，记者可以旁听，但不得进行公开报道。""新闻单位的相关报道需经法院批准后方可进行"，甚至还有，"不得作出与法院判决内容相反的评论"的规定。① 这等于宣布：案件是否可以报道，报道什么样的内容，怎样进行报道，都要由法院说了算，而且不能做出与法院判决内容相反的评论。这样的规定显然是要求媒体做法院的传声筒，这样做的结果实际上等于变相剥夺了公众的知情权，等于扼杀了新闻舆论的监督权。这样的规定竟然出自一家地方高级人民法院之手，明显有违背我国宪法和现行法律法规之嫌。

那么，案件报道究竟该从哪个阶段开始呢？目前新闻界和法律界主要有三种主张：一是立案说，即案件一旦立案就可以报道；二是结案说，即案件办理完结以后才允许采访报道；三是文责自负说，即在法院宣判前，新闻机构可以自负其责的态度如实报道。关于媒体报道案件的时机，笔者认为除了特殊情况之外，② 从案发到结案都可以进行报道，不存在什么时段可以报道、什么时段不可以报道的问题，关键在于怎样进行报道，报道中应把握哪些原则。传媒要养成尊重司法权威的习惯，司法要对传媒持宽容的态度，因为传媒与司法在根本目标上是一致的，都是为了追求正义与公正。

此外，对于依法不公开审理的案件虽然应以"不公开报道"为原则，但是并非所有不公开审理的案件均不得报道。比如未成年人犯罪案件，法律

---

① 转引自陆沪生《闻南方某省对案件报道下禁令》，《法治研究》2003年第5期。

② 笔者认为并不是所有的案件都要在第一时间进行报道，比如有些绑架案件和毒品走私案件等，如果报道后可能影响到人质的生命安全或不利于案件的侦破、审理，那么就应当缓报。

禁止披露犯罪者的真实身份，却未禁止披露案情。况且此类案情公开披露，对社会有一定的教育、警示意义。胡平仁认为，报道"不公开审理"案件的理由和应遵循的原则是：①依照法律规定，不公开审理的案件，其判决也应当公开进行，因此对不公开审理案件的判决结果可以报道；②报道判决结果就可能涉及案情，因此案情并非不能报道，而是"不宜详细报道"；③报道案情的内容应当以判决书披露的内容为限。①

在媒体关于案件的报道与监督中，笔者认为还有几种观念必须澄清。一是在新闻界和司法界都有人认为：有些案件的报道需要经过司法部门的同意。新闻界持此观点的人士可能基于怕影响司法、怕承担责任等考虑，司法界持此观点的人士可能出于维护司法独立、免受负面影视等考虑，笔者认为不管基于何种考虑，这种观点值得商榷。首先，新闻是自由的，媒体是独立的。宪法在保护司法独立的同时也保护新闻自由，新闻自由和司法独立是一个民主与法治社会不可或缺的两个方面，两者具有同样重要的地位。其次，如果媒体报道或监督司法需要经过司法部门的同意，那么媒体报道或监督行政是否也要经过行政部门的同意？媒体报道或监督社会其他行业的丑恶现象或违法犯罪行为是否也要经过这些行业的同意？如果媒体的报道或监督都需要经过报道或监督对象的同意，那么媒体还算独立的吗？新闻还是自由的吗？再次，媒体独立自有媒体的规矩，新闻自由也有新闻的章法，媒体报道或监督司法应当按照媒体的规矩和新闻的章法来，而不是要经过司法部门的同意。正确的做法是：媒体应当按照有关新闻的法规和文责自负的原则来行使新闻自由权，如果在行使中出现了问题，那么应当通过法律的渠道来解决。比如媒体构成侵权，可以通过民事诉讼的方式来解决；若是媒体构成诽谤罪，可以对责任人进行刑事处罚，也可以采取刑事附带民事诉讼的方式来解决，不必经过报道或监督对象的同意。

二是有一种观点认为：案件在审判过程中，传媒可以进行报道；但法院裁判做出后，传媒只可以对案件展开讨论，不能评判裁判不公正，不能对法院及其裁判进行抨击，否则就会有藐视法庭之嫌。这种观点也值得商榷。媒体不对法院及其裁判进行抨击是正确的，但说"不能评判裁判不公正"就不妥了，于情、于理、于法都讲不通，在法、理、情等

方面都找不到依据。新闻舆论监督就是要监督司法活动的"不公正"，如果你判的不公正笔者也不能评说，何谈舆论监督？再说既然在"法院裁判做出后"传媒"可以对案件展开讨论"，那么就肯定要涉及案件裁判公正与否的问题，否则"讨论"还有什么实质性意义？培根有一句名言，"一次不公正的判决，其恶果相当于十次犯罪。"现在，法院的有些判决岂止是单纯的"不公正"，有些就是典型的冤假错案。笔者曾经主编过一本书，① 是从当时所搜集到的 600 多个冤假错案中选编而成；笔者也曾经写过两篇长文，② 较为深入地分析了司法实践中为什么会导致冤假错案。如果传媒对这些已经终审的冤假错案判决也不能评论，那么传媒还去监督司法什么呢？事实告诉我们的是：这些冤假错案的平反昭雪很大程度上得益于媒体的评论与呼吁。

三是有人认为：如果允许新闻舆论对具有国家强制力的司法审判予以评论，会影响司法机关的权威和形象。这种担忧是善良的，却是多余的。魏永征先生曾针对某地方高级人民法院"不得做出与法院判决相反的评论"的规定，写了一篇题为《不准发表"与判决相反评论"的规定不攻自破》的文章，他说："真正的铁案是怎么也翻不了的，被几篇相反的评论就搞翻了的案子肯定是站不住脚的错案，除了对某些乌纱帽可能有所不便外，还能有什么危害呢？"③ 笔者非常赞同魏先生的观点。媒体对于司法活动的评论有时可能失之偏颇，但笔者认为只要评论是善意的和建设性的，而不是恶意的和攻击性的，那么它对司法机关的权威和形象就不会产生多少负面影响。一般情况下，新闻舆论对司法审判善意和建设性的评论，对于司法实践是具有积极意义的，对于司法公正是具有促进作用的。司法机关的权威和形象是建立在公正执法的基础之上，新闻媒体要维护，社会各界要维护，但是更要靠司法人员自己来维护。

当然，媒体在案件的报道上并非无章可循，笔者认为应当把握如下一些原则。一是要选择典型案例，社会上每天都可能发生许多案件，不是所有的案件都要进行报道，也不是所有的案件都可以进行报道，报什么、不报什么，作为记者和媒体都存在一个选择的问题，只有那些具有典型意义和新闻

---

① 刘斌主编《平反冤假错案纪实》，珠海出版社，2001。

② 刘斌：《当代中国冤假错案扫描》《冤假错案：中国司法的一块霾区》，《视点》2000 年第 7、8 期。

③ 参见传媒学术网·专家论坛，2003 年 9 月 23 日。

价值的案例才有必要向社会披露和向大众传播。二是报道案例要注意导向性，同是一个案子，切入的角度不同、报道的思路不同、采访的侧重点不同、写作的方法不同，就会产生不同的社会效果。① 三是有些案件一经披露可能妨碍侦破或危及当事人人身安全，媒体就应当暂缓报道，如绑架案在人质被安全解救以前，毒品走私案在未破获之前，媒体就不能报道案件的发生，更不能跟踪报道案件侦破全过程。四是在刑事大案的报道中，媒体应严格限制披露警方侦破手段及过程，以免为犯罪分子提供反侦破经验；五是对于待决案件应以客观事实报道为原则，不宜作带有明显倾向的评论，更不能抢先司法程序使用定性式语言进行报道。六是案件报道一定要客观公正，尤其是在民事、行政诉讼案件的报道中，不能偏听偏信，也不能偏袒某一方，更不能故意炒作。七是在案例报道中，应当尊重当事人的人格权，保护当事人的隐私权。八是出于人道的关怀，记者不应强行采访受害者，以免对其造成二次伤害。九是报道之后要及时跟进，因为整个案件是动态的，案件本身有一个过程，办案也有一个侦查、起诉、一审、二审的程序，不同的阶段有不同的侧重点和特点，所以报道案件也要随着办案的流程及时跟进，客观地、全面地反映案件的动态进展情况。十是在案件报道中，要注意合理掌握报道分寸，对不适于公开报道的内容要加以必要的过滤和技术处理，不宜详尽地描述犯罪手法，同时要避免将一些特别残酷、恐怖、血腥、淫秽的细节和盘托出，以免对公众造成不良影响。②

---

① 例如，同是关于刑事案件的报道，可以侧重写侦破过程，也可以侧重写犯罪过程；有侧重于写审判过程的，有侧重于写犯罪特点的，也有侧重于写犯罪后果的，还有侧重于写案件引发的思考、挖掘案件背后的原因的，等等。

② 张建新等先生认为，媒体对于案件的报道应把握时机与尺度。第一，对于正在审理和虽审理但未发生法律效力的案件，新闻媒体一般不宜公开报道。对于已经发生法律效力的案件（除法律另有规定，即不公开审理的案件），新闻媒体全面客观地予以采访，人民法院可积极配合。新闻媒体在了解案件全貌及本质的情况下，可以公开报道，但应把握以下两个方面：一是对于涉及案件适用法律有不同理解的，不得轻率发表肯定或否定的结论性意见；二是对确属审理有误的，为维护法律尊严，一般应当在内部提出或反映，不宜公开大肆炒作。第二，对于案件的监督报道，要严格注意案件的事实性和准确性，把握监督和报道的尺度。一是对于没有把握或在案件事实、适用法律上有争议的案件，不要公开报道。二是对于正在侦查、起诉或审理的案件以及尚未做出终审判决的案件，一般只宜报道破案、起诉或审理的消息，不得超越司法程序，抢先报道，更不得利用媒体监督之名，对案件事实、审判程序妄加评议，施加舆论压力。三是对于不公开审理的案件，新闻媒体应受到相应的限制，一般只宜报道案件开庭的时间和案件审理结果以及人民法院生效的法律文书所涉及的内容。参见张建新、翟新、方瑞红《浅谈新闻舆论监督与独立审判的平衡与制约》，《人民法院报》2002 年 11 月 5 日。

五 传媒在报道与监督司法中存在的问题

传媒报道与监督司法，是新闻自由在司法领域的具体实现。传媒的报道或监督并不意味着传媒总是正确的，在主观上也不能要求它必然促进司法公正。当然，毋庸讳言，不适当的传媒报道与监督有碍司法公正，传媒在报道与监督司法中的不适当行为也会形成负面社会影响。那么传媒在报道与监督司法中存在哪些问题呢？笔者认为主要有以下几个方面。

1. 超越司法程序抢先做出定性报道

有些媒体对于正在侦查、起诉或审理的案件，超越司法程序抢先做出定性报道，或者发表带有明显倾向性的评论，导致大众对司法公正的疑虑甚至谴责。比如，2000年1月17日浙江省金华市发生了一起儿子残杀母亲的"家庭暴力案"，这起凶杀案引起了社会各界的震惊，全国有近百家新闻媒体对此案进行了报道。但这场报道从开始到结束，许多媒体并没有很好地发挥新闻舆论监督的作用。在报道的表述中，或多或少地形成了一种情绪化的舆论监督，打破了此案的独立审判与新闻舆论监督关系的平衡机制。在法院还没有审理此案前，媒体就认定是犯罪嫌疑人杀害了母亲，同时还把当事人的姓名、就读学校、母亲的姓名等个人资料全部公之于众，严重违反了《中华人民共和国未成年人保护法》。面对诸多媒体沸沸扬扬的报道，法院承受了过大的舆论压力，失去了独立审判案件的外部条件，而且犯罪嫌疑人也失去了在新闻舆论监督中得到公正的权利。这种现象并非偶然，应当坚决纠正。

2. 煽情性的热炒

近几年来，有些记者打着"为民请命"的旗帜，不顾大局，故意炒作，造成极其恶劣的影响。2001年3月6日发在江西省万载县一小学发生爆炸案，死伤多名师生。公安部门认定是一起刑事案件，一些媒体在案件未侦破以前，就大肆炒作案件的死难情况，给公安机关开展工作造成极大压力，有些失实细节还被国外媒体用来对中国政府进行负面宣传。这种情况下显然媒体不是在帮助司法部门解决问题，而是制造麻烦，起了相反的作用。有些传媒关于案件报道无所顾忌地使用煽情和带有倾向性的话语，极力鼓动人们对罪行的义愤，唯恐受众不愤怒。2001年4月20日至24日，长沙市中级人民法院开庭审理蒋艳萍涉嫌经济犯罪案，前来采访的新闻媒体多达51家，有

100 多名记者。而早在开庭之前，媒体就对蒋案进行了一番"轰炸"，开庭之后媒体关于蒋案的报道更是达到了顶峰。在由此带来司法"透明"的同时，"媒体审判"的现象引起法律界人士的忧虑。① 魏永征先生说：愤怒一旦介入法律，那可能就会造成一场灾难。有些国家对一些重大刑事案件，往往会把涉案人转移到离案发较远的地方去审判，目的就是要避免案发地民众的愤怒激情会影响审判。我们的做法则相反，媒介的一项任务就是"鼓动"，唯恐群众不愤怒。近年来张君案、蒋艳萍案、"小兰"案等大案的新闻报道，之所以会被批评为"媒介审判"，主要就是在于一些报道带有严重的煽情性。② 媒介的非理性炒作，有时达到连法律事实都不顾的地步。2002年 3 月 14 日的《都市快报》上，刊登了记者肖某、汪某撰写的一篇关于姜志根案件的新闻稿，主标题是"上虞法院庭审起冲突"，副标题为"村民指法官打人，法院称法盲咆哮公堂"。当记者来上虞法院了解情况时，事实早已成定论。但为了追求新闻的"轰动效应"，记者置政法委的调查报告于不顾，置人大代表、旁听者的客观评述于不顾，仍写出了看上去"客观"，实际已大大背离事实的"新闻"，造成很大的负面影响。③

3. 显失公正平衡的报道

形成显失公正平衡报道的原因很复杂，有记者本身的因素，有媒体自身的原因，也有来自外界的干扰。来自记者自身的因素主要是图省事、走捷径、走过场、缺乏识辨能力，或者道听途说、捕风捉影，或者溜须拍马、丧失气节，但最为常见的是"有偿新闻"，吃人家的请，玩人家的乐，最后还拿人家的钱，笔尖儿就得听人家使唤，要能求"是"才怪呢。还有一种情况是记者急功近利，追求"轰动效应"，只抓一点、不及其余，结果只能是显失公平，哗众取宠。来自媒体自身的原因，主要是受经济利益驱动，比如接受了人家的"赞助"，或诉讼一方本来就是该媒体的"理事"单位、合作

---

① 早在 2001 年 2 月 14 日，湖南某报发表《一定要看到女贪官的下场》一文，急得蒋艳萍的辩护律师要在媒体上发表"律师声明"："蒋艳萍案尚未开庭审理，法院尚未对蒋艳萍做出有罪判决。该文有关蒋艳萍是贪污 1000 万余元的'女贪官'的结论是不合法的，这不仅侵犯了当事人的人权，而且有碍司法公正。"但"律师声明"几乎没有媒体愿意刊发，而且随着开庭日期的临近，某些媒体对蒋艳萍的"审判"达到极致：有的称蒋为"犯罪人员"；有的"指控"蒋用肉弹轰炸 40 多个厅级以上领导干部；有的称蒋为"三湘头号巨贪"；有的竟以《枪毙还少了》为标题……连街上打字店的老板都议论道：媒体都判了，法院还审什么？参见《司法：如何面对媒体审判》，《中国青年报》2001 年 3 月 26 日，第 2 版。

② 魏永征：《媒体和司法审判：应该如何平衡？》，传媒学术网·专家论坛，2004 年 5 月 9 日。

③ 参见孙奇杰《舆论监督与司法公正》，《人民法院报》2003 年 1 月 15 日。

方等。在这种情况下，媒体不可能以完全中立的报道者或监督者的角色出现，很难做到公正平衡不替这些人说话，往往容易发表带有倾向性的报道，充当一方当事人的代言人。如果说司法腐败容易导致显失公正的判决，那么传媒"腐败"就肯定会出现显失公正平衡的报道，不少媒体受经济利益驱动，在案件未审结之前就刊发有利于一方的稿件就是典型的例证。

来自外界的因素多是人情、友情、亲情、金钱、权力、黑恶势力等方面的干扰，尤其是一些部门或地方的领导，动不动就批条子、定调子，事前打招呼、事后打电话，强求记者所采写的稿件与自己的意图一致，搞得你这也不是，那也不是，要做到客观公正难乎其难。

4. 用道德标准评论法律问题

尹冬桂案的报道是很典型的一例。尹冬桂，女，1953 年出生，湖北省枣阳市原市长，因涉嫌受贿而受审。有的媒体称她为"女张二江"，[①] 用了诸如《女"张二江"今日受审》《女"张二江"当庭翻供》之类的标题，还有的媒体用了诸如《现代潘金莲今日受审》《"潘金莲第二"被警方抓获》之类的标题。媒体将尹冬桂与张二江相提并论，不仅是因为两人同在湖北为官、都是被控受贿，更主要的是指尹冬桂有"生活作风问题"。[②] 传媒监督的道德化话语立场可能会伤及司法公正。传媒监督寻求的是社会正义，与司法公正相比较，它更多时候体现为道德立场上的实质正义。传媒秉持的是道德化话语立场，它更倾向于形成建立在情感性判断基础上的道德结

---

① 张二江是湖北省天门市原市委书记，2002 年因受贿近 80 万元被判刑，不过更令人震惊的是他曾与 107 个女人（包括妓女）发生过性关系，被斥为"五毒书记"。

② 2002 年 8 月 30 日尹冬桂被"双规"后，流传的版本有说"尹冬桂与 100 多个男人有染"，有说"43 个"，有说"20 来个"，甚至还有令人瞠目的数字"308 个"。尹冬桂本人也深知传言早已扩散，她最早被关押在应城看守所，和她关押在一块的有个应城市某镇女干部。那位女干部起初并不知道自己的"狱友"就是尹冬桂，还神秘地告诉她，"你知道吗？枣阳市有个尹姓女市长，既贪财又贪色，搞了无数个男人。"2003 年 6 月下旬，湖北省宜城市人民法院开庭审理尹冬桂案，庭审中并未涉及尹冬桂生活作风问题。面对在社会上传得沸沸扬扬的谣言，6 月 25 日尹冬桂在庭审陈述时说："我特地感谢省纪委在办理我的案子中，澄清了谣言、诽谤，澄清了我的生活作风问题，还了我人生的清白，还了我作为一个女人的人格尊严。"但就是在这种情况下，有的媒体仍聚焦其"与男人有染"的"淫乱生活"，武汉某报的一位前来采访庭审的记者直言，他们当时就是为抓这起"女市长和 100 多个男人有染"的猛料来的。庭审的次日，武汉一家媒体还是以"与多位男人有染，霸占司机 6 年"为引题，以《枣阳有个"女张二江"》为主题，报道了尹冬桂的"生活作风问题"。报道很快被全国各地媒体转载，并且多以"女张二江"为题。参见《"女张二江"系谣言，尹冬桂落泪感谢还她清白》，新华网，2003 年 7 月 3 日。

论。而司法公正所坚守的技术性、理性化、程序化的运作方式，使它有可能
与道德形成断裂与冲突，甚至在一些时候违背实质正义。这是民主社会为司
法公正必须付出的代价。要求司法公正所有时候必须符合实质正义，只是一
种善良愿望而非实际所能。一旦传媒按照自身的道德化立场在司法公正与实
质公正发生矛盾时展开监督，传媒的道德优势会使公众站在传媒一边批评司
法，伤害司法公正。这种时候，传媒对司法公正的侵害程度与传媒监督的力
度成正比。即传媒监督越有力，公众支持率愈高，对司法公正的伤害也就越
大。现阶段，我国公众大多在司法公正与实质正义之间画等号，对司法公正
的局限性认识极为不够。这种情况下，传媒依据道德立场在监督司法中的喧
宾夺主，干涉司法，乃至代替司法主持正义，会加重人们对依靠司法寻求正
义的怀疑，导致人们把实现正义的希望寄托在新闻媒体的监督上，使我们本
来有待加强的法治观念更加弱化，最终会妨害司法公正的确立。传媒对司法
的负面影响，是由传媒本身的特性决定的，我们对传媒不可能像要求司法活
动那样严格。"其实，任何一项制度不可能是有利无弊的，新闻监督所带来
的好处比它造成的危害要大得多，社会从中得益时必然也要付出代价。为
此，全社会包括司法机关对新闻监督应持一种宽容态度。"①

5. 报道与监督的面儿窄，深度报道与监督少

传媒报道与监督司法，绝不限于对案件和司法人员进行报道或监督，完
全可以对一些深层次的问题如现行的司法体制所存在的问题进行监督，应当
深究产生现象的社会根源，应当更多地反思法律制度存在的问题。现在的问
题是，报道与监督的面窄，深度报道与监督很少。当然，也有传媒做了一些
有益的探索。我们以司法鉴定制度为例，应当说这项制度是保障司法公正的
基础性建设，司法鉴定结论作为法定证据之一，不仅本身具有证据功能，而
且具有对其他证据进行判定的功能。但长期以来，我国司法鉴定基本上处于
无序状态，多头鉴定、重复鉴定甚至"关系鉴定""金钱鉴定"的现象时有发
生，鉴定机构大多内设或依附于司法部门，自侦自鉴、自检自鉴、自审自鉴，
一定程度上影响了司法鉴定的独立性和科学性，最终影响到司法公正。对于
我国现行的司法制度所存在的弊端，一些学者和律师时有讨论，有感于此，
《人民公安报》记者李刚采写了一篇题为《司法鉴定：何时不再"诸侯割

据"》的特别报道,① 认为尽快完善我国的司法鉴定制度和鉴定机构体制已经刻不容缓。该报于同月 22 日又刊载了记者安玲采写的一组文章,总标题为《到底你们谁了说算》,从人大代表呼吁为司法鉴定立法,司法鉴定机构乱、人员乱、程序乱、标准乱、收费乱的"五乱"局面亟待改观,司法鉴定立法的时机已经成熟等多方面、多角度探讨了这一问题。② 再如收容遣送制度,孙志刚案案发后,媒体起初揭露的是个案中存在的问题,但随着报道和讨论的深入,逐渐转到反思法律制度层面所存在的问题,最终推动一项新的法律制度出台。这是一例传媒促进司法公正的典型事例。再比如对死刑制度存废的认识,③对法院执行难问题的探讨,④ 对冤假错案难以纠正问题根源的挖掘⑤等,这

---

① 该报道载《人民公安报》2002 年 5 月 14 日。

② 参见《人民公安报》2002 年 5 月 22 日,第 5 版。

③ 死刑作为一种最严厉的刑罚,从 1764 年意大利刑法学家贝卡里亚提出废除和限制死刑的主张以来,世界各国对其存废的争论不绝于耳。近年来我国法学界及司法界的一些人士也常对这一问题反省,参见 2001 年夏《重庆法制报》组织部分法学专家、司法界人士就"死刑制度,存废与否"的问题进行研讨,并以《审视死刑制度》为标题刊载了一些嘉宾的观点。参见 2001 年 9 月 11 日《民主与法制时报》第 15 版转。

④ 例如《法制日报》2003 年 4 月 29 日第 11 版整版刊载了记者李郁采写的专题报道《执行难,天下第几难?》。这篇报道分为五个部分:执行难,三阶段;农村经济赔偿极难执行;地区经济变革引起大量的案件执行难;法院自身问题行(形)成内部掣肘;执行改革,应对难题。同时配发了刘大庆拍摄的四幅图片,题图为被称为"尚方宝剑"的 1999 年中共中央 11 号文件。文前配发的"编者按"写道:"执行难,说了多少年了,但不直接从事法院执行工作的人大多对此不甚了了……如果深入剖析,就会发现执行难是一个社会综合问题。其形成的原因,从大的方面说有政治体制、经济体制、文化观念、法律观念等因素,从小的方面说(有)法院人员素质、工作经费、法律法规等因素。浅层次的原因,经过短期努力就可以改变;深层次的,有赖于长期变革才能解决。换句话说,执行难不是法院一家的事,不是由法院一家的问题形成的,也不是法院一家能够解决的。解决执行难是一个社会工程,需要全社会共同努力,须由政治、经济和司法的深层次改革不断进行才能完成。"

⑤ 例如获第 12 届中国新闻奖消息一等奖的作品《七年上诉冤屈未伸张》,这篇消息说的是河北省唐山市丰润区大令公庄村民 1994 年在村委会选举时,有百余人没投上级指定候选人的票,事后有数十人被县政法机关个别人和村干部打伤、打残,多人遭非法拘禁,村民数十次到各级部门反映问题,均无结果,反遭更加严厉的打击报复。1999 年底,新华社记者采访报道了这一严重事件,多位中央领导作了批示,河北省派出工作组。经过两个多月的调查,查清了事实,各类证据、文件摞起来就有一尺来厚,可受害村民的冤屈竟长达七年之久仍未讨回公道。这则获奖作品最为可贵的是,不仅仅报道这一新闻事实,起到信息的传播作用,而且集中笔墨直指"七年久拖不决"的要害——有关部门用"认认真真"的形式主义,对付中央领导的批示和群众多年的冤屈,指出久拖不决的"大令公庄事件",已绝对不是一般意义上的冤案,也不仅是一个基层民主选举规范问题,而是新形势下干部作风中存在的种种问题的集中表现。记者从数十万字的采访资料中捕捉到最有新闻价值的素材,从 10 多个部门、100 多名采访对象中采集关键的证人证言中,提炼出超越事件本身更为深层的东西。

些都是从深层次上报道与监督司法，对于促进司法公正起到了很好的作用。

6. 报道中的色情、俗气、腥味

一些媒体对某些案件的报道留给人们的深刻教育与启示不多，却不惜篇幅、津津乐道、大肆炒作案中的"情人"艳事，报道格调低下，情节荒诞离奇，内容黄色下流；有的报道连标题都做的粗俗不堪，极具挑逗性，严重地误导社会风气。还有一些媒体不下功夫深入揭示犯罪分子内心世界与犯罪的社会根源，却用庸俗的手法着力渲染与案情关系不大甚至毫无瓜葛的"逸闻趣事"，根本不注意尊重当事人的人格和隐私。2003年刘晓庆因涉嫌偷逃税款被捕后，很多媒体不甘落后，追风报道，内容庸俗不堪。有篇报道中拼凑出刘晓庆的八件"恶心"事：刘晓庆1999年出嫁时说的"我终于长大了"，是"许多人一辈子听到的最恶心的话"；刘晓庆的"年龄之谜"；刘晓庆"力捧两个私生女"；刘晓庆在监狱中"企图逃跑，以头撞墙"等，不一而足。刘晓庆被捕的缘由只是涉嫌偷税漏税，有些媒体却借机大谈她的情人、前夫、冤家以及她的白头发、脸上的皱纹等，低俗不堪。有的媒体把握不住"度"，对哪些该写；哪些不该写；哪些详写，哪些略写；哪些细节具有警示意义，哪些细节不能大肆渲染；没有一个谱，采取纯自然主义的手法描绘，丝毫不考虑受众的感受和社会影响。在近几年报刊发表的案例纪实报道中，还有的报道片面追求轰动效应，夸大其词，渲染血腥与恐怖，如有的记者，虽未亲赴凶杀现场，却将现场描述的血淋淋，腥味十足，让人惨不忍"读"。所以笔者在这里呼吁：新闻在报道与监督司法时，一定要戒色、祛俗、驱腥！

上述问题还只是就操作层面而言，实际上传媒在报道与监督司法的过程中还存在更深层次的问题：如现行规章制度不统一，各地区的规定相互冲突，缺乏一部统一的法律；媒体的行政色彩太浓，主管部门管得太死；有关党政领导动不动就打电话、作批示，干涉太多等。这些问题在深层次上制约着媒体的手脚，也影响着司法的公正。

六 传媒应当如何介入司法

司法追求独立与传媒行使监督均具有宪法依据，司法独立与舆论自由体现着一个社会民主与法治两种等量价值。民主离不开舆论自由，法治不能缺少司法独立。司法独立具有封闭的特性，舆论自由具有开放的特征，后者必然要介入前者，前者却有排斥后者的一面。因此，研究传媒应当如何介入司法、划定两者在实践中的合理限度，进而将司法与传媒的关系纳入法制轨道并依法加以保障和引导就显得尤为必要了。笔者认为，传媒介入司法应确立如下一些规则。

1. 传媒介入司法，应以促进司法公正为目的

传媒应当以正面报道司法为主，传媒对于司法的监督主要应放在以下方面：一是对司法机关内部机制和司法人员非职务违法行为的监督，尤其是司法机关内部机制所存在的一些深层次的问题；二是对司法机关、司法人员职务行为的监督，尤其是对司法腐败现象进行揭露；三是对干预司法机关独立办案的外部势力实施监督，为司法独立和司法公正创造一个良好的外部环境；四是对现行的某些法律制度所存在的一些问题实施监督。传媒要达到促进司法公正的目的，最重要的是信守实事求是的原则，在报道和监督司法过程中，"事"一定要"实"，报道一定要"是"。"事"若不"实"，就失去新闻存在的意义；报而不"是"，就会失去受众的信任。求"实"求"是"既是媒体报道和监督司法的出发点，也是媒体报道和监督司法的目的地。

2. 传媒介入司法，应当遵守现行的法律法规

要求司法机关依法办事，媒体自身也要依法行事。虽然我们现在还没有一部《新闻传播法》，但散见于宪法、刑法、民法、三大诉讼法等诸多法律和法规中的有关规定以及一些相关的规章制度，需要媒体和每位从事新闻工作的人士执行和遵守。传媒在报道和监督中绝不可"触雷"，不能违背法律法规我行我素。传媒应当遵守的法律法规及其政策概括起来分为六大类：一是关于保护公民、法人权益方面的规定，二是关于国家安全和保密方面的规定，三是关于加强媒体管理的规定，四是关于禁止新闻报道过程中不正之风的规定，五是关于违纪违规的警告制度和监督制度，六是关于国际法和国际性条约中的相关规定。

3. 传媒介入司法，应当坚持"四性"原则

一是真实性，真实是新闻赖以存在的最基本条件，也是传媒必须遵循的铁定原则。传媒所报道或监督的事实必须绝对真实，所涉及的时间、地点、人物、事件、原因、结果必须真实无误，所反映背景、环境、过程、细节、人物语言等必须真实可靠，所引用的各种资料和数据必须翔实准确，同时对所反映的事实在整体概括、评价、分析时必须符合客观实际。凡是新闻涉及的每个事实都必须是完全真实的，容不得一点夸张或虚构。二是严肃性，传媒介入司法所使用的资料必须严肃，不能"捡到篮中就是菜"，要进行认真的去粗取精、去伪存真工作，能用第一手材料的绝不使用二手、三手材料，同时要核实材料的真实性，鉴别材料的全面性，注重材料的典型性。写作中不能只追求"惊心动魄"或"趣味盎然"忽略了它的严肃性。媒体不是法官，在报道中不能超越自己的角色定位，不可轻下定论。此外，在对稿件进行通俗化和趣味化处理时，也千万不能忽略了它的严肃性。三是准确性，新闻报道不仅强调选用事实的客观真实，同时也强调报道中涉及的法律内容和法律用语准确无误。美国著名报人约瑟夫·普利策曾说过："一家报纸在其新闻、标题及社论页中最要注意的是准确、准确、再准确。"① 准确性要求新闻采编人员首先要吃透法律，同时在叙说事实时对于人、名、时、数等名词和数据要精确无误，对于所反映的事实经过、情节、因果关系要精确可靠，对于人物的思想、心理活动以及人物的语言要忠实于原貌，对于所引证的资料和语言要翔实有据，对于事件、人物的评价要分寸适当、客观公正。四是公正性，传媒介入司法最大的忌讳就是在稿件中过多地表露出主观倾向，显失公正平衡。要学会让诉讼双方说话，让第三者说话，让专家说话，以免造成当事人话语权的不平等。同时还要注意局部客观公正与整体客观公正的关系问题，有时候发现局部真实是比较容易的，但它却有可能导致整体失实。

朱淳良等先生在阐述这一问题时认为，公正性具体体现在两个方面。一是报道的态度要公正，绝不能从自己的好恶、利益出发，在报道中带有先天倾向性，更不能偏袒一方，打击另一方。特别是在民事、经济等案件的报道中，要对原被告双方不偏不倚，客观公正地报道事实经过和案件审理过程。二是要敢于维护法律的公正，司法公正是社会公正的最后一道屏障，如果通过司法程序讨不到公正，那么人们就会对社会公正产生怀疑。我们国家司法腐败仍然存在，执法不严、执法不公甚至贪赃枉法、徇私枉法的情况时有发生，遇到这种情况，传媒就应该挺身而出，维护法律的尊严，捍卫法律的公正。②

4. 传媒介入司法，应当规范自身的行为

传媒要规范自身的行为，就要时刻记住自身的位置与职责，要给自己的角色作准确的定位，做独立、公正、超脱的旁观者，树立距离意识，保持足够的冷静，不要急于做评断、下结论。传媒只能充当传递员、监督员、评论员，不能充当法官、裁判员。关于媒体如何规范自身的行为，徐迅女士根据法律已有

① 转引自徐向明编《中外新闻名家名言集》，南京大学出版社，2003，第116页。
② 参见肖义舜等《法制新闻学》，法律出版社，2001，第10页。

的规定和以往的经验教训提出 10 条意见,① 值得我们高度重视。传媒要规范自身的行为,就要坚决扫除有偿新闻等腐败现象,加强管理,廉洁自律。既不能发生拿了赞助就偏袒或替当事人说话的情形,也不能发生像 2002 年 6 月 22 日山西省繁峙县义兴寨金矿爆炸事故后记者收受贿赂的情形,更不能发生像 2003 年 9 月 4 日湖南省娄底市中院开庭审理"湘中名记"伍新勇涉嫌抢劫、诈骗的事例。传媒要规范自身的行为,就不能想报道什么就报道什么,想怎样报道就怎样报道,必须服从和服务于国家改革发展稳定的大局。履行舆论监督职责虽然是新闻媒体的重要职能之一,但要把这项工作做好也有个到位和越位的问题:到位是说,履行可以履行也应该履行的责任,扶正祛邪,激浊扬清,体现人民的意志和心声;越位是说,不能利用新闻发布的特权越俎代庖,当法官、当裁判、包打天下。舆论监督的出发点和落脚点是主持社会正义,维护人民利益,化解消极因素,促进实际工作,从根本上维护国家改革发展稳定大局,而不应该有别的目的。刻意甚至恶意炒作不是监督,与监督的本意背道而驰。

5. 传媒介入司法,应当是善意的和建设性的

媒体具有引导功能,传媒报道审判活动时要有选择、有分析地进行报道或评论,并应当考虑社会承受能力,考虑社会效果,要尽力化解不良社会情绪,维护司法机关的公信力,维护社会稳定。刘祖禹先生认为:"我们在新闻传媒上进行舆论监督,必须恪守以下一些原则:与人为善,要批评、解决的问题必须是上下都认为要解决而且可以解决的问题;事实准确,出以公心,不感情用事等。有些问题可以通过内参反映,不是所有问题都得通过传媒公开的舆论监督不可。这些,都是保证舆论监督正常、正确开展的必要条件,是我们对舆论监督进行控制的底线所在。"② 媒体要做到善意,报道中的语气就不能居高临下、颐指气使,要心平气和、与人为善;不能对司法人员进行恶意的人身攻击和人格侮辱;不可损害当事人的道德形象,不可损害法人的信誉。近年也出现了媒体对司法胡"监督"、乱"曝光"的现象,干扰正常的司法活

---

① 徐迅关于媒体自律的 10 条规范是:一是媒体不是法官,媒体不应在案件判决前做出定罪、定性的报道;二是不应指责诉讼参与人及当事人正当行使权利的行为;三是对案件报道中涉及的未成年人、妇女、老人和残疾人等的权益予以特别的关切;四是对不公开审理的涉及国家机密、商业秘密、个人隐私案件的案情,不宜详细报道;五是不针对法庭审判活动进行暗访;六是平衡报道,不做诉讼一方的代言人;七是评论一般应当在判决后进行;八是判决前发表的质疑性、批评性评论应当谨慎,限于违反诉讼程序的行为;九是批评性评论应当抱有善意,避免针对法官个人的品行学识;十是不在自己的媒体上发表自己涉诉的报道和评论。

② 刘祖禹:《说说社会新闻》,《新闻战线》2003 年第 5 期。

动。有的法官反映，有的记者还未立案就"发号施令""指挥办案"，如不从命就"曝光"；有的记者未经合议庭法官同意擅自采访庭审，随便出入法庭；有的记者听信一方当事人的一面之词，便"为民请命"，对法院"兴师问罪"；有的记者为了追求轰动效应，不惜夸大事实，贬低办案的法院和法官。媒体要做到善意，就必须注意在报道中核准事实、恰当用词，如指称某妇女不贞、通奸、淫荡，或者失实报道一位普通妇女被强奸，或者指责报道对象有酗酒、吸毒等不良习性以及虚伪、爱吹牛、不忠实于朋友的行为，都会损害当事人的道德形象。许多贬义词是引起诽谤诉讼的导火线，如造谣生事者、流氓、恶棍、告密者、黑帮等。此外，贬损他人的能力、损害他人的生意和事业，在事实难以确定或不确定的情况下，称某人患有"令人作呕的传染性疾病"，如麻风病、鼠疫、霍乱、艾滋病，或者称某人有精神分裂症、心理变态等，都有可能损害当事人的道德形象，招致指控。那些肆无忌惮地报道和渲染贪官所谓的"生活作风问题"和其他隐私的报道，也可能涉嫌侵犯他们的名誉权和隐私权。此外，如失实报道某公司违法经营、欺骗顾客、信用危机、资不抵债等，都会损害该公司的信誉，构成侵权。还有，在报道中要注意不伤及无辜，如报道某犯罪分子的堕落和犯罪过程中，不要透露其未参与犯罪的妻子、儿女的名字，否则会给他们带来难言的损害。恶意和攻击性绝不是传媒报道和监督司法应采取的态度，媒体要不断强化自身的法律意识，养成尊重司法、尊重报道对象的习惯，维护司法公正。①

① 孙奇杰先生认为，新闻媒体监督法院审判工作应遵循四条法律原则。第一，维护法律权威原则。这是新闻媒体监督法院审判工作的基本准则。记者应充分尊重审判活动，避免干扰审判，确保司法独立。在庭审采访要服从法庭指挥，维护法律的严肃性和权威性。对审判过程的报道要慎重、严谨，可以客观报道审理的进程及一些背景资料，但对正在审理中的案件不作评述性报道，应偏不倚，避免倾向性，不得充当诉讼一方当事人的代言人。第二，客观真实性原则。真实性是新闻报道的基本要求，也是司法实践的基础，因此可以说，舆论监督的真实性是一种法律要求，舆论监督必须建立在新闻来源和新闻采写的客观真实的基础之上。作为新闻媒介的权利和责任，记者要遵循新闻职业道德，坚持客观、真实的原则，向社会公众报道真实的审判过程，在报道中绝不能有意炒作，不追求耸人听闻的情节。第三，无罪推定原则。无罪推定是刑法的一项基本原则，即未经法院审判，对任何人都不能确定有罪，一个人是否有罪的判决权在法院。新闻自由不能侵犯到司法独立，不能违背"无罪推定"的原则，因此，新闻媒体在法院做出判决前严禁作出有罪或无罪的表述。第四，与程序共进原则。1985年中宣部、中央政法委曾发出《关于当前在法制宣传方面应注意的几个问题的通知》规定："不超越司法程序予以报道，更不能利用新闻媒介制造对司法机关施加压力的舆论。"《中华新闻工作者职业道德》第三条第四款也规定："维护司法尊严。对于司法部门审理案件的报道，应与司法程序一致。"这些能避免"媒体审判"的规定，应严格执行。参见孙奇杰《舆论监督与司法公正》，《人民法院报》2003年1月15日。

此外，传媒介入司法还应当是建设性的。所谓建设性，是说不是为揭露而揭露、为批评而批评，而是就司法实践中存在的疑点、难点、盲点、普遍性问题或倾向性问题进行分析与解剖，探讨解决问题的思路、途径和方法，进而提出解决问题的对策。例如，笔者撰写的《透析中国诈骗大案》《司法腐败面面观》《中国绑架犯罪报告》①《腐败升级：官场陷害与谋杀》②《扫黑：任重道远》③ 等。

（原载《社会科学论坛》2005 年第 6 期）

---

① 分别载于中国新闻社《视点》2000 年第 4 期、第 12 期，2001 年第 3 期。
② 参见刘斌《腐败升级：官场陷害与谋杀》，《法律与生活》2000 年第 6 期。
③ 参见刘斌《扫黑：任重道远》，《中国商法》2000 年第 10 期。

权力还是权利

——采访权初论

一 采访权的性质

采访权是指记者在工作中享有的、在法律规定范围内不受限制地收集信息的权利。其含义是：在公开场合或特定场合，记者有自主采集、访问的权利，他人不得干预；对负有特定信息公开义务的主体，记者有向其索取信息的权利。[①] 关于新闻采访权的性质，学术界也有多种提法。国内学者主要有以下五种观点。

第一种观点认为采访权是第四种权力。国内持有此种观点的人认为，新闻媒体享有这种权力，并把公众舆论对社会的监督称之为"第四种权力"。并称，没有第四种权力，就没有新闻正义。

第二种观点认为采访权乃权利而非权力。例如，魏永征先生认为："新闻工作者的采访权乃权利（right）之权，而非权力（power）之权。采访权是记者有自主地通过一切合法手段采集新闻材料而不受干预的权利。"[②] 杨立新先生认为："采访权是新闻权的组成部分，新闻权是由采访权和报道权构成的。新闻权的权利来源是我国《宪法》规定的新闻自由，既然如此，采访权当然是一种与义务相对应的权利，而不是具有国家强制力的权力。"[③]

第三种观点认为新闻采访权是权力、权利二者特征兼而有之。例如，王

---

① 学术界也有不少人士认为，采访权是指"所有新闻媒介及其记者均拥有根据自身特点自主地采访受众关心的一切社会生活，尤其与公众利益密切相关的事件的权利"。参见 1998 年 10 月 2 日《中华新闻报》。

② 参见《记者同被采访个人的平等关系·二说记者的采访权》，《新闻三昧》2000 年第 3 期。

③ 参见《隐性采访的合法性及其法律保护》，《检察日报》2000 年 2 月 18 日。

松苗先生认为："它不纯粹是一种民事权利，而且具有行政权力的性质。"①于扬先生认为："记者的采访权应该是一种具有特别性质、特别内容的权力，不能等同于一般的民事权利。"② 万春先生认为："就中国目前新闻媒体（主要指党报、机关报等主流媒体）的官办性质以及是党和人民喉舌的特性看，可以说权力、权利二者特征兼而有之……我国新闻媒体的采访报道行为具有双重属性特征，其主要属性是自由权利，但在有些情况下又有某种权力的特征。"③

第四种观点认为新闻采访权本质上是一种社会权利。例如，戴丽先生认为，新闻采访权既不是国家权力，也不是个体权利，更不是权力与权利二者兼备，它本质上是一种社会权利。何谓社会权利？按照童之伟在《国家结构形式论》一书中的解释，可以简单描述为"公民权利＋国家权力＝社会权利"。事实上权利与权力根本不属于同一范畴的价值属性，他们之间没有同一性，公民权利是国家权力存在的目的，国家权力源于公民权利，从属于公民权利，是从公民权利派生出来的。这种提法忽视了权力之间、权利之间、权利与权力之间的价值冲突。社会权利的内涵是个体权利的集合体。简言之，社会权利即社会主体以其拥有的社会资源对社会的支配影响力。新闻采访权作为公民社会舆论表达的一种表现形式，以其拥有的社会资源对社会发挥其舆论功能，是公民行使知情权的权利集合体，也是一种社会权利。④

第五种观点认为，新闻采访权既是一种社会权利，同时也是一种政治权利。例如，刘自贤先生认为：采访是记者工作最为重要的内容，采访就是记者的劳动，采访权就是记者的劳动权，劳动权从法律属性上讲，就像休息权、生活保障权、健康保护权、受教育权等权利一样都归属为社会权利。就新闻采访权来说，它除了是一种社会权利外，还是一种政治权利：它是言论自由权利的逻辑演绎，它承担实现新闻媒体政治功能的作用，它是国家和社会的政治需要。⑤

笔者赞同采访权是一种社会权利的提法，但要补充说明的是这种权利具有公共权利的性质。所以完整的提法应当是：记者的采访权是一种社会公共权利。首先，采访权不能等同于知情权，知情权是言论自由等政治权利的逻

① 参见《新世纪媒体如何从容行使"监督权"》（文中转述光明日报社黄晓博士的观点），《检察日报》2001 年 1 月 4 日。
② 参见《丰台公安分局副局长：欧阳事件不会不了了之》（文中转述新闻出版总署于思珂司长的观点），《京华时报》2002 年 4 月 2 日。
③ 参见《隐性采访的法律问题》，《新闻记者》2000 年第 3 期。
④ 参见《新闻采访权性质刍议》，《新闻记者》2003 年第 11 期。
⑤ 参见《新闻采访权的政治性质》，《新闻记者》2004 年第 5 期。

辑演绎，采访是实现知情的手段，采访权的行使是为了知情权的实现。公民个人要行使宪法赋予自己的各项政治权利，就需要知情；要做到知情，就需要有信息来源；信息从何而来，渠道虽然有多条，但通过媒体获悉是最常见、最方便、最主要的方式；媒体如何获取信息，就要靠记者的采访。因此，如果我们承认社会权利是个体权利的集合体的话，那么记者的采访权是一种社会权利就不难理解了。其次，采访权不是记者个人的民事权利或"私事"，它与普通民众的私权也不同，记者的采访不是只为某一个体，而是为了公众，是为了满足公众对各类最新信息的认知，目的是使公众的知情权得以实现，记者的采访实质上是在代表公众行使一种职权，因而采访权同时具有公共权利的性质。换句话说，公民依法享有的言论出版自由权利需要借助大众传媒来实现，人们通过媒体了解国内外的重要新闻，实现了知情权；人们通过媒体对新闻事实发表意见，实现了表达自由。于是，新闻媒体的采访报道并不仅是其本身的权利，而且是社会大众在行使言论和出版的自由。正是在这个意义上，新闻媒体成为实现公民言论和出版自由权利的社会公器。

这里需要指出的是：采访权是保障记者实现媒体新闻职能的一项基本权利，但记者的这种职业权利不是一种超越性的特权，它与国家司法机构或行政机构所行使的司法权或行政权不同，不表现为权利人可以向采访对象指令做什么或不做什么，采访权利不具有强制力；另外，采访权不是一般的私权利，不是个人的权利，而是一种社会公共权利，这一权利是受国家法律保护的，是以法律规定某些部门或机构来承担相应的义务的形式予以保障的。此外，按照现代法治观念，权利总是相对的、有条件的，我国《宪法》第51条规定：中华人民共和国公民在行使自由和权利的时候，不得损害国家的、社会的、集体的利益和其他公民的合法的自由和权利。因此，记者在行使其职业权利时不得滥用，一切行为必须在法律许可的范围内进行。

二　采访权的权源

国际上有许多法律都有这样的表述：公民的表达权实际上不仅仅是狭义的"表达"，还包含了"寻求"（seek）、"接受"（receive）和"给予"（impart）的权利，即包含了知情的权利。[①] 保障表达自由必须同时保障表达

---

① 例如《世界人权宣言》《公民权利和政治权利国际公约》《欧洲人权公约》等。

者获取外界信息特别是国家和社会公共事务信息的权利，表达必须以他人为接受对象，保障表达自由又必须保障他人接受表达内容的权利。这是因为"知情"是"表达"的前提，不"知情"就难以正确"表达"。基于这样的推论，知情权就被认为是从表达权中引申的一种"潜在"权利，或曰一项衍生权利。表达权的内涵要大于知情权，记者的报道权、评论权、批评权等权利直接源于公民的表达权，我国宪法明确赋予公民表达权，由表达权衍生出知情权，记者采访权即源于由表达权衍生出来的知情权。

知情权的基本含义是公民有权知道其应该知道的信息，国家应当保障公民在最大范围内享有获取各种信息的权利，特别是有关国家政务信息的权利。知情权是公民以"知悉、获取信息"为自己实体性的权利要求和利益目标，即公民作为权利人在法不禁止的范围内可以自主地知悉、获取信息；义务人依法主动或应权利人要求公布、告示、提供一定的信息。徐显明在《应以宪法固定化的十种权利》一文中认为：知情权是现代民主制度及信息化社会的基础性权利，政治活动如果被认为是公共产品，那么该产品的生产进程及工艺与成分，获得产品的人就有权知悉。①

知情权是当今社会的一项基本人权，依法知悉和获取信息，是人按其本质应享有并不容侵犯的一项基本权利与自由。在现代社会中离开了对信息的自由选择和获知，人就丧失了自身同社会联结的纽带，失去了自立于现代文明社会的起码资格。② 同时，知情权是公民行使一切自由权利的基本前提，是民主宪制的基础要素，是信息社会运行的基础，也是监督政府的基本条件之一。没有知情权，公民的言论自由权、选举权、参政权都是一句空话。③知情权是公民实现民主权利的基础，也是保护公民合法权益不受侵犯的重要手段。知情权的范围非常广泛，但是政府决策行为的公开、公正和官员的行为品德廉洁是知情权实现中最为重要的方面。

在现代社会中，随着政治多元化和社会信息化，公民知情权的有无和多少成为衡量一个国家民主自由程度和信息化程度的重要标志之一。但由于现代社会公共事务纷繁复杂，人们直接获取信息的能力又有限，所以公民依法享有的这种言论出版的自由权利需要借助大众传媒来实现。人们通过媒体了

---

① 参见《南方周末》2002 年 3 月 14 日。
② 宋小卫：《略论我国公民的知情权》，《法律科学》1994 年第 5 期。
③ 李剑宏：《公民知情权必须得到保障和实现》，《燕园评论》2003 年 6 月 27 日。

解国内外的重要新闻，实现了知情权；人们通过媒体对新闻事实发表意见，实现了表达自由。因此，媒体的采访报道并不仅是其本身的权利，而且是社会大众在行使言论和出版的自由。正是在这个意义上，新闻媒体成为实现公民言论和出版自由等权利的社会公器。

知情权的获得须借助信息的自由流动。当社会信息能够通过各种渠道自由流通和公开传播的时候，知情权才可能成为一种现实的、可以实现的东西。从知情权的内涵和本质上看，公民知情权的获得，首先需要政治信息和社会公共信息的公开、透明，需要了解政府决策、施政及各种工作情况的信息，了解立法和司法情况的信息，了解与其利益相关的其他各种社会信息。从这个意义上说，增强政府工作信息和社会公共信息的公开性与透明度，是维护公民知情权的基本条件，也是出于促成政府民主施政、维护社会进步发展的需要。

享有与行使知情权的基本形式之一：公民在法不禁止的范围内以有偿或无偿的方式自由地选择、获知各种信息。这是实现知情权基本的、普遍的形式，属于自由权的实践范畴。就一般情况而言，当知情权以自由权的形式被公民合法享有和行使时，国家的有关部门以及其他义务人处于"被动"状态，公民既不能被强迫接触法律禁止接触的信息，也不能被禁止知晓法律许可知晓的信息，否则便构成对知情自由的侵害。

享有与行使知情权的基本形式之二：公民通过各种渠道享受国家机关和其他公共团体依法提供的信息服务。在这里，法律并未直接赋予公民要求国家的有关部门或有关社会组织提供信息服务的权利，但具体规定了国家的有关部门和有关的社会组织告示公众或向公众传达信息的职责与义务。公民获知信息的权益要求，通过国家的有关部门和其他社会组织尽职尽责地履行信息服务的义务得以满足。与这种权益现象相联系的法律关系所直接保护的，往往是公众的知情利益而非公民个人的知情权利。

享有与行使知情权的基本形式之三：公民依法直接要求义务人为其获知信息提供服务，或依法诉请行政、司法部门排除侵权损害，救济利益缺失，合理地仲裁、解决当事人之间的争端与纠纷。前者如公民依据《档案法》的规定到档案馆查阅档案，依据《消费者权益保护法》的规定要求经营者提供商品的价格、规格、主要成分、检验合格证明等有关情况，后者如股份有限公司未按照《股票发行与交易管理暂行条例》的规定履行有关文件和信息的公开、公布义务，给公民造成了经济损失，公民就可以依法请求侵权者承担民事赔偿责任。公民在提出上述权利主张时，只要有明确、具体的法律依据，具备主张权利的要件并遵循相应的法律程序，一般就能平等地获得有关的知情权利。

知情权的实现有多种途径，但对于大多数公民来说，最直接、最迅速、最多的情况是要依靠新闻媒体。换句话说，新闻媒体是公民实现知情权的主渠道。新闻媒体要肩负起这一使命，就离不开记者的采访，记者的采访权就源于此。概括来源，即：

宪法 ＞ 表达权 ＞ 知情权 ＞ 采访权

此外，公民同媒体、记者的关系在性质上与公民同政府、公务员的关系是不同的，前者是权利实现的问题，后者是权力行使的问题。依据我国的《宪法》第 2 条的规定，"中华人民共和国的一切权力属于人民"，但是人民不可能人人都来行使管理国家的权力，需要把权力授予少数人，由他们代表人民组成政府来管理国家；另一方面，人民还要实现对于国家和社会事务的知情权利，还要实现对国家机关和国家工作人员的批评权利和建议权利，但是公民个人不可能具备知悉一切社会事务的客观条件和物质条件，也不可能人人都到政府机关或社会各界去了解情况，于是就通过多种方式来实现对于国家和社会事务的知情权利及对国家机关、国家工作人员的批评权利和建议权利。在诸多的方式中，新闻媒体充当着主要的角色。新闻媒体的作用就是帮助公民将这些权利规定变为现实，媒体是享有法律意义上的获取信息、舆论监督权利的主体，这也就是新闻记者能够行使采访权的缘由。

三 采访权实施中的几个问题

采访权是记者工作之必须，是行使公众知情权的客观要求，也是记者最重要、最核心的职业权利。要满足公众的知情权，记者必须为公众提供客观、真实、全面的信息；要提供客观、真实、全面的信息，记者就必须做深入细致的采访。目前，记者在实施采访权的过程中所遇到的最大问题是没有一部专门的法律可依，除此之外，经常还会出现或碰到一些形形色色的问题。这些问题概括起来讲，主要有如下六个方面。

1. 采访被拒绝

采访，尤其是一人在外单独采访，这是一名新闻记者的基本功。在采访过程中，记者要和各类人士打交道，以法制新闻记者为例，他们经常采访的对象有党政干部、法官、检察官、公安及司法干警、企事业单位负责人或员工、犯罪嫌疑人或囚犯、案件的当事人或证人、法学专家或学者等，各类人士闲忙不同、个性各异、观点不一、角度不同，采访的场合、方式也不尽相同。比如采访一个案件，有的采访对象需要事先相约，否则就会扑空或被拒之门外；有的由于案件的突发性或时间的紧迫性不能或来不及相约，需要直扑案发现场采访当事人或相关人士；采访中有人愿意接受采访，有人不愿接受采访，有人虽然接受采访却不予积极配合，还有人千方百计设置关卡阻碍采访。面对不同职业、不同身份、不同年龄、不同性格、不同性别、不同民族、不同信仰、不同文化素质的采访对象，记者要在有限的时间内达到采访的目的，确实不是件轻而易举的事情，需要丰富的实践经验和灵活的方式方法。尤其是当采访遭到拒绝时，需要冷静地分析其原因，概括起来原因主要有四种类型。①采访触犯了采访对象的既得利益，可能影响到采访对象的官运或前途，他们往往用拒绝采访的方式来对抗，特别是在对重大事故和非法行为的采访过程之中，除了从事违法行为者会拒绝新闻采访外，通过不正当手段获利的既得利益群体也会拒绝新闻采访。②采访如果触犯采访对象的合法权益，同样会遭到采访对象的拒绝。例如，南京某报在报道一起刑事案件的侦破过程中，将其中的某些细节做了过于详细的描述，触犯了采访对象的合法权益。[①] 再如刑事案件中的受害人，尤其是像强奸案件中受害人的隐私，或案件中涉及未成年人等，采访中要特别注意尊重他人的名誉权、隐私权及其他合法权利。常有这样的事例：记者在采访中因触犯他人的合法权益而遭到拒绝，却不知道自己遭受拒绝的原因，反而为自己采访遭受拒绝鸣不平。③采访应当讲究技巧，不适当的采访方法，也会遭到采访对象的拒绝。例如，不当的提问，就会令人心生厌恶，最后选择远离记者。除了采访方法和技巧的改进外，新闻记者内心深处的人文关怀意识，也是开展好新闻采访的重要条件。甚至可以说缺少人文关怀意识，也是令新闻采访遭受拒绝的重要原因之一。④采访遭到拒绝还与采访的时间、地点、场合不当有关。例如，采访对象正处于紧张的工作之中，未经许可的采访就可能遭受拒绝；再如当消防队员在灭火现场忙于灭火时，新闻记者前去采访失火的原因等显然是不合适的。此外还有许多社会

---

① 南京某大学女生（真实的校名、年级、姓名等）主动向公安机关报案，使从武汉流窜到南京来躲避追捕的犯罪嫌疑人、该生的男朋友被捉拿归案。该女生的举报行为在此之前并不为其他非办案人所知。而该报道的发表，使该女生的隐私权受到侵害，其生命权也处于潜在的危险之中。

心理等方面的因素。因此，当采访遭受拒绝时，作为新闻记者也需要反省自己的新闻观念和采访行为。① 采访遭遇婉拒或谢绝的原因还有如下几种：一是采访对象怕"露富"、怕"出头"；二是采访对象怕泄露"商业机密"；三是采访对象有难言之隐，认为记者所要报道的内容，会对他产生不利，所以不配合、不支持；四是采访对象一时太忙，没有时间接待采访，或者采访对象正面临棘手问题，没有心思接受记者采访。

2. 采访中被腐蚀

新闻记者经常性的要外出采访，采访中有人会对记者巴结逢迎，住豪华宾馆，吃山珍海味，游名胜古迹，还可能对记者释放"糖弹""肉弹"。比如：有的机关、单位或个人为宣扬自己，有的公司、厂矿为了某种商业目的，有的腐败分子为躲避舆论监督，有的邪恶势力为逃避舆论揭露，都可能会千方百计对前来采访的记者拉拢腐蚀。② 有的记者经不起拉拢腐蚀，吃了人家的嘴软，拿了人家的"理"短，倒在糖衣炮弹的攻击之下，成了视而不见的瞎子，充耳不闻的聋子，一言不发的哑巴。③ 更有甚者，有的记者公

---

① 参见顾理平《新闻采访遭拒原因探析》，《新闻战线》2002 年第 3 期。

② 2001 年 11 月 18 日晨，山西省沁水县郑村镇湘峪煤矿发生一起死亡 14 人的井下瓦斯爆炸事件，事故发生后有关部门竟隐瞒不报，甚至在被举报后仍然隐瞒真情。山西晚报 4 名记者获悉后连夜赶到该矿，却遭到门房工作人员的阻拦。记者以寻找亲戚的名义强行入内，终于找到出事的井口，正在井口的沁水县公安局赵（留柱）副局长告诉记者：当时井下共有 17 名矿工，除 4 人遇难外，其余均已获救，马上就要验尸。记者一直等到 19 日凌晨 1 时半仍不见尸体出坑，凌晨 2 时 5 分，一名姓杜的法医忽然告诉记者，上级有令，不验尸了。与此同时，一名姓王的中年男子向记者提出：愿以 4 万元为条件让记者走人。记者与之委婉周旋，直至早晨 7 时 20 分"脱离"此处，亦未见到遇难者的尸体。其间记者的所有行动均被盯梢、跟踪，甚至解手时都有人"护卫"。参见 2001 年 11 月 22 日《山西晚报》原国堂文。

③ 2002 年 6 月 22 日山西省繁峙县义兴寨发生金矿爆炸事故后，当地负责人和金矿矿主为隐瞒真相，分别对采访事故的一些新闻单位记者送了现金和金元宝，其中，新华社山西分社记者鄯宝红、安小虎分别收受现金 2 万元、金元宝 1 个（价值约 2400 元），记者王东平、谭旭各收受金元宝 1 个（价值约 2400 元）。2002 年 7 月 10 日，安小虎向太原市廉政账户上交 20800 元。在采访事故前后，《山西经济日报》《山西法制报》和《山西生活晨报》3 家新闻单位的 7 名记者收受矿主杨治兴等人送的现金共 4.5 万元，其中：《山西经济日报》记者苏勇收受 8000 元，《山西法制报》驻忻州记者站站长刘玉柱收受 8000 元，《山西法制报》驻忻州记者站记者白建芳收受 7000 元，《山西法制报》驻忻州记者站记者闫珍寿收受 7000 元，《山西生活晨报》记者魏停收受 5000 元，《山西生活晨报》记者樊武杰收受 5000 元，《山西生活晨报》记者郭龙收受 5000 元。山西省纪检监察部门根据党纪政规的要求，对以上 7 名记者分别做出处理。中纪委驻新华社纪检组和社监察局专门成立调查组，对 4 名记者的违纪问题进行了调查。根据调查结果，决定给予鄯宝红开除党籍、开除公职处分，给予安小虎开除留用察看处分，分别给予王东平、谭旭党内严重警告处分。

然索贿、进行敲诈勒索，其恶劣行径令人厌恶。①

3. 采访受到干扰或威胁

采访中还会有人给记者施加影响和压力，这些影响和压力有的来自家属亲戚，有的来自同事朋友，有的来自采访对象所在机构的领导，还有的来自自己的顶头上司或上级机关的领导，或当面施压，或打电话，或批条子，干预正常的采访活动。② 当舆论监督涉及某一监督对象及其所管辖的地区或所分管的工作时，他们会千方百计"捂盖子"，派出"消防队"软硬兼施，或奔走游说，或以钱物疏通。③ 这些对象奔波说情的原因很多：有的是怕批评

---

① 2003年9月4日，湖南省娄底市中级人民法院开庭审理"湘中名记"、原娄底日报社政法记者伍新勇涉嫌抢劫、诈骗、挪用公款及非法持有枪支案，当地媒体同时披露的伍新勇"独特"的犯罪手法：精心设下"色情陷阱"，引君入瓮，并以此来要挟和控制当地一些官员，达到牟取非法利益的目的。2002年底至2003年1月，孙振在担任某报社热线部记者期间，利用职务之便，在负责采访某电信发展总公司综合信息台时，以发展总公司在开办"体彩""福彩"声讯台中弄虚作假、欺骗公众相要挟，索要18万元。2003年1月23日，孙振在北京市崇文区一铁路桥便道收取发展总公司给其的15万元后被抓获，当场收缴15万元。2003年9月18日，北京市第二中级人民法院终审裁定：驳回以曝光相要挟，向采访对象索要钱款18万元的原京城某报社记者孙振的上诉，维持丰台法院一审判决以受贿罪判处其8年有期徒刑、赃款15万元发还电信发展总公司、没收起获的《揭开体彩、福彩声讯抽奖骗局》《身份证查询户口底票》《中奖名单》等材料的判决。

② 中央电视台栏目主持人敬一丹在2003年8月26日的一次座谈会上对温家宝总理说，《焦点访谈》1998年舆论监督的内容在全年节目中所占比例是47%，到了2002年降为17%。这其中一个原因是舆论监督的环境在变化。虽然舆论监督的力量在加大，但干扰也在增强。现在，舆论监督类的节目几乎无一不遭遇说情。说情已经从熟人老乡出面发展为组织出面，制片人、台长不得不用大量精力应付说情，有的节目就在这种环境下夭折了。这使《焦点访谈》的特色不那么鲜明了，有的观众的心情也从期待变成了失望。

③ 新华社浙江分社记者慎海雄谈到这样一件事：1998年，我经过内部调查，就浙江台州建行发生的400多万元资金被诈骗问题，采写了一篇内参，引起中央领导关注。不料当时台州建行的行长为了摆脱压力，千方百计要我写个正面报道。他委托当地一个据说当时台州最大的老板企图来"摆平"我，并设置了种种圈套拉拢的方法。他说上次那个事情还请你多关照，解铃还须系铃人，我路过这里，别人让我顺便带点东西给你，你收下吧，也不是我的东西。我马上打开一看，有一个钻戒，数一数还有几万块钱。我说不行，这个东西你拿回去，他说又不是我的东西别人让我送的。我说你不收回去，我马上就给它扔到马路上去。他说你这个人怎么这样子。针对这名老板和当时台州建行行长的不正常行为，我不仅没有写一个字的正面报道，还根据掌握的情况，专门找建行浙江省分行、省公安厅等部门的领导当面反映，引起了有关领导同志的重视，这名行长当即被调离。次年，在多方关注下，震惊全国的浙江台州温岭市黑社会性质团伙案被侦破。这个团伙的罪状之一就是资金诈骗，涉案"黑老大"正是当时千方百计要"摆平"我的那个老板，已经调离的台州建行行长后被判了20年刑。慎海雄，1967年出生，1989年毕业于杭州大学，毕业后在新华社浙江分社工作，连续十年获新华社内参报道先进个人奖，2002年获范长江新闻奖。

报道影响了自己的政绩；有的是怕媒体曝光失去"乌纱"；有的是害怕"拔出萝卜带出泥"。当记者不吃这套时，他们除了不予配合外，可能会"横挑鼻子竖挑眼"，"扣帽子""打棍子"，实施各种各样的打击报复行为。例如泌阳县某领导就说："谁写泌阳的批评稿，谁就是泌阳的背类！"该县广播电台记者魏家强因在地区党报发表了一篇批评稿件被开除。① 再如，三门峡市某报记者刘建国因报道本系统的负面新闻被辞退；② 江西某县摄影记者詹晓东在《人民日报·华东新闻》发表本地万人聚赌，并有小学生参与的新闻照片被调离报社；③ 湖北枝江广播电台记者陶顺贵因采写该市某镇有些人挖掘长江大堤"寻宝"、危及大堤安全的报道被迫离开记者岗位，电台台长也被调离。④ 在采访中，有些采访对象也可能出言不逊、强词夺理、恐吓威逼，还可能诬陷谋杀。著名记者王克勤、曾华锋因采写揭露黑幕的报道遭到威胁恐吓就是典型的例证。⑤

4. 因采访而被殴打伤害

近几年来，记者因采写舆论监督方面的稿件被围攻殴打的事件频频发

---

① 参见《经济日报》1998 年 6 月 10 日。

② 参见《上海法制报》1998 年 11 月 13 日。

③ 参见《人民日报》2000 年 2 月 18 日。

④ 参见《人民日报》2001 年 3 月 22 日。

⑤ 王克勤，原系甘肃经济日报新闻部主任，2001 年 2 月 3 日《中国经济时报》刊载他与王宏合写的新闻调查《兰州证券黑市狂洗"股民"》，同年 10 月 17 日《西部商报》又刊发了他撰写的新闻调查《公选"劣迹人"引曝黑幕》，两文发表后均分别受到朱镕基、温家宝、李岚清等人的批示，先后逮捕犯罪嫌疑人 160 余人，为兰州股民挽回数亿元的经济损失，在全国范围内引发了一场声势浩大的铲除证券黑市的运动。但这两篇报道给王克勤带来的是：有人到省政府状告他"诈骗股民""制造社会动乱"；黑道老大传言要用 500 万拿下他的人头；家中不断接到恐吓电话，都到腊月二十三了，他不得不把老婆孩子送到外地躲避；过年时接到要血洗他家的传呼和电话，以致公安部门派出 4 名荷枪实弹的警察驻在其家中守护；本人被原单位除名等。2002 年 1 月，王克勤调至北京《中国经济时报》工作，又写出《北京出租车业垄断黑幕》等深度揭黑调查报道，采访中他历经艰辛，文章发表后在社会上引起强烈反响，有的部门收购刊载此文的《中国经济时报》，命令出租车司机"不得非法传阅"该报，有的部门恐吓或收买提供素材的出租车司机。王克勤由于冒着巨大危险写出一系列深度揭露性报道，被认为是 2002 年度中国传媒杰出人物，被称为中国当代著名揭黑记者。曾华锋，1972 年出生于湖南邵阳一山村，历任《羊城晚报》《南方都市报》《民主与法制时报》政法、军事、社会新闻记者，被誉为"中国第一位连挑黑帮的记者""快枪手"和"罗宾汉"。他冒死率先披露震惊中外的广东韶关强奸卖花女案、广州火车站电话宰客及治安黑幕、湖南新化黑帮横行广东、绑匪在公安局领取赎金等重大案件，因此收到黑帮头目的威胁传真，扬言要买他的人头、要干掉他。

生，仅 2003 年就发生了 30 余起记者因采访被殴打伤害的事件。① 记者频传被打，其原因可能有多种，但我们国家现行法律制度不健全是导致记者被打这一现象出现的重要原因之一，法律法规对于媒体的采访曝光权利尚未进行明确的规定和界说，使许多个人和单位对媒体的正常报道认为是侵权加以阻挠干涉。另外一个主要原因是媒体"负荷过重"，很多不该由媒体协调的问

① 例如，2003 年 2 月 13 日下午 4 时许，深圳《晶报》接到读者举报，称在宝安区龙华镇民治村民治水库有 5 名儿童落水，其中 3 名溺水死亡，记者马骥远立即驱车赶赴现场拍摄照片。此时，5 名身体粗壮的男子围上来要他交出相机，并架住马骥远的胳膊，将他按倒在地，拖出五六米远，对准要害部位一阵暴打。整个暴打过程持续了 10 多分钟。在被暴打过程中，马骥远浑身上下多处受伤，嘴唇被打破，鲜血横流；左臂肘部被踢破，严重血肿，形成一个直径数厘米长的创口；头部因遭到拳打、脚踢也疼痛不止。3 月 13 日上午 10 时 30 分，河南郑州市某新闻单位一张姓记者与省消协有关领导约好后骑摩托车前往省工商局采访，遭到 3 名保安拳打脚踢，长达 10 多分钟，被打的张姓记者胸部软组织损伤，头部外伤，上衣被撕扯得不成样子，裤子上的脚印历历在目。4 月 5 日，《成都晚报》记者在采访一起非法行医事件中，被对方采用野蛮暴力毁损数码相机，咬伤手指。8 月 1 日下午，《金陵晚报》女记者谈洁带着在该报实习的大二女生刘佳，与《南京晨报》女记者王晶卉一起前往江苏省教育厅采访，结果遭到拒绝，并被教育厅保安从二楼推搡到一楼，后被推出大门。闻讯赶来的单位同事和《南京日报》《江南时报》的摄影记者在与江苏省教育厅保安交涉时，双方发生了更严重的冲突，结果 4 家报社的多名记者被殴致伤，其中两人被送往医院救治，3 名记者被非法拘禁了 40 多分钟。9 月 4 日清晨 5 时，《新快报》记者黄巍俊赶到广州海珠区大江苑和报料人会合，一起跟踪伏击头一天在这里出现的几名"飞车党"，不料被正在进行抢劫的 8 名歹徒发现，逼进了一条死胡同。8 名歹徒跳下摩托车，疯狂地对黄巍俊进行毒打，直到黄巍俊不能动弹后才停止。黄的脚、脸等部位有多处伤口，血流不止，身上多处软组织挫伤。10 月 9 日下午，新华社河南分社记者顾立林采访发生在登封市昌达煤矿的一起 17 名矿工罹难的恶性透水事故，现场的登封市有关部门领导允许其在较远的地方拍照。但在拍照过程中，几名身份不明的人员上前阻挠，抢走顾的相机，并对他拳打脚踢，致顾立林身上多处受伤。10 月 16 日 17 时许，《东亚经贸新闻报》接到长春市公安局巡警支队消息，3 位女记者前去调查核实一起纵火事件时，遭遇长春市经济技术开发区金海岸鱼馆四五名男子的暴力袭击。女摄影记者柏君在保护照相机时被 4 名彪形大汉架出十几米远。女文字记者光宇冲上去用身体保护柏君时，她的腰部、腹部同时受到暴力袭击，撕打过程持续近 10 分钟，两名记者的手机均被损毁，数码相机屏幕被划坏、闪光灯破损，拍照功能丧失。11 月 12 日 15 时 30 分左右，随国家环保总局环境执法检查组调查污染企业情况的中央电视台新闻中心记者徐向宇，在山西省忻州市保德县宜宝联营焦化厂采访时，遭到该厂厂长康贵成指派的工人的围攻和殴打，并被抢走了记者证和摄像机。11 月 18 日，大 S 徐熙媛的电影处女作《疑神疑鬼》在大连一家幼儿园拍摄，大连《新商报》的记者"隐藏"在楼上"抓拍"，后被工作人员发现，要求删除女主角的照片。记者当场删除带有女主角的照片，剧组工作人员又要求检查记者照相机，但被记者拒绝。记者在被"扣留"一小时后，双方又为大 S 照片的事情争执不休，竟然动起手来，一个记者的包被抢，眼镜被打飞，另一记者闫旭滨被剧组几个工作人员围攻殴打，鼻骨骨折，鲜血流了一地。12 月 1 日，《京华时报》两名记者在北京市左家庄前街进行正常采访时，遭到 3 名醉酒当事人的围殴。实习生康少见被满街追打，摄影记者刘军被打得血流满面，左腿、面部等多处严重挫伤，左眼视力受损。事后查明，打人者分别是左家庄社区的治保人员和居委会委员。

题却要由媒体来"解决"。当然，从另一个角度看，记者被打也是媒体尽其职责的一种可能发生的现象，说明媒体干预社会的频率、力度、广度在提升。据有关部门统计，目前新闻记者位居十大危险行业的第三名，仅次于矿工和警察。记者在新闻采访中屡屡遭受粗暴侵犯的事例屡见不鲜。为此，北京有的保险公司还推出针对职业风险较高的新闻记者专项险种。

5. 因采访被驱逐或"封杀"

还有一种情况是记者因采访报道被驱逐或"封杀"。被驱逐的事例如：2003 年 1 月 20 日，沈阳市民营企业李氏集团董事长李军涉嫌报复伤害沈阳市土地规划局局长一案，在沈阳市大东区人民法院公开开庭审理。尽管这一案件备受公众关注，但这家法院却以沈阳市某位领导"有批示"为由，拒绝了多家新闻媒体法庭旁听的请求。当天已进入旁听席，并遵守有关旁听规定的新华社记者，被强行逐出法庭。① 记者被"封杀"的事件也时有发生。例如，2002 年 7 月 26 日甘肃省兰州市公安局宣传处因涉警报道问题而向包括《兰州晨报》《西部商报》在内的六家当地报社发函，明确表示，对分属这六家报社的 16 名记者"各分、县局和市局机关各部门将不予接待"，其理由是，这些记者的报道"损害了公安机关和人民警察的形象，给公安工作带来了很大的负面影响"，意图"封杀"16 名记者。早些时候，中国足协也曾因对一些体育记者发出"封杀令"在媒体中掀起轩然大波。2003 年 11 月 21 日，广东省高级人民法院向全省各级人民法院、广州海事法院、广州铁路运输两级法院下发了《关于禁止戎明昌等六名记者旁听采访我省法院案件庭审活动的通知》（简称《通知》）（粤高法〔2003〕252 号）。依据该《通知》，从 2003 年 11 月 20 日至 2004 年 11 月 19 日，分属《南方日报》《羊城晚报》《广州日报》三大报业集团六家报社的 6 名记者将被禁止到广东省的三级法院旁听采访案件的庭审活动。②

---

① 按照最高人民法院的规定，凡涉及国家机密、商业机密和个人隐私等不宜向社会公开的案件不公开审理，其他案件都要公开审理，允许记者旁听。李氏集团案只是一般的刑事案件，法院又是公开审理，是符合最高法关于允许旁听和记者采访有关规定的，却仅凭沈阳市某领导的一纸批示，就剥夺了记者的采访权，这实质上等同于剥夺公众的知情权。

② 这 6 名记者是：《南方日报》记者戎明昌、《羊城晚报》记者林洁、《南方都市报》记者吴秀云、《信息时报》记者李朝涛、《新快报》记者温建敏、《广州日报》记者柯学东。该《通知》一经发出，便迅速在各报社引起强烈反应，当地许多记者私下称此事为"封杀事件"。除了对 6 名记者职业生涯的影响之外，对此事的议论已经延伸至"新闻报道与司法透明"的层面。

6. 记者滥用采访权

记者滥用采访权主要表现在两个方面。一是有些记者并不珍惜手中的权利，而是把它作为谋取私利或为亲朋好友办事的工具，在社会上造成极坏的影响。关于这一点，笔者另有专论，兹不赘述。二是有些记者在采访中没有给自己的角色进行准确的定位，不是做一个独立、公正、超脱的旁观者，而是充当法官、裁判员甚至犯罪嫌疑人，存在严重越位的现象。记者必须清醒地认识到：在采访和进行舆论监督中记者的职责并没有改变，你仍是记者，你的角色只是新闻信息来源的代理人，而不是法官，不是警察，不能去办案、判案，更不能直接参与案件。办案、定罪、判罚是司法部门的事，新闻采访不能越俎代庖。有一家报纸刊登了几位记者共同采写的体验式报道《偷盗大行动》。几位记者以顾客身份到几家大型仓储超市"偷盗"，以提醒商家注意安全防范。几位记者的"体验"都很成功，有的甚至把挂着标签的羽绒大衣穿了出来。这一报道暴露出大型仓储超市安全防范不力、盗窃现象频繁发生的现象。但针对上述报道中记者的体验式采访，人们不禁要问，报道超市安全问题要亲自"偷盗"，报道犯罪问题是不是也要亲自参与犯罪呢？[①] 记者的

---

① 还真有冒险以身试法、为采访犯罪问题亲自参与"犯罪"的记者。有一篇题为《名记者为女毒枭堕落》的报道，小标题明示"女毒枭"是他的妻子。报道说，"南方某晚报颇有名气的记者"为了写一篇"有深度、有力度的纪实报道"，婚后发现妻子在从事贩毒勾当，但他一不制止，二不报告，忽发奇想，要利用这个关系"深入"贩毒的"虎穴"去做一次"体验式采访"。在妻子的安排下，他两次往返中缅边境，"亲历"了贩毒的全过程，其中一次就带回毒品两公斤。虽然他事先想好毒品是要送交公安机关的，但别人早已把"货"提走了。他终于意识到自己已成为一个事实上的贩毒者，经过一段时间的痛苦抉择，他走进了公安局。结果他的妻子已经被捕，他自己也被收押候审。应当说这位"名记"的动机良好，他在"深入虎穴"之前还向报社领导汇报过（隐瞒了妻子贩毒的情节），并且得到了同意。于是抱着"不入虎穴，焉得虎子"的信念，以为拿到毒品就往公安局里送不过是打了一个"擦边球"。但他没有想到"入"了"虎穴"就由不得他自己了，打这种"擦边球"轻则违法，稍重就构成犯罪。这里的问题在于，揭露犯罪不等于可以"体验"犯罪，许多犯罪构成并不取决于行为人的动机和目的。比如涉及毒品的犯罪，我国刑法有严厉的规定，列有走私、贩卖、运输、非法持有等多项罪名，只要你明知是毒品，逃避边关检查带进国（境）内，就是走私；从甲地运送到乙地，就是运输；甚至只是把毒品放在身上、藏在家里，达到一定数量也会构成非法持有毒品罪。至于为了什么目的实施这些行为，则同罪名成立无关。类似的"暗访""卧底"和"踢险球"的现象并不少见。比如有些记者到色情场所"卧底"，女的当"三陪小姐"，或男的当"坐台先生"，虽然都是虚与委蛇，但要是突然一次大"扫黄"一起"扫"进去，这种"体验"行为算是什么呢？还有的记者花了300元向人贩子买一个女孩子来采访，然后把女孩子的诉说写成文章登在杂志上，若是有关部门拿了这篇报道要来查这笔人口交易的法律责任，这位记者显然脱不了干系，即使不追究刑事责任，至少也是违法行为。参见魏永征《"体验式采访"踩响法律雷区》，《检察日报》2001年3月28日。

上述行为忽视了自己职业的定位，超出了媒体工作的范围，超越了新闻采访报道所应把握的"度"，属于滥用采访权。因此，记者在采访中千万不能忘记自己"旁观者"的角色，更不能把自己变成"戏中人"。在揭露违法犯罪现象和违背社会道德的劣行时，记者不能以执法者、审判者或犯罪嫌疑人等身份出现，只能以一个记录者、旁观者的身份参与新闻事件，否则难免走入误区。

四 采访权的保护

采访权的保护虽然有多种方式，但法律保护和记者的自我维护是最为基本的两种方式。

首先，记者的采访权能否实现，不仅直接关系到公民的知情权，而且关系到公民的其他诸多权利的实现。因为公民许多权利的运用与实现，都是以"知情"为前提和要件。例如，不了解有关的政治信息，公民的平等权、选举权、批评权、建议权、检举权、言论自由权、民主管理权等法定权利和自由便难以充分实现，知情权的这种构筑其他权利基础的基本功能，正是公民基本权利固有的特征。因此，保护采访权的实质是维护公民的各项政治权利。记者作为公民之一，他对于国家和社会事务等同样享有知情权；记者作为媒体工作人员，他又肩负着帮助公民实现知情权的重任。职责与使命共同交给记者一项职业权利，这就是采访权。采访权虽然不是只有记者才独享的特权，但采访却是记者职业活动的基础和前提，离开这个基础，记者的报道权、评论权、批评权等权利就不可能很好实现。

其次，新闻媒体的基本职责是维护公民的知情权。政府机构、社会组织及有关单位和部门在不涉及国家机密和社会安全的情况下，有义务提供必要的条件使新闻媒体能及时了解和掌握新近发生的各种重大事件和情况，以便迅速向受众做出充分、准确的报道。任何单位和个人不能妨碍、限制和干涉新闻传媒及新闻工作者的新闻采访活动，不能以不正当的理由拒绝向新闻工作者提供有关新闻事件的真实材料。如果拒绝、阻挠采访，甚至以公权力限制、剥夺采访权，就具有侵犯采访权、对抗公众知情和监督的性质。正如陈立丹先生所言：当记者在为满足人们获知外部情况需要而工作的时候，他因服务于公民的言论自由而拥有采访权。记者采访的权利亦是一种公民间自由交谈的权利，它是不能被剥夺的，除非记者触犯法律。你可以拒绝采访，但不能限制人家采访你。记者的采访权不是行政、司法和其他权力组织赋予的，这些权力组织也无权剥夺记者的采访权。但是有些行政、司法或其他权力组织，对采访活动拥有管理权，这是为了维护必要的社会活动秩序。例如国家新闻出版广电总局负责颁发记者证和对记者的培训，其是在行使对传媒行业的管理权。但是，这些属于管理范畴的权力对所有的传媒和记者是一视同仁的，权力组织不得利用手中的管理权，限制具体的传媒或记者采访（由于场地和时间的限制，可以限制采访人数和时间，或以报名的先后，或让采访记者内部协商解决），除非传媒或记者触犯法律。①

保护采访权，首先要保障记者的人身权。记者如因正常采访被打，打人者侵害的实际上是双重权利：一是自然人的人身权，这属于私权利范畴；二是记者的采访权，亦即公众对新闻事实的知情权，这属于公权利范畴。新闻记者在采访中受到伤害、关押等侵害，这种行为既侵害了记者的采访权这种公权利，也侵害了记者的人身权这种私权利。记者作为自然人，对于自己的人身权受到的侵害，可以依据民法的规定，请求加害人承担侵权责任，情节严重的，还可以通过刑事诉讼的方法追究加害人的刑事责任。② 但是对于采访权受到的侵害，由于目前我国还没有制定新闻法，尚无明确的法律条文制裁侵害采访权的违法行为。因此，对新闻采访权亟须从法律上加以明确的保护。

近些年来，中国司法机关通过司法解释和提出内部工作要求等方式加大了对新闻传媒及新闻工作者自由报道权利保护的力度。2000 年 1 月，最高人民法院院长肖扬对人民法院支持舆论监督、为新闻单位提供司法保护提出了 6 条要求，③ 就是司法机关对新闻传媒及新闻工作者行使新闻批评权利、履行舆论监督责任的有效保护措施。这对于那些无视新闻单位的批评监督权利，侵害记者合法权益和人身自由者，起到了一定的限制作用。深圳市人民检察院起草的《深圳市预防职务犯罪条例》（简称《条例》）初稿以法规的形式规定，新闻记者享有无过错合理怀疑权。该《条例》规定，新闻记者在预防职务犯罪采访工作过程中享有知情权、无过错合理怀疑权、批评建议权和人身安全保障权，有关单位和履行职务的人员应当配合、支持，自觉接

① 陈立丹：《采访权是公民言论自由权的延伸》，新华网，2004 年 1 月 13 日。
② 参见杨立新《记者采访权和人格权的法律保护》，中国法律咨询网，2003 年 8 月 7 日。
③ 参见《人民日报》2000 年 1 月 28 日。

受新闻媒体的监督。一些地方也采取行政规定的方法保护记者的采访权，如新疆伊宁市《关于不得拒绝新闻媒体采访的若干规定》中规定，对新闻采访实行首问负责制，面对记者不得"无可奉告"，"各部门、各单位应积极配合记者进行采访报道和舆论监督，不得以任何借口拒绝新闻采访，更不得出现辱骂、推搡记者及没收、损坏采访器材等不文明的过激行为。"这项《规定》从2003年4月1日起正式实施。但是，上述要求、规定、条例对新闻采访权的保护是远远不够的，因为这些保护措施仅仅是地方的或行业的。因此，对新闻采访权保护的根本在于尽快制定"中华人民共和国新闻法"，用法律的形式明确新闻采访权的性质、范围、方法、手段，将新闻采访纳入法治的轨道，使新闻采访真正有法可依。

记者自我维护采访权主要是从操作层面来讲的。记者采访权的实现有在公开场合进行，有在特定或约定的场所进行，多数情况下采取公开身份的显性采访，也有时候不公开身份，采取隐性采访的方式。当然，场合与方式对于采访权的实现并不是主要问题，关键的问题在于采访对象。

采访对象如果是自然人（公民），即使他是在非常公开的场合，如集会、街道、娱乐场所等，那么他也有权决定是否接受单独的采访，是否单独展示自己的言论、形象和行为，或者以怎样的方式通过媒体展示自己的言论、形象和行为。记者有采访自然人（公民）的自由，自然人（公民）有表达或不通过媒体表达的自由，记者不能在行使自己自由时损害他人的自由。因此，记者在采访中应当充分尊重自然人的这种权利，采取灵活多样的方法实施采访权。但如果是特定的人（如公众人物）在特定场合的公开活动，如舞台上的演员、赛场上的运动员、公开集会上的演讲者等，其面对公众的公开活动，记者在不损害其形象或肖像权的前提下，无须征得他们的同意，可以通过媒体公开播发，这种情况可以视为一种默许。但这些人员的私人活动不在此列。如果是出于维护社会秩序或公共利益的需要，如某人或某些人涉嫌实施违法犯罪行为、违背社会公德行为、违反交通规则等，为了起到预警、教育、宣传等作用，那么记者在对其肖像和姓名作过技术处理的前提下，无须征得这些人员的同意，可以通过媒体公开播发。这是由于这些人员在实施上述行为的同时，其部分人身权利就相应的退缩，因为他们妨碍或损害了社会秩序或公共利益。

采访对象如果是法人或特定机构，又分为两种情况。一是负有提供公开信息义务的单位或部门，应当通过记者招待会或新闻发言人发布信息等方式，及时向媒体和社会提供有关的信息，记者也有向其索取可以公开的信息的权利，如其拒不提供，就等于损害了记者的采访权和公民的知情权。现在的问题是，负有提供公开信息义务的单位或部门控制着信息，记者在采访中往往遭遇拒绝或推辞，封锁或伪造信息的现象时有发生，而法律对义务主体的约束力不强，并且缺乏有效的法定救济手段。二是采访对象为一般的机关、团体或企事业单位，记者采访此类对象时既不像采访一般自然人那样要充分尊重对象的意愿，也不像采访负有提供公开信息义务的单位或部门那样理直气壮，而是介乎两者之间。这是因为此类对象是依法独立享有民事权利和承担民事义务的社会组织，是一种具有法人资格的民事主体。作为法人，它依法享有自主权、名誉权等权利，但同时承担相应的民事义务，有义务向社会公布法律规定保密范围之外的信息与资料。因此，记者面对此类对象行使采访权的自由度较之自然人要小一些，较之采访负有提供公开信息义务的单位或部门要大一些。

总之，采访权的实施既有赖于法律的保护，也要靠记者自身的维护，还有赖于社会和公众的宽容与配合，毕竟记者的采访权是一种社会公共权利，社会公共权利需要社会和公众共同来维护。

（原载《政法论坛》2005 年第 2 期）

论隐性采访

一　隐性采访及其类型

隐性采访是指新闻记者不暴露真实身份和采访目的，以"偷拍偷录"等隐蔽手段对人物或事件进行的采访。所谓"偷拍偷录"，是指未经他人知晓和同意，对他人的活动进行拍照、摄像或对其谈话进行录音的行为。这种非常规的采访手段主要用于采访对象弄虚作假，或者拒绝记者的采访，或者根本不配合记者的采访，或以暴力抵制正当采访等特殊情况。由于这种采访具有隐蔽性，是在采访对象不知情的情况下进行的，采访到的内容可能比较接近客观事实。

隐性采访的目的在于挖掘新闻事实，维护新闻的真实性，此其赖以存在的基础，隐性采访的合理性也在于能够更大限度地实现这一目的，否则就失去了其存在的价值。李晨钟先生曾撰文认为：隐性采访是指新闻工作者为了支持合法正当权益，有组织地对不便于显性采访的典型现象和行为进行秘密拍录、采集和检验的舆论监督活动。隐性采访的实践，为我们认识其基本属性提供了基础和条件。其一，隐性采访是支持合法正当权益的活动；其二，隐性采访是揭露批评消极腐败现象和监督政府职能部门行为的手段；其三，隐性采访的对象具有一定的典型性和代表性；其四，隐性采访要坚持有组织有领导的原则；其五，隐性采访只适用于不便于显性采访的特定场合；其六，隐性采访是舆论监督的有效形式。隐性采访的这些属性，决定了它在新闻报道中的价值和意义，同时也确定了它在法律既无明文提倡，又无明文禁止的情况下在舆论监督和精神文明建设中的地位。①

景晓明先生在《论电视新闻隐性采访的法律规范问题》一文中认为，隐性采访的成立必须具备一个前提和三个条件。前提是隐性采访的当事人是

---

① 参见李晨钟《隐性采访是舆论监督的必要手段》，《中国记者》1997 年第 11 期。

在媒体供职的新闻记者，或者是受媒体委托的采访人。三个条件一是记者隐藏了职业身份而亲临新闻事件的现场；二是采访是在被采访者未知的情况下进行；三是采访未事先征得被采访对象的同意。就媒体的现状而言，各类媒体的记者都在使用隐性采访的方式，而且有越来越普遍的趋向。南方日报出版社在 2000 年曾出版过骆汉城等人编写的一本《CCTV 记者偷拍实录》，书中记载了中央电视台记者通过"偷拍偷录"揭露一些违法犯罪行为的几十件成功个案。类似的典型事例在各类媒体非常多，如中央电视台 1997 年 11 月 25 日《焦点访谈》栏目播出的《"罚"要依法》，① 浙江《钱江晚报》记者熊晓燕采写的《女记者乔装打工妹，冒险卧底合资厂》，② 2001 年 3 月 6 日《民主与法制时报》第 16 版"焦点新闻"栏目中发表的梦雄撰写的《记者暗访色情舞厅》专稿，③ 2003 年 1 月 20 日《京华时报》第 6 版转载《楚天都市报》报道的《卧底记者揭列车偷运黑幕》等。④

隐性采访的方式根据记者介入新闻事件的程度和方法可分为观察式和介入式两类。⑤ 观察式隐性采访是指记者以旁观者的身份，不动声色地拍摄采制新闻事件的发展过程。例如，在十字路口暗设摄像机拍摄闯红灯、偷拍偷录非法音像制品的出售过程等。这种类型的隐性采访，记者尽量隐蔽，不引人注目，采访对象常常并不知道自己正在被记者调查，既不会影响采访对象正在实施的行为，也不会像介入式隐性采访那样陷入被观察的事件当中，但缺点是难以得到对采访对象的充分了解，所做的观察较为粗浅。在这种类型的采访过程中，记者只是以旁观者、记录者的身份出现，不会有较多的争议，但在图片或镜头中若涉及个人肖像，一般应做技术处理。在文字中若涉

---

① 该报道的大部分内容系记者在 309 国道山西潞城段隐性采访所得，反映的是潞城境内的交警违法胡乱罚款的事实。交警无故拦车、蛮不讲理、随意罚款的镜头是记者搭乘运煤卡车多次往返于 309 国道潞城段"偷拍"的。

② 参见《新闻内幕》，新华出版社，1999，第 159 页。

③ 文中谈到，2001 年 2 月 13 日下午 3 时，"受报社的指派，记者将自己精心打扮了一下，搭乘一辆出租车来到沈阳东北舞厅实地暗访"的情况。

④ 该文报道的是 2003 年春运到来之际，客票紧张，温州的四五十名蛇头勾结 1586 次列车工作人员，专门招徕湖北籍民工乘坐火车回家，高价收费，不给车票，组织偷运，坐地分赃的事件。报道发出后，铁道部派出调查组进驻武汉，查处此事。《京华时报》转载时，已有 1 名当事乘警被开除，涉嫌参与偷运事件的 5 名乘务员被作"待岗"处理。

⑤ 也有的学者将隐性采访归纳为侦察型、体验型和验证型三种。参见蓝鸿文《新闻采访学》，中国人民大学出版社，2001，第 380~382 页。还有的学者将隐性采访分为完全参与式采访和完全观察式采访两种等。

及个人隐私，应尽量替对方保密。

介入式隐性采访是指记者有意隐瞒或改变身份，作为当事人直接介入事件本身，并用偷拍偷录等方式获取新闻。在这种采访中，记者的身份是双重的，既是采访者，又是事件过程的参与者，但别人只知道其是参与者不知道其是记者。介入式隐性采访又可细分为主动（记者策划某些事件以揭露他人的违法犯罪行为）和被动（记者假装只是公众中的一员，在其他人不知道有记者在场的情况下收集信息）两种。如果采访对象不知道自己正在接受记者的调查，会表现得更加自然真实；假如他人知道自己是采访对象，那么就有可能把记者赶出新闻现场，也有可能改变自己的言行，还有可能使被调查的新闻事件发生重大的改变。这样就容易产生双重角色的行为规范不相容导致的矛盾冲突，导致新闻失实或新闻客观性的缺损。隐性采访产生的争议也大多由介入式采访引起，所以有必要对隐性采访的操作过程做相应的限制。

采访实践中，大量的采访任务是通过将隐性采访形式与公开采访手段结合使用完成的，因为这样既有助于报道的顺利开展，还能对隐性采访得到的材料作进一步的深入验证。当记者需要对利用隐性采访掌握到的大量的新闻事实进行核实时，或记者需要以已有的新闻事实为依据再收集一些隐性采访无法了解到的新闻事实时，记者表明身份通常能起到事半功倍的效果。另外，如果隐性采访涉及的题材属违法乱纪类型，转换成公开采访就是引入法律制裁的契机。当然，值得注意的是，记者在实行转换时，必须注意时机的把握，把握得好，就会推动采访的深入，否则有可能功亏一篑，前功尽弃。①

二 隐性采访的利与弊

隐性采访的独特作用，在于它能突破采访环境的封闭性和事实本身的隐

---

① 从《羊城晚报》几次组织记者进行隐性采访的情况来看，隐性采访在舆论监督方面有着其他采访方式不可替代的作用。例如，在对某台资企业老板非法体罚、殴打、侮辱外地员工的采访中，该报开始采取正面接触的办法，结果没有达到预期的目的。之后，报社派出 4 名记者，装扮成外地打工仔，进入这家企业进行秘密采访，终于掌握了这家台资企业体罚、殴打和侮辱员工的第一手材料，写出了震惊千万读者的长篇报道《来自高墙内的哭诉》，引起了强烈反响。同月，该报针对广州街头招聘广告花言巧语，不良职业中介骗术五花八门的丑恶现象，派记者深入职介所暗访，以亲身体验写出《记者"求职"实录》，揭穿了不良职业中介谋财害人的把戏。文章见报的第二天，广东省和广州市的有关部门就组织力量对这些不良职业中介和假用人单位进行了查处。如果不是采取隐性采访这种方式，不可能有如此成功的报道。

蔽性，抓住问题的实质，向受众推出有血有肉、现场感强的新闻。媒体要抨击丑恶，追求公正，实施舆论监督，批评性报道无疑是最为有力的手段，但是要想获得批评报道的第一手新闻素材，往往是十分困难的。于是，新闻记者多采用隐性采访的手段。隐性采访可以提高新闻的真实性和可读性，发掘有深度、有影响的作品，通过这一手段对消极腐败等现象的揭露批评和监督，加大了新闻舆论监督的力度，更好地发挥了媒体的舆论监督职能。

隐性采访的第一个优点是有利于避开采访中的障碍，获得真实、鲜活的新闻。如果采取"明访"的方式，常常会遇到许多采访对象不配合的情况，尤其在开展批评报道时，更会人为地设置许多障碍。如果不采用隐性采访的方式，被采访的对象就不会表现得淋漓尽致。①

隐性采访的第二个优点是可以强化记者的参与意识，强化新闻报道的参与度，使新闻报道更好地发挥舆论监督作用。例如：《辽宁日报》财贸部组织采写的《药品黑市买药》，也是用隐性采访方式采写的，此文获 1995 年国家医药好新闻二等奖。②

隐性采访的第三个优点是有利于为批评报道提供有力证据。开展批评报道，是非常不容易的事，有时即便看到了事实的真相也不敢写，苦无证据，怕被反咬一口。这样的事例在新闻界不是少数，只能哑巴吃黄连。③ 而隐性

---

① 例如，1995 年初，辽宁省内的美容业混乱不堪，美容变毁容的事件屡屡发生。可是记者一去采访，就被搪塞回来，尤其是那些了解内情的人更是闭口不谈。后来记者在每个美容院的墙上都看到美容经营者被香港某美容学院聘任为国际美容师的聘书，聘书只来自一地，并且来自同一个学校。记者又前去采访，结果采访对象产生了警觉，不仅不说，还为记者的采访设置了许多障碍。"明访"屡屡碰壁，于是记者就装作报名学美容的学生，刊登广告的美容院老板说，学习得一个星期，记者说没有时间，但又要开美容院，急于获得证书。老板说："你拿 400 元钱我给你开个证。"记者和老板讲价到 200 元，买了个"国际美容师"证件。通过隐性采访，记者查清了美容变毁容的原因是美容师的认定仅凭着假美容师证，由于"国际美容师"没有受过专业训练，所以事故屡屡发生。于是记者写出《花 200 元钱——我买个"国际美容师"》一文，发表在 1995 年 3 月 1 日《辽宁日报》第 3 版头条。这篇通讯发表后，沈阳市卫生局、工商局做出决定，严厉打击假美容师，开办美容院必须是具有医疗专业毕业资格的人，才能充当美容师，使混乱的美容业才有了一些规矩。后来这篇通讯被评为 1995 年辽宁省优秀新闻一等奖，中国新闻奖三等奖，全国党报好新闻一等奖。

② 采写这篇报道的 5 位记者装扮成买药人，打进黑药市场，摸清了黑药市场为何如此兴旺、卖假药者为何会逍遥法外的事实真相，使新闻报道很好地发挥出舆论监督作用。

③ 辽宁日报社有一位记者，前些年曾采写了一篇报道，批评殡仪馆的工作人员收取死人家属的钱。这件事本来是他亲眼看到的，他的一位亲戚在其家属送葬时，就给了殡仪馆开车司机钱，司机也确实收下了。可当他把这件事写成稿子见报后，人家拒不承认，给钱的那位亲戚埋怨他把这件事公开，让他脸面不好看，因而不承认给司机钱的事实。这使这位记者很尴尬，只能承认报道的"失实"。

采访却容易为我们提供批评报道的有力证据，避免这样尴尬的事发生。在隐性采访中获得的证据，不仅对报道有利，而且还能成为有关部门处理问题的有效证据。

隐性采访的第四个优点是有利于避开人情新闻。搞批评报道时，常常会遇到说情者，只要一去采访，说情者就蜂拥而上。说情者会通过各种关系寻找到采访者的老同学、亲戚朋友甚至领导，使采访中途夭折，甚至已经上报的稿子都会被撤下来。这样不仅会浪费时间、浪费劳动，而且会使那些不法之徒做了坏事，却得不到应有的惩罚。如果采取隐性采访的"战术"，就可以回避人情新闻。因为隐性采访这种方式，一般采访对象并不知道在采访自己，有时直到稿子发出后才知道，但等被采访人托人找来时"木已成舟"。所以在开展批评报道时，采用隐性采访的方式进行，往往会得到事半功倍的效果。①

隐性采访的第五个优点是在媒体之间激烈竞争中获胜的一个重要手段。中央电视台的《焦点访谈》最为典型，再以重庆电视台大型新闻栏目《有线报道》为例：2001年这个栏目日均综合收视率最高达29.1%，最低也有21.7%，栏目段的广告收入全年突破千万元，无论是收视率还是经济效益，均居全市各电视台新闻栏目中第一位。取得这样突出的品牌效应，一个重要的原因就是记者重视采用隐性采访的手段。据统计，"有线报道"批评性的舆论监督稿件中有1/5是通过隐性采访获得的新闻。因为真实地再现了新闻事件的第一现场，准确地传递了新闻事实，所以取得了良好的传播效果，实现了新闻竞争从外延到内涵的观念转变。

隐性采访尽管有许多优势，但其弊端也是显而易见的。按照一般规则，新闻采访应该公开进行。媒体的威信，亦即公信度，主要来自公众对媒体道德和专业准则的信任。隐性采访的最大弊端，是容易降低受众对于媒体的信任和尊重。因此，只是在充分考虑公平和隐私的情况下，由于信息的公开对社会和公众而言非常重要，通过其他途径又无法获得时，隐性采访才具有合法性，媒体也才能够使用隐性采访。隐性采访是一把"双刃剑"，用得好，会起到立竿见影的舆论监督作用；用得不当，不仅达不到记者的采访初衷，而且还会产生不良的社会影响，甚至引起法律纠纷。从近年大量的新闻实践可以看出，隐性采访的弊端正在逐渐

① 参见于慧彬、刘丽娜《批评报道中暗访的优势》，《新闻战线》1998年第8期。

显现，主要表现在以下几个方面。

1. 泄露隐私

由于记者进行隐性采访时隐瞒了自己真实身份，因此采访对象对记者很少戒备，甚至毫无防范。在这种情况下，记者可以比较方便地获知事件真相和当事人的隐秘情况。如果将受访者的家庭状况、年龄、职业、收入以及未成年人的详细资料在大众传媒上公布，绝大多数当事人不能容忍。

2. 引诱犯罪

记者由旁观者转变为参与者，由"暗访"过渡到"卧底"，这是近几年来新闻记者隐性采访的一个显著特点。记者卧底的主要目的是让违法乱纪行为现出原形，通常采用的方法是"引蛇出洞"，就是由记者装扮成诸如求购假文凭、假药的人，引诱制假者上钩，在犯罪嫌疑人来交易时，警察当场将其擒获。现在，不少专家学者都认为这样的采访方法有引诱犯罪之嫌。①

3. 隐性采访往往要比正常采访付出更大的艰辛，有时甚至还要冒人身危险

2002年8月，女记者罗侠出版了一部《踢爆传销黑幕》的书，便是通过"卧底"的形式，化名进入传销公司，用亲身体验写出来的。其间，罗侠将传销骗人的某些行为和场面写成报道，发表在报纸上，结果引来传销公司组织数百人围堵报社，扬言要找到罗侠，直接给"做了"。稿件再见报后，她的身份也暴露了，公司召集了十来个打手，扬言要她全家流血，有人还打来恐吓电话，女儿被吓得大哭："妈妈，有人要来打你，还说我们全家都要死……"② 2002年7月17日，湖南都市频道文字记者凌灿接到观众热线电话后，经领导指派与摄影记者贺弘洲去浏阳市社港镇新港水上乐园迪厅暗访脱衣舞女表演，不慎暴露身份，二人惨遭殴打，多处软组织受伤，微型摄像机完全被损坏，录像带不见踪影。③ 近几年记者在采访中屡屡被殴打伤害，有很多情况是发生在隐性采访的过程中。

4. 隐性采访还容易导致法律纠纷，引发诉讼

这里又大致分为两种情形：一是采集素材不实，最终引起新闻报道失

---

① 参见伍廉瑜、张军《慎用隐性采访》，中国新闻研究中心网站，2003年2月17日。
② 参见《三湘都市报》2002年10月5日头版陈以兵文。
③ 参见《北京青年报》2002年7月20日第6版周喜丰、王冠华文。

实；二是采集素材涉及公民隐私。当然，这两种情况都只有在采集到的素材已实际传播时才可能构成侵权，如果采集到的素材未形成新闻报道，并未实际传播，隐性采访不构成新闻侵权。对隐性采访来说，以录音录像等器材完成的采访，举证问题一般不大；但以体验方式完成的隐性采访，没有录音、录像等素材，仅作文字记录或者没有任何记录的隐性采访者，将可能存在举证不能的问题，除非采访对象愿作证人，否则，败诉的风险是很大的。如何应对诉讼中的举证，应当是记者尤其是文字记者在进行隐性采访时必须考虑的问题。①

三 隐性采访合法与否的界限

在现代社会中，新闻媒介是公众了解信息的主要渠道，提供真实、准确的信息来帮助公众实现知情和管理国家事务的权利，这是隐性采访合法性的基础。我国新闻媒体采访报道行为的主要属性是自由权利，隐性采访中的偷拍偷录行为应当被视为一种自由权利，法无明确禁止即可使用，尤其是在当前舆论监督常常遭遇非正常阻遏的情况下，确实需要隐性采访手段有条件地使用，以确保人民群众知情权和新闻批评权的实现。但在以往的法律法规中，更多的是强调对被采访者民事权利的保护，忽视了新闻采访实践中采访者的实际操作难度，忽视了对社会公众知情权和舆论监督的保护。因此，曾励先生认为：毕竟同公民知情权利相比，批评报道中被采访者涉及公共利益的个人隐私应退居次要地位。②

为了报道公众关心的问题或事件，新闻工作者有时会冲入个人隐私的空间。但是，只有在个人的私生活侵犯了公共利益，或者个人的私生活涉及公共利益的情况下，出于公共利益的考虑，隐性采访的行为才具有合理性。隐性采访的法律依据只能解释为采访对象由于正在实施违背道德或违法犯罪的行为，所以他的自主权利（包括隐私权）发生退缩，记者为了维护公众和社会的利益，采取隐性采访这种手段。因此，无论隐性采访是通过偷拍偷录的方式进行，还是记者隐瞒身份进行体验式采访，只要这种采访不违反社会公共利益和社会公德，不违反法律的禁止性规定，不侵害法律特别保护的利

---

① 参见高国立《对隐性采访法律问题的思考》，《青年记者》2003 年 3 月 19 日。
② 参见曾励《试论隐性采访的法律定位》，《新闻与传播研究》2002 年第 3 期。

益，便不存在问题。^①

2002 年 4 月 1 日实行的《最高人民法院关于民事诉讼证据的若干规定》（以下简称《规定》）中规定：在民事诉讼中，有其他证据佐证并以合法手段取得的、无疑点的视听资料或者与视听资料核对无误的复制件，对方当事人提出异议但没有足以反驳的相反证据，人民法院应当确认其证明力。最高人民法院曹建明副院长在一次谈话中说：以前法院按规定对当事人采取的偷拍偷录手段获取的证据一律不予采用，在实践中发现这一规定不够完善，经法律界人士广泛研讨论证后，现在做了修改，只有以下两种情况下的偷拍偷录，法院不予采用。第一，违反一般法律规定，比如擅自将窃听器安装在他人住处窃听获取的证据；第二，偷拍偷录不得侵害他人合法权益，不得违反社会公共利益和社会公德。这就是《规定》第 68 条所讲的"以侵害他人合法权益或者违反法律禁止性规定的方法取得的证据，不能作为认定案件事实的依据"。^②

当然，这并不意味着记者可以随便使用偷拍偷录的方法。记者在使用偷拍偷录方法时，应当确立这样几项原则。一是应当限定在为公共利益而偷拍

① 有的学者对此持不同观点，张大昕先生认为：为了公共利益可以偷拍偷录的说法是不能成立的，也是没有法律根据的。新闻媒体和公民在法律面前是人人平等的，舆论监督权、民众知情权不能大于公民的人身权利。从法律原则来讲，这两种权利应当是平衡的，不应有大小、强弱之分。尽管在目前我国社会现实情况下，社会公众认可某些新闻隐性采访偷拍偷录的做法，但是，尚未得到法律的认可，"存在并不等于合法。"新闻媒介进行舆论监督，需要揭露社会上一些违纪、犯罪等不良现象，但是，往往遇到了强大的阻力和风险，因此，一些媒体进行隐性采访时，采用公安侦察手段，通过扮演群众角色，故意"上当受骗"，同时，通过密拍设备，摄录"嫌疑人"的犯罪或"违法"的全过程，然后予以报道、"曝光"。不可否认这种采访方式可产生极佳的现场感，吸引观众，达到比较好的宣传效果。但是，这种隐性采访涉及有关法律的问题必须认真对待和注意，否则会造成负面效果，引起法律纠纷。首先，使用"密拍"设备违反了《国家安全法》第 21 条规定，"任何个人和组织不得非法持有、使用窃听、窃照等专用间谍器材"。其次，记者故意"上当受骗"，引诱犯罪，引诱违法。这种故意设圈套的采访手段是一种引诱行为，也是不合法的。再次，记者未经被采访人的同意采取非法手段获取被采访人的有关信息，这些采访活动直接侵犯了被采访人的合法人身权利。最后，记者"窃听""窃照"的音像资料的证据法律效力值得商榷。参见张大昕《关于新闻采访合法性的探讨》，新华网，2003 年 5 月 27 日。

② 在西部某省曾发生过这样一个案例：有记者在法院执法人员的执行现场录了音，并据此发表了批评性新闻。结果被批评的法官起诉记者和媒体新闻侵权，受理法院则以这些录音未经当事人同意为由不采纳作为证据。但是按照新的规定，如果法院执法是公开进行的，那么记者在现场拍照录音就是合法的，媒体用这些资料证明新闻真实，也是正当的。新的司法解释对原来的证据规定是一个非同寻常的突破，它在一定程度上使偷拍偷录有条件地合法化，对偷拍偷录得来的证据由绝对否定变为相对否定，给新闻记者更大的采访空间，更利于舆论监督，这种法律效力的变化对新闻界最具现实意义。

偷录，公共利益越重要，偷拍偷录就越有理由。但即使是对公共性人物和公共事件的采访，所获取的涉及个人隐私的内容在报道时也要有所选择，与公共利益无关的就没必要披露。二是记者不应当主动扮演新闻事件中的角色，不能从中立的观察者变为当事人，不应成为新闻事件的决定性力量并干涉事件的发展和进程，也不能伪装成具有公职权力的人物进行欺骗性采访，更不能故意引诱采访对象上当受骗、违法犯罪。总之，记者的角色是一个观察者、记录者，而非事件的制造者、当事人。三是偷拍偷录不得针对未成年人和国家安全机密。四是新闻媒体要制定严格的操作规程，采访和报道都需经过媒体最高负责人的同意，并应当与有关职能部门密切配合。这些规避是限制，更是保护，它与《规定》中的"以侵害他人合法权益或违反法律禁止性规定的方法取得的证据，不能作为认定案件事实的依据"和《宪法》第51条"中华人民共和国公民在行使自由和权利的时候，不得损害国家的、社会的、集体的利益和其他公民的合法的自由和权利"这一法治精神也是相符的。①

隐私权对于一个民主社会是不可或缺的，否则个人的生存将受到威胁；它同时对一个自由的新闻媒体也是至关重要的，在没有自由新闻媒体制约下的隐私权将成为藏污纳垢的屏障。从这个意义上说，隐私权和自由的新闻媒体构成了一个民主社会平衡的两极。过分地强调个人的隐私权或过分地强调公众的利益，都会对另一方造成危害。在强调隐私权的同时，公众的利益应该得到应有的重视。那么，在什么情况下允许记者不经采访对象的许可可以自由拍摄录音以至偷拍偷录呢？魏永征先生归纳出这样几条合法与非法界限。

第一，要区分摄录场所是公共场所还是非公共场所或私人场所。非公共场所、私人场所都不允许自由摄录，公共场所也不全是可以自由摄录的。公共场所的私人场合，如在餐厅家人宴饮、在公园情侣约会、在公用电话亭打电话、在银行柜台存取钱款等，都不应当成为记者擅自拍摄的对象。可以自由摄影录音的公共场所，主要是指社会公众可以自由出入和交往的公开场合，如街道、田野、娱乐场所、体育比赛、公众集会游行等，记者享有自由摄录的权利。一个新闻摄影记者拍摄舞台上的演员是没有任何问题的，但如果他未经同意拍摄女演员和她的男朋友在公园里幽会的照片，就很难说了。新闻事实发生的场合不同，标志着新闻事件当事人态度的不同，公开场合拥

---

① 参见曾励《试论隐性采访的法律定位》，《新闻与传播研究》2002年第3期。

抱、接吻，记者隐性采访后加以报道，有可能是对美好情感的赞美，也有可能是对有伤风化行为的谴责，都属于合法。①

第二，要区分摄录对象是群体还是特定个体。每个人都有权自主决定是否以及如何向社会公开显示自己的行为表现和形象表现，包括自主决定是否同意被拍摄、录音并且向社会公开传播。这种自主权利应当受到尊重和保护。但是当一个人只是作为某个群体的一员而呈现的时候，他就暂时淡化了作为个体的存在。所以把摄影镜头对准成批人群时，或者当被录入的声音并不是体现特定个人的意思表示时，就无须一一征得被摄录个人的许可。而当个人在公开场合中出现时，由于他已经显示于公众之前，可以视为对他人拍摄的默示许可。在非公开场合对特定人进行摄录，一般必须征得许可。

第三，要区分摄录目的是出于维护社会公共利益还是其他私利。对于正在进行的严重违反公共利益的行为包括违法犯罪行为，可以不经行为人许可进行拍摄录音，包括偷拍偷录。特别是对于公务人员的违法行为的曝光还属于行使正当的舆论监督的权利，应当受到法律的支持和保护。这类行为人由于实施了损害社会公益的行为，他的一部分人身自主权利相应退缩，也就丧失了对他人未经许可摄录自己不良行为并且加以传播提出异议的权利，不可阻拦大众传播媒介的正当披露。不过这个原则不适用于未成年人，有些揭露社会丑恶现象的照片、录像，其中如果涉及未成年人，应当予以适当的技术处理。因此，拍摄不法之徒以及他们的不法行为并公之于众，根本谈不上侵犯隐私的问题。且不法之徒在隐蔽之处的所作所为是在损害公众的利益，因此也就根本没有什么隐私可言。比如拍摄倒卖假发票的情况，拍摄不法商贩往猪肉里注水的情况等，就不必征得所涉人员的同意。至于那些与社会公益无关的题材，或者明显具有某种商业炒作目的的题材，在涉及特定人时，应当严格禁止偷拍偷录。

第四，要区分摄录的内容是真实的还是虚假的。如果以为拍摄、录音都是如实记录，不会发生失实，那就错了。从某人的长篇大论中单取一两句话来加以播放，很可能就是断章取义，甚至会导致完全相反的理解。至于摄影和摄像，由于截取的场面、背景和剪接的作用，真实的画面也会显示不真实

---

① 例如，演员赵薇 2002 年 3 月在香港过生日，被媒体拍下醉酒后与男性当众拥抱的亲昵动作的照片，报纸刊出舆论哗然。因其是公众人物在公共场所的举动，所以新闻媒体对此作披露性报道应该不是违法的。但如果是赵薇在住宅内发生的亲昵行为，被记者隐性采访后进行了报道，则构成了对公民隐私权的侵害。

的含义。比如在报道警察"扫黄"行动的录像中混入不相干的女青年的形象，就显然会引起公众误解导致对女青年的损害。此外个人肖像的角度、剪裁、取光不当有可能导致形象失真，个人形象是人格尊严的一部分，丑化形象会成为一种侮辱行为。

第五，要区分新闻记者是消极地不暴露身份还是积极地伪装身份。在对有不良行为的特定人进行暗访时，记者也可以以普通人的面目出现，或者含糊其辞来掩盖真实的身份。至于伪装身份，在任何时候都意味着欺骗，只有当欺骗比起对方的卑劣行为来是微不足道的时候、当揭露这类卑劣行为对于公众极为重要而通过普通途径又无法获得有关材料的时候，这种欺骗才可以认为是正义的。但是在任何时候，新闻记者都不许伪装成人大代表、政协委员、国家公务员、军人、警察、法官、检察官等进行采访活动，因为这些职务是依照法律的规定专门授予的。至于记者伪装成违法犯罪者如吸毒者、嫖客之类以摄录所需要的材料，也是不能允许的，这种伪装不仅有损人民记者的形象，而且会引发意外的事端，甚至助长或促成犯罪活动。

第六，要区分采用的工具是合法的还是非法的。普通的照相机、录音机是合法采访工具，在使用时也容易被发现，当被采访人发现被拍摄、录音而没有提出异议时，可以视为默示许可。至于那些隐蔽的摄影、录音设备应当慎用。《国家安全法》明文规定"任何个人和组织都不得非法持有、使用窃听、窃照等专用间谍器材"。《刑法》还规定了"非法使用窃听、窃照专用器材罪"。在这方面，新闻记者不享有特权。现在记者采用的摄录器具越来越先进，有必要提醒记者注意避免触犯国家的法律。[①]

四　隐性采访与隐私权的保护

隐私权是指公民个人所享有的个人信息不被非法获悉和公开、个人生活不受外界非法干扰、个人私事的决定不受非法干涉的一种独立的人格权。它主要有两个特征：一是权利主体是自然人；二是其享有的个人信息和空间与公共利益无关。

隐私权是人格权的一个重要组成部分。在民法中，一般将人格权视为一种绝对权利而不容侵犯。但在人权法领域，按照《公民权利和政治权利国

---

①　魏永征：《偷拍偷录合法与非法的几条界限》，《广播电视研究》2000 年第 8 期。

际公约》(简称《公约》)第4条的规定,除生命健康权之外的其他人格权和政治权利是属于可克减的权利。当然,这种克减是有条件的,"在社会紧急状态威胁到国家的生命并经正式宣布时,本公约缔约国得采取措施克减其在本公约下所承担的义务,但克减的程度以紧急情势所严格需要者为限……且不得包含纯粹基于种族、肤色、性别、语言、宗教或社会出身的理由的歧视。"因此,国家只有在符合《公约》第4条所规定的实质条件的要求时,才能正式宣布克减公民的人格权。同时这种克减还必须符合该条中关于克减的程度与程序的规定。

隐私权在公共利益面前的退缩是有一定限度的,这种退缩不能违背对他人的起码的尊重。即使是道德和法律允许的偷拍偷录,发表时也要慎重。一般应当通过对面容打格子、改变声音频率等处理方式,使行为人不可辨认,因为批评的是行为,而不是要羞辱本人,是对事不对人。①

但是,对隐私权的保护不能一概而论,要区分公职人员、公众人物和普通公民。公民赋予公职人员管理国家、管理公共事务的权力,代表人民行使国家权力。他们的许多个人情况同公共利益密切相关,他们的事业不仅是他们自己的,也是社会的、公众的。公众有权了解他们的事业及与他们的事业有关的个人的情况。因此,他们的个人隐私权必须有所减损,不能像普通人物那样享有完全的隐私权。从另一个角度讲,作为公职人员,他们的收入依靠纳税人,对纳税人负有特定的义务,理应受到纳税人的监督。他们的财产收入、婚恋私情,对一般公民而言或许算作隐私,但对于公职人员,会影响政府及社会形象和道德价值标准,就不能全部算作隐私。例如美国前总统克林顿的性丑闻,大多是记者秘密采访获得的第一手材料,美国社会主流看法也不认为记者侵犯了隐私权。

公众人物(如社会文化知名人士、演艺明星等)的言行对社会有不同于一般民众的影响力和感召力,尤其是以新闻媒体为支撑的公众人物,同一

---

① 新闻媒体不能随意披露个人隐私。白冰冰之女白晓燕绑架案发生后,台湾各大媒体"闻风而动",在白晓燕案中起到了非常恶劣的作用。各大媒体全天候跟踪报道,干扰警方秘密侦破活动,妨碍人质营救工作。有些记者甚至不顾当事人的尊严和感受,不仅对白冰冰本人贴身盯梢,而且对白案有关人员和所有进出白家的人都强行跟踪采访、摄影,刊发不应公开发布的图片或细节,这些做法严重侵犯了被采访人的尊严和个人隐私。当发现了白晓燕双手反绑、全身赤裸、面目全非的尸体时,一些传媒又刊发出大幅照片,使被害人的家人遭受第二次打击。事后有听众在广播讲座中表示:"白晓燕'幸好'死了,即使歹徒不撕票,一个女孩子的裸照这样公开,她也只有死路一条了。"

般人相比，在隐私权的享有方面是有所不同的。法律强调权利和义务的平衡，社会文化知名人士、演艺明星在成名的过程中，都享受到社会赋予的一种宣传权、知名权，与权利相伴的是义务。因此，作为公众人物，牺牲一点隐私权满足公众的知情权，满足"公众兴趣"，寻求的正是法律所追求的权利与义务的平衡，这一点在法理上也是说得过去的。而且，公众人物有更多的面对媒体的机会，即使他们的某些权利因为满足"公众利益"和"公众兴趣"受到伤害，也能比较容易借助媒体得到"正名"和赔偿，而普通公民却很少获得面对媒体的机会。① 朱渊先生在《从新闻影像谈新闻和隐私权的关系》一文中谈道：公众人物在从新闻媒体的宣传中获益的代价是放弃了自己的部分隐私权，他们的许多个人生活为公众所关心也就是理所当然的了。当然，这并不意味着公众人物就绝对没有私人生活空间，而是说他们作为公众所关注的人物，理应为公众树立榜样，更应该在道德方面对自己和他人负责。比如，有关某歌星因个人卷入性丑闻而被袭击受伤一事的报道，就不能算作侵犯隐私权。因为你是公众所关注的人物，你因为公众的关注获得了利益，你就不能总要求公众关注你光彩的一面，不能关注你生活的另一面。这就是甘蔗没有两头甜，况且新闻媒体有权利和责任监督公众人物的行为。②

但是并非公众人物的所有个人材料都可以披露。媒体在对公众人物的个

---

① 胡平仁先生认为：公民或法人一旦成为"公众人物"，其名誉权等人身权利的范围就要受到一定的限制。这是因为以下三个原因。第一，公共利益。政府官员特别是高级官员对公共事务具有特别的责任，他们的经济、政治和社会活动乃至家庭生活，涉及社会公共利益，必须接受社会的评论和议论，因而其隐私权范围应受到限制。第二，公众兴趣，指公众对国家高级公务人员或社会知名人士心理上的关注及由此产生的了解、知情的愿望。对新闻界来说，公众兴趣在很大程度上构成新闻价值。因此，个人或法人一旦成为公众感兴趣的人物即新闻人物，其隐私的范围也要相应缩小。第三，成为"公众人物"之后，较之普通人，有更多的机会和条件接触新闻媒介及用其他沟通方式来为自身辩解或澄清，也就是有更多保护名誉的手段。参见胡平仁《新闻舆论监督的法律问题》，中国新闻研究中心网站，2002年9月26日。

② 有人认为，公众人物对于舆论界应有一个相对宽容的态度，因为公众人物从社会的关注中得到许多好处，当公众人物作为社会一种形象性代表出现时，他的举止就已经不是个人行为，他的每一言行都可能对社会造成这样那样的影响，对他无所不在的监督是保证社会公益的需要。当媒体对名人实施舆论监督时，应当免于追究责任，因为对待名人就像对待权力者一样，舆论的监督正是为了防止权力滥用而危及公众利益；同时公众人物应树立权利义务对等的观念。其实作为公众人物，似乎没有必要以诉讼的形式解决报道不实问题，因为公众人物的每一言行都可能成为媒体的追逐目标，他有很多机会为自己辩白，说出事实真相。因此公众人物对媒体的报道应有更大的宽容度。法律对普通人的名誉权、隐私权要实施比较强有力的保护，就在于普遍人没有这种话语权，他只有通过法律途径来解决问题，否则很难讨回公道。

人私事、个人信息进行披露时，不得捏造、侮辱、诽谤，损害当事人的人格尊严。发现疑点而后调查，是媒体作为社会公器的天然属性。然而，不可将疑点当作事实，用道德上的怀疑取代必要的调查采访。要采访当事人，而不是仅接近消息来源的"知情人"，要核实传闻，而不是捕捉传闻作为拉长文章的"料"。①

此外，如果普通公民的隐私涉及公共利益，就不纯粹是个人私事，而是社会公共事务的一部分。例如，当个人行为涉及交通事故、消防、治安以及社会文化生活、卫生保健等公共事务时，普通公民也会成为"不情愿的公众人物"。有些时候无论情愿与否，一个人一旦成了公共事件中的角色，就意味着他或她不再处于独善其身的状态，此时发表现场照片并对它进行客观评论不构成侵害隐私权。这就是恩格斯曾指出的："个人隐私一般应受到保护，但个人私事甚至隐私与最重要的公共利益——政治生活发生联系的时候，个人的私事就已经不是一般意义的私事，而属于政治的一部分，它不受隐私权的保护，而成为历史记载和新闻报道不可回避的内容。"隐性采访在涉及个人隐私时，如果是为了维护社会利益而进行，那么隐私权和采访权的冲突实际上间接转化为社会利益和个人权利的冲突。因此人们有权了解，新闻媒介也有权予以报道，此时个人私事要让位于新闻自由，隐私权也应做适当减损。这是因为，公共利益应当高于个人利益，人们生活在社会大家庭中，其活动与利益不能不受社会公共利益的适当、合理的限制。否则各行其是，为所欲为，社会将丧失其存在的基础，最终任何人的权益都无法得到保障。

这里需要特别指出的是：隐性采访本身与媒体刊播通过隐性采访而制作的新闻不是一个概念。前者是以收集信息为目的，属信息采集行为；后者是以向大众传播为目的，属信息传播行为。可能对隐私权或名誉权构成侵害是后者而非前者，因为虽然隐性采访是传播的第一道工序，但有些通过隐性采访获得的新闻并不一定100%的刊播，只有刊播的新闻才

---

① 2002年底，有一法院对某公司召开新闻发布会指责某演员"罢演"案做了侵权判决，其理由不仅因为"罢演"之类的指责不实，造成这位演员社会评价的降低，而且还认定这家公司在发布会上散布某演员怀孕、人工流产的秘密，是对她个人尊严的伤害。怀孕、人流无疑属于妇女的隐私，披露这一隐私，会使某演员感到尴尬、羞辱，使她的尊严受到损害。从人格尊严同名誉权存在着交叉关系的角度说，也可以认为侵害了当事人的名誉权。参见温毅斌《"公众人物"的不道德隐私不应受法律保护》，《民主与法制时报》2003年7月15日。

可能构成侵权。因此，不能简单地将隐性采访与侵害隐私权画上等号。另外，隐私也并非不可以披露，不过可否披露的决定权在于当事人，只要当事人同意，隐私内容当然可以被媒体报道。现在的问题在于隐性采访并未尊重当事人的这个"决定权"，因此，隐私权就成为隐性采访的头号法律陷阱。

新闻媒体构成侵犯隐私权的要素有三个：一是新闻媒体侵害公民隐私权的行为；二是公民隐私权遭受损害的事实；三是新闻媒体侵害公民隐私权行为与损害事实之间有因果关系。侵犯隐私权的行为通常有四种：①干涉、监视他人的私生活，破坏他人生活安宁；②非法检查、窃取个人情报；③擅自宣布他人隐私；④非法利用他人隐私。[①] 我国现在还没有专门的保护隐私权的法律，而是将其划入名誉权的范畴，如最高人民法院《关于贯彻执行〈民法通则〉若干问题的意见》第 140 条规定："以书面、口头等形式宣扬他人的隐私，或捏造事实公然丑化他人人格，以及用侮辱、诽谤等方式损害他人名誉，造成一定影响的，应当认定为侵害公民名誉权的行为。"最高人民法院在 1993 年《关于审理名誉权案件若干问题的解答》规定："对未经他人同意，擅自公布他人的隐私材料或者以书面、口头形式宣扬他人隐私，致他人名誉受到损害的，按照侵害他人名誉权处理。"这就是我国目前对隐私权进行保护的主要法律依据。隐私与诽谤的主要区别在于：隐私是真实的，诽谤是虚假的；侵犯隐私权是未经他人同意擅自公布他人的隐私材料，诽谤是将捏造他人的虚假材料故意散布。

五　隐性采访的注意事项

如前所述，现在我国对于隐性采访尚无明确的法律规定，只能解释为由于采访对象在实施违纪背德、违法犯罪的行为，通过显性采访不能获得事实的真相，为了维护国家和社会的公共利益，不得不采取这种采访形式。因此，隐性采访应当严格掌握采访范围，严格遵守法律法规和社会公德，尤其是在涉及国家机密、个人隐私和名誉、未成年人犯罪、商业秘密等被认为是"禁区"的领域，一定要慎而又慎，不可私闯"禁区"。法律赋予新闻工作

---

① 参见骆正林《网络隐私与法律保护》，《新闻前哨》2001 年 11 月 18 日。

者行使舆论监督的正当权利，但是法律同时也维护被批评公民的人身自由、人格尊严以及姓名、肖像、名誉和隐私等不受侵犯的权利。我们承认隐性采访对于揭露事实真相具有独特的价值，但一定要注意把握住"度"，不能走的太远，否则极容易构成侵权。①

在隐性采访中，必须注意如下几个问题。②

1. 从采访者本身来说，在隐性采访中用以隐身的替代身份必须受到法律的限制

一般说来，记者用以隐身的替代身份，只能是一般公民依法可以充当的角色，而不能是法律特别授权的、拥有某种特殊权利的特殊身份。在隐性采访的报道中，我们看到中央电视台《焦点访谈》的记者，为了采访山东菜农进京所遭遇到的种种路障和非法收费，把自己装扮成菜农的随车成员（也就是"菜农"），目睹了一路上的各种关卡和非法收费，巧妙地拍录了许多真实的镜头。《人民日报》的记者为了了解银行工作人员的服务态度，把自己打扮成一个"储户"来到某银行储蓄所，将一大堆硬币倒在柜台上，要求储蓄所的营业员为他开户储蓄。储蓄所的营业员二话没

---

① 例如，2001 年 9 月 17 日一家著名媒体播出题为《亲历盗墓》的隐性采访节目，内容为两名记者去西安后扮成文物贩子，在与盗墓者接上头后，跟随盗墓者挖掘了一座西汉古墓，并以 14000 元购买了盗掘的 13 件文物。而后记者将所购文物献给省文物局，盗墓者闻讯逃窜。节目播出后不久便有人士撰文发表不同观点，（参见王军《记者不能冒充"有犯罪嫌疑的人"》，《电视研究》2002 年第 2 期）且不说记者是否具有可以假冒有犯罪嫌疑的当事人去从事暗访活动的权力，更为严重的问题是，由于记者的购买需求，促使和导致了盗墓者开掘古墓，在古墓现场的记者本来能够制止但并未制止盗墓者的违法犯罪行为。因此，这一隐性采访严重违法，再往前走一小步就构成了犯罪。再如，有些电视台在播发隐性采访歌厅、酒吧或公安机关"扫黄"行动的新闻时，往往忽略技术处理，将被报"三陪小姐"或有"嫖娼嫌疑人员"的面部暴露无遗，侵犯了他人的名誉权和人格权。2001 年某日，一家省级电视台播出一期焦点类节目，题为《扫黄不留死角》。在这期节目中，曝光了一次性交易的全过程，性挑逗、性交谈、卖淫妇女脱衣服等细节一览无遗，在电视节目播出中，只有一名身份可疑的"嫖娼者"面部打了马赛克。有人认为，这期节目的播放明显地违反了《未成年人保护法》第 25 条和《妇女权益保障法》第 39 条的规定。"卖淫是违法行为，应当受行政制裁，但并不意味着卖淫妇女的人格尊严可以随意侵害。焦点类节目的批评报道有一个重要原则，即'对事不对人'，完全没有必要使卖淫妇女的形象曝光。如果使用这段暗访素材是表现节目主题所必需的，也应当给卖淫妇女面部打上马赛克。如果因该节目播出后造成严重后果，比如被曝光的卖淫妇女自杀，电视台又该承担什么样的法律和道义上的责任？"参见徐迅《社会向电视暗访发出预警》，《方圆》2002 年第 10 期。

② 关于在隐性采访中应当注意的问题，在笔者与李矗先生合著的《法制新闻的理论与实践》一书中有较为详细的阐述，这里援引的主要是李矗先生的观点。

说，耐心地将硬币一枚枚地数出来，为他开设账户，做了储存。过了一会儿，这位"储户"又来到储蓄所，要求将刚刚存入的钱全部取走，注销账户。营业员还是毫无怨言，为他将存款提取出来，并为他注销存折。《法制日报》的记者为了了解北京出租汽车行业的情况，自己装作一个外地"乘客"，从北京西客站到首都机场，结果发现北京的出租汽车贵过坐飞机的实情。还有的媒体记者为了了解医院的情况，把自己装扮成"病人"去看病的；为了了解市场的情况，把自己装扮成"顾客"去买东西的等。在这里，"菜农""储户""乘客""病人""顾客"等，这些普通公民依法可以充当的角色，记者都可以用来替代"记者"的身份出现。但是，记者却不能冒充另一类身份，即由法律授权的、拥有某种特殊权力的身份。比如，记者不能把自己装扮成军人、检察官、法官、警察，以及法律授权可以行使某种权力的国家机关其他工作人员，这就是替代身份的法律限制。

2. 从采访对象来说，隐性采访的对象主要是公众具有优先知情权的人物

一是公众人物。公众人物又可分为权力公众人物和名誉公众人物两种。所谓权力公众人物，是指掌管某种权力的国家机关工作人员，特别是担任一定领导职务的领导干部。权力公众人物行使着管理国家的权力，他们的职务行为直接影响到公众的利益。所以，对于他们来说，公众具有法律优先保护的知情权。所谓名誉公众人物，是指那些虽然没有掌管着国家的权力，但由于他们在文艺、教育、科技、商贸等方面所取得的成就使他们成为社会名流，比如文艺影视明星、体育明星、著名电视节目主持人等，都属于名誉公众人物。因为名誉公众人物的成名是与公众的拥戴和支持密不可分的，所以公众对于他们也具有优先的知情权。面对公众人物，记者在采访中可以采用偏向公众知情权缩减被采访者隐私权的隐性采访。二是那些具有明显犯罪行为的人员，由于他们的行为直接侵害和影响到公众的利益，所以公众对于他们的犯罪行为也具有优先的知情权，也应当列入记者采用隐性采访的对象之中。

3. 从采访事件来说，必须是关系公众利益的事件，而不是与公众利益无关的个人私事

这里包括两层意思。一是对于公众人物而言，如果他们的行为不涉及行使国家权力，不涉及公众的利益，纯属个人家庭生活琐事，或者是他们的亲属的与他们无关的私事，不宜采取隐性采访。二是即使是针对犯罪分子而言，他们不属于违法犯罪的其他行为，也不在隐性采访的范围。根据我国法律规定，即使是犯罪嫌疑人，即使是在面对刑事审讯的过程中，也有权拒绝回答"与本案无关的问题"。

4. 从采访场合来说，不是任何场合均可进行隐性采访

隐性采访所进入的场合必须符合如下两个条件。第一必须是公众场合，非公众场合不能进入。所谓公众场合，是指法律上没有特别禁止性规定的，普通公众均可以自由出入的公共场所。比如公路、街道、公园、商场、车站、码头以及其他普通公众可以随意出入的公共场所。所谓非公众场合，一是指法律上有特别禁止性规定，只准许某些经法律授权的人进入，对于一般的普通公众未经法律授权和有关部门批准或许可则不能进入的场所，如军事禁区、监狱、拘留所、看守所，以及重要生产基地和科学实验基地等；二是指受法律保护的私人住宅和法律授权准予私人单独使用的其他场所。第二必须是真实的客观环境，而不是记者为了采访需要故意设置或虚构的环境。也就是说，记者虽然可以有限制地假冒身份，秘密"进入"他认为需要进入的公众场所进行隐性采访；但是记者不能秘密"设置"一个引人入瓮的"陷阱"，欺骗被采访人进入之后再进行采访。比如，记者为了了解地下色情行业的情况，可以隐蔽身份进入某色情按摩场所进行隐性采访，但是记者不能事先设置一个"色情按摩场所"，更不能假装成"小姐"去引诱客人来买淫，这种设置和引诱涉嫌违法犯罪。

5. 从采访手段来说，隐性采访不能对被采访者采取利诱和强迫手段

在隐性采访中，被采访者向隐身记者提供的情况和资料，必须是被采访者自愿的行为；被采访者向隐身记者交谈的话语，或曰"口供"，必须是被采访者真实自然地流露。隐身记者不能采取任何引诱的方式，故意诱导被采访者按照隐身记者的意图"说话"，更不能采取强迫的手段，威逼被采访者按照隐身记者的意图提供情况和资料。

6. 从采访目的来说，隐性采访不能为了"报道效应"而损害社会公众的利益

隐性采访和显性采访一样，其目的都是维护法律的尊严和社会的正义。当记者在隐性采访中发现某些违法犯罪行为时，在证据已经采集完毕、隐身记者和相关人员也已脱离危险境地之后，一定要及时做出报道，予以曝光，不能及时通过报道披露的，也要及时向司法机关举报，务必使这些违法犯罪行为得到及时的遏制、制止和惩处。当发现某些违法犯罪行为可能对社会公众利益造成重大侵害的情况时，即使采访尚未完成，也要及时向有关部门举报，不能为了"报道效应"，放任违法犯罪行为愈演愈烈，以致对社会公众利益造成更大危害。①

在本文就要结束时，还要指出的是：显性采访与隐性采访虽然是两种不同方式的采访，但二者并不是截然分开的。在采访过程中，既可以视不同的场合、不同的对象、不同的情况，决定采用显性采访或者采用隐性采访，也可以两种方式兼而用之，或者交替采用之。总而言之，无论采取何种方式，其目的都是更好地采集和获得真实的、充分的新闻素材。

（原载《中国政法大学人文论坛》第 2 辑，
中国社会科学出版社，2005）

---

① 隐性采访中为了"报道效应"损害社会公众的利益的事件时有发生：2000 年 7 月，某省电视台的记者在对某地高考现场进行采访时，发现考场内一些考生正在严重作弊。这位记者为了把考场作弊的情景拍录得更多一点，不向监考人员报告以及时制止这些作弊行为，而是蹑手蹑脚地趴在考场的窗户外面，把摄像机镜头对准考场内作弊的考生悄悄地拍录，但他没有想到，由于这个考场一些考生的作弊行为未得到及时制止而愈演愈烈，这个考场的全部考生后来都被处以取消考试成绩的处罚。当然，这一严重作弊事件的责任主要在于作弊者自己以及监考人员。但是，我们也不妨设想一下，如果这位电视记者在发现有人作弊时，就马上报告监考人员予以制止，受处罚的也许就不会是考场的全部考生，更不会殃及无辜！再如 2001 年中秋节前，正当人们兴高采烈地选购月饼，喜迎中秋佳节之时，中央电视台突然爆出一条"骇人新闻"：南京"冠生园"今年销售的月饼，用的竟是去年卖剩的月饼挖下来的馅！其实，早在 2000 年中秋节后，该电视台的记者就已经采访到南京"冠生园"的员工将卖剩下来的月饼馅挖下冷藏起来、另有所图的事实，并且偷拍了录像，只是为了获取更多的新闻材料，使报道产生"轰动效应"，故意长期隐而不报。直到 2001 年中秋节前，终于等待并且偷拍到了南京"冠生园"用去年冷藏下来的馅重新做了月饼出售的情况，才予以披露曝光。这条消息播出后，立即在社会上引起了轰动。正欲尝中秋月饼美味的消费者，如同吞下了发霉的黑馅一样，感到无比的恶心、愤怒和难受。本来想购买月饼的许多人，再也不想购买月饼了，更不敢购买"冠生园"的月饼了。月饼市场大受冲击，与"冠生园"同名的多家生产厂家的产品，更是深受其害。反思"黑心月饼事件"，我们在谴责制作"黑心月饼"的南京"冠生园"黑心老板的同时，是否也这样想一想：如果记者早在去年发现黑心老板指使员工将卖剩下的月饼馅冷藏起来图谋不轨之时，就及时予以披露，或者报告有关部门采取相应的检查监督措施，"黑心月饼"还能够翻新上市吗？广大消费者还会有如此的恶心和难受吗？与"冠生园"同名的其他生产厂家还会遭此劫难吗？也许从新闻报道的角度来说，该电视台和记者这一蓄谋已久的"新闻策划"，堪称颇具"匠心"，并且取得了"轰动效应"；但是从维护法制尊严和社会公众利益的角度来说，显然是不道德的，甚至是违法的。

新闻报道中的法律语言规范

新闻报道中经常要使用法律语言，本文就法律语言有何特点、法律语言中的法律术语有何特征、新闻报道在使用法律语言中存在哪些问题、新闻报道如何准确地使用法律语言等问题做一些探讨。

一　法律语言的特点

法律语言是贯穿法律的制定、研究和运用过程中的语言文字表意系统。通俗地讲，就是制定、操作和研究法律时所使用的语言。法律语言包括立法语言、法律文书语言、司法讯问语言、法庭辩论语言和法律术语，等等。有的学者还从学科运用的角度将法律语言分为立法语言、学术法律语言和执法与司法语言三类。[①] 法律语言具有高度准确、简明、严谨、朴实、庄重等特点，并且具有严格的专业化要求。

立法语言是制定法律法规中所使用的语言，是法律语言的核心，它可以制约和影响其他类型法律语言的使用。立法语言在表意上具有直观性，它直截了当，不含二意，无文学语言中的双关、借代或其他言外之意；在语体上具有稳定性，庄重严谨，简明朴实，无文学语言中的比喻、夸张，极少用形容词。学术法律语言是进行法学研究及其学术交流中所使用的语言，它具有科学性、探讨性、诠释性等特点。执法与司法语言是运用法律过程中所使用的语言，既包括书面语，也包括口语，它具有程序性、格式性、繁复性、过程性等特点。[②] 新闻如果报道涉法内容，就应当把握法律语言的这些特点，善于运用法律语言。

---

① 参见刘洪婴《法律语言学》，北京大学出版社，2003，第 9 页。
② 刘洪婴：《法律语言学》，北京大学出版社，2003，第 147 页。

二　法律术语的特征

法律术语是表示法律专用概念的词语，一般情况下不讲求词的变换，不能交互使用同义词或近义词，它在法律的语境里反复出现，被习惯所确认和固定，形成一种规则。

法律术语不是其他行业和日常生活中的常用语。比如涉及"诉讼"的有告诉、起诉、上诉、申诉、抗诉、自诉、公诉、胜诉、败诉、撤诉等术语，涉及"审判"的有一审、二审、终审、原审、再审、重审、提审、公审等术语，涉及犯罪的法律术语有犯罪、犯罪嫌疑人、犯罪分子、主犯、从犯、犯罪对象、犯罪主体、犯罪客体、共同犯罪、过失犯罪、故意犯罪、教唆犯罪、犯罪动机、犯罪目的、犯罪预备、犯罪中止、犯罪未遂、犯罪情节、犯罪行为、犯罪构成等。法律术语具有如下一些特征。

一是语义的单一性，每一法律术语表示一个特定法律概念，它要求任何人在任何情况下都必须对其作同一解释，而不能用其他词语替换。如法律术语中的"故意"就不能用"特意"来替换，"过错"就不能用"错误"来替换，"禁止"就不能用"不准"来替换，"违反"就不能用"违背"来替换，"特别严重"就不能用"非常严重"来替换。语义的单一性还表现在法律术语多属单义词，极少有多义词。比如"同居"一词，在大众语言中可以指多人同住一处，可以指夫妻共同生活，也可以指"男女双方没有办理结婚登记手续而共同生活"，但作为法律术语的"同居"，只能是特指最后一个义项。虽然有的法律术语可能会有几个义项，但在司法实践中只能根据语言环境使用其中之一。

二是语义的相对性，许多法律术语的语义互相矛盾、互相对立，而且彼此互为因果，无此则不存在彼。例如：原告－被告、起诉－应诉、权利－义务、故意－过失、委托－代理、正本－副本、债权－债务、行为人－受害人、上诉人－被上诉人等。

三是词语的类义性，由于法律的调整对象涉及各种各样的法律关系，表示这些法律关系的概念多为种属关系，于是就产生了不同层次的属概念和种概念。例如"法"之下有宪法、刑法、民法、行政法、诉讼法等，在"诉讼法"之下又有刑事诉讼法、民事诉讼法、行政诉讼法等；"罪"之下有危害国家安全罪，危害公共安全罪，破坏社会主义市场经济秩序罪，侵犯公民人身权利、民主权利罪，侵犯财产罪，妨害社会管理秩序罪，危害国防利益罪，贪污贿赂罪，渎职罪，军人违反职责罪十大类罪。在"妨害社会管理秩序罪"之下，又有扰乱公共秩序罪，妨害司法罪，妨害国（边）境管理罪，妨害文物管理罪，危害公共卫生罪，破坏环境资源保护罪，走私、贩卖、运输、制造毒品罪，组织、强迫、引诱、容留、介绍卖淫罪，制作、贩卖、传播淫秽物品罪，在这九类之下又含有 120 个罪名。

四是术语组群，法律术语的术语组群因法学分支形成，无论是内容还是其功能均有明显的类别体系，大致以理论法学和部门法划分类别，形成法律术语组群。如民法中的所有权、物权、他物权、抵押权、抵押权人、抵押物、留质权、质权、质押、处分权、典权、债权、债权人、债务人、债权行为、担保、给付、清偿、财产权、动产、不动产……诉讼法中的诉、诉权、诉讼、诉讼主体、诉讼客体、诉讼标的、诉讼程序、诉讼期限、刑事诉讼、民事诉讼、行政诉讼、附带民事诉讼、给付之诉、确认之诉、变更之诉……行政法中的行政、行政行为、行政主体、行政机关、行政执法、行政复议、行政侵权、行政监察、行政处罚、行政许可、行政委托、行政赔偿、行政补偿、行政救济、行政不作为、行政拘留、行政强制措施……

此外，法律术语还具有使用上的变异性和独特的构词方式等特点。[1]

三　新闻报道在使用法律语言中存在的问题

新闻报道在使用法律语言中主要存在三方面的问题。最常见的是由于有些记者对法律术语的内涵和外延把握不准，因而在新闻报道中经常混淆。比如对拘传、拘捕、拘留、拘役四个法律术语的使用，在刑事诉讼中拘传是司法机关对未被羁押的犯罪嫌疑人、被告人，经合法传唤没有正当理由拒不到庭采取的一种强制措施；在民事诉讼中，人民法院对必须到庭的被告经法院两次传票传唤，无正当理由拒不到庭也可以采取拘传措施。拘留是一项司法机关依法将特定的人拘禁留置在一定场所的强制措施，拘留按其性质又分为刑事拘留、行政拘留和司法拘留三种，前两种由公安机关负责人批准并执行，后一种由法院院长批准，由公安机关执行。拘役是一种短期剥夺犯罪人

---

① 参见华尔赓等《法律语言概论》，中国政法大学出版社，1995，第 153～157 页。

员人身自由、就近强制进行劳动改造的刑罚方法，它介于管制和有期徒刑之间，期限一般为 1 个月以上 6 个月以下，数罪并罚时最高不能超过 1 年。拘捕则是指拘留和逮捕。

再如有些报刊常将"两劳"并称且混淆，其实"劳改"和"劳教"这两个法律术语是有很大区别的。"劳改"全称劳动改造，是一种刑事惩罚与改造措施，"劳教"全称劳动教养，是一种行政处罚措施；"劳改"的对象是依法被判处拘役和有期以上徒刑的刑事犯罪分子，"劳教"的对象是有轻微违法行为但又不够追究刑事责任的人员；"劳改"的场所是监狱、劳动改造管教队、少年犯管教所、拘役所等，"劳教"的场所是劳动教养管理所；"劳改"刑满后获释称刑满释放人员，"劳教"执行完毕称解除教养人员。

另如，民法中有法人、法定代表人、法人代表三个法律术语。法人是指与自然人相对的一种民事主体，是具有民事权利能力和民事行为能力、依法独立享有民事权利和承担民事义务的社会组织。法定代表人是指依法确定的能够代表法人这个组织行使权利和承担义务的自然人。法定代表人是当然的法人代表，但法人代表也可以是经法定代表人授权的其他有民事行为能力的自然人。由于记者对这几个法律术语的概念不清，所以在新闻报道中经常混合使用。新闻报道中经常混淆的法律术语还有公民与人民、权力与权利、公判与宣判、受害人与被害人、犯人与犯罪嫌疑人、抗诉与提起抗诉、缓刑与缓期执行等。

新闻报道在使用法律语言中存在的另一个问题是用词不准确。有位作者在一篇文章这样写道：

> 海牙国际法庭恢复我国席位后，派谁去当国际大法官呢？又是这批人。倪征奥以 85 岁高龄就任，一直干到 91 岁。接替他的也是东吴大学毕业的李浩培，他逝世在国际大法庭任内，时年 91 岁。（《我说人与人》）

这段话中有三处不准确。一是"国际法庭"应为"国际法院"，这是两个不同的概念，1921 年 9 月在荷兰海牙成立的"国际裁判常设法庭"，简称"国际法庭"，由于第二次世界大战爆发，已停止工作。1946 年，根据《联合国宪章》所附的《国际法院规约》，国际法院在荷兰海牙的和平宫宣告成立，同年

4月18日，"国际法庭"随国际联盟的宣告解散而撤销。二是"倪征奥"应为"倪征燠"，他生于1906年，1984年以绝对多数的票当选为国际大法官，1994年2月任期届满。倪征燠出任时是78岁，而非85岁；离任时是88岁，而非91岁。三是接替他的是史久镛，而非李浩培。

再如2003年1月19日《检察日报》头版刊发了记者高洪海拍摄的两张图片新闻，题为《七名教授"登场"模拟法庭》，释文中存在用词不当、用语不准确的问题。图片的释文为："1月18日，由中国政法大学薛刚凌、马洪俊、张树义等7名教授组成的模拟法庭，为北京30多家新闻单位的80多位记者'演示'了一场精彩生动的民事案件庭审活动。他们深入浅出，妙语连珠，使在座的媒体记者大开眼界……"笔者亦参加了这次由教育部办公厅主办、中国政法大学承办的学者媒体联谊会。该报道的标题与释文存在如下几个问题。一是模拟法庭的组成人员中并非7名教授，而是4名教授，这在模拟开始时"审判长"薛刚凌已作了介绍。二是"演示"的并非民事诉讼，而是一起行政诉讼，这在会议发给每位与会者的材料中专门有一页"案情简介"。三是本来就是演示，所以"演示"二字无须加引号，加上引号反使读者可能产生误会。四是"他们深入浅出……"存在语病，应当在主语"他们"之后介入适当的词，如"在演示中"或"在辩论中"等。此外，还有些采编人员一味追求"卖点"，在标题上故作惊人之语，有家体育报发表一篇关于严格执行足球队纪律的报道，竟将"违反纪律杀无赦、斩立决"作为标题，显然文不对题，用词不准确。

新闻报道在语言使用中存在的第三个问题是犯法律常识性错误。2002年1月28日《河南日报》头版头条刊发了一则报道河南省九届人大五次会议举行的消息，消息在第三段开头这样写道："任克礼在报告中说，过去的一年，省人大常委会在省委、省政府的领导下……"，这一提法就极不准确。我国《宪法》明确规定："国家行政机关、审判机关、检察机关都由人民代表大会产生，对它负责，受它监督。"《中华人民共和国地方各级人民代表大会和地方各级人民政府组织法》也规定，"地方各级人民政府是地方各级人民代表大会的执行机关""县级以上的地方各级人民政府在本级人民代表大会闭会期间，对本级人民代表大会常务委员会负责并报告工作。"显然，这则消息说"省人大常委会"在"省政府的领导下"是法律常识笑话，而这种笑话在新闻报道中并不少见。

例如，2002年6月21日《检察日报》第七版《明镜周刊·说法》栏目一篇题为《自首背后有骗局》的报道，结尾写道："……判处朱勇有期徒刑四年，缓刑三年"，这一表述极不准确。首先，"缓刑"和"缓期执行"是两个法律概念，二者的适用对象不同；其次，按照《刑法》第72条第一款和73条第二款的规定，缓刑仅适用于被判处拘役和三年以下有期徒刑的犯罪分子；再次，二者的执行方法不同，且考验期限也不同，三年以下有期徒刑的缓刑考验期限为原判刑期以上五年以下。再如2002年第11期《法制天地》中刊发了金沙江撰写的一篇文章，题为《"豆腐西施"的外遇悲歌》，讲的是发生在吉林省蛟河市西南部一个山村的事：已婚女子夏小云与村外一工厂食堂管理员耿海林发生了一次婚外性生活，其夫刘天雨获悉后，唆使其妻对耿实施敲诈。文章在结尾时说："经公安部门侦查确认，耿海林与夏小云之间不构成通奸罪，当场释放……"我国《刑法》中并无"通奸罪"这一罪名，当然也就不存在构成的问题。又如2003年2月4日，中国新闻网以《乌鲁木齐通过廉政法规：新闻监督首获立法授权》为题，报道了继无锡市、邯郸市之后，乌鲁木齐市《预防职务犯罪条例》出台的消息，报道援引了《条例》第三章第19条的规定：新闻媒体、司法行政等部门应当开展预防职务犯罪宣传活动，新闻媒体对国家工作人员履行职务的行为进行舆论监督。并说，这是国内地方性法规第一次给新闻媒体的舆论监督立法授权。事实上，新闻监督乃是民主政治下新闻媒体与生俱来的权利，它的监督权利受国家宪法的保护，非地方性法规所能限制，更无须地方法规授权。

《检察日报》记者谢文英曾谈到这样两个事例。2002年5月8日，北京市朝阳区法院通知谢文英说歌星红豆涉嫌猥亵多名男童案已立案，谢根据法院介绍的情况写了条短讯给本报总编室。晚上值班编辑来电说法院关于刑事案件立案的说法有问题，让谢再核实一下。经咨询才弄清法院立案受理的说法是针对民事案件而言，对于检察机关提起公诉的刑事案件，法院只能在审查后组成合议庭择期审理，并不存在立案的环节，于是谢打电话给值班编辑予以更正。但第二天北京其他部分媒体及网上的消息，还是用了"法院立案"的提法。第二个事例是关于"中科创业"案的报道，谢在文章中误把检察机关适用新刑法提出的"操纵证券交易价格罪"写成"操纵证券价格罪"，编辑发现后予以纠正。由此谢文英认为："记者法律知识的缺乏和法律意识的薄弱是导致法律用语不准确的根本原因。"①

---

① 参见《检察日报》2002年7月29日。

四 新闻报道如何准确地使用法律语言

新闻报道涉及法律时，用语一定要准确无误。如果一篇稿件中的法律用语不准确，不仅误导受众，而且会使媒体的声誉受损。美国著名报人约瑟夫·普利策曾说过："一家报纸在其新闻、标题及社论页中最要注意的是准确、准确、再准确。必须把每一个人——编辑、记者、通讯员、改写员、校对员——都与报纸联系在一起，让他们相信准确对于报纸就如贞操对于妇女一样重要。"①

新闻报道要准确地使用法律语言，采编人员首先要吃透法律。2000 年 11 月 8 日某一省会城市的日报"综合新闻版"有一段"编辑絮语"讲道："保护知识产权法、规划法以及政府颁布的地方法规，都是我们应当严格遵守的。"这句话中"政府颁布的地方法规"的提法就是不准确的，混淆了行政规章与地方法规的界限，因为地方政府可以制定行政规章，但无权制定地方法规，而且两者的制定颁布机关不同，权威性和社会效力也不同。再如 2001 年 12 月 9 日某省日报第 2 版刊发了一篇报道该省某市人大通过了《××市预算审批监督办法》，用"立法"形式规范政府预算的消息，文章标题为《××立法专管政府"钱包"》。这里"立法"二字用词不准确，因为该市人大不具有立法权。② 又如著名电影演员刘晓庆涉嫌偷税被立案侦查后，北京的一家媒体立即宣称她进了监狱，还有人赶出一本名为《谁把刘晓庆送进监狱》的书，并在报纸上连载。这些人没有搞清楚监狱和看守所的区别，监狱里关押的都是已经判决且正在服刑的犯罪分子，不会关押未经审判的犯罪嫌疑人。

新闻报道要准确地使用法律语言，必须区分相类似的法律术语。例如，在规定性的执法和司法口语中，有告知、宣告、宣读、宣布等法律术语，这几个术语适用于不同的场合。例如，交通警察处罚违章违法司机时要"告知"其被处罚的原因、依据、结果和申诉手段；法官在开庭时要"告知"当事人的权利与义务等，"告知"又大致分为处罚告知、权利义务告知、法律程序告知和法律后果告知等几种；"宣告"则用于宣告判决、宣告破产、

---

① 转引自徐向明编《中外新闻名家名言集》，南京大学出版社，2003，第 116 页。
② 参见修忠翰《浅析人大新闻报道存在的问题》，《民主与法制时报》2002 年 5 月 28 日。

宣告死亡等，"宣读"用于宣读起诉书、宣读证人证言、宣读鉴定结论、宣读勘验笔录等，"宣布"用于宣布开庭、宣布法庭纪律、宣布案由、宣布合议庭组成人员、宣布休庭等。宣告、宣读、宣布和告知各有其明确的对象、范围和环境，不能混淆使用。过去，新闻报道公、检、法机关办理刑事案件时，经常要用到"审问""纠问"和"盘问"三个术语，1997 年修改后的《刑事诉讼法》将"问"规定为三种：讯问、询问、发问。讯问的对象比较单一，是面对犯罪嫌疑人，如《刑事诉讼法》第 116 条："讯问犯罪嫌疑人必须由人民检察院或者公安机关的侦查人员进行。讯问的时候，侦查人员不得少于二人。"询问的对象是被害人、证人、鉴定人等不涉及实施犯罪行为的人，如《刑事诉讼法》第 123 条："询问证人，应当告知他应当如实地提供证据、证言和有意作伪证或者隐匿罪证要负的法律责任。"发问是没有法定控制和被控制关系的主体之间的问话，如公诉人或辩护人向证人或鉴定人发问、被害人或其诉讼代理人向被告人发问等。讯问、询问、发问这三种问话形式，在使用中有明确的界限，不能彼此混用或替代。

新闻报道要准确地使用法律语言，还要注意一些法律术语的特定含义。有些众所周知的普通词语，由于立法时赋予其特定意义，所以在使用中普通词语和法律术语含义就不完全一致了。例如"农业"，在农业法中是指普通词语中的农业、渔业、畜牧业，农业技术推广法中的"农业技术"是包括渔业技术、畜牧业技术在内。有些法律文件中使用了一些简称或缩写，这些缩略的法律术语都有特定的内涵，运用时应予注意。例如，"不可抗力"是指人们所无法预料的事情及人力所无法抗拒的力量，"适格"是指符合条件与资格，"畸轻畸重"是指在定罪量刑或处罚上太轻或过重，"显失公平"是指明显地有失公平。再如，我国于 1989 年 10 月 14 日加入《商标国际注册马德里协定》，在《商标国际注册马德里协定实施细则》中就使用了 18 个缩略语，如"申请人"是指"以其名义提交国际注册申请的自然人或法人"。这样，就要求记者在写作新闻报道时应予以充分的注意。

（原载《中国记者》2005 年第 7 期）

论新闻采编人员的自我保护

近几年来，新闻实践中有些正常的采访报道经常受阻，记者被困、被打的事件频传于耳，因舆论监督和批评性的报道所引发的新闻诉讼接踵而至，因其他报道所引发的官司也屡见不鲜。有关资料反映，截至2005年底全国已有3000多起新闻诉讼案件发生。① 在一些记者受阻、被困和被打的事件中，新闻媒体和记者的正当权益受到严重侵犯，在诸多新闻媒体和记者作为被告的诉讼中，虽然有一些案件经法院审理认定尚未构成侵权，但也有相当数量的案件，是以媒体和记者的败诉结案。这些现象向新闻采编人员提出一个非常现实的问题，即在新闻实践中，尤其是在进行舆论监督和批评性的报道中，媒体和采编人员如何进行自我保护？

新闻媒体和采编人员要实施自我保护，既需要良好的外部环境，也需要自身的修炼和把握。本文是从新闻媒体和采编人员自身的角度进行探讨，认为应当注意如下十条。

---

① 20世纪80年代后期，新闻诉讼的原告主要是公民个人，诉讼目的主要是通过法律手段讨得一个"说法"，要求精神损害赔偿的很少，诉讼的地域也主要集中在京、津、沪、穗等地；但20世纪90年代以后，诉讼的地域迅速向全国各地发展，到1999年，几乎全国所有的省、自治区、直辖市都有新闻诉讼发生。这些案件呈现出四个动向：一是原告除了公民个人外，法人起诉新闻媒体和新闻工作者的情况迅速增加，如"三株口服液""505神功元气袋""周林频谱仪"以及"北京国际贸易中心""点子大王"等，都发起过"新闻官司"。在因山西某科普作者报刊文章引起的侵权诉讼中，"富豪"和"天磁"等国内四家最主要的矿泉壶企业一起上阵，充当原告。二是诉讼标的越来越高，以数十万元、百万元计的"新闻官司"不胜枚举，"三株口服液"在一起名誉权诉讼中提出了高达一亿元的损失赔偿。三是新类型的侵权案件增多，网络侵权案件时有发生，如王洪网上名誉权案、王蒙等起诉网络侵犯著作权案等。四是"隐性采访"、广播电视记者采用偷拍偷录方式采制新闻引发的新闻侵权纠纷明显增多等。

一 要强化法律意识，提高法律素养

法律意识是指在新闻的采访与报道中要遵守现行的法律法规，在行使新闻自由权利的过程中不能背离法治精神，不得损害国家、集体和社会的利益，也不得损害公民的合法权益。

目前我国还没有专门的新闻传播法，有关新闻方面的法律行为是依据宪法精神和刑事、民事法律的相关规定以及党和政府的有关政策规定来进行调节的。例如关于诽谤罪、侮辱罪、名誉权、肖像权问题的规定，国家机密和个人隐私问题的规定，灾害和疫情预报的规定等。作为新闻记者，必须注意在宪法和法律规定的范围内行事，确保自己采写的新闻真实又合法。

个人隐私的问题，往往是记者最容易触发的雷区。隐私并非不可以披露，但记者不应当披露与公共利益、社会和政治无关的个人隐私，如果个人的私事涉及或妨碍了公共利益和社会生活，或者个人处于政治活动之中，那么个人的活动就不属于不应披露的隐私，可以成为新闻报道的对象。如果媒体面对的是国家公职人员，公民赋予公职人员管理国家、管理公共事务的权力，代表人民来行使国家权力，所以他们个人的许多情况同公共利益密切相关，他们的事业不仅是自己的，也是社会的、公众的，因此公众有权了解他们的事业及与其事业有关的个人情况。或者说，作为公职人员，他们的收入依靠纳税人，对纳税人负有特定的义务，理应受到纳税人的监督。他们的财产收入、婚恋私情，对一般公民而言是隐私，但对于公职人员，由于会影响到政府及社会形象和道德价值标准，就不能全部算作隐私。又如公众人物（如社会文化知名人士、演艺明星等），他们的言行对社会有不同于一般民众的影响力和感召力，尤其是以新闻媒体为支撑的公众人物，同一般人相比，在隐私权的享有方面是有所不同的。法律强调权利和义务的平衡，社会文化知名人士、演艺明星在成名的过程中，都享受到公众和社会给予的支持和宣传，如果没有公众的认可和媒体的宣传，他们的公信度和知名度将会大大减弱。有所得往往会有所失，与权利相伴的是义务，因此，作为公众人物，减退部分隐私权满足公众的知情权，寻求的正是法律所追求的权利与义务的平衡，况且新闻媒体有权利、有责任监督公众人物的道德行为和遵纪守法状况。当然，并非公众人物所有的个人隐私都可以披露，媒体对公众人物个人隐私的披露也要限制在与公共利益、社会和政治有关的范围之内，并且不得损害公众人物的人格尊严。

以上阐述意在说明：媒体和记者要进行自我保护，至少要清楚什么是法律所允许的，什么是法律所不允许的；在新闻实践中既要强化自己的法律意识，又要不断提高自己的法律修养；要学会运用法律进行舆论监督，要在法律规定的范围内进行采访和报道。

二　要给自己的角色做出准确定位

记者在进行报道和舆论监督中的角色只是新闻信息来源的代言人，是独立、公正、超脱的旁观者，而不是裁判员、法官，也不是警察，不能去办案或判案，更不能直接参与案件。办案、定罪、裁判是司法部门的事，新闻采编人员不能越俎代庖。我们有些记者在写稿时经常将个人的倾向融入稿件之中，急于做判断、下结论，这样做的结果往往带来的是被动。例如，有关四川恩威集团偷漏税一案，事情还未调查清楚，国家税务部门还未定性，一些新闻媒体包括中央新闻单位就在报道中大讲恩威"偷漏税款"多少，结果既影响税务部门和司法机关对此案的查处，也给自己的工作造成被动。因此，记者和媒体一定要找准自己的定位，做好新闻信息的传递工作，不要忘记自己"旁观者"的角色，更不能把自己变成"戏中人"，否则难免走入误区。

但在新闻实践中，把自己变成"戏中人"的事例屡屡发生。有一家报纸刊登了几位记者共同采写的体验式报道《偷盗大行动》。记者以顾客身份到几家大型超市"偷盗"，以提醒商家注意安全防范。几位记者的"体验"都很成功，有的甚至把挂着标签的羽绒大衣穿了出来。这一报道虽然揭示出大型超市安全防范不力、盗窃现象频繁发生的漏洞，但问题在于：报道超市安全问题是不是记者非要亲自去"偷盗"？如果回答是肯定的话，那么报道流氓犯罪问题是不是也要亲自去当流氓？报道其他犯罪问题是不是也要亲自去参与犯罪？显然，这种做法是没有找准记者的职业定位，超出了媒体工作的范围，超越了新闻报道所应把握的"度"。①

---

① 据《南国早报》2003 年 11 月 22 日报道，11 月 21 日上午，广西壮族自治区宁明县警方在《南国早报》记者准确踩点、鼎力帮助下，成功捣毁了一个涉嫌贩卖妇女、非法拘禁的人贩子中转站。此案的破获，记者的功劳是值得称赞的，但是记者私自踩点、充当侦探的做法也遭到质疑。即使从记者人身安全来看，记者没有经过专业培训，在侦探刑事案件中很容易出现闪失。如果一不小心"打草惊蛇"，使犯罪嫌疑人逃之夭夭怎么办？如果不慎被犯罪嫌疑人发现，记者自身的人身安全又如何保障？记者是普通公民，其协助公安机关打击犯罪的精神与热情可嘉可敬，但他们并没有私自侦探案情的权利和义务，也不宜充当刑事案件的侦探。参见陈栋《记者"越位"——出力不讨好》，《中华新闻报》2003 年 11 月 28 日。

再如舆论监督司法活动的问题，舆论监督对遏制司法腐败、促进司法公正是有积极作用的。然而，近几年来也出现了对司法活动胡"监督"、乱"曝光"的现象，干扰了正常的司法活动。有的法官反映，有的记者还未立案就"发号施令""指挥办案"，如不从命就"曝光"；有的记者未经法院同意擅自采访庭审，随便出入法庭；有的听信当事人的一面之词，便"为民请命"，对法院"兴师问罪"，对法官"指手画脚"等。这些行为与记者独立、公正、超脱的旁观者的角色是不相符的，是典型的"越位"。①

三 要紧紧把握真实、准确这两条基本准则

真实是新闻赖以生存的最基本条件，也是新闻传媒必须遵循的原则。新闻所报道的事实必须绝对真实，所涉及的事件、原因、结果必须准确无误，所反映的背景、环境、过程、细节、人物语言等必须真实可靠。这里说的是全部要素，而不是一个或一部分。也就是说，凡是新闻涉及的每个事实都必须是完全真实的，容不得一点弄虚作假。同时，记者在采访与报道中还须划清本质真实和现象真实、总体真实和局部真实、历史真实和自然真实、事件真实和细节真实四个界限。因为在这个纷繁复杂的大千世界里，自然真实、现象真实、局部真实、细节真实未必是本质真实和总体真实，有时甚至可能与本质真实相差甚远。准确则是要求新闻采编人员在叙说事实时对人物、名称、时间、地点等要精确无误，对所引用的各种资料和数据必须翔实有据，对事实经过、情节、因果关系要精确可靠，对人物的思想、心理活动以及人物的语言要忠实原貌，对反映的事实在整体概括、评价、分析时必须符合实

① 蒋艳萍涉嫌特大经济犯罪案于 2001 年 4 月 20 日至 24 日在长沙市中级人民法院开庭审理的 5 天里，前来采访的新闻媒体多达 51 家，共有 100 多名记者。早在开庭之前，媒体就对蒋案进行了一番"轰炸"，开庭之后媒体关于蒋案的报道更是达到顶峰。在由此带来的司法"透明"的同时，另一种"媒体审判"的现象引起了法律界人士的忧虑。2001 年 2 月 14 日，湖南某报发表《一定要看到女贪官的下场》一文，急得蒋艳萍的辩护律师要在媒体上发表"律师声明"："蒋艳萍案尚未开庭审理，法院尚未对蒋艳萍做出有罪判决。该文有关蒋艳萍是贪污 1000 万余元的'女贪官'的结论是不合法的，这种行为不仅侵犯了当事人的人权，而且有碍司法公正。"但"律师声明"没有媒体愿意刊发，而且随着开庭日期的临近，某些媒体对蒋艳萍的"审判"达到极致：有的称蒋为"犯罪人员"；有的"指控"蒋用"肉弹轰炸"40 多个厅级以上领导干部；有的称蒋为"三湘头号巨贪"；有的竟以"枪毙还少了"为标题；等等。连街上打字店的老板都议论道：媒体都判了，法院还审什么？案例引自《司法：如何面对媒体审判》，《中国青年报》2001 年 3 月 26 日，第 2 版。

际，分寸适当，客观公正。

要做到这一条，就要求记者在采访中一定要心细，进行深入的调查研究，把问题搞清，把事实搞准，做到事事有出处、零出入。对于搜集到的数据和资料，要进行认真的核对，多访兼听，万万不可凭空想象、推测臆断或搞莫须有的事情。如果属于舆论监督，还要给批评对象说话的机会。此外，在报道中最好把事实和意见分开，把报道和评论分开。在报道中客观、公正，不带议论和偏见，这是防止被诉侵权的重要措施之一。如果在报道中夹带某种倾向性的或者不准确的议论，就有可能使报道显得不公正，容易招来麻烦，甚至被起诉。①

四　要在报道中坚持"五不"原则

第一，不可公布未成年人的详细资料。凡是涉及未成年人的案件报道，一是不要披露未成年人的姓名、地址、学校、家庭等资料，二是不要从叙述中让人推断出是该未成年人，三是不要将不公开审理的未成年人犯罪案件的详情进行公开的报道，四是不要刊登未成年犯罪分子的照片。②

第二，不可擅自公布受害人资料。例如，在强奸案中披露了受害妇女的真名实姓，或者虽不点名但披露了受害人具体的居住地点、工作单位等资料，或是描述了受害人的特征，让周围的人能够指认受害人是谁，这样的报道容易使受害人的名誉受到损害，容易招致指控。

第三，不可损害报道对象的道德形象。例如，在报道中指称某妇女不

① 1996 年 8 月 8 日，《中国青年报》第 2 版刊登该报记者卢跃刚撰写的《蹊跷的特大毁容案》一文，报道发生在陕西省礼泉县烽火乡烽火村的一起集体参与纵火毁容的案件。文章发表后，报道中涉及的王保京父子、烽火村委会向西安市中级人民法院提起诉讼，诉称中国青年报社记者撰写的报道含沙射影，歪曲事实，请求判令中国青年报社、该文记者停止侵权，恢复名誉，在全国范围内消除影响，赔偿其造成的损失 480 万元并承担本案诉讼费用。此案一审判决中国青年报社败诉，二审判决虽有所改变，但报社仍是败诉方，原因就是法院认定这篇报道"无根据地指责"原告，"其报道内容失实"。参见卢跃刚《蹊跷的特大毁容案》，《中国青年报》2001 年 7 月 29 日，第 2 版。

② 某市一家报社报道公安机关治理整顿社会治安，抓获了一帮扒手，其中有一部分是外省流窜来的，这些小到八九岁，大到十五六岁的孩子在公共汽车上、车站、商场等人多的地方进行偷窃。该报道这起案件时，把这些小孩的名字点了出来。后来一个家长状告报社，称报道中点了他孩子的名，周围老师同学都知道了，孩子在学校难以待下去，一辈子让人知道有"污点"，不利于孩子的改正。最后该报与小孩家长私了，赔了 4000 元钱的"转学费"才算了结。

贞、通奸、淫荡，或者失实报道某人有酗酒、吸毒等不良习性或虚伪、爱吹牛、不讲信誉、不忠实于朋友的毛病等，这样的报道有损报道对象的道德形象，极容易招来麻烦。此外，当前一些肆无忌惮地渲染"贪官"所谓"生活作风问题"的报道，实际上也涉嫌侵犯报道对象的名誉权和隐私权。①

第四，不可损害或诋毁法人的信誉。例如，不真实地报道某公司违法经营、欺骗顾客、信用危机、资不抵债等，都会损害该公司的信誉，直接或间接影响该公司的业务，构成侵权。

第五，不伤及无辜。例如，在报道重大犯罪分子（如死刑犯）的堕落和犯罪过程中，如果透露其未参与犯罪的妻子、儿女的名字，会给他们带来难言的精神损害。在民事案件的报道中，偏听偏信，未经核实就指责无过错的第三人，也会给他们的名誉造成损害。因此在报道中要特别注意不伤及无辜。

五　报道要力求公正、尽可能平衡

在稿件中过多地表露出记者的主观倾向是新闻报道的一大忌讳，因为这会使读者对稿件的客观性产生怀疑，认为真实的情况不是这样。② 老道的记者会把自己的主张与观点隐藏起来，不偏袒某一方，用事实说话，运用事实

---

① 贵州《黔江日报》曾发表一篇题为《私了了不清的血泪债》的稿件，报道的是彭水县某乡一件强奸案，受害者父亲知晓后非常气愤，但想到报了案女儿名声就保不住了，于是欲与强奸者私了，以为这样还可得一笔钱，但强奸者畏罪潜逃。后来，受害者父亲还是带着女儿去报了案，犯罪嫌疑人也被公安机关擒获归案。新闻稿发出后，原告父女3人到法院告报社和作者侵害其名誉权。报社编发这篇稿件的初衷是提醒公民要珍惜和运用法律武器保护自己的权益，凡违法的事想私了是不行的。在具体处理时，编辑见到了公安部门在通讯员的采访材料上加盖了公章，又依据《未成年人保护法》隐去了姑娘的姓名，自以为是够审慎了。然而，原告却状告报社和作者"歪曲事实，诽谤、诬蔑"，用"财迷心窍"的字眼搭配在"欲与老翁私了"之前，侵犯了人格尊严；同时将受害小姑娘的地址点得太窄，造成周围人可以指认具体人，侵害了小姑娘的隐私权。参见罗廷辉《一场新闻官司的反思》，《中国记者》1995年第11期。
② 《中国教育报》2002年2月1日刊发该报通讯员和记者采写的一篇题为《究竟是谁之错》的报道，副标题是"对一起同居怀孕大学生被开除事件的调查"。讲述了发生在西南某高校一名女生在谈恋爱期间怀孕，校医院医生向学校泄露了该生隐私，其后该生与其男友被勒令退学，学生及其家长因此向法院起诉的事件。作为一篇新闻调查，这篇报道在对事件的陈述中，明显地偏袒西南某高校的管理者，对大学生的隐私权、人格尊严和受教育权受到侵害则缺乏同情和关怀，有失客观、公正。文中片面强调管理者做法的"正当"，认为大学生及其家长向法院起诉"无理"，对医生泄露患者的隐私、学校逼迫学生交代详细过程并承认"道德败坏"同时剥夺这两名学生受教育权利等行为持认可态度，显失客观公正。报道刊发后，引来诸多媒体和专家、公众的批评。另如2003年诸多媒体在对"思科诉华为案"的报道中也存在这样的问题，缺乏客观公正，有误导公众的嫌疑。

内在的逻辑说服人，这是新闻客观公正的一种表现方法。当然，我们也要防止那种不加分析、有闻必录"纯客观"的自然主义报道。客观、公正的前提是全面，这里有一个局部客观公正与整体客观公正的关系问题。有时候，发现局部真实是比较容易的，但它却有可能导致整体失实。同时，记者要学会避免用判断语句概括自己采访到的事实，力求公正地、尽可能平衡地报道有关当事人的说法和做法，不要轻易作定性结论，在报道一种主要意见时，还要报道其他意见，特别是相反的意见。

比如对于案件的报道，记者就不要代替法官去"审判"，尤其是对那些令人发指的刑事犯罪案件，记者在报道时一定要冷静，在法院判决前，不可在激愤之下指称某人犯罪或给予定性，万一与事实不符，法庭判决无罪，媒体和记者就构成诽谤或侵权，容易使自己陷入新闻官司。对未经司法机关处理的民事纠纷案件的报道，必须倾听双方意见，不能倾向一方，千万不要轻率地对案件作定性评价。对执法部门正在审理案件的报道，必须严格遵循司法机关对案件公布的文书和定性用语，未经法院二审审结或一审判决尚未生效的案件，不能妄自定性或轻率评论。法院的判决若未生效，如一审之后有当事人上诉，就不能把一审判决书作为对案件最终的认定依据，报道时应写明"一审法院"认为或判决，只有过了上诉期已生效的一审判决和二审判决，才能作为案件报道中评价该案嫌疑人罪与非罪、重罪与轻罪的依据。在此之前，媒体或记者无权对案件作定性报道和对当事人冠以定性评价词语。[1]

六 报道中的措辞要谨慎

新闻实践中，有许多贬义词是引来诉讼的导火线，如造谣生事者、流氓、恶棍、赌徒、泼妇、姘头、告密者等。此外，贬损人的能力，在事实难以确定或不确定的情况下指称某人患有麻风病、鼠疫、霍乱、非典、艾滋病等传染性疾病，或者称某人有精神分裂症、心理变态等，都有可能损害报道对象的形象，招致指控。[2]

---

[1] 参见李成连《案件报道的侵权方式和法律应对》，《新闻记者》2003 年第 3 期。

[2] 2001 年 8 月 31 日《中国青年报》发表了徐迅雷写的题为《揭开"黑道霸主"刘涌的保护伞：干爹干妈和姘头》的文章。文中写道："市中级法院副院长、以公党沈阳主委身份担任市政协副主席的焦玫瑰是刘涌的'姘头'。"因受贿罪已在狱中服刑的原沈阳市中级人民法院副院长焦玫瑰为此以侵害名誉权为由，状告该报，要求赔偿 20 万元。

在案件报道中，一些对案中人带有感情倾向的措辞，或对案件性质认定的法律用语，如果用得不准确，也会引起名誉权诉讼。如"败类""歹徒""凶恶""罪犯""丧心病狂""劳改释放犯""犯罪分子""盗窃犯""小偷"等。① 此外，记者对披露的事实和行为，在概括表述中要尽量使用涵盖面大、性质轻的词语。比如可能定为贪污，也可能定为挪用公款的款项，不妨暂且说成违纪金额；可能定为受贿，也可能定为巨额财产来源不明的款项，宁可使用"来源不明"一词。当记者分不清某行为是欺骗（民事）、诈骗（刑事）时，不如称之为"不诚实行为"，或使用"欺骗行为"一词；分不清是犯罪还是违法时，就笼统称之为违法行为。在上述情况下使用模糊的表述，会使记者更主动一些，即使出现定性轻的情况，也可以在司法机关审理终结后的后续报道中，给予恰当的法律定性术语。但报道如果定性重，结果司法机关判轻了，那么媒体和记者就可能遭遇麻烦，就可能承担侵犯名誉权的责任。

七　报道中的法律用语要规范

新闻报道在使用法律语言中主要存在三方面的问题。最常见的是由于有些记者对法律术语的内涵和外延把握不准，在新闻报道中经常混淆。比如拘传、拘捕、拘留、拘役四个法律术语的使用，在刑事诉讼中拘传是司法机关对于未被羁押的犯罪嫌疑人、被告人经合法传唤没有理由拒不到庭的一种强制措施，在民事诉讼中，人民法院对必须到庭的被告人经法院两次传票传唤，无正当理由拒不到庭者也可以采取拘传措施。拘留是司法机关依法将特定的人拘禁留置在一定场所的强制措施，拘留按其性质又分为刑事拘留、行政拘留和司法拘留三种，前两种由公安机关负责人批准并执行，后一种由法

---

① 1999 年 9 月 17 日，某报以《县政府的车，暂扣！》为题，报道某省高级人民法院执行一起经济合同纠纷案。全篇报道基本属实，案情纠纷也交代得明白，但在文中有一句说该县某领导面对法官"气势汹汹地说"。就这个"气势汹汹"一词，这位县领导认为他并没这样表现，说他"气势汹汹"就等于说他是法盲，对法官藐视，状告该报侵害其名誉权，并要求赔偿名誉损失费 10 万元。当时随行报道的还有电视台，后来到电视台调出现场录像看，这位县领导当时的表情状况还是平和的，确实不能说是"气势汹汹"。后经了解，写这篇报道的记者当时并未在现场，只是事后听别人转述而写，其"气势汹汹"的形容词是记者为加强现场感而主观认为的。最后，报社派人去该县，在当地法院主持下调解，登出致歉更正才算完事。

院院长批准，由公安机关看管。拘役是一种短期剥夺犯罪人员人身自由、就近强制进行劳动改造的刑罚方法，它介于管制和有期徒刑之间，期限一般为1个月以上6个月以下，数罪并罚时最高不能超过1年。拘捕则是指拘留和逮捕。

新闻报道在使用法律语言中存在的另一个问题是用词不准确。例如有些采编人员一味追求"卖点"，在标题上故作惊人之语，有家体育报发表了一篇关于严格执行足球队纪律的报道，竟将"违反纪律杀无赦、斩立决"作为标题，显然文不对题，用词不准确。此外，记者要特别注意，只有法院认定构成"犯罪"才能确定其行为构成犯罪，只有法院判决有罪才能称其为犯罪分子。在此之前，公安机关、检察机关、纪检监察机关等部门所认定的均不是最后定论，记者如要引用，只能冠以"涉嫌"二字，并交代出新闻来源，涉案人员也只能是"犯罪嫌疑人"，不能称其为"犯罪分子"。

新闻报道在法律语言使用中存在的第三个问题是犯法律常识错误。2002年1月28日《河南日报》头版头条刊发了一则报道河南省九届人大五次会议举行的消息，消息在第三段开头这样写道："任克礼在报告中说，过去的一年，省人大常委会在省委、省政府的领导下……"，这一提法就极不准确。我国《宪法》明确规定："国家行政机关、审判机关、检察机关都由人民代表大会产生，对它负责，受它监督。"《中华人民共和国地方各级人民代表大会和地方各级人民政府组织法》也规定："地方各级人民政府是地方各级人民代表大会的执行机关"，"县级以上的地方各级人民政府在本级人民代表大会闭会期间，对本级人民代表大会常务委员会负责并报告工作。"显然，这则消息说"省人大常委会"在"省政府的领导下"是法律常识笑话。这种笑话在新闻报道中并不少见。①

---

① 《法制天地》2002 年第 11 期中刊发了金沙江撰写的一篇文章，题为《"豆腐西施"的外遇悲歌》，讲的是发生在吉林省蛟河市西南部一个山村的事：已婚女子夏小云与村外一工厂食堂管理员耿海林发生了一次婚外性生活，其夫刘天雨获悉后，唆使其妻对耿实施敲诈。文章在结尾时说："经公安部门侦查确认，耿海林与夏小云之间不构成通奸罪，当场释放……"我国刑法中并无"通奸罪"这一罪名，当然也就不存在构成与否的问题。又如2003 年 2 月 4 日，中国新闻网以《乌鲁木齐通过廉政法规：新闻监督首获立法授权》为题，报道了继无锡市、邯郸市之后，乌鲁木齐市《预防职务犯罪条例》出台的消息，说这是国内地方性法规第一次给新闻媒体的舆论监督立法授权。事实上，新闻监督是民主政治下新闻媒体与生俱来的权利，它的监督权利受国家宪法的保护，既非地方性法规所能限制，又无须地方法规授权。

八 摄影摄像报道要注意处理好照片或画面

我们经常可以看到这样的镜头：有的电视传媒在报道一些部门打击制假售劣活动时，画面上有时出现一些正规合格产品；在报道整顿治安秩序时，画面上又有毫无联系的人和场所出现；在播发隐性采访歌厅、酒吧或公安机关"扫黄"行动的新闻时，将"三陪小姐"或"嫖娼嫌疑人员"的面部暴露无遗等。这些情况虽然不是有意的，但由于忽略了对照片或画面进行技术处理，侵犯了他人的名誉权和人格权。①

摄影摄像报道在注意处理好照片或画面的同时，如同魏永征先生在一篇文章中谈到的，还要区分摄录的场所是公共场所还是非公共场所或私人场所，要区分摄录对象是群体还是特定个体，要区分摄录目的是出于维护社会公共利益还是其他私利，要区分摄录的内容是真实的还是虚假的，要区分采用的工具是合法的还是非法的。这是因为，新闻摄影摄像若构成侵权一般要比文字稿件严重，发表的照片或图像远比发表的文章对当事人在社会中造成的影响要大。一个人的名字出现在文章中，只有那些认识这个人的人才能够将其对号入座；刊登出来的照片或播放出的图像则不同，所有见过照片和见过这个人的人都能够认出这个人。因此，不区分场合、不管当事人的意愿如何、一味追求视听效果过多使用偷拍偷录的方式，极容易引发名誉权、隐私权、肖像权等侵权纠纷。② 如果决定播发这些照片或画面，就要进行技术处理，或者同照片、画面中的有关人士协商，征得所涉人物的同意之后再播发，尽可能避免侵权纠纷的发生。当然，并非所有照片或画面都要征得所涉

---

① 2001 年某日，一家省级电视台播出一期《扫黄不留死角》节目，对一次性交易的全过程进行了曝光，性挑逗、性交谈、卖淫妇女脱衣服等细节一览无遗，在电视节目播出中，只有一名身份可疑的"嫖娼者"面部打了马赛克。有人认为，这期节目的播放明显地违反了《未成年人保护法》第 25 条和《妇女权益保障法》第 39 条的规定，完全没有必要使卖淫妇女的形象曝光。如果使用这段暗访素材是表现节目主题所必需的，也应当给卖淫妇女面部打马赛克。如果因该节目播出后造成严重后果，比如被曝光的卖淫妇女自杀，电视台又该承担什么样的法律和道义上的责任？"参见徐迅《社会向电视暗访发出预警》，《方圆》2002 年第 10 期。

② 2000 年 2 月 24 日，某报在报道成都一名年轻女性被其男友用一把锁锁住下身时，同时将受害者的正面照片公之于众，这种做法就侵犯了受害人的隐私权和肖像权。本来这名年轻女性已经因此事受到很大的身心摧残，还要承受媒体公开其形象带来的道德舆论压力。报道者只关心新闻的轰动效应，忘记了写作时还需要良知的引导。

人物的同意之后才能播发，比如媒体将正在从事违法活动的不法之徒或正在实施犯罪行为的犯罪嫌疑人的照片、画面公之于众，就谈不上侵犯隐私，也无须征得其同意。因为他们的行为是在损害公众利益，危害社会，根本不存在什么侵权问题。

九　要注意交代新闻源

提供新闻源就是交代消息的来源，也就是向受众说明记者所报道的新闻事实是什么人或什么机构提供的。彭朝丞先生在《新闻来源·可信度·吸引力》一文中认为："注重交代新闻来源，有利于塑造媒体信源的高信誉形象，有助于在读者中建立起信息的权威性，产生广泛的信任感。对于新闻传播来说，这种信任感是特别重要的，新闻信源的权威性越强，新闻的震动作用、吸引力和说服力越强，就越能引起读者（受众）的关注。"[1]

在新闻报道中交代新闻源是通例，由于某种原因不交代新闻源的倒是特例，但也常用诸如"一位不愿透露姓名的官员说"，"此间消息灵通人士透露"等术语。这样做的好处一是可以满足受众通常想知道记者报道的这条新闻来自何处的愿望。二是可以扩大新闻提供单位或人员的影响，新闻源通常乐于媒体提到他们，当然对于某些新闻，新闻源不想被披露，也应尊重其意愿，不交代新闻源，这符合新闻职业道德。三是将新闻材料提供者公诸社会，能够增强其责任心，有助于保证新闻的真实性和准确性。四是一旦因新闻失实、侵权而发生诉讼，被告一方就多一个共同责任者，甚至由于新闻材料提供者的权威性，有关当事人就可能不选记者和媒体为被告，或者放弃诉讼的念头。根据新闻工作的经验，当一种情况只有一个信息源，而且不是权威的信息源，同时不能从别处得到证实时，这样的材料要慎用，甚至不用。

十　报道的方式要灵活，原始采访资料要保存

有一些属于舆论监督或批评性的稿件，可公开曝光，也可写内参，还可就有关问题转交相关部门去解决，只要目的达到了，采取哪种手段方便就应

---

[1]　转引自徐向明编《中外新闻名家名言集》，南京大学出版社，2003，第124页。

当用哪种手段，报道的方式要灵活，不一定非要采取公开曝光的方式。同时，批评要善意，遣词造句也要注意运用好语言艺术和情感艺术，使被批评的人心悦诚服，而且受众也乐意接受。此外，舆论监督还要讲求适量、适度、适时，重在解决问题，而不是制造新的矛盾，批评性的报道要抓典型，有头有尾，向积极方面诱导，讲求监督的"度"，把握监督报道的节奏和分寸感，不刻意制造热点。

记者在采访过程中还要做好证据的搜集和保留，如书证、物证、视听资料、证人证言、当事人的陈述、鉴定结论、勘验笔录等，这些原始资料是记者撰写新闻稿件或制作新闻节目的依据。保存好原始采访资料除了便于写稿外，还有一个很特别的价值，就是当事后发生报道内容上的纠纷或诉讼时，这些原始资料能够被用来证明采访过程和消息来源。因此，有人认为保护自己最好的手段就是掌握和保留确凿的证据。记者的采访记录、照片、录音摄像、证人证言等原始采访资料，都是十分重要的证据，必要时还可以请接受采访的对象签字，以防患于未然。①

（原载《人文论坛》第 3 辑，河南大学出版社，2007）

---

① 冷社联、聂冷在一篇文章中也探讨了记者如保护自己的问题。第一，要切实遵循党的理论路线、方针政策和国家的法律法规，牢固树立法纪观念和责任意识，这是避免新闻"触电"、记者受伤的关键之一。第二，坚定地依靠各级党政组织，一切从有利于稳定和发展的目标出发，从有利于问题的解决的角度出发，是避免或化解新闻纠纷的又一关键。第三，发扬"严、细、深、实"的作风，多方核对事实，坚持按审稿制度办事，是避免新闻官司的重要环节。第四，辩证地看待事物，避免感情用事，也是确保新闻的公正性和准确性的必要措施之一。参见《新闻战线》1999 年第 11 期。

媒体使用图片的十个法律问题

最近几年来，笔者一直关注媒体在使用新闻图片中的法律问题，陆陆续续搜集了近300张涉嫌侵权的图片。笔者对这些图片进行了分类研究，这里只就其中所涉及的法律问题做一些探讨。侵权是一个较大的法律概念，本文提到的侵权，主要涉及侵犯名誉权（包括隐私权）、肖像权和著作权。网络媒体的侵权现象太多，本文主要以平面媒体为主。

一　刊发新闻图片不以营利为目的
是否就不构成侵权？

案例：北京市延庆县农民张荣，喜欢梳辫子、穿女装。几年前，他的这一形象被人在街头拍下并传到网络上。随后，以张荣为原型的帖子"村里有个姑娘叫小芳"在网上广为流传，好事者还在张荣照片旁边附上"辫子细又长"之类的字。为此，张荣从2007年4月开始，以肖像权、名誉权受损为由，将载有此照片的"淘游网""百度"等9家网站诉至法院，索赔精神损失费70万元。2007年8月27日上午，通州区法院判决"淘游网"向张荣赔礼道歉，并赔偿精神损失费1万元。①

2008年1月9日，《南方都市报》刊发了一则《男子为爱变性　今日接

---

① 近年来，随着互联网的普及，网上恶搞已经成为普遍现象。从早年的"猥琐男"，到后来的"小胖"，一些人被恶搞后，成了所谓的"名人"。有人在百度上搜索关键词"搞笑图片"，一下子搜出8000多个相关网页，其中的大部分图片是在街头偷拍的。在一些专门的搞笑图片网站上，这种图片更是数不胜数。参见《老汉患病喜梳辫子网站转载图片被判侵权》2007年8月27日《法制晚报》《京华时报》等。

受变性手术》的报道，① 同时刊登了一幅说明文字为"术前，刘昌福的胸部被拍照"的照片。

分析：我国《民法通则》第 100 条规定："公民享有肖像权，未经本人同意，不得以营利为目的使用公民的肖像。"这条规定明确了构成侵犯公民肖像权的两个基本要件：一是未经本人同意，二是以营利为目的。这里的问题是，不以营利为目的是否就不构成侵犯肖像权？应当说，媒体刊发上列照片并非以营利为目的，但如果未经肖像权人刘昌福同意，是否构成侵犯肖像权或隐私权呢？从目前的法律规定看，我国对于肖像权和隐私权的保护并不完善。《民法通则》第 100 条的规定，实际上只强调了公民肖像权专用权方面的保护问题，缺乏对公民肖像权独占权保护的规定。公民的肖像权是一种人格权，法律保护公民的肖像权，最主要的是保护公民肖像权所体现的精神利益，同时也保护由精神利益转化、派生的财产利益。② 因此，只强调以营利为目的，这显然与宪法及民法通则保护公民人格尊严不受侵犯的立法宗旨相悖。③

结语：根据肖像权独占、专有的性质，未经本人同意，是侵犯肖像权的本质特征，以营利为目的只是侵犯肖像权的表现形式之一。是否"以营利为目的"，并不是决定是否侵犯公民肖像权的前提和必不可少的要件，只是确定侵权责任大小的重要情节。在非以营利为目的而使用他人肖像的行为中，笔者认为下列几种情况虽然未经本人同意，也是可以使用的：①公共人物在公

---

① 报道称，"在与妻子结束 14 年无性婚姻后"，"昨日，为爱变性的刘昌福正式接受性别再确认手术。深圳鹏爱医院表示将分 4 期手术，使刘成为真正的女人。""他最希望陪在自己身边的还是男友蔡先生。医生说，这两天由于老家的人通过网络知道了两人的故事，蔡先生受到很大压力，加上两人这两天产生了一些小矛盾，蔡先生昨日未能如约赶来陪伴刘昌福。"

② 1998 年 1 月，摄影家吕广臣在陕北进行摄影艺术创作时，为绥德老人常国义拍摄了一张具有陕北人特点的人物照片。照片中的常国义老人头戴白羊肚手巾，手里拿着烟袋，布满皱纹的脸上挂着喜悦的笑容。这张照片被某杂志社刊登在该杂志的 2001 年第 12 期封面位置上，标题为《喜悦》。77 岁的常国义老人见到照片发表后，即以某杂志社未经自己同意使用自己的肖像，导致被村民误解自己在做广告，产生精神痛苦，给自己造成巨大的精神压力和经济损失为由，向法院起诉，要求某杂志社赔偿自己各种经济损失及肖像权使用费 12 万元。北京市一中院经审理后认为，杂志社在自己发行的杂志封面以显要位置刊登一名非公众人物的肖像，明显不属合理使用。判决对肖像权人进行书面道歉并支付使用费 2000 元，同时赔偿肖像权人经济损失共计 1052 元。

③ 1988 年 3 月在最高人民法院召开的"华北五省（区、市）审理侵害著作权、名誉权、肖像权、姓名权工作座谈会"认为，"擅自使用他人肖像，无论是否营利均认定侵害他人肖像权，不能认为侵害肖像权必须以营利为目的"。但是此种解释仅限于理论探讨，还未在立法上予以确认。在司法实践中，存在许多虽然不以营利为目的，但污损、丑化、歪曲公民肖像的案例。

开场合的活动；②出席或参加公开场合特定活动（仪式、庆典、集会、游行、示威、公开演讲等活动）的人物；③正在实施严重违法或犯罪活动的人物；④处于突发事件、重大事件或公益活动中的当事人或者在场人物。①

二　新闻图片使用了马赛克是否就不构成侵权？

案例：2006 年 6 月 21 日，《南方都市报》刊发了一条题为《18000 元送孕妇香港生仔》的报道，同时刊登了特派香港记者摄制的一张照片。照片中的说明文字是"在香港一家私人诊所，几名通过地下渠道赴港的内地孕妇正在等待检查。左边的孕妇预计一两天内就要生产，中间一名从福建赴港的女人只有三个月身孕，她正在等待检测胎儿是男是女。她表示，如果胎儿是女的，她就回家打掉，怀孕后再来"。

分析：在人物照片的眼部或某些敏感部位使用马赛克是最近几年一些媒体为了避免肖像或名誉侵权一种常见的方法，打马赛克的目的是使人物形象不可辨认，以免侵犯肖像权或名誉权（包括隐私权），这种方法简单易行，但问题在于，使用了马赛克是否就不构成侵权？上例图文报道中，内地孕妇赴港检测胎儿是男是女，然后决定是否打胎，虽然这是违反我们国家人口与计划生育法的行为，② 但是，我们姑且不论对这些轻微的违法行为是否必须要采取图片报道的方式，姑且不论打上马赛克后通过文字说明仍可辨认的问题，仅从报道时人物照片打马赛克本身而言，③ 细长的那么一条马赛克打上后反倒使人物的肖像受到损害，有玷污之嫌，别说是肖像权本人了，就是普通受众看了也会憋得慌，感觉很不舒服。马赛克究竟"马"去了什么？笔

---

① 郝伟、苏晓凌在《侵犯肖像权相关问题的分析》一文中认为，"为社会新闻报道使用肖像的行为，有特殊新闻价值的人，不得反对记者的善意拍照，如为弘扬社会正气或揭露社会丑恶现象使用公民肖像，还有特别幸运者或特别不幸者、重大事件的当事人或者在场人等，均属于这种情况"。参见郝伟、苏晓凌《侵犯肖像权相关问题的分析》，中国法院网，2004 年 7 月 2 日。

② 《中华人民共和国人口与计划生育法》第 36 条规定，违反本法规定，有下列行为之一的，由计划生育行政部门或者卫生行政部门依据职权责令改正，给予警告，没收违法所得；违法所得一万元以上的，处违法所得二倍以上六倍以下的罚款；没有违法所得或者违法所得不足一万元的，处一万元以上三万元以下的罚款；情节严重的，由原发证机关吊销执业证书；构成犯罪的，依法追究刑事责任：第一，非法为他人施行计划生育手术的；第二，利用超声技术和其他技术手段为他人进行非医学需要的胎儿性别鉴定或者选择性别的人工终止妊娠的；第三，实施假节育手术、进行假医学鉴定、出具假计划生育证明的。

③ 在报刊使用照片中，经常有这样四种情况使用马赛克：一是未成年人，二是犯罪嫌疑人，三是一些负面报道中的人物肖像配图，四是一些可能惹来麻烦的人物肖像图片。

者认为"马"去的可能是肖像权人的眼睛或敏感部位,"马"上的却是我们的不负责任,"马"不去的则是受众的质疑和媒体的侵权之嫌,"让媒体看上去就像一个掩耳盗铃的贼。"《法制晚报》2008 年 6 月 7 日第 A08 版、《北京青年报》2008 年 7 月 1 日第 A9 版刊发的图片等也存在类似的问题。

结语:既然打马赛克的目的是使人物形象不可辨认,避免侵犯肖像权或名誉权(包括隐私权),那么,媒体就干脆不要使用人物的肖像图片。新闻报道并不是必须要有当事人的配图(电视类媒体可采取有关人物背影或肖像模糊化等方式),完全可以运用文字报道说明。既然想使人物形象不可辨认,就莫如干脆不要使用人物的肖像图片。既然担心侵犯人家的肖像权或名誉权(包括隐私权),就莫如不用人物的肖像图片。既要用照片,又还要使人物形象不可辨认,还害怕侵权,这种做法纯粹是掩耳盗铃,自欺欺人,欲盖弥彰。

三 刊载"偷拍"的不道德、不文明或违法行为照片是否也会侵权?

案例:2008 年 2 月 15 日上午,洛阳市网民"techuen333666"和老婆抱着孩子乘坐洛阳市区 2 路公交车去车站。由于他抱着孩子,上车不久就有人主动给他们让座,当他向让座的同志道完谢准备向座位挪去时,一红衣女子迅速抢占了该座位。虽经其他乘客严厉谴责,该女子仍不动声色,假装听不见。这位网民就用手机拍了该女子照片,以《看看洛阳素质最差的美女》为题发布到当地影响力最大的时政论坛,引起网友强烈关注,仅两天时间,点击量高达 8000 余次。

分析:上例中,虽然那名红衣女子的行为不道德、不文明,应当予以批评教育,但这种行为是否必须以肖像曝光的方式进行广泛的传播和谴责,这种传播和谴责是否有损该女子的名誉,恐怕也是一个值得讨论的问题。① 此外,行人乱闯红灯是顽症陋习之一,同时也是一种违法行为,有的媒体为了公共利益,通过抓拍曝光的方式来治理行人闯红灯现象。诸如此类的现象还很多。实事求是地讲,媒体通过"偷拍"来曝光不道德、不文明行为和揭露违法行为,客观上对于弘扬精神文明、遏制违法行为起到了积极的作用。

---

① 2007 年 5 月 19 日,青岛一位孕妇因为在公交车上没有人给她让座,愤而把不让座的三位男子的照片发布到网上,予以谴责。此事迅速传播全国,孕妇的做法引起了众多争议,有人支持她,有人说她违法,还有人说泄愤也是自私的表现。对于被曝光的男子,网友纷纷予以强烈批评。曝光行为,一方面对他人任意拍照,随意使用他人的肖像,侵犯的是肖像权;另一方面,由于在网络发布或公布于众,可能又侵犯了他人的名誉权。

但是媒体在通过"偷拍"发挥其新闻监督作用时，经常面临着尴尬。首先，"偷拍"这种手段是否为媒体合法权利的正当运用？其次，曝光是否会侵犯公民的隐私权、肖像权、名誉权等人格权益？应当承认，媒体对闯红灯者给予曝光，有助于遏制交通违法、提高社会整体道德层次，具有警示作用和积极意义。但是，闯红灯属于非常轻微的违法行为，公开曝光会影响闯红灯者的名誉，降低一个人在社会上的评价，有严重侵犯名誉权之嫌。按照《道路交通安全法》第89条的规定，对于行人闯红灯的可以警告或者罚款，但并未规定可以公开曝光。公开曝光涉及一个人的肖像权和名誉权，这在许多群体的人士看来，要比口头警告或者罚款严重许多倍。更何况这对被曝光者也不公平，因为媒体并非对所有的闯红灯者或轻微的违法行为都给予曝光，而且有一些引起社会上广泛关注甚至是公愤的其他严重违法现象也未进行公开曝光。[①]

结语：刊载"偷拍"的不道德、不文明或轻微违法行为照片可能会构成侵权。媒体在新闻实践中要把握一个度，不能一概认为只要社会公共利益需要，就可以无所顾忌地公开曝光涉嫌不道德、不文明或轻微违法行为的人物肖像。即使目的正当，手段也不能不正当，不能以目的的正当性掩盖手段的非正当性。

四　集体照片中是否存在个人肖像侵权的问题？

案例：有一本杂志的整页配图，该图片无文字说明，人群中的每个人都

[①] 2006年4月24日，在央视傍晚的"新闻社区"中有一则女硕士在上海违章过马路、妨碍民警执行公务被行政拘留10天并且向公众道歉的新闻。这则近两分钟的新闻，前一部分是新闻回放：刘女士拒交罚款欲离开，受到交警的阻拦，她和交警争执、争吵，直到最后被女协管员和交警带离现场；后一部分是刘女士就此事面对镜头和记者的采访向大家道歉，称"在电视上看到自己的形象，对自己是个深刻的打击也好，震动也好，觉得自己这样在社会上对年轻人的影响很不好，在这里向公众道歉，觉得自己非常对不起大家"。无论是新闻回放，还是道歉部分，刘女士的面部和相貌清晰可辨。电视台对刘女士肖像的使用行为，并未经肖像权人刘女士的同意，并且媒体的报道对刘女士有损害结果，而且与报道行为之间有因果关系。据报道称，从该公司总部公关部有关人士处获悉："很多同事都在电视中看到了这件事情，可能她也意识到自己的失态，考虑到自己行为带来的负面影响，所以主动提出辞职。"媒体以曝光其肖像的方法批评某一个人，他所承受的舆论压力可想而知。据媒体称，刘女士还处于工作的试用期。所以，以曝光个人肖像为形式的新闻批评，媒体实应谨慎从事。参见余艳青《媒体可否曝光乱穿马路者刘女士的肖像》，《新闻记者》2006年第7期。

提着大箱小包，好像是在等候乘车。整个图像中被凸显的主体是一位身着皮夹克，用一种惊讶、疑虑、担忧、恐慌的复杂眼神瞪着镜头的中年男人，焦点对准他布有皱纹和脱发严重的脑门。在整张照片中，他似乎被作为特定对象来表现，而不是作为陪衬体。

如果说上例侵权嫌疑还不够明显的话，那么再请看 2008 年 1 月 17 日《南方周末》"写真"版刊发的一篇题为《地铁里的中国人》的摄影报道，其中有两幅是抓拍的一男一女乘客在地铁列车上因犯困使劲张着嘴巴打哈欠的照片，形象极为不雅。

分析：集体照片是各肖像权利人独立肖像的集合体，具有不可分的特性。在集体照片中，一般来说，个人不能主张肖像权，他人有权合理使用集体肖像。但是如果在使用集体照片的过程中突出了其中某个成员的肖像，问题就不是这么简单了。朱文杰在《论集体肖像中的个人肖像权的合理使用和法律保护》一文中进一步认为：集体肖像中如果突出了其中的个人肖像，可以认定行为人主观上已经具备侵犯其个人肖像权的故意，再加上客观上已经具备使用其肖像的行为，可以认定已经侵犯了该成员的肖像权，应当依法承担侵权责任。上文中，打哈欠本来是一个人偶尔发生的生理现象，即使在公共场所也是自然的行为，并不存在破坏公共秩序或违法犯罪的问题，报纸把抓拍到的不雅肖像公开刊载传播，有侵犯公民肖像权之嫌。

结语：媒体刊登集体照片存在侵犯个人肖像权的可能。肖像反映的是肖像权人的外在形象，体现的却是肖像权人的精神状态和人格尊严，媒体在再现和使用他人肖像时，应当注意肖像权人的精神状态，尊重肖像权人的人格尊严，任何歪曲和丑化他人肖像的行为都会构成对肖像权的侵害。如果前例中的那位中年男人以歪曲或丑化了自己的肖像来起诉这家媒体的话，那么媒体很可能要承担侵权责任。判断使用集体照片的行为是否侵害了特定个人的肖像权，笔者觉得应注意四点：一是媒体具有使用集体肖像的行为；二是媒体在刊登该集体照片时对特定个人有故意的指向；三是对特定个人的肖像有损毁、玷污或丑化等行为；四是传播后给该照片中的特定个人带来不良的社会影响，而且这种影响与报道行为有因果关系。

五　正面摄影报道是否也会发生侵权？

案例：2002 年 1 月 27 日《检察日报》第 4 版刊发了一组摄影报道，

题为《狱内外人情在》。讲的是在河北省望都县周庄村的周国田因拐卖妇女和盗窃罪被判处有期徒刑 10 年，他的妻子离家出走，只剩下残疾的母亲和重病缠身的父亲带着年仅 7 岁的女儿周侠艰难度日。一家三口只能靠残疾的母亲捡破烂维持生计，周侠辍学了。驻地武警某部二连的官兵得知这一情况后，主动向小周侠伸出援助之手，使这个被爱遗忘的贫寒之家又充满了往日的幸福和温馨。周国田 34 岁生日的那天，他被宣布减刑一年零六个月。所配的五张图片中，第一张是小周侠和铁窗内服刑的爸爸相见；第二张是小周侠在铁窗外将折叠的纸鹤送给爸爸，企盼纸鹤及早送爸爸回家；第三张是小周侠在家干活的图片；第四张是小周侠与干警照顾患病的爷爷；还有一张图片的内容是驻地武警某部二连排长李光东辅导小周侠学习。

这应当是一篇正面报道，图文无损害小周侠之意，但问题在于，刊发这篇报道时周侠年仅 13 岁，尚未成年，正面展示她在铁窗外的照片是否妥当？再举一例：2002 年 6 月 6 日《南方周末》第 956 期刊发了一篇题为《爸爸别砍我》的图文报道。①

分析：上述两例均涉及未成年人的肖像。未成年人无完全民事行为能力，即使他们本人同意，也不能简单认定已经肖像权人同意。前例中详细披露了未成年人周侠的姓名、住址、家庭状况等资料，后例报道中也披露了未成年人"雯雯"的住址、家庭状况等资料，尤其是"雯雯"被砍伤后痛哭的特写镜头，让人过目难忘。这是否会在无意之间有侵犯未成年人的肖像权和隐私权之嫌，确实是一个值得探讨的问题。

---

① 据报道，图片中的女性名叫邵新存，是河南省郏县冢头镇天地庙村人。1993 年，她到广州打工期间，认识了当地一个青年，就与这个青年结了婚。1997 年 2 月在广州生下了雯雯。雯雯还没满月，邵新存就抱着女儿回到娘家。她告诉家人，孩子的父亲出车祸死了。雯雯自然就随母亲姓邵，取名园雯。一年多后，经人介绍，邵新存与同乡李铁锤相识，随后同居并同往广州打工。李铁锤就成了雯雯的"后爹"，同居期间两人又生有一女。后因李铁锤出外赌博输钱，两人经常发生争吵，李多次毒打邵，邵离开广州回到了娘家。2002 年春节后，邵新存向当地法院起诉与李铁锤"离婚"，法院判决解除非法同居关系，邵新存带着雯雯在娘家住。2002 年 5 月 20 日傍晚时分，李铁锤翻墙入院，邵新存忙让母亲领着雯雯外出躲避，又将父亲支出家门，她自己也跑出院子想去报警。李铁锤追了出来，看到雯雯和邵新存的母亲从隔壁人家出来，即抽出身上一尺来长的砍刀，上前一把将雯雯拽过来，拎着雯雯的一只胳膊跑到村北麦地里。5 岁的雯雯被摁在地上，幼小的她一边挣扎一边哭喊着："爸爸，你别砍我，你别砍我！"然而，那个被她喊作爸爸的男子李铁锤，却手持一尺来长的砍刀，照着她的一双小脚狠狠地砍了下去。

结语：笔者认为刊载传播这种类型的未成年人照片不大妥当，可能会被因看报道而知情的人说三道四，可能在他们未来的成长过程中会产生负面影响。上述事例或案件并非不可以报道，关键是怎样进行报道，要把握住一个度。比如，是否可以不使用直白的图片形式报道，而只使用文字的方式，同时不披露未成年当事人的真实姓名、住址、家庭状况等资料等。我们国家法律对未成年人本人犯罪的个人相关资料尚且予以保护，更何况是对服刑人员的未成年子女或未成年受害人。

六　照片注上"图文无关"是否就与侵权无关?

案例：以 2008 年的某期《爱情婚姻家庭》杂志为例，据杂志网站首页介绍，该杂志的期发行量一直保持在 100 万份左右，历年来被评为湖北省优秀期刊、湖北双十佳期刊，并荣获中国期刊方阵"双效期刊"称号。应当说，该杂志的编辑具有一定的法律意识，在 2008 年第 1 期第 30 页、第 6 期第 22 页等配图中，在 2008 年第 1 期第 27 页《加州博士归来，今生不再做爱情的"闪"兵》、第 32 页《"泡良男"，你离良家女孩远一些》、第 6 期第 20 页《一个孩子，两个家庭，三份父爱》、第 28 页《今生我疼你》等压题图片中，都标注上"图文无关"的字样。[①] 但问题在于，照片注上"图文无关"是否真的就与侵权无关? 我们来分析《爱情婚姻家庭》杂志的两个页面。

分析：第一张是该杂志 2008 年第 2 期第 29 页《大学生引领"生子"时尚》的页面，文章内容是"一起闻所未闻的因大学生生子而导致的悲剧"，配图是一青年男子抚摸着一青年女子怀孕的大肚，没有说明文字，也没有著作权人署名；第二张是该杂志 2008 年第 6 期第 31 页《祸起

---

① 此外，其他报刊这种现象也比较普遍。如 2008 年第 2 期《恋爱婚姻家庭》第 12 页《媗妈》、第 15 页《富家人赘婿杀妻砍母》、第 18 页《一元官司了恩怨》、第 45 页《血溅深圳房价》的配图均注明"图文无关"，那么未注明"图文无关"的配图就应当是"图文有关"了，但实际情况并非如此。同期第 51 页《母亲败诉》、第 54 页《"死亡"多年的前夫突然现身》的图文绝对无关，但并未标注"图文无关"。以第 48 页《小情人玩车闯祸，局长花费 45 万元》为例，文章的内容是讲湖北某市商务局局长"宁克阳"的小情人"蒋倩"驾车撞死一名男子，"宁克阳"花费 45 万元高价摆平车祸、其后局长与情人双双落网事件，但是压题图片却是一裸体洋女子煽情地躺在铺满美元的地上，可以肯定地说，图片上的裸体洋女子与内容绝无关系。

"一妻二夫"非常家庭》的页面，内容是写瘫病多年的丈夫不忍心拖累妻子，以死相逼劝她另嫁，妻子带着病夫和孩子与另一个男人组成新的家庭，结局却是"痛惊一座城"，配图是一中年男子托腮作沉思状，背景是一男一女接吻的影子，同样没有说明文字，也没有著作权人署名。这两个页面的图文都涉及当事人的肖像权和隐私权，虽然两张压题照片均注有"图文无关"的字样，但"生子"的文字内容和临产的大肚图片、一个清晰的沉思男人加上另一对模糊的接吻影子与"一妻二夫"的文字内容，无论如何让读者看了都会产生"有关"的感觉。试问：如果未经肖像权人同意，你凭什么把"无关"的图文，非要拼到一起使它们"有关"了呢？

结语：不是媒体说了"图文无关"就真的与侵权无关了，我们姑且不论媒体是否以营利为目的的问题，除此而外，刊发图片至少还与两个法律问题有关。一是肖像权人是否同意你使用肖像？是否同意你是配合这方面的内容而使用肖像？二是如果是摄影作品，还涉及著作权人的问题，即是否征得著作权人的同意？是否在刊发的摄影作品上署上著作权人的姓名？是否支付了著作权人的稿酬？（如果是从某个图片库购买的图片另当别论）否则，即使媒体在图片上标注"图文无关"的字样，依然不能排除与侵犯他人肖像权和著作权"有关"的嫌疑。

七　明星（公众人物）的照片是否可以随意使用

案例：汤加丽是中国大陆出人体写真集的第一人。2003 年 2 月 9 日，拍摄《汤加丽人体艺术写真集》的摄影师张旭龙，在大众影廊召开的"起诉新浪网侵权案"新闻发布会上说，该写真集是他历时两年拍摄，从上千张照片中精选了 140 余张，并由人民美术出版社出版发行的优秀写真集。但新浪网站在未征得他本人同意的情况下，公开了《汤加丽人体艺术写真集》的一些照片，还用马赛克挡住了其中某些部位，影响了原作品的艺术性。新浪网站这么做无疑是对他以及整个行业的侮辱。于是，张旭龙正式向海淀法院提起诉讼，要求新浪网站立即停止侵权，向原告公开赔礼道歉并承担一定的精神赔偿。

2004 年 11 月，奥运会冠军刘翔认为精品报社未经同意将其肖像用作 2004 年 10 月 21 日第 80 期《精品购物指南》的封面，并为中友公司第 6

届购物节作封面广告，其行为侵犯了原告的肖像权。因此，刘翔将精品报社、卓越公司、中友公司起诉至一审法院，请求法院判令被告停止对其肖像的侵权行为，向原告公开赔礼道歉，同时，赔偿经济损失共计 125 万元。①

分析：肖像权也具备一定的财产利益，这种财产利益是通过肖像权人的人格利益所派生和产生的，它允许肖像权人在一定的范围内有限度地转让肖像使用权，允许他人制作和使用自己的肖像，并从中获得应有的使用价值。本案中，刘翔肖像与购物节广告之间具有广告性质的关联性既是刘翔提出的最主要的诉求理由，也是双方当事人争议的焦点。北京市第一中级法院在审理中正是从关联性的角度出发，根据《精品购物指南》在使用刘翔肖像时对原新闻图片进行了修改，使之不属于单纯的新闻报道。因此，刘翔的肖像与购物节广告之间，虽然不具有直接的广告关系，但具有一定的广告性质的关联性。也正是由于法院在审理中认定这种关联性，才做出了《精品购物指南》报社在使用刘翔肖像过程中，因过错造成刘翔人格受商业化侵害，构成侵犯肖像权的终审判决。②

结语：明星（公众人物）的照片并非不可以使用，但不能随意使用。新闻报道明星（公众人物）在公开场合举行活动时的肖像是不存在问题的，但如果将明星（公众人物）的肖像用于商业宣传，如果将明星（公众人物）的肖像用于插图配图，就必须取得明星（公众人物）本人的同意。如果刊

---

① 一审法院经审理认为，被告《精品购物指南》报社、卓越公司、中友公司的行为不构成侵犯刘翔的肖像权，遂于 2005 年 5 月 25 日判决驳回了刘翔的所有诉讼请求。刘翔不服，上诉至北京市第一中级人民法院。一中院经审理认定，卓越公司与中友公司均不构成侵权。《精品购物指南》报社在使用刘翔肖像过程中，因过错造成刘翔人格受商业化侵害，构成侵犯肖像权，应公开赔礼道歉并赔偿适当的精神损害抚慰金，判令《精品购物指南》报社于判决生效后 30 日内，在《精品购物指南》上向刘翔公开赔礼道歉，在判决生效后 10 日内，赔偿刘翔精神损害抚慰金 2 万元。刘翔的其他诉讼请求被驳回。

② 江苏省人民艺术剧院演员陈洪芹曾在江苏有线台《非常周末》客串拍卖师，因扮演"马大嫂"迅速走红。1999 年 5 月 22 日，"马大嫂"与相恋多年的男友举行婚礼，婚宴办在南京的金丝利喜来登酒店。为了达到别出心裁的效果，特意把酒席安置在酒店 6 楼天台上占地约 800 平方米的大型室内游泳池边进行。6 月 1 日，《服饰导报》在 12 版刊出了以《婚礼办在泳池边》为题的报道，并附有反映婚礼全过程的 5 张照片。随后，陈洪芹以侵犯其名誉权和肖像权为由向白下区法院提交诉状，要求被告刊文赔礼道歉，并赔偿原告经济及精神损失费 10 万元。白下区法院一审判决被告《服饰导报》社不构成对原告名誉权的侵犯，但侵犯了原告的肖像权，依法赔偿原告精神抚慰金 2000 元。

播的明星（公众人物）肖像是属于摄影作品，那么，还需要征得著作权人的同意。因此，媒体在使用明星（公众人物）的肖像时需要注意：不使其人格受商业化侵害，不使其肖像受所配文字内容侵害，不使其著作权人的相关权益受到侵害。

八　新闻作品中的插图配图照片是否会构成侵权？

案例：原告太原某报社摄影记者吴晓庆有一张艺术照曾在摄影比赛中获奖，后被《青年博览》杂志刊登在 2003 年第 10 期。吴的同学将此事告知吴，并问吴出卖谁了，还是被谁出卖了？原告很是不解这究竟是怎么回事，找来杂志一看，原来是这张获奖照片刊登在该杂志的一篇题为《是谁出卖了我》文章的旁边。吴看后倍感委屈，认为自己的照片被这样利用实在令人恼怒，于是以侵害肖像权和名誉权为由提起诉讼。原告的诉讼代理人认为：这样的照片和文题很容易使人产生联想、好奇，甚至有暧昧的意味，一个姑娘躲在一个男子的画面之后，脸上还有那么一只蝴蝶，再加上精心设计的硕大的题目《是谁出卖了我》，尤其是"出卖"二字还用黑色框住，等你耐心读完更会感觉这样排版之无聊，完全是哗众取宠，读者尤其是熟人对吴晓庆因此产生看法，对她的人品或者遭遇产生种种贬损的猜测。法院最后判决吴晓庆胜诉。类似《青年博览》杂志做法的媒体并不少见。例如：《法治人生》2007 年第 10 期《父母 3 次复婚 4 次离婚，女儿疯了》，《二奶女儿长大了，路在脚下不哭泣》一文更煽情：如果你的妈妈曾经的身份是"二奶"，而你就是她跟那个长期包养、姘居男人的"畸爱"结晶，当你以这种怪异的身份……此文除见于该刊物外，还见于 2007 年 2 月 19 日新浪网凡芙BLOG。再如 2008 年 1 月 26 日《北京青年报》刊发的《婚姻可以这样"自由"吗？》等。

分析：有人说，现在是一个读图的时代，许多报刊也竭力强调编辑的图文并茂意识，在版面允许的情况下，遵循能配就配的原则，最大限度地运用图片提高报刊的可读性。因此，国内诸多媒体在大量地使用插图、配图照片。笔者认为，插图、配图照片并非不可使用，问题在于必须要合法使用。依据我国宪法和民法等法律法规的有关规定，公民对自己的形象拥有专有权，即有同意或者不同意在媒体上再现自己形象的权利，公民有权使用自己的肖像，有权允许他人使用自己的肖像，有权禁止他人使用自己的肖像。此外，在有关人物肖像的摄影作品中，摄影作品因其独特的取景角度、用光方法、拍摄时机等技巧具有独创性，摄制人拥有著作权。媒体在使用肖像摄影作品时，有时就会出现被摄制人的肖像权和摄制人的著作权两种权利。这两种权利在行使中有时是统一的，有时也会出现分歧。比如，著作权人因其具有发表权和作品使用方式的决定权，要在某媒体上发表该作品，但肖像权人因其具有肖像权和名誉权（包括隐私权）不同意发表该作品，在这种情况下，根据人身权的保护要优于著作权的法理精神，肖像权人的意思表示应当处于优先考虑的地位，即非经肖像权人同意，著作权人不得擅自将肖像作品公开刊发传播。同时，考虑到著作权人创造性的劳动，肖像权人也不能未经著作权人同意以营利为目的向公众自由传播、发行该摄影作品。此外，还要考虑到著作权人的署名权和获取报酬的权利。①

结语：媒体在给新闻作品中插图、配图时，不仅要征得肖像权人的同意，如果是摄影作品，还要征得著作权人的同意，同时不能忽略著作权人的署名权和获取报酬的权利。现在有不少媒体的插图、配图都用烂了，随便从网上下载图片，既不征得肖像权人的同意，也不署著作权人的名字，简单地以为新闻报道可以随意使用他人肖像作品，这是一种缺乏法律意识的想法，其行为极容易构成侵权。同时，有些文字内容极具挑逗性，很容易让读者将文字内容与图片上的人物联系到一起；有些文字的内容商业化，有的就是形象广告，很容易让读者误认为图片上的人物在为企业或产

① 原告黄志斌系一位高级摄影师。1999年12月19日，应南通市唐闸工人文化宫主任高旗的邀请和委托，在现场对"胡明德个人独唱音乐会"进行了摄影，但高旗未与黄志斌就摄影作品的著作权归属做出明确约定。12月31日，《南通日报》第8版对胡明德进行了报道，同时还配发了原片。2000年1月上旬，被告江苏省南通百乐鱼都经营管理有限公司决定在其开业两周年之际也准备举办胡明德个人演唱会，策划人员要求胡明德提供一些反映其艺术生涯的照片，胡遂从南通日报社退给其作留念之用的照片中，挑选了几张交被告，其中一张就是原告所拍摄的本案涉及的照片，当时，胡明德未告知被告照片的作者是谁，被告对此也未加询问。此后，被告委托江海晚报社制作并发布了报刊广告，刊登在2000年1月13日的《江海晚报》头版上。原告发现被告上述行为后，即以被告侵犯其摄影作品著作权为由，于2000年2月25日诉至南通市中级人民法院。法院经审理，判决被告在《江海晚报》头版相同位置以同样篇幅刊登赔礼道歉的声明，赔偿原告人民币5000元整。参见江苏省南通市中级人民法院（2000）通中民初字第21号民事判决书。

品做商业宣传，这些行为有损插图和配图中肖像权人的声誉，极容易构成侵权。①

九　犯罪嫌疑人的肖像是否可以随便刊播？

案例：2008 年 4 月，重庆市涪陵区反扒民警在网上发帖，把涉嫌盗窃数十起、涉案十多万元的几个嫌疑人的图片挂在"涪风论坛"上。此举立竿见影，警方很快获得线索，并在两天内抓获两个团伙。4 月 7 日，4 名嫌疑人被刑事拘留。但个别网友却对这种发帖方式提出质疑，认为此举涉嫌侵犯嫌疑人的肖像权。②

分析：有人认为，公共安全高于个体肖像保护。警方把涉嫌盗窃的犯罪嫌疑人的图片挂在网上，旨在通缉逃犯，打击犯罪，保护受害人和公共利益，维护社会稳定，符合《民法通则》《刑法》及相关法理要义，属于合理合法使用，不存在过错，不构成侵犯肖像权。但是问题在于，依据法律的有关规定，未经法院判决有罪，犯罪嫌疑人享有法律赋予他们的一切权利，他们的肖像权、名誉权（包括隐私权）不可侵犯。依据《刑事诉讼法》的有关规定，应当逮捕的犯罪嫌疑人如果在逃，警方可以采取发布通缉令的方式将其追捕归案。③ 也就是说，警方为了侦破案件，只能在内部或者通过发布通缉令的方式才可以使用犯罪嫌疑人的肖像。在该事件中，涪陵区反扒民警在网上发帖采取的并非通缉令的手段，也没有其他法律依据。犯罪嫌疑人只是有犯罪的嫌疑，并不确定一定就是犯罪分子，即使是被法院判定为有罪，他们也只是丧失部分人身权利，其肖像权并未丧失。因此，在网络上把犯罪嫌疑人的图片公开曝光，有侵犯嫌疑人肖像权之嫌，犯罪嫌疑人的肖像权应

---

① 例如，《夜北京》杂志 2007 年 9 月（总第 36 期）的三个页面：其一的标题为《鸳鸯浴，鸳鸯欲》，非常煽情；其二的标题为《最懂情调的明星们——他们都爱鸳鸯浴》。《法制晚报》2008 年 6 月 19 日第 4 版《热裤背带，清新装备夏季衣橱》；《法制人生》2007 年第 9 期第 65 页《亡命歹徒忽悠两个美少妇以身试法》等。

② 第一张图片对圈点人物的说明是："1 号嫌疑人、30 岁左右、女性、白色西服、披肩卷发、脖子上戴装饰物。"第二张图的说明是："2 号嫌疑人、男、25 岁左右、170 厘米、平头、黑色长袖体恤、右侧有英文字母 MERR。"参见《重庆民警发帖公布 26 张扒手照片引发质疑》，《重庆晚报》2008 年 4 月 8 日。

③ 通缉令一般应当写明被通缉人的姓名、性别、年龄、籍贯及衣着、语音、体貌等特征和所犯罪名等，并且附照片，加盖发布机关的公章。

得到保护。① 类似情形也常见于报刊等平面媒体。

结语：媒体如何作涉及犯罪嫌疑人肖像的报道，是一个悬而未决的问题，也是一个很值得探讨的问题。媒体现在涉及犯罪嫌疑人肖像的报道很混乱，从案发到批捕，从起诉到判决，从服刑到释放，即从犯罪嫌疑人到被告人，从服刑人员到刑满释放人员，都可以在媒体上看到他们毫无遮挡的正面肖像。笔者的观点是：司法人员或媒体记者为取得司法证据、记录审讯过程而对犯罪嫌疑人拍照是不存在问题的，但如果是出于传播的目的，就必须慎而又慎。尤其是不要刊发抓捕时犯罪嫌疑人被摁倒在地、双手背后被捆绑的图片和执行死刑的图片。作为新闻报道，如果必须使用图片的话，最好是将犯罪嫌疑人的形象作技术处理，既使之模糊不易辨认，又不至于歪曲丑化，或径直采用背影的方式。

十　使用著名景物的摄影图片是否会构成侵权？

案例：据《北京青年报》报道，"鸟巢"业主——国家体育场有限公司认为企业在刊登户外广告和影视广告中使用"鸟巢"建筑形象作为广告宣传背景构成侵权，将包括北京现代汽车有限公司在内的10余家大企业告上

---

① 2005年3月20日，安徽省霍邱县叶集镇发生一起强奸（未遂）案，被告叶集公安分局立案后，于同年4月13日下午将犯罪嫌疑人朱某某抓获。当晚，叶集公安分局欲安排被害人对犯罪嫌疑人进行混合指认，要求被告叶集实验学校予以协助，提出需要数名与犯罪嫌疑人朱某某年龄相仿的初中男生配合指认。当晚9时下自习时，叶集实验学校张爱国老师带领原告李海峰（化名）等六名学生前往叶集公安分局。该局民警向张爱国及六原告说明了混合指认的相关内容，张爱国在谈话笔录上签名后，六原告按民警要求手举号牌与犯罪嫌疑人朱某某一起列队接受指认，这一过程被民警摄像和拍照。次日，被告安徽电视台记者前往叶集公安分局采集新闻，叶集公安分局遂将本案指认过程的相关摄像资料等交给安徽电视台记者，未作任何交代。2005年4月16日，安徽电视台"第一时间"栏目播报的新闻中，出现六原告手持号牌参与辨认的图像，面部无任何技术遮蔽，时间约2秒。安徽电视台播报此新闻前未通知叶集公安分局和叶集实验学校。六原告先后看到该条新闻，随后即向学校及叶集公安分局提出异议，未果，后被同学和其他人以"嫌疑犯"和"几号强奸犯"等字眼称呼。六原告因与叶集公安分局、安徽电视台、叶集实验学校三被告未能就赔偿事宜达成一致意见，遂诉至法院。合肥市包河区人民法院认为，被告叶集实验学校应被告叶集公安分局的要求，指派老师带领李海峰等六原告到该局配合进行相关刑事案件的侦破，行为并无不当。遂于2005年10月17日判决被告安徽电视台和被告叶集公安分局向六原告公开赔礼道歉，以消除影响、恢复名誉，判决被告安徽电视台与被告叶集公安分局共同向六原告各支付精神抚慰金人民币6000元，合计36000元。叶集公安分局不服一审判决，向合肥市中级人民法院提起上诉，合肥市中级人民法院经审理于2006年3月15日判决驳回上诉，维持原判。

法院，索赔总计超过 4000 万元的经济损失。国家体育场有限公司在起诉中称，近来，国家体育场有限公司发现，被告公司未经允许，擅自将国家体育场特有的"鸟巢"设计形象，作为广告背景吸引消费者注意力，进行商业使用，该行为严重侵犯了原告的著作权。

分析：我们姑且不论国家体育场有限公司起诉北京现代的结果如何，这里所要提出的问题是报纸或杂志刊发著名景物照片在何种情况下会发生侵权？现在我们经常可以看到这样一种现象：许多报纸或杂志刊发的著名景物照片是从网上图片库下载的，既无文字说明，又无著作权人的署名。这种情况具有明显的侵权嫌疑。在北京美好景象图片有限公司诉家庭周末报社侵犯摄影作品著作权案中，家庭周末报社未经美好景象公司许可，在其出版发行的报纸上使用了原告享有著作权、专有使用权的摄影作品 80 张，同时《家庭周末报》在使用中未对使用的作品进行署名，其行为侵犯了美好景象公司的署名权。因此，家庭周末报社应对上述侵权行为应承担包括停止侵权、赔偿损失、赔礼道歉等在内的侵权责任。2004 年 11 月 3 日，北京市高级人民法院做出（2004）高民终字第 1086 号民事判决书，维持一审判决，判决被告赔偿原告经济损失（含合理诉讼支出）35000 元。

结语：著名景物照片如果是摄影作品的话，不仅涉及著作权人是否同意刊发，而且还有署名权和支付稿酬的问题。即使刊发的图片是从图片库购买的，也还存在署名权的问题。所以，如果使用著名景物图片，一定要注意征得著作权人的同意，在刊发时署上著作权人的姓名并支付著作权人的稿酬，否则，就有可能构成侵权。

（原载《法治新闻传播》2009 年第 2 期）

主流媒体报道中亟待改进的几个问题

近些年，随着互联网的普及和新兴媒体的出现，新闻舆论传播的形式和手段发生了很大的变化。突出表现在：一是新闻舆论的重心在发生转移，传统的大众传播形式地位减弱，网络媒体的地位越来越高，自媒体等人际传播的地位逐渐提高；二是媒体融合的趋势越来越明显，单向式传播格局正在向多元互动的情形转变；三是传播的速度越来越快，传播的范围越来越大，跨区域及全球化传播越来越普遍，即时性成为新闻传播的显著特征；四是舆论聚集的能量越来越大，极容易在短时间内爆发，互联网已经成为舆论爆发的集中地，网民的"群体极化"现象往往促成不可控的重大事件；五是控制舆论的结果往往适得其反，不恰当的舆论控制往往刺激舆论，控而难制，引发舆论爆炸。本文拟从新闻舆论传播中存在的问题、形成的原因、改进的措施三个方面做一些探讨，以期引起新闻实务界的关注。

一　存在的问题

面对舆论传播的新形势和新变化，我们的一些主流媒体显得很不适应，其他媒体也存在一些乱象，突出的问题主要表现为以下六种现象。

一是公式化与概念化现象。一些主流媒体的重要版面或播报时段的新闻报道存在着形式千篇一律、内容简单空洞的现象，不少新闻报道都是标题大、内容空、信息量小，主要版面或播报时段成为该地区或该系统主要领导的活动记录，凡是领导的活动都是"重要"活动，不管领导参加的是什么活动；凡是领导的讲话都是"重要"讲话，不管领导是在什么场所讲的什么话。今天一个"重要"，明天一个"重要"，哪个都"重要"，结果就不"重要"了，因为太多的"重要"，就没有"重要"了。主要领导的活动是新闻，是要报道，但问题在于篇幅和时间占用的太长，搞得新闻节目没有多少新闻，报道内容的概念化、报道形式的公式化、报道手法的一般化成为不少主流媒体存在的普遍问题。

二是过于围着领导转现象。现在有些主流媒体总编的主要精力不是用在研究如何使新闻报道更有深度、更让受众喜闻乐见上，而是把心操在本地区或本系统主要领导的喜好上。许多年来，我们主流媒体的新闻实践形成一种报道定式，今天的新闻报道只要有领导出现都要安排在头版头条，标题字号用多大、领导的照片放多大、报道的文字发多长，主编更多的是考虑这些问题，很少注意挖掘领导参与此项活动的背景及其意义。

三是哑巴现象。现在我们的一些电视台或网络视频在播报会议新闻或领导人视察的消息时，有一种很不好的报道习惯，就是有镜头无声音，只出现播报对象的图像，可以看到播报对象在张嘴说话，却很难听到播报对象声音的哑巴现象，常常是以节目主持人或记者的语言代替播报对象说话，板着面孔干巴巴地复述播报对象所说的话，一点亲近感和感染力也没有，把活生生的新闻做成了死新闻。一些电视新闻栏目的演播形式已经到了非改不可的地步了，你占据着人民大众观看电视节目的黄金时段，却不能以人民大众喜闻乐见的形式播出，这样做新闻节目说严重些是在糟蹋新闻。笔者认为，电视节目在播报此类新闻时，播音员或记者并不是不可以在节目中做介绍，但一定要少，凡是能用播报对象原音的一定要让播报对象亲自说话，做到既有形又有音，这样的节目受众才喜闻乐见。还有，遇到一些突发性事件，主流媒体往往在第一时间闭口不言，于是一些流言蜚语便四处传播。

四是法律问题道德化现象。我们现在关于惩治腐败官员的报道存在一种很不好的现象，就是过度关注腐败官员的"生活作风问题"，不注重挖掘腐败官员犯罪的自身原因和社会原因，往往是用道德标准来评论法律问题。尹冬桂案、陈良宇案的报道就是典型的例证。他们的犯罪行为本来是很严肃很沉重的话题，却被加上了轻佻甚至有些暧昧的标题。在许多法律问题的报道中，不少媒体秉持的是道德化话语立场，更倾向建立在情感判断基础上的道德结论。一旦媒体站在道德化的立场去监督司法活动，极容易将法律问题道德化，媒体的道德优势就会使公众站在媒体一边去批评司法机关和人员，加重人们对依靠司法寻求正义的怀疑，导致人们把实现正义的希望寄托在新闻媒体的监督上，使我们本来有待加强的法治观念更加弱化，最终妨害到司法公正。

　　五是煽情热炒与语言暴力现象。有些媒体关于案件报道不顾大局、故意炒作，无所顾忌地使用煽情或带有倾向性的话语，极力鼓动人们对报道对象的义愤，唯恐受众不愤怒。有些媒体从业者，使用语言时不注意把他人的尊严和生命放到应有的位置，喜欢戳人痛处、揭人伤疤、赚人眼泪，有些媒体从业者，职业素养低下，法律意识淡薄，不去认真核对事实，妄下断言，出言不逊，致使他人名誉受损，有些媒体从业者，感情用事，使用情绪化的语言煽动受众发泄情绪，尤其是一些网络媒体在一些有争议的社会事件的讨论中，语言使用由起初的失范到冲动偏激，再到使用粗话脏话，打口水仗的现象频频发生，最后演化为语言暴力讨伐。在网络媒体中，有相当一部分是情感宣泄和恶意攻击，谩骂的留言和跟帖也为数不少，有些社会名人、知识分子，也参与口水大战，满嘴脏话，肆无忌惮，语言暴力倾向十分严重。还有些报道为了煽情炒作，甚至达到连法律事实都不顾的地步。①

　　六是媚俗化现象。有一些新闻报道存在着低级趣味、猎奇心理和片面迎合受众心理，新闻价值取向较低。一些媒体在本该严肃的重大案件报道中，避重就轻，忽略对案件背后社会原因的挖掘，过度关注表象和枝节，采用猎奇、媚俗、煽情的报道方式，以贪官、黑老大的私生活为卖点，挖掘淫秽、情色、暴力新闻。例如，在对原重庆司法局局长文强和谢才萍案件的报道中，情色信息就占了"主角"。② 还有一些媒体片面寻找"卖点"、追求"看点"，大肆炒作歌星、明星的隐私和绯闻，用煽情的标题和不负责任的语言吸引受众眼球，刺激受众的感官，制造"轰动"效应。不少新闻网站的页面上充斥着美女艳照，"明星取代了模范，美女挤走了学者，绯闻顶替

---

① 2002年3月14日的《都市快报》上，刊登了记者肖某、汪某撰写的一篇关于姜志根案件的新闻稿，主标题是"上虞法院庭审起冲突"，副标题为"村民指法官打人，法院称法盲咆哮公堂"。当记者来上虞法院了解情况时，事实早已成定论。但为了追求新闻的"轰动效应"，记者置政法委的调查报告于不顾，置人大代表、旁听者的客观评述于不顾，仍写出了看上去"客观"，实际已大大背离事实的"新闻"，造成很大的负面影响。

② 部分媒体疯狂猜测、杜撰"文强睡过的12女星名单"，山东电视台齐鲁频道一段直播新闻直接以《色！风流文强爱玩幼女》为标题，此外还有《南方都市报》题为《重庆文强情妇陈光明已承认是文强情妇》的报道等。在对谢才萍的报道中，她与罗璇的包养关系也一度成为热点，深圳卫视在报道罗璇出庭受审时采用标题《谢才萍与男宠罗璇同受审，处处彰显维护之情》，《羊城晚报》也有一则报道以《文强弟媳好色引关注　做人不能太谢才萍成民谚》为题。此外《广州日报》也有题为《重庆打黑案开审　包养16个男人的女老大杨天庆被审》的报道。

了事实，娱乐覆盖了文化，低俗代替了端庄"，导致媚俗之风盛行，审美趣味下降。①

二　形成的原因

制度建设方面的原因。首先，我们国家的许多媒体不同于国外的媒体，尤其是被称为"主流媒体"的媒体，不是一般意义上的传媒机构，绝大多数的"主流媒体"还承担着相关权力机关的宣传工作。改制后媒体在形式上虽然是独立法人，但实际上并不真正独立，并没有摆脱主办或主管单位的管辖，媒体的主要负责人的人事关系仍然隶属主办机关，这就使媒体带有一种浓厚的行政色彩，兼备官方的性质，至少是半官方的性质。其次，我们国家有党管媒体的传统与现实，许多媒体本身就是党委宣传部直接管辖的一个职能部门，不少媒体本身就是党委的机关报或机关刊物，在某些方面或某种程度上代表着同级党委的声音，有"党的喉舌"之说，这种现象形成了我国的一些新闻媒体具有权利与权力的双重属性。由于上述现实和原因，我们的一些媒体局部变得有些畸形，宣传色彩深，新闻色彩淡，承担着一些不该承担的任务，扮演着一些不应当扮演的角色，该发育的营养不良，不该发育的却营养过剩。

公式化与概念化的原因。有人把党报党刊称为"流动的文件"，"文件"对受众当然重要，但问题在于我们的一些主流媒体办的面孔太严肃，形式太呆板，缺乏可读性和可视性。一些主流媒体栏目的收视率和阅读率之所以太低，是因为这些报道公式化、概念化的倾向既普遍，又严重，缺乏信息量，不具有吸引力和感染力。《辽宁日报》在这方面做了一些有益的尝试，值得其他许多主流媒体借鉴。主流媒体的总编和管理部门应当反思，拥有那么好的品牌，占据那么多的资源，又有那么庞大的采编队伍，结果办出来的东西老百姓不愿意去看，却要靠指令和公款去订阅，如果还按现在的路子办报办刊，试问会有多少人自费订阅这些主流媒体的报刊？又有多少人阅读这些主流媒体的报刊？

管理不当的原因。对于媒体，不是说有关部门可以放任不管，问题是有

---

① 如"拜金女"马诺、艳照门事件、翁帆怀孕事件、芙蓉姐姐以及强奸、性骚扰、凶杀等报道，不惜篇幅描述细节，同时配以刺眼的标题和图片刺激读者感官。

关部门管得太严、统得太死、效果太差。这个不准、那个不准，官方权威的信息不能及时发布，小道消息就乱传，流言蜚语就四起。有关媒体的一些禁令，不仅没有收到预期的效果，而且损害了当地党委和政府的形象，削弱了主流传播渠道的公信力。控制舆论的行为实际上是不自信的表现，古今中外的历史经验告诉我们：对负面舆论应当疏散，而不是堵截；应当引导，而不是控制。面对舆论的爆发，主流媒体应当主动及时打开解压阀，使其获得释放。在当今多元传播和全方位立体式传播的情况下，任何压制舆论或隐瞒事实的方式都有可能把问题搞大，不利于问题的解决。笔者同时认为，党的执政能力在意识形态领域要增强影响力，而不是增强控制力。

经济利益驱使的原因。有的媒体为了能在激烈的竞争中取胜，不得不考虑自身的经济利益，不得不考虑扩大发行和招徕广告。这些年来，"有偿新闻"屡禁不止，这种用金钱推使记者制造出来的新闻"产品"没有品质保证、没有信誉度可言，给受众造成严重的不良影响。还有一些媒体为了获取最大的经济利益，拉"赞助"、找"理事"、寻求"合作方"，如果新闻报道涉及这些赞助商、理事单位、合作方或其关系人，就很难做到公正平衡不替这些人或单位说话，在新闻实践中，一些媒体也往往发表带有倾向性的报道，充当其代言人。另有一些记者，采访报道中吃了人家的请，收了人家的礼，腰包里装了人家的钱，笔头子就转向表达人家的意愿。更有一些记者，受经济利益驱使，以新闻舆论监督为由，将调查的材料写成稿件，以请当事人"审核"之名，行敲诈勒索之实。在网络新闻中，还存在低可信度与高点击率存于一体的现象，于是一些网站在经济利益的驱动下为取得点击率制造夸大性的标题，甚至传播假新闻。

记者素质的原因。新闻报道质量的高低，归根到底取决于新闻工作者的素质。冷静地分析我们的新闻队伍，确实存在有些记者的素质亟待提高的问题。比如，对某些案件的报道，一些媒体的报道留给人们的深刻教育与启示不多，却不惜篇幅，津津乐道案中的"情人"艳事，报道格调低下，情节荒诞离奇，内容黄色下流；有的报道连标题都做的粗俗不堪，极具挑逗性，严重地误导社会风气。还有一些媒体的案件报道，不下功夫深入揭示犯罪分子内心世界与犯罪的社会根源，却用庸俗的手法着力渲染与案情关系不大，甚至毫无瓜葛的"逸闻趣事"，根本不注意尊重当事人的人格和隐私。有的媒体把握不住"度"，对哪些该写，哪些不该写，哪些详写，哪些略写，哪些细节具有警示意义，哪些细节不能大肆渲染，没有一个谱，采取纯自然主义的手法描绘，丝毫不考虑受众的感受和社会影响。此外，在一些案例纪实报道中，还存在片面追求轰动效应，夸大其辞，渲染血腥与恐怖的现象，有的记者虽未亲赴凶杀现场，却能将现场描述得血淋淋腥味十足，让人"惨不忍读"。

三　改进的措施

笔者认为，要改进媒体新闻舆论传播的方式、提升新闻报道的质量，应当坚持三项原则。

一是真实性原则。笔者一直是新闻舆论自由的坚定支持者，但新闻自由有一个底线，这就是必须真实客观，这也是新闻工作者最基本的职业道德要求。新闻舆论超越了这条底线，就可能会触犯法律。真实性应该包括"主观真实"和"客观真实"两个方面。所谓"主观真实"，是指记者的记录要真实，要如实地、未加篡改地记录所采访与报道的事件、人物、现象及其相关"信源"所说的话、所提供的信息；"客观真实"是指内容的真实，即记者不仅如实地记录了"信源"所讲的话、所提供的资料，而且这些话、这些资料本身所反映的情况也是客观的、准确的。"客观真实"还要求新闻记者在采访与报道中必须划清本质真实与现象真实、总体真实与局部真实、历史真实与自然真实、事件真实与细节真实四个界限，因为在这个纷繁复杂的大千世界里，自然真实、现象真实、局部真实、细节真实未必是本质真实和总体真实，很可能离本质真实甚远。新闻记者必须明白：真实性不同于一部简单的照相机，爱照什么就照什么，照到哪里就是哪里。

二是引导原则。在舆论的爆发期，主流媒体要及时打开舆论的解压阀，让多余的社会压力获得释放。尤其是在某些突发事件发生后，任何隐瞒事实的方式都有可能把问题搞大，激发受众的探秘心理，此时若不及时进行舆论引导，很可能在数小时内突发事件就发酵为有重大舆论影响的事件。舆论引导是一门综合性艺术，要做好舆论引导，媒体首先要关注动向，及时引导。当某些新生事物刚露头、某种动向刚出现、某些改革的举措刚起步，新闻工作者就应当以职业敏感和洞察力，抓住这些新事物、新动向、新举措及时加以报道，形成舆论力量，引导受众排除疑惑，正确认识。其次要设置议题，主动引导。媒体要有意识、有选择地设置一些正面、积极、向上基调的"议题"，突出报道某些问题，使这些问题成为公众议论的焦点，主动引导社会舆论或社会情绪。再次还要围绕热点，重点引导。社会发展的每一个时期，都会有一些热点问题出现，热点问题报道在整个舆论导向中所占据的地位和作用越来越重要，从某种意义上讲，舆论导向把握得好不好，要看热点问题报道把握得如何。引导热点问题，一定要明确出发点，注意结合点，寻找激发点，把握落脚点。

三是有度原则。现在有一些媒体为了吸引受众的眼球，更多地选择负面新闻。负面新闻不是不可以报道，而是报道一定要适度。任何一个社会都会存在为数不少的负面新闻，眼中只盯着负面新闻，版面或播报时段充斥着负面新闻，久而久之就会使受众形成一种阴暗心理，误以为我们这个社会太阴暗、没希望。负面新闻可以报道，但要选择那些有代表性、有典型意义、有警示作用的事件来报道，而且在报道负面新闻时，指导思想应当放在弘扬正气、宣传法治精神上来，要让负面新闻出正面效果。比如，对刑事案件的报道，不是要细致地叙述犯罪情节，描述犯罪手段，刺激受众的感官，而是要选取那些典型的案例，以案说法，以案释法，挖掘犯罪案件的社会诱因，剖析犯罪案件的社会原因，反思犯罪案件的社会影响，强化案件报道的普法功能和警示作用，引导受众从犯罪案件的报道中树立法治理念、增强法治意识、提高法治素质。

媒体要提升新闻报道的质量、纠正新闻报道中存在的问题，除了坚持上述三项原则和特别要强调记者与媒体的自律外，还必须强化五种意识。

一是要强化新闻舆论的开放意识。在立体与多元的传播环境中，主流媒体必须强化开放意识。随着互联网的普及和自媒体的大量使用，实际上存在无法完全控制各种消息和观点的现实，主流媒体不开放，只能迫使人们去关注网上和自媒体上的内容。例如，中共十八大原定 2012 年 10 月召开，后推迟到 11 月 8 日召开。新华社 2012 年 11 月 5 日发表题为《中共中央召开党外人士座谈会　征求对十八大报告的意见》800 多字的消息，报道的内容却是"中共中央 9 月 3 日在中南海召开党外人士座谈会，就中共十八大报告征求意见稿听取各民主党派、全国工商联领导人和无党派人士的意见和建议。中共中央总书记胡锦涛主持座谈会并发表重要讲话"。十八大之前杂音较多，向党外人士征求对十八大报告意见这样的会议新闻并不属于保密的范围，官方主流媒体却未在第一时间发布，不仅引起人们的揣测，而且给流言蜚语留出很长的时间。主流媒体在事实发生两个多月后才发布消息，这还是不是真正意义上的"新闻"？所以，主流媒体必须强化开放意识，舆论引导必须建立在信息及时公开的基础之上。

二是要强化主流媒体主动和快速反映意识。我们的一些主流媒体面对突发事件往往反应迟钝，这既有媒体自身的原因，也与有关部门的管控相关。其深层次的原因：一是我们的主流媒体充当着党和政府喉舌的角色，在突发事件的报道中，受到本地区、本系统主管部门的严格管制和掣肘，因此媒体缺乏相对的独立性；二是信息公开制度不健全，我们虽然有政府信息公开的条例，但对公开的内容、公开的程度、公开的时间等方面缺乏明确的规定，存在着很大的随意性；三是政府部门的一些有关人员面对突发事件存在"官本位"和"报喜不报忧"的思想，存在"宁可晚、不可错"以及怕担责任的思想，这些思想严重地制约着信息的及时公开，不能及时充分地保证媒体和民众的知情权。主流媒体面对突发事件，应当"在第一时间做出反应，迅速发布权威信息，迅速表明政府应有的立场和态度。越是公众关注的，越是要主动站出来，不能回避、不能推诿、不能装聋作哑"，要"在第一时间介入突发事件以引导舆论和公众情绪，与小道消息和谣言赛跑"。① 如果主流媒体在突发事件面前沉默失语，就容易使部分非主流的媒体和自媒体对突发事件进行炒作，误导广大受众，这不仅会使主流媒体的公信力和影响力下降，而且会影响到党和政府对突发事件的处理，严重时还会导致社会动荡不安。所以一定要强化我们主流媒体主动和快速反映意识，在突发事件的报道和传播中要充分地利用自身的资源进行强势、主动出击，在第一时间抢占舆论引导的制高点。

三是要强化传播者的大局意识。任何一个社会都有阴暗面或负面现象，毫无疑问，媒体对此应当揭露和批判，但如果过度关注负面新闻，连篇累牍专门以负面新闻为卖点，久而久之就会误导受众，使受众形成消极或阴暗心理，这不仅对社会发展起不到推动和促进作用，而且会对社会发展起到负面作用。比如，关注新时期大学生群体的生活是对的，但聚焦大学生的婚姻及两性话题就有点偏了，许多媒体却以此为看点，刻意渲染，肆意炒作。② 我

---

① 参见桂杰《邹建华：政务微博的最大价值是与小道消息赛跑》，《中国青年报》2012 年 11 月 4 日，第 3 版。

② 例如，《青年参考》2003 年 5 月 21 日的《武汉高校女大学生卖淫现象调查》，《海峡都市报》2006 年 5 月 25 日的《美女研究生因情变跳楼自杀，留下数万言遗书》，《信息时报》2007 年 11 月 4 日的《广东省性学会调查显示：超 3 成大学生有"一夜情"》，《重庆时报》2008 年 10 月 21 日的《大学生在校闪婚，结婚 4 月分居闹离》，《江南晚报》2009 年 1 月 20 日的《北大女生天价租男朋友　回家过年一天一万》，《新文化报》2009 年 11 月 12 日的《南昌女生大三结婚大四离》，腾讯新闻 2010 年 3 月 26 日的《女大学生与 50 岁农夫网恋结婚，离婚后遭其奸杀》等。

们姑且不论有些报道缺乏严肃态度，缺乏精确调查等问题，即便其所述情形属实，也毕竟是个案，是极少数，问题在于有些媒体将它标签化，将个案中的问题放大成为群体性问题，以局部的真实掩盖了全局的真实，极容易误导受众将这些个案视为普遍现象。媒体对负面新闻的报道要适度，报道什么、不报道什么，先报道什么、后报道什么，少报道什么、多报道什么，选什么角度报道、报道到什么程度等，都要从大局出发，精心选择。

四是要强化传播者的责任意识。一个新闻人应当有社会责任感，一个新闻媒体必须有社会责任感。一个负责任的媒体应该冷静地思考自身的职能和作用，尤其是有着巨大影响力的主流媒体必须主动承担起自己的社会责任，以客观公正的态度做新闻报道，既不人云亦云，也不信口开河、不负责任、想说什么就说什么。媒体如人，人有"人格"，媒体也应当具有独立的"品格"。这种"品格"应当具有贫贱不移、富贵不淫、威武不屈、高压不折的特性，既不会言从计听，唯领导马首是瞻，也不会一味地媚俗，去迎合某些受众，而是堂堂正正，有一种浩然之气，有一种强烈的社会责任感，能够以正确的舆论引导人，以高尚的精神塑造人，以优秀的作品鼓舞人。2012年11月11日，上任不到两个月的英国广播公司总裁恩特威斯尔为电视节目《新闻之夜》错误报道一名资深政治家性侵犯一名男子的事件出面道歉，他认为这个错误致使英国广播公司的公信力下降，让公众不再相信公司的新闻报道，作为总裁应对这起失实报道负全部责任，宣布辞职。我们的主流媒体中有多少老总因失实报道主动出来道歉？我们以前每年选出的那些假新闻的媒体老总有多少人宣布辞职？媒体的责任感首先应当从媒体老总敢于承担责任做起。

五是要强化传播者的法律意识。近几年来，新闻侵权的案件频频发生，网络新闻的版权纠纷屡屡出现，产生这些现象的原因主要是记者及媒体缺乏法律意识。还有一种较为普遍但又很不好的现象，就是有些记者和媒体特别喜欢窥探和挖掘他人的隐私。万科集团董事长王石婚变，一段时间内围绕这一话题的消息不断出现，许多参与者甚至达到兴奋、狂热的地步，有人探讨两人的同学身份，有人查找女当事人之前参加的一些活动，有人翻出几年前拍到的双方合影，还有一些网站甚至制作了专题，当事女演员的很多个人信息被放大。更有甚者，有的自媒体还将长江商学院与延安时期的抗大也拉了进来。王石作为企业家，他的婚姻状况属于个人隐私范畴，和公共利益没有多少关系。媒体对个人私事进行无限制的窥探和挖掘容易侵犯他人的名誉权，新闻传播既要恪守新闻伦理的底线，又要在法律的框架内行事，传播者要不断强化自己的法律意识，任何人、任何媒体都没有超越法律的特权。记者和媒体一定要有清醒的认识，要对错误和片面报道所造成的不良后果承担法律责任。

（原载《中国政法大学学报》2014 年第 1 期）

微信平台的乱象及其规制

微信是腾讯公司于 2011 年 1 月 21 日推出的一个为智能终端提供即时通信服务的应用程序，微信目前已覆盖全球 200 多个国家和地区，成为信息传播的重要社交渠道和最为活跃的网络社区，国内 90% 以上的智能手机用户都在使用微信。本文所讨论的内容是指在微信公众平台及微信朋友圈所制作、复制、发布、传播的文字、语音、图片、视频和相关链接页面的乱象及其规制。

一　微信平台的乱象

作为一种应用广泛的自媒体，微信在传播信息、人际交流等方面所起作用越来越大的同时也产生了一些乱象，概括而言，主要有如下几类。①

一是信口开河、散布谣言。在微信平台随时可以看到未经证实的虚假信息，这些谣言的内容多样、传播动机复杂，既有生活科普类的，也有政治经济的；既有虚假求助类的，也有冒充官方类的；既有夸大事实类的，也有无中生有类的。使有些微信群成为编剧群。② 以科普类谣言为例，谣言往往是借科学之名，行偷梁换柱之实，混淆视听，引起人们的心理负担，造成社会

---

① 有人将微信显性乱象分为五类：一是"幽灵账号"频现，二是大量不实信息充斥其中，三是大量举报换不来官方重视，四是骗取个人信息乃至诈骗等违法现象普遍存在，五是无授权擅自做新闻的现象普遍存在。参见墩墩智囊《面对微信乱象，我们将何去何从？》，微商网，2015 年 3 月 1 日。

② 2016 年 4 月 1 日，中山大学微信安全团队发布的《微信年度谣言分析报告》将谣言分为健康养生、人身安全、财产安全、政经和社会秩序、爱心转发、广告营销、奇闻趣事、色情和其他九大类，该报告称：谣言中比例最高的是失实报道，占比达 31.4%。参见中山大学微信安全团队，《微信年度谣言分析报告》，《北京日报》2016 年 4 月 4 日。

恐慌。有人归纳出 2014 年上半年微信圈出现的十大谣言,① 又据微信谣言过滤器、微信安全中心发布的报告,2015 年朋友圈谣言的举报处理总量为21695437 次,大多数围绕着人身安全、食品安全和失实报道这三类,该报告还列举了 2015 年十大微信谣言。② 由于多数微信谣言是在熟人间传播,熟人极易成为谣言的"二传手",加上半封闭的传播环境,极易导致朋友圈的用户接受影响。近几年微信谣言渐呈泛滥之势,2016 年 9 月就有广为流传的十大谣言。③据微信安全团队透露,每天收到用户关于谣言的举报就有 3 万多次,日均谣言拦截量达到 210 万次,微信谣言传播呈现量大面广的特点。有些谣言扰乱了正常的经济社会秩序,④ 有些谣言引发了社会恐慌

---

① 这十大谣言是:微信圈里点赞扣费、捡到白娅倩的准考证、汇 1 分钱整倒骗子、电话错输密码锁定骗子银行卡、牙膏管底部细节可看出牙膏成分、不向麦当劳等洋快餐索要发票就会让他们掠走20 亿元的税收、小龙虾是虫不是虾、微波炉加热食物致癌、遮住车牌小圆点可令电子眼失效、电脑前放仙人掌能防辐射。针对微信圈出现的十大谣言,崔志东从谣言类型、传播意图和具体内容等三个方面进行了梳理。在所列举的谣言中,有四个为获利型谣言,造谣者分别为骗子和商家,其传播意图或者是骗钱,或者是赚钱。例如,在"捡到白娅倩的准考证"这则谣言中,骗子以失物招领为幌子,让人们拨打预先设定好的吸费电话。又如"电脑前放仙人掌能防辐射",但事实上专家至今并未发现有哪种植物具备这种功能,这只是商家促销仙人掌的手段而已。除了获利型谣言,还有三则以宣泄情绪为目的的宣泄型谣言。其中,"朋友圈点个赞扣费 0.8 元"的谣言散播背景是商家进行"集赞营销",即某个商家向网友集够一定数量的"赞"就会兑现相应的奖品,但不少商家往往集够了"赞"不兑现之前的承诺,引发部分网友的愤慨,并催生出"集赞扣费"的谣言。这一谣言倒逼腾讯出面澄清并清理存在恶意集赞行为的商家微信账号。而"向洋快餐索要发票,否则掠走 20 亿元税收"和"电话输错密码锁定骗子银行卡"两则谣言,分别反映的是人们对价格高昂的洋快餐以及防不胜防的骗子心存反感、不满,以谣言的方式宣泄情绪。至于恐慌型谣言"小龙虾是虫不是虾",反映了公众对食品安全问题的焦虑情绪。此外,以恶作剧为主要目的的谣言"遮住车牌小圆点可令电子眼失效",最好还是不散播为妙。参见崔志东《微信谣言的传播与治理分析》,《青年记者》2014 年 11 月(下)。

② 这十大谣言包括:微信朋友圈降权、打隐翅虫会致命、倒着输入银行卡密码能自动报警、儿童牛奶饮品含肉毒杆菌可致白血病、微信绑卡会倾家荡产、大连吴梦月走失后家长愿卖房酬谢、望远镜射针伤人摘器官、沐浴乳苯成分致癌、长期喝豆浆会致乳腺癌、人社部渐进式延迟退休年龄时间表。

③ 这十大谣言是:全国银行成为中国失联儿童安全守护点,国庆期间日系车通行正常收费,癌症真正的元凶是塑料,蘑菇不能和茄子、小米、大黄米同食,女孩吃完柿子又喝酸奶中毒而死,无核葡萄系避孕药培育,喝凉白开等于慢性自杀,NASA 要增加第 13 星座蛇夫座,六小龄童 9 月 10 日早上八点半病逝于浙江绍兴慈济医院,微信"仰慕的人"链接有病毒。

④ 例如,2015 年 5 月 18 日,微信朋友圈疯传一则信息:"今接妇幼保健院提示,请不要给宝宝喝爽歪歪、旺仔牛奶、可口可乐、娃哈哈 AD 钙、未来星、QQ 星和有添加剂的牛奶饮料,都含有肉毒杆菌,现在紧急召回。"再如蒙牛"陷害门""尸油煮粉"和香蕉致癌等谣言事件均以虚构的谣言打击竞争对手,或造成极大的经济损失,或直接导致地方产业坍塌,社会破坏力非常大。参见顾金喜、黄楚新《微信谣言的传播危害及其治理措施》,《前线》2015 年第 6 期。

并导致次生危害，① 有些谣言导致了突发事件扩大化、恶性化发展。②

二是虚假欺诈、兜售商品。在微信公众平台，欺诈的现象频频出现，既有中奖诈骗，也有二维码诈骗，还有"点赞"诈骗、海外代购诈骗等，花招层出不穷，手段防不胜防。③ 我们也经常可以看到诸如此类的推广信息：加微信号就可以免费领取品牌太阳镜、手表、耳机等商品，只需付邮寄费就能够免费得到名牌产品；在微信平台还经常可以看到一些网赚、中奖类的虚假信息和以骗取钱财为目的的广告。有人利用微信朋友圈推销或传销商品，一条接一条，琳琅满目，眼花缭乱：英国卫裤、印度神油、增强性功能的玛咖、勾引异性的香水、神奇的丰胸乳罩，还有美白、减肥、增高保健品、药品、食品等，这类物品的广告宣传有一个共同的特征，就是以虚假之词，极度夸大物品的功能和效用，推销伪劣假冒商品。在微信平台还有人兜售国家法律明令禁止交易的毒品、迷药、窃听器、假币、赃物、象牙或虎骨等野生动物制品，甚至还有人兜售枪支弹药、人体器官等。有些商家和不法分子出于自身的利益，发布大量的所谓"集赞"等商业活动，套取大量用户个人信息，以此进行商业交易来换取金钱利益。有的甚至借机植入病毒，以此破解用户账户信息，非法套取用户资金账户。④ 使微信成了"危"信，或只能"稍微信一点儿"。⑤

三是制造噱头、夺人眼目。有的微信乱象专以噱头夺人眼目，2016 年 2

---

① 例如，2014 年 7 月，"人贩子进京"的微信谣言称"北京有 8 个孩子被偷，主要用于非法人体器官交易，朝阳一派出所抓获了 2 名嫌疑人并供认这次一共有 200 名人贩子进京"。该消息一经发布即引发大量的网络关注，引发大量网友的猜疑和恐慌。

② 例如，2013 年京温商城女子坠楼事件，死者男友对商城善后存有意见，在网上捏造、散播"女青年离奇死亡""被保安先奸后杀"等大量谣言并煽动亲友"讨说法"，结果导致同年 5 月 8 日的群体性聚集事件，部分不法人员借机扰乱公共场所和社会秩序，给地方政府的应对处置带来了极大挑战。

③ 二维码诈骗是诈骗者以商品为诱饵，称给消费者返利或者打折，发送的二维码实为木马病毒，一旦安装，木马病毒就会盗取应用账号、密码等个人信息；海外代购诈骗是通过"朋友圈"进行营销，诈骗者声称价格优惠，网友付款后，不法分子以"商品被海关扣下，要加缴关税"等理由，让网友加付"关税"，等网友付钱后，往往不法分子消失，货也没了；中奖诈骗是不法分子假冒"腾讯公司"，或假装其他官方账号，散布虚假中奖信息实施诈骗，网友想要领奖需要先填写个人详细资料及支付相关费用。"点赞"诈骗是一种以"集满多少个赞就可获礼品或优惠"为由头的诈骗，商家发布"点赞"信息时，并不透露商家具体位置，要求参与者将自己的电话和姓名发到微信平台，套取更多的真实个人信息后便消失。参见赵丽、谷朋《不法分子缘何狂追社交媒体》，《法制日报》2015 年 8 月 7 日。

④ 参见墩墩智囊 2015 年 6 月 24 日博客《面对微信乱象，我们将何去何从？》。

⑤ 吴学安：《依法治理微信已成为共识》，《法制日报》2014 年 5 月 29 日。

月 18 日 "女神社" 公众号发出一条微信，标题是："你身边有姓李的人吗？有你就不得了了！"结尾用彩色粗体字写道："转了以后，姓李的人将会在 2016 一切顺利，并且走大运 30 年！财源滚滚，心想事成！"2016 年 2 月 22 日，微信公众号 "性与爱那些事" 发布一条标题是这样的微信，"台湾爆出黑幕，大陆 1000% 禁播，赶紧看看！" 还有的微信标题制造这样的噱头，"出事了，你家有属猪的吗？"内容其实很普通 "谁属猪，四十年才一次，今年的日历跟 1975 年一模一样，你身边有属猪的就为他转一下吧"。2016 年 3 月 14 日 "一号秘密" 发出一条微信，标题是 "特级禁片（只发一次，建议收藏）"，其实内容很普通。① 有些微信内容民族情绪亢奋，结尾用显赫的彩色大字标注，"你只要是中国人就顶起来！两天之内没有 100 万人转发，中国就完了"。② 2016 年两会期间，微信平台还出现了 "你好，我是国务院总理李克强，邀请你为好友" 的乱象。

四是抄袭剽窃、标题党作祟。近几年来，微信越来越火爆，微信公众号的数量越来越庞大，微信公众号抄袭剽窃的现象也越来越普遍，有愈演愈烈之势。原创性的作品，作者享有著作权，信息网络传播权是著作权中的一项权利，未经作者许可，通过微信公众号传播他人的作品属于明显的侵权行为。但大量公众号未经授权，随意转载或抄袭他人的原创作品，博取点击并以此获取经济利益。③ 一些微信公众号所推送的内容，原创的作品极其少见，赤裸裸的抄袭时有发生。④ 此外，在微信公众平台和朋友圈内，标题党作祟的现象也屡见不鲜，⑤ 有些标题名不副实、耸人听闻，语不惊

---

① 诸如《中南海 1 号档案解密，老毕后悔完了》，内容与秘密档案并无关系，标题只是一个引人点击的幌子与噱头。

② 参见弧度度微信公众号：环球阅读（ID：ldzx365），2016 年 2 月 13 日。

③ 不少微信公号开始靠点击赚钱，微信悄悄上线广告系统 "广点通"，邀请了少量订阅号参与广告系统测试，订阅号的广告收入在扣税后将 100% 归账号持有者，每个点击价格为 5 角到 1 元。有参与内测的自媒体账号公开称，测试 10 天内获得了逾万元的广告分成。

④ 广州日报摄影部公号就遭遇了这样的烦恼：2014 年 2 月 20 日，广州本地某摄影微信公众号推送了一则名为《2013 每个人身边都有 "荷赛" 的影子》的文章，涉嫌抄袭广州日报摄影微信公众平台 "GZphotos" 在 2 月 19 日晚 11 点 30 分推送《每个人身边都有 "荷赛" 的影子》。该文章无论标题还是内页所有内容均一字不漏照搬拷贝，除了没有转发最后的编辑署名和标明出处。薛松：《微信公众账号抄袭现象频发：维权困难》，《广州日报》2014 年 2 月 24 日。

⑤ 例如："你肯定不知道的真相曝光！""连习大大都被震惊了！""惊天内幕，太可怕了！"再如 "快讯！'人民日报' 被依法关闭，公号乱象要被整治"，诸多微友很容易被这则标题吸引，但只有细细甄别才能发现是 "曰" 而非 "日"。

人死不休。① 2015 年 1 月，福建漳州 26 岁青年吴某在他经营的微信公众号"石狮民生事"上发布标题为"昨晚，石狮，震惊中国！一家 34 口灭门惨案！转疯了！"的信息，称福建石狮一家 34 口被残忍杀害，其中一名有孕在身，并指称犯罪嫌疑人逃亡北流方向，警方正在进行调查，而文章结尾处附上的却是一张 34 只死老鼠的图片，该条微信随即被疯狂转发引爆朋友圈，公然愚弄大众。还有一些微信自摆乌龙，信口雌黄，制造热点，不惜炮制虚假新闻夺人眼球，严重损害了自媒体的公信力。

五是网络暴力、肆意侵权。有的微信公众平台发布暴力、虐待妇女儿童或自虐自残等内容，传播枪杀、拷打、致残等惨象画面，发送引诱或招募他人从事恐怖暴力等活动的信息。有的微信群一有不同声音，立即就有人开骂，进行人身攻击，群主若把口吐秽言者踢出群外，会遭到更为难听的诅咒，被踢者甚至会寻讨病毒，把原来的那个微信群炸掉。也有的微信擅自使用他人名称、头像，未经授权发布他人原创文章或者他人身份证号码、照片等个人隐私资料，肆意侵害他人合法权益。"我们现在常常看到这样的现象，某个人说了一句话，大家就开始去人肉搜索他，这显然会侵犯被'人肉'者的隐私。如果他本身不是一个公共事件的当事人，只是一个私人纠纷，你发动他人去谩骂、攻击、'人肉'，就会侵犯其一系列合法权利，比如表达权、隐私权、名誉权。"② 还有一些微信公众号专以揭名人隐私、爆料绯闻为能事，③ 完全不考虑他人的合法权益。④ 问题还在于，自媒体的侵权成本很低，敲几下键盘、动几下手指，信息即开始传播，但维权成本却很高，确认侵权人、取证、保存并鉴别电子证据的真实性与合法性，有的还需聘请律师等，都制约着受害人权益的维护。

---

① 例如：2016 年 4 月 21 日微信公众号"女神来了"传播的一则题为"刚刚发生，新闻都不敢播"的图文，内容为"昨天谷雨节，今天龙王爷来到人间在上空翱翔"等。在微信平台，经常可以看到这样刺眼的标题："警惕！紧急通知！""紧急求助！""注意了！中国人注意了！""央视曝光！太可怕了！""太重要了！快转出去！""千万要看！"等。

② 参见《"全民网络"时代为何要坚守"七条底线"》，《法制日报》2013 年 8 月 19 日。

③ 例如：微信公众号"娱乐爆料组"传播的诸如"揭那些有钱男人糟践过的玉女明星""一床情书"传播的诸如"扒一扒刘嘉玲和有钱男人的那些狗血事"等。

④ 例如：2015 年 11 月，万达集团董事长王健林以姓名权、肖像权和名誉权纠纷为由，将微信公众号"顶尖企业家思维"所有者北京韩商互联贸易有限公司诉至法院，索赔经济损失1000 万元，北京朝阳法院受理此案。参见封寿炎《王健林被这么坑，微信乱象该咋整？》，解放网，2015 年 11 月 23 日。无独有偶，360 董事长周鸿祎在微博上也炮轰了微信公众号，表示"冒牌周鸿祎"正在微信上招摇撞骗："微信上有冒充我的骗子，其中一个钻入各种群，到处抢红包，跟投资人套近乎，骗取创业者的商业计划书。"

　　六是低俗下流、淫秽不堪。在微信公众平台，有人发送与色情擦边、性暗示类信息，有人专门散布包含淫秽、色情内容的文字、视频、漫画，招嫖者有之、寻"一夜情"者有之、找性伴侣者有之。有的微信公众帐号名称低俗下流，"午夜性私密""风流女教师""越做越爱""午夜竞妓""性人生""黑寡妇""一床情书"等，极尽低俗下流之能事。有些微信的标题也制作得淫秽不堪，《女明星的大腿为何这般美》《乳房为何这样红》《床上戏很有味道》《一夜之间，床上这么多美女》《女人好色起来真可怕》《妈妈偷情，嫌孩子吵，让奸夫打死儿子!》等，极为肉麻，再配上一些大尺度或裸体图片，淫荡污秽，严重污染了青少年的思想。

　　七是宣扬迷信、聚众赌博。有的微信公众平台公然宣扬迷信思想、组织迷信活动，有的微信公众平台采取娱乐性较强的游戏来传播迷信思想，并借机套取他人信息。例如："你的生肖决定了你这辈子是穷苦命，还是富贵命!"①"测一测你未来的身价是多少""测测你是哪位神仙在世"等。② 通过微信抢发红包实施赌博是一种新型的赌博形式，③ 据 2015 年 8 月 1 日《钱江晚报》汪子芳、陈栋的报道，有人开微信群借抢红包进行赌博，群主靠抽成三个月收入 260 万元。中新网南京 2015 年 9 月 24 日报道，"80后"女子黄某自己做群主建了数个微信群，利用微信抢红包赌博，还雇用他人代发红包抽成，该案涉案金额超千万元，黄某等 4 名主要犯罪嫌疑人已被警方抓获并采取强制措施。④ 2015 年 8 月中旬，浙江苍南警方接获线

---

① 参见 2016 年 1 月 30 日 "星云大师禅语录" 公众号，标题为传播者所加。

② 据人民网北京 2015 年 5 月 19 日消息：最近，在微信朋友圈中刮起了 "算命风"，这些看似无厘头的小游戏成了朋友圈中的热门游戏。不过有网民开始质疑这些游戏的安全性，称 "通过这种算命游戏向用户手机中植入木马程序"。央视《是真的吗》栏目记者对此展开了调查。记者在微信朋友圈中搜集了 11 款算命游戏，操作了几次发现，这 11 款算命游戏中有 10 款来自两个名为 "万万没想到" 和 "上街吧" 的公众微信账号。

③ 运行模式一般是由群主建立一个微信群并制定群规，召集喜欢赌博的人进入群内，群主有时并不止一人，参与的人员几十人或几百人不等。群主安排 "代包手" 发出第一个红包，参赌人员开始抢红包，由抢到最少的或者尾号最小的人员支付下一个红包的钱以及群主 "抽头" 的钱，以此类推。

④ 仙居 "90 后" 小伙子赵某某参与别人开设的 "微信抢红包" 群赌博输钱后，决定自己搞个微信红包赌博群，通过 "抽头" 赚点钱回来。短短 5 天内，这个群资金流动量达 4.6 万余元，赵某某日均 "抽头" 获利 6800 余元，群内人员最多时达 70 余人。2015 年 9 月，仙居警方经前期缜密侦查，一举破获了这个仙居首例微信红包赌博案件。2016 年 4 月 21 日晚 8 时，央视财经频道《经济与法》栏目播出 "特殊的红包" 节目，浙江青田公安机关破获了一起以陈晓迈、周红梅为首的微信红包群案，名为玩抢红包游戏，实行网络赌博之实。这个微信群组织严密、规则明细，两天时间的涉案金额就达 68 万元。

索，有人开设了一个名叫"财神来了"微信群，并以这个平台为网络赌场，通过抢微信红包的方式进行网络赌博。这个红包群有成员140多人，每天从早到晚，不停息地通过"代包"发红包，一天的红包量有1200多个，一天的赌资达60万~70万元。①此外，通过微信平台发送组织聚众赌博、出售赌博器具、传授赌博（千术）技巧和方法等内容的微信也屡见不鲜。

八是诱导点击、强制链接。微信诱导的种类既有引诱型，也有奖励型，又有胁迫型，还有恳求型，更有变相强制型。引诱型如有的用标题制造噱头、耸人听闻："惊天骗局：美国根本没在日本投原子弹！"。②有的标题不揭示文章内容，而是凸显其价值："此文不长，但价值连城！""马上就删，赶紧发给朋友！"，③奖励型如邀请好友拆礼盒、集赞，分享后有奖励或增加抽奖机会等，④胁迫型是使用夸张性言语来胁迫、引诱用户分享，如"不转不是中国人""转发后才能一生平安""转疯了""必转"等。⑤恳求型的较多，如在微信内容的结尾部分："亲，有好东西就要分享。请用你宝贵的金手指，马上分享到朋友圈，你的善意善行善举，必有善报。"再如有的标题就干脆就拟定为："希望有朋友为我转，哪怕一位也行！"另如"为母亲添寿，接力一下好吗？有一位就行！"等。变相强制型的如："男人千万千万必须要看的一篇文章，不然死定了！""如果没有100万人转发此信息，中

---

① 此类事件在微信平台频频曝光，据《法制日报》2015年3月24日官方微博消息，海口市琼山人民法院审理了一起以微信群聊为中介，在群中下注赌球，谋取暴利的案件。陈某借助微信的便利和第三方支付软件在赌球中谋取暴利，海口市琼山法院以开设赌场罪，判处陈某有期徒刑一年零六个月。2016年4月21日晚8时，央视财经频道《经济与法》栏目播出"特殊的红包"节目，浙江青田公安机关破获了一起以陈晓迈、周红梅为首的微信红包群案，名为玩抢红包游戏，实行网络赌博之实。这个微信群组织严密、规则明细，两天时间的涉案金额就达68万元。

② 再如2016年2月29日"绝密"公众号传播的一则微信，标题为"艳照！胆大偷拍！速看！"，打开微信内容一看，原来是自然界美景。

③ 内容出自"星云大师禅语录"公众号，标题为传播者所加，见2016年2月17日朋友圈。

④ 还专门有微信号为MZDZKD的"转客党"，鼓励人们注册后通过转发文章"赚钱"，"不用投资一分钱，不用购买任何产品——一键分享，媒体收益几十上百不成问题，几百上千也能做到""多发展转客下线，当活跃下线达到一定数量，你不发文章也能坐享管理提成"。

⑤ 2016年2月15日，微信平台出现了一段视频，内容是一名警察用61天时间把一个18岁报案人办成强奸杀人犯，最后枪毙。微信的标题这样拟定："同意枪毙此人的转了，不转他就有可能逃脱法律制裁！"当天还有一则关于抵制经济侵略、保护民族品牌的微信，用鲜红的粗体字写道："是中国人就醒醒吧……郑重告示：此消息必需无条件的在每个群里传播下去！！"

国就真的失败了，让我们一起行动起来！各转发 20 人，让全中国人都看到！"有些微信是采取只有分享后才能继续下一步操作，分享后才能知道答案，分享后才能预订等手法；有些微信在标题上做文章："内部视频，马上删，速看！""公安局已发出警报，速看！迅速扩散！！"① 有的则是在微信的结尾，用显赫的彩色大字标注如下内容："转走的人 2016 年必发财不断！"②

九是上纲上线、动辄屏蔽。2016 年初，微信公众平台有一些言论越来越带有"文化大革命"的色彩，语气越来越具有火药味。对事物的看法不同、表达的观点不同，本来是一个很正常的现象，但有些人就是容不下不同意见、听不得不同音符，出口就上纲上线，挥手就乱抓辫子、乱扣帽子、乱打棍子，力图使 13 亿人像抗战胜利纪念日受阅部队那样整齐一致，一个脑袋、一种眼神、一张嘴巴。这与习总书记在"网络安全和信息化工作座谈会"上的讲话精神是背道而驰的。③ 此外，微信屏蔽也是惯用的一种手法，屏蔽那些暴力、淫秽的图文是应当的、必需的，但对不同意见动辄屏蔽就有些过分了。"不能因为一个人批评两句政府就说他是敌对势力，也不能说报道中国负面新闻的人就是敌对势力"，现实情况是，有人对于那些试图让他们看到真相的人要么忽视，要么敌视。忽视是不拿批评当一回事，再怎么说也是白说；敌视是太拿批评当一回事，容不得往眼里揉沙子。④

二　微信乱象的生成原因

微信乱象是社会乱象与意识形态混乱在自媒体上的真实反映，是一些人失去或者不顾及底线的表现。这些乱象究其目的，有的是为了博取他人关注，有的是出于某种政治目的，有的是为了推销产品，也有的是纯粹弄着玩

---

① 以上两标题均见 2016 年 2 月 20 日"少儿不宜"微信公众号。

② 2016 年农历正月初五，微信平台有一则广为流传的"接财神"微信，结尾就这样说："财神爷说了，谁把我转走，我就让谁发财！"农历正月初六、初七、初八以及以后的几天，均有类似的微信，如 2 月 15 日农历正月初八就有一则来自"音乐心灵"公众号的一段视频，标题是"正月初八发发发，谁打开，谁发财！"

③ 习总书记强调："对来自知识分子的意见和批评，只要出发点是好的，就要热忱欢迎，对的就要积极采纳。即使一些意见和批评有偏差，甚至不正确，也要多一些包容、多一些宽容，坚持不抓辫子、不扣帽子、不打棍子。"参见习近平 2016 年 4 月 19 日在"网络安全和信息化工作座谈会"的讲话。

④ 参见徐贲《批评者是否就是敌对势力》，凤凰网，http：//blog.ifeng.com/5439462.htm，最后访问日期：2016 年 2 月 29 日。

儿。究其生成原因来讲，大致可以归纳为以下几种类型。[①]

一是隐形传播。微信注册用户在使用微信时并非完全实名，有的用真名，有的用化名，有的昵称云遮雾罩，还有的今天用这个名，明天就变成另一个名，所以在微信平台经常出现使用隐形的身份传播本文称之为"乱象"的图文。有人将这种现象称之为"网络蒙面行为"[②]，由于"蒙面"，所以不担心暴露真容，不忌讳真假雅俗，不顾忌责任担当，随心所欲，肆意所为，传播的内容参差不齐、鱼龙混杂。加之微信的传播方式是采用粉丝订阅的模式，有异于博客、微博等自媒体，发现问题的难度较大，取证举证较为困难，通过司法途径又耗精力又费钱财，得不偿失，这也在一定程度上助推了微信乱象的肆无忌惮。

二是轻信传播。微信更多地应用于通讯录好友和 QQ 好友之间的交流，它的功能设计鼓励实名交友，带有典型的准实名制特征。这种基于线下关联信任所带来的传播信任度使微信传播比微博更具有深度和可信度。在微信朋友圈内，面对熟人发来的信息一般情况下是不存戒心的，看到"为了你的家人""为了你身边的人""请帮忙传递爱心"等字眼，热心肠微友便用手指一触即发，立即发给好友或朋友圈。[③] 朋友圈是一个相对私密的空间，信息传播的范围也仅限好友之间或者已在 QQ、手机通讯录中取得一定信任的"陌生人"之间，但大多数朋友圈是可以相互串联，传播学上有句话叫作世上两个人之间最多就隔着"六个人"，也就是说微信朋友圈的传播虽然局限和狭窄，但同样具有多米诺骨牌的传播效应。[④]

三是异国传播。现代科技的飞速发展，使网络世界真正成为一个地球村，就传播的及时性而言，身在异国与处于同一城市没有区别，有差别的在于传播者的心理。比如，传播者若在国内，对有些内容的传播可能有所顾忌，担心因此造成道德责任或法律责任被谴责或追究，但如果传播者是在国

---

① 彭剑认为，社会化媒体舆论失范的内在原因表现为：网络蒙面行为、多重自我与片面化、"公"与"私"的转化。参见彭剑《社会化媒体的舆论底线》，《研究走廊》2013 年第 6 期。

② 参见彭剑《社会化媒体的舆论底线》，《研究走廊》2013 年第 6 期。

③ 这种轻信传播在寻找失踪儿童、保护儿童的谣言中体现得尤为明显。例如下面一则耳熟能详的谣言："今天上午，一个 3 岁多小女孩在怡馨家园小区附近被拐走，大人都急疯了，有知情者望告知，万分感谢。"经查证，全国多地都曾出现过此则谣言，谣言流传的时间却相差甚远，然而联系人的名字和联系方式却未曾改变。面对微信朋友圈中"传递类"的信息，用户应提高警惕性，谨言慎转。

④ 参见墩墩智囊 2015 年 6 月 24 日博客《面对微信乱象，我们将何去何从？》。

外或已经成为异国公民，那么对有些内容的传播可能就无所顾忌了。现实中微信平台中出现的一些关于邪教的言论、不同政见的言论、抹黑诋毁国家的言论或淫秽图文，最初大多数来自异国。境外的一些机构或敌对势力也唯恐中国和谐稳定，经常借助微信平台散布和传播一些攻击或抹黑中国的言论。所以，异国传播也是微信乱象的原因之一。

四是好奇传播。好奇是人们阅读或观看过程中的一种较为普遍的心理，大凡新鲜的事物、奇异的现象、刺激的图文、闻所未闻的东西往往容易夺取人们的眼球，引起人们的关注。就微信朋友圈所传播的内容而言，大多数并非自己原创，有些人之所以转发某些内容，许多情况下是出于好奇，或认为新奇，或感到有趣，或觉得怪异，因而不加鉴别，顺手点击就转发到朋友圈了。在微信朋友圈转发的有趣内容有些是合情合理合法的真实信息，但也有些是微信乱象，转发过程中有些人根本不具备鉴别能力，有些人虽有一定的鉴别水准，但由于法律意识淡漠，觉着新奇好玩儿，不考虑传播效果，就顺手点击转发了。

五是幽灵账号。微信公众平台于2012年8月23日正式上线，2013年8月5日从4.5版本升级到了5.0版本，微信公众账号大致分为服务号、订阅号和企业号三种，现在网上有数百商家在"提供微信公众平台的认证、加V、刷粉"，微信公众账号的申请、注册、认证非常混乱，既无统一的标准，也无严格的程序，在网络上实际存在一条隐蔽的灰色利益链，加上微信公众号的名字可以随意命名，一些带有政府色彩和官方色彩的用户名不受限制，甚至可以堂而皇之地通过微信公众号申请和认证，于是"幽灵账号"频繁出现，"李鬼"现象普遍存在。① "幽灵账号"和"李鬼"现象出现的本身就是微信乱象，由这种乱象产生的账号所发出的微信内容就乱上加乱了。②

---

① 参见墩墩智囊2015年6月24日博客《面对微信乱象，我们将何去何从？》。

② 微信服务号旨在为用户提供服务，1个月（自然月）内仅可以发送4条群发消息，发给订阅用户（粉丝）的消息，会显示在对方的聊天列表中，服务号会在订阅用户（粉丝）的通讯录中，通讯录中有一个公众号的文件夹，点开可以查看所有服务号，服务号可申请自定义菜单。微信订阅号旨在为用户提供信息，每天（24小时内）可以发送1条群发消息，发给订阅用户（粉丝）的消息，将会显示在对方的"订阅号"文件夹中，点击两次才可以打开；在订阅用户（粉丝）的通讯录中，订阅号将被放入订阅号文件夹中。微信企业号旨在帮助企事业单位、政府机关和非政府组织建立与员工、上下游合作伙伴及内部IT系统间的连接，并能有效地简化管理流程、提高信息的沟通和协同效率、提升对一线员工的服务及管理能力。个人不能申请服务号。此外，普通的公众账号可以群发文字、图片、语音、视频等类别的内容，认证的账号有更高的权限，能推送更漂亮的图文信息，这类图文信息也许是单条的，也许是一个专题。

六是监管不力，手段落后。对于微信乱象的规制，微信官方嘴上讲得好，实际行动差；文字规定得很细，实际执行得很粗。① 官方虽然有个投诉举报渠道，但对违规内容既缺乏积极主动的查处作为，同时对于用户举报存在不作为、难作为、消极作为或者作为不过来等现象，微信用户提交的大量举报信息得不到官方的受理，无形中助长了微信乱象的滋生蔓延。此外，监管微信乱象与监管市场伪假冒商品不同，电子取证与从商品货架上取证也不同，尤其是发生微信经营者所在地、交易平台所在地、商品发货地、消费者收货地不在一地时，如何认定主体、究竟由谁来管辖、如何跨地域协作都有较大的难度，形成监管的成本高、效能低、到位难等问题，同时有关部门的监管仍然依靠人工为主的传统方式，手段落后，以"劳动密集型"手段来监管"技术密集型"、以"传统市场监管"的方式来实施"网络监管"的现象普遍存在。

七是法律依据不完善。我国目前关于微信乱象的规制，法律法规很不完善。虽然腾讯《微信公众账号服务协议》和《微信公众账号服务协议折叠平台使用规则》有一些明确的要求，但均属于软性规定，并非法律法规的层面，用户一旦违约，很难追究法律责任。2013年9月发布的《关于办理利用信息网络实施诽谤等刑事案件适用法律若干问题的解释》，2014年8月7日国家网信办发布的《即时通信工具公众信息服务发展管理暂行规定》，简称"微信十条"，还有一些碎片化立法规范，但这些规定法律层级较低，根本不能满足快速发展的网络市场和监管工作要求。目前我们可参考的法律依据多为互联网发展初期制定的，法律依据不够健全，使互联网执法边界难以明晰、执法效能难以尽如人意。

八是丢失底线。微信之所以会产生乱象，虽然与上述种种情况有关，但最为根本的原因是那些制作和传播乱象的微信用户失去了自媒体的底线。做任何事情都有一个底线，一旦底线失守，必然乱象丛生。在微信公众平台，无论是为了博取他人关注，还是为了推销产品，或是纯粹弄着玩儿，或是出于其他目的，都存在一个底线的问题。微信公众平台的

---

① 例如《微信公众账号服务协议》及相关合约规定："违规内容一经发现，即删除内容，并屏蔽微信朋友圈。微信账号发布的，我们将视情节对该微信账号进行警告、限制或禁止使用部分或全部功能、账号封禁直至注销的处罚，并公告处理结果。"实际上腾讯官方或由于技术原因，或由于人力资源不足，或由于其他难以表白的原因，对违规内容既缺乏积极主动的查处作为，同时对于用户举报存在消极作为和不作为。

底线最主要的有三条：一是真实底线，即所发布的内容必须真实可靠；二是道德底线，即不能违背起码的社会公德良俗；三是法律底线，即不能触碰法律法规所禁止的红线。问题就在于有些人既不顾忌信息是否真实，也不讲究公德良俗，甚至违犯法律法规，所以在微信公众平台滋生种种乱象。

三　规制微信乱象的途径

第一，治乱要先立规矩。欲治微信乱象，需要先立规矩。但问题在于，我们现在关于自媒体的法律法规很不健全、很不完善，有一些条款虽然规定得较为具体，但属于软性约定，并非国家法律法规的层面。例如，腾讯《微信公众账号服务协议》①和《微信公众账号服务协议折叠平台使用规则》等，②2014年8月7日国家网信办发布《即时通信工具公众信息服务发展管理暂行规定》（简称"微信十条"），2016年7月国家工商总局颁布

①　例如《微信公众账号服务协议》第4条第二款约定：你不得利用微信公众账号或微信公众平台服务制作、复制、发布、传播如下法律、法规和政策禁止的内容：第一，反对宪法所确定的基本原则的；第二，危害国家安全，泄露国家秘密，颠覆国家政权，破坏国家统一的；第三，损害国家荣誉和利益的；第四，煽动民族仇恨、民族歧视，破坏民族团结的；第五，破坏国家宗教政策，宣扬邪教和封建迷信的；第六，散布谣言，扰乱社会秩序，破坏社会稳定的；第七，散布淫秽、色情、赌博、暴力、凶杀、恐怖或者教唆犯罪的；第八，侮辱或者诽谤他人，侵害他人合法权益的；第九，含有法律、法规和政策禁止的其他内容的信息。第三款约定，你理解并同意，微信公众平台一直致力于为用户提供文明健康、规范有序的网络环境，你不得利用微信公众账号或微信公众平台服务制作、复制、发布、传播如下干扰微信公众平台正常运营，以及侵犯其他用户或第三方合法权益的内容：第一，含有任何性或性暗示的；第二，骚扰、垃圾广告或信息的；第三，涉及他人隐私、个人信息或资料的；第四，侵害他人名誉权、肖像权、知识产权、商业秘密等合法权利的……

②　例如《微信公众账号服务协议折叠平台使用规则》第5条第二款规定，你不得利用微信公众账号或微信公众平台服务进行如下行为：第一，提交、发布虚假信息，或冒充、利用他人名义的；第二，强制、诱导其他用户关注、点击链接页面或分享信息的；第三，虚构事实、隐瞒真相以误导、欺骗他人的；第四，侵害他人名誉权、肖像权、知识产权、商业秘密等合法权利的；第五，申请微信认证资料与注册信息内容不一致的，或者推广内容与注册信息所公示身份无关的；第六，未经腾讯书面许可利用其他微信公众账号、微信账号和任何功能，以及第三方运营平台进行推广或互相推广的；第七，未经腾讯书面许可使用插件、外挂或其他第三方工具、服务接入本服务和相关系统；第八，利用微信公众账号或微信公众平台服务从事任何违法犯罪活动的；第九，制作、发布与以上行为相关的方法、工具，或对此类方法、工具进行运营或传播，无论这些行为是否为商业目的；第十，其他违反法律法规规定、侵犯其他用户合法权益、干扰产品正常运营或腾讯未明示授权的行为。

了《互联网广告管理暂行办法》，还有一些碎片化立法和规范。① 但就总体而言，我们现有的政策法规不能适应新媒体的飞速发展，对于有些微信乱象的监管处于无法可依的境况。由于网络具有全球性，建议治理微信或网络乱象不宜强调地方立法或部门立法，应积极推动国家层面的立法，在国家立法层面健全和完善相关的法律法规体系，如近期内要积极推动"网络安全法"尽快出台。

第二，治乱的重心在于规范微信公账号与服务商。治乱要从源头上把关，首先要把住并把好入口关，强化源头治理。微信用户的注册账号必须提供真实姓名或单位名称，上传身份或执照证明，实行"实名制"，同时要以签订协议的方式保证遵守法律法规，一旦出现微信乱象，能够马上找到"人"。其次要规范微信公众账号的名称，清理那些带有权威、公益机构名义或官方色彩的"幽灵账号"，避免一些"李鬼"作祟，净化微信生态环境。第三要规范微信服务商，服务商从事公众信息服务活动，必须取得法律法规规定的相关资质，必须取得互联网新闻信息服务资质，应当遵守社会公德和法律法规，严格依法行事。第四要强化微信服务商的社会责任，保护用户隐私，接受社会监督，及时处理举报信息，做到守土有责、守土尽责。

第三，治乱要技术先行。新媒体能够飞速发展在很大程度上依赖科学技术的发展，新媒体的一些乱象产生也在依赖新兴技术。因此，治理微信乱象需要技术先行，建议尽快研究和建立起一套微信乱象的甄别、防范、处置体系。建议在技术层面三项措施并举：一是要强化通过关键词、图片识别等手段建立甄别微信乱象的技术手段，祛除诱导转发、强制转发的话语，及时删除淫秽暴力图文影像；二是要畅通举报渠道，对于证据确凿的微信乱象，微信官方要及时做好对传播者的账号处理工作；三是要对涉嫌存在微信乱象的账号进行分级管理，建立阶梯式处罚机制，分别采取约谈、删帖、警示、限制发布、屏蔽链接、冻结账号、注销账号等不同等级措施，对于传播微信乱象情节特别严重、触犯刑法的微信账号移交司法部门处理。

第四，治乱要实施有效的监管。为了减少和消除微信乱象，建议建立多重

---

① 例如 2013 年 9 月发布的《关于办理利用信息网络实施诽谤等刑事案件适用法律若干问题的解释》等。

监管体制。①。如果乱象是发生在微信群内，群主应当及时采取措施；如果乱象是发生在微信朋友圈内，圈内的好友有义务劝阻或举报，以期尽早删除；如果乱象是由微信公众账号产生，微信官方或服务商有责任及时采取措施。同时要加大微信公众号的线下监管，一有传播微信乱象的现象，立即通知到微信公众号的申请人采取措施。此外，网络监管部门要守土尽责，及时介入，建筑起最后一道防线，一定要坚决实行责任追究制度，如对于服务商的不作为、乱作为或消极作为要视不同情况追究不同的责任，并且公示处置结果。这样才能使监管落到实处，监管才能行之有效，才有可能营造出风清气正的网络传播环境。

第五，治乱要注重系统性和协同性。微信究其属性而言属于自媒体，自媒体又属于网络新媒体。微信平台所传播的内容，多是从其他网络转来，所以要治理微信乱象，不能就微信谈微信，不能头疼医头、脚痛医脚，必须注重它的系统性和协同性。所谓系统性是指要将微信乱象的治理纳入互联网治理的整体框架之内，注重系统治理；所谓协同性是指微信服务商与有关监管部门要在各司其职、各尽其能的基础上相互协调、相互配合、齐抓共管。注重系统性和协同性还要创新网络社会治理结构与治理方式，建议加快推进党委领导、政府负责、网络组织协同、网民参与、法治保障的网络社会治理体系建设，充分发挥传统主流媒体、网络新媒体、自媒体、网络运营商以及监管部门在微信乱象治理过程中的协同和整合作用。②

第六，治乱要强化舆情危机应急处置能力。微信乱象的滋生与蔓延，不利于国家安全、社会稳定和公众利益，所以应当从国家层面大力推进微信乱象的预警预防体系建设。以微信谣言和危机报道为例，微信平台上的一些政治谣言如不及时应对，就可能在短时间内迅速影响社会稳定和民心向背；一些突发事件的不实传播若不及时澄清，就可能在短时间内恶化、演变为重大公共危机事件。因此，从维护社会稳定的角度出发，建议制定舆情危机的应急预案，推进微信乱象的预警预防体系建设，强化对微信乱象的监测和预

① 方兴东在《中国互联网治理模式的演进与创新》一文中阐述了以国务院新闻办为主导的"九龙治水"作为互联网治理制度的重要意义。国务院新闻办、中宣部、新闻出版总署、广电总局、文化部、教育部、全国"扫黄打非"办公室、公安部等八部委多部门、多口径的交叉管理"九龙治水"的模式。参见《人民论坛学术前沿》2016 年 3 月（下）。此外，张东在《中国互联网信息治理模式研究》中提出中国互联网信息治理的综合模式应当是"政府督导下的行业自律和个人自治相结合的综合治理模式"，值得参考。参见张东《中国互联网信息治理模式研究》，博士学位论文，中国人民大学，2010。

② 参见顾金喜、黄楚新《微信谣言的传播危害及其治理措施》，《前线》2015 年第 6 期。

警，及时采取措施把舆情危机消除在萌芽状态。同时，要通过监测预警微信乱象提升预防和应对能力，提升舆情危机的应急处置能力，使新媒体、自媒体发展趋利避害，促进社会的稳定与和谐发展。①

第七，治乱的根本在于提升微信主体的素质。微信乱象是由某些微信主体（制作与传播者）制造的，乱象的产生脱离不了微信主体，有些微信乱象是微信主体的故意所为，有些微信乱象是微信主体的随意所为，有些微信乱象则是微信主体的无意所为，治理微信乱象的根本在于提升微信主体的素质。建议以"微信十条"为基础，建立微信主体的自律机制，无论是微信的制作者还是传播者，都要不断强化自身的道德意识、法律意识和媒介伦理意识，遵从社会公德良俗，遵守法律法规，遵循媒介伦理，保证自己不制作和传播有违社会公德良俗、法律法规及媒介伦理的微信。同时，服务商和有关监管部门还要注重培养熟悉微信操作、通晓电子商务的技术人才，注重培养懂得营销监管业务、熟悉相关法律法规的管理人才。

第八，治乱不能成为管控言论自由借口。必须强调，每个人都有依据自己意愿的表达自由，言论应当自由，言论必须自由，无论这种表达是否与执政者一致，有关机构不能因为有些言论稍有"出格"就上纲上线、乱扣帽子、乱打棍子、严加管控。但是，言论的自由表达前提是必须用真实的身份，对自己传播的内容负责。换句话说就是：必须把想说什么就能说什么这一言论自由权利还给每一位公民，但表达者不能用匿名等形式隐身，要承担由此可能引发的道德责任与法律责任，不能只要表达自由不要承担责任。如果限制表达自由，那就等于变相剥夺了公民的宪法权利；如果不承担责任，那就可能会危及其他公民的权益和社会秩序，甚至危害国家安全。每一位微信用户，都有表达和传播的自由，但触犯了道德底线与法律底线，就要承担相应的责任。

四　使用微信的底线与意识

在国家互联网信息办公室举办的"网络名人社会责任论坛"上，提出网友遵守的七条原则，又称七条底线。这七条底线大致可以分为四类：一是

---

① 参见顾金喜、黄楚新《微信谣言的传播危害及其治理措施》，《前线》2015 年第 6 期。

政治类底线，包括社会主义制度底线和国家利益底线，强调互联网虽然没有国界，但网民有国界，国家的利益高于一切，社会主义制度是我国的最为根本的政治制度，不可触碰；二是法律类底线，包括法律法规底线和公民合法权益底线，网民在网络平台表达意志应当知法懂法、守护法律，以事实为依据，以法律为准绳，网络为公民打造了一个崭新的平台，同时每一位网民都有责任维护本人及他人的合法权益；① 三是社会秩序与风尚类底线，包括社会公共秩序底线和道德风尚底线，强调网络空间并不是没有任何约束的公共场所，不能借口网络世界的虚拟性、匿名性、相对性漠视或否定网络道德；② 四是信息真实性底线，强调共同抵制虚假有害信息、不造谣，不传谣，营造风清气正网络空间秩序。③ 微信作为互联网的一个组成部分，当然应当遵循这些底线。④

除此之外，笔者认为微信的制作与传播还必须强化四种意识。

一是真实是微信制作与传播最为基本的底线。真实是新闻的生命，真实是微信内容制作赖以存在的最基本条件，也是微信传播必须遵循的铁定原

---

① 一些严重侵犯公民合法权益的言论，甚至会造成十分严重的后果。英国曾发生网民骂一个小女孩的事情，最终导致小女孩的自杀。舆论压力一旦超出了当事人的承受能力，就会发生很严重的后果。

② 李忠运在《媒体，不要忘了底线》一文中认为："新闻媒体需要坚守新闻底线和媒介伦理，即便怒火中烧，也要理性、客观、中立、公正。否则，我们制作的新闻，岂不成了泼妇骂大街？"他认为，违背道德、损害社会良俗的底线不能破，客观、中立的底线不能破，真实的底线不能破，尊重公民权利、保护公民个人隐私的底线不能破，法律政策的底线不能破。参见李忠运《媒体，不要忘了底线》，《青年记者》2013 年 10 月（上）。

③ 网络"谣言"因其传播迅速、范围广等特点，现实中的社会公共秩序一次次地受到严重冲击。发生在 2011 年的"抢盐风波"就是一个典型案例。浙江省杭州市某数码市场的普通员工"渔翁"，于 2011 年 3 月 15 日 10 点多，在自家电脑上敲下一段不到 50 个字的消息，发在了几个 QQ 群上。超乎他想象的是，在此后的短短几个小时之内，这条消息夹杂着人们对核辐射的恐慌不胫而走。一天以后，北京、广东、浙江、江苏等地发生食盐抢购现象。据官方分析，造成食盐抢购的原因一方面是日本地震海啸造成核泄漏，民间盛传含碘物品可以预防核辐射，造成部分民众盲目抢购囤积碘盐；另一方面，民众担心海水受到污染，以后买不到没有污染的食盐了，所以疯狂抢购囤积，一些不法商家甚至趁机提价牟取暴利。2011 年 3 月 21 日，杭州市公安局西湖分局发布消息称，已查到"谣盐"信息源头，并对始作俑者"渔翁"做出了行政拘留十天、罚款 500 元的处罚，类似对社会公共秩序造成伤害的谣言事件还有很多，"蛆橘事件"让全国柑橘严重滞销；地震谣言令山西数百万人街头"避难"；响水县"爆炸谣言"引发大逃亡致 4 人死亡……

④ 陈进华、张寿强在《论自媒体传播的公共性及其道德底线》一文中认为，一是要提升自媒体主体的媒介素养，二是要构建自媒体平台虚假信息防范、甄别、处置体系，三是要建立公共权力与自媒体场域之间相互约束机制。参见《江海学刊》2012 年第 6 期。

则，它要求微信制作与传播所涉及的时间、地点、人物、事件、原因、结果以及其提供的背景、环境、过程、细节、人物语言等必须真实可靠，所引用的各种资料和数据必须准确无误，既不能笔下生花、演绎编造、浮想联翩、凭空虚构，也不能一味猎奇、盲目炒作。① 微信公众平台和朋友圈所发布的内容绝对不能超越这条底线，守住真实这条最为基本的底线，实际上也意味着在维护微信平台的公信力，做一个负责任的新媒体平台和有担当的微信用户。

二是善意应当成为微信制作与传播的出发点。我们的国家在建设过程中确实存在不少问题，我们的社会也确实存在诸多不公平、不合理的现象，揭露或批评这些问题或现象是媒体的职责，但是，是善意的、建设性的去揭露或批评，还是恶意的、诋毁性的揭露或批评，出发点不同，传播效果也大相径庭。微信作为一种新型的媒介，对于这些问题或现象的揭露或批评应当是善意的、建设性的。失去善意的媒介是不负责任的媒介，是不敢或不愿担当的媒介，最终会失去受众。在微信平台，有些微信缺乏善意，有些微信不怀好意，有些微信明显敌意，刻意挑拨是非、制造社会矛盾。虽然撕裂伤口远比弥合它更能给人以刺激，不负责任地制造"热点"远比理性的报道更吸引眼球，但是，宣泄不满、诋毁谩骂不能解决社会问题，光指责不提建设性意见无益于弥合社会裂痕。②

三是微信制作与传播应当讲究品格和节操。减少微信乱象和提升微信公信力的一条重要途径是要强化节操意识。微信的制作者要讲究格调，微信的传播者要讲究品位。高品位的微信内容是一顿精神美餐，格调高的微信公众平台会吸引更多的有识之士，讲究品格既是微信自身的生存与发展之道，也是微信担当社会责任的具体体现。格调低下的内容最终会遭到唾弃，不讲品味的传播迟早会使人厌倦。在微信公众平台和朋友圈内造谣生事、虚假欺诈、非法牟利、粗话脏话、宣泄不满、炫耀自身、人身攻击、曝光他人隐

---

① 参见刘斌《法制新闻采访与写作》，中国政法大学出版社，2006，第 146 ~ 147 页。
② 林琳也认为，真实和善意是媒体的底线。失去真实性的新闻即使再新鲜也名不副实，失去善意的媒体即使有再多关注也有负社会瞭望者之名。做真实有善意的新闻，与媒体重视社会效益、增强社会责任感密不可分，也与媒体人提高自身业务水平和道德修养息息相关。此外，整个媒体行业的自律以及国家相关制度的建立与完善也不可少。唯有多管齐下，媒体才能真正以一种负责任的姿态，怀抱着善意来审视时代，观察社会，观照人们的内心。参见林琳《媒体，请守住真实和善意的底线》，《人民日报》2012 年 2 月 20 日。

私、制作传播低俗淫秽及暴力恐怖图文等都属于没有节操的行为。在微信平台强化节操意识实际上是在强调制作者与传播者要充分考虑传播后的社会效果，担当起社会责任；在微信平台倡导讲究品位与格调的目的是要净化乌烟瘴气的生态，营造风清气正的舆论环境，使微信不成为"危信"或"微商"。①

四是微信转载或分享应当注意版权和核实。在微信公众平台，抄袭剽窃现象时有发生，版权问题是绕不开的一道坎，著作权法的修改，让转载权利更加缩紧，应当花大气力保护原创作品。微信公众平台转发他人的作品应当经过著作权人许可，不能对原作品的内容进行实质性修改，不应当添加或者修改原标题，使文不对题、误导公众等，如果是转发的是其他媒体已经刊载的作品，还应当标明出处。对于时政类新闻，按照目前的相关规定，自媒体是不能转载或转发的，更不得更改标题转载转发。微信朋友圈的内容大多数是转发或分享，也应当特别注意版权、注意信息的真实性和可靠性，不做谣言的传声筒，不做虚假信息的传播者。本文之所以强调转发或分享微信应当注意版权和核实，是因为微信具有及时传播的特征，转发或分享的速度非常快，容易发生侵权纠纷。同时，一些谣言或不良信息很容易在短时间内被放大，很可能引发意识形态领域的负面舆情或者影响社会稳定的群体性事件。

结　语

微信乱象是社会乱象与意识形态混乱在自媒体上的反映，是一些人失去或者不顾及底线的表现。形成微信乱象既有隐形传播、轻信传播、异域传播、好奇传播等原因，也有"李鬼"现象、"幽灵账号"、监管不力、监管

---

① 韩冰玉认为，自媒体不能人为物役，滥用自媒体及其代表的话语权。遗憾的是，有些媒体人将自媒体当作炫耀个人形象的窗口，有些媒体人将自媒体当作宣泄不满的平台，还有些媒体人将自媒体打造成公关工具，与一些公司企业相互勾结，成为非法牟利、造谣生事、打击竞争对手的"黑媒体"。参见韩冰玉《在自媒体上守住媒体人的"底线"》，《人民日报》2014 年 7 月 24 日。例如：2015 年 3 月底，"花边阅读"和"异见"两个微信公众号的运营公司深圳 H 公司和北京 Y 公司分别委托律师向深圳南山法院提交民事起诉状，起诉涉嫌抄袭的"酿名斋"和"文字撰稿人"两个微信公众号的运营主体深圳 N 公司和南京 B 公司。此外，有关微信公众账号抄袭剽窃的问题，还可参见薛松《微信公众账号抄袭现象频发：维权困难》，《广州日报》2014 年 2 月 24 日。

手段落后、法律依据不完善等原因，但最根本的原因是一些微信用户失去了自媒体的底线。我国现有的法律法规已经不能适应新媒体的飞速发展，需要在国家立法层面尽快健全和完善相关法律法规，需要在技术层面尽快建立起一套微信乱象的甄别、防范、处置体系，需要积极推进微信乱象的预警预防体系建设，强化对微信乱象的监测和预警，提升舆情危机的应急处置能力。同时，治理微信乱象不能就微信谈微信，必须注重治理的系统性和协同性，要将治理微信乱象纳入互联网治理的整体框架之内，微信服务商与有关监管部门要各司其职、各尽其能、相互协调、相互配合、齐抓共管。治理微信乱象的重心在于规范微信公众账号与服务商，根本在于提升微信制作者与传播者的素质。

后 记

1986 年研究生毕业后我被分配到中国政法大学工作，1991 年被破格评为法学副教授，1995 年被破格评为法学教授。我的学术研究大致可以分为三个阶段。

1986~1995 年这一阶段是我做学术最用功的时期，同事、朋友开玩笑地说我"一般情况下是趴在书桌上，二般情况下也是趴在书桌上"。这一时期我主要从事与法律古籍相关的研究，出版过《中国法律古籍目录学》一书，在《法学研究》《中国法学》等期刊杂志发表过近 30 篇学术论文，此间也有意识地积累了大量的案例和有关中国传统文化的资料。

1995~2002 年是第二阶段。1995 年我评上教授之后，在学术上不如原来尽心尽力了，主要是迫于生计，我上有四位无职无薪的老人，下有两个上学的孩子，家庭生活困难到几乎每个月都要掰着指头等待发工资的那一天。这一阶段，我除了出版了《中国的传统文化》一书、主编出版了 7 本案例集外，还为了拿取稿酬，给一些非学术类的新闻期刊杂志撰写了 40 多篇法治新闻类的文章，我同时还积极参与神州画报社和神州律师事务所的业务，创办民办的"神州大学"。这一阶段是我接触社会最为广泛的时期，得到了许多朋友的关照，从经济上彻底解决了养家糊口的问题。

2002 年至今是第三阶段。2002 年学校成立人文学院，让我去主持工作，从此主要精力回归学校，我先后在人文学院、研究生院、新闻学院工作。这个时期虽然行政工作繁重，但我在法治新闻和法治文化的研究上也取得了长足进展。这期间我与李矗合作撰写出版了《法制新闻的理论与实务》，独立出版了《法制新闻的采访与写作》，主编出版了《法治新闻传播学》等书，发表法治新闻与法治文化方面的学术论文 30 多篇，我还参与或主持过国家、教育部、北京市的多项哲学社会科学重大攻关项目。

　　本书收集了我近十年来的部分研究成果，主要是关于法治文化和法治新闻的专题研究。凡是已经发表的论文，我基本上未做修改，其中有些论文的提法或观点前后不尽一致，反映了我对自己学术观点的修正或补充。

　　十分感谢杨玉圣主编给我这次结集出版的机会，同时也对社会科学文献出版社张晓莉博士和资助本书出版的中国政法大学县域法治研究中心及李树忠教授致以深深的谢意！

刘　斌

2015 年初冬

图书在版编目（CIP）数据

法治文化与法治新闻／刘斌著． －－北京：社会科
学文献出版社，2017.1
（学术共同体文库）
ISBN 978 - 7 - 5201 - 0070 - 0

Ⅰ.①法⋯　Ⅱ.①刘⋯　Ⅲ.①社会主义法制 - 建设 -
中国 - 文集 ②法制 - 新闻工作 - 中国 - 文集　Ⅳ.
①D920.0 - 53 ②G219.2 - 53

中国版本图书馆 CIP 数据核字（2016）第 297049 号

·学术共同体文库·

法治文化与法治新闻

著　　者／刘　斌

出 版 人／谢寿光
项目统筹／张晓莉
责任编辑／吕珊珊　楚洋洋　王蓓遥　孙以年

出　　版／社会科学文献出版社 · 人文分社（010）59367215
　　　　　　地址：北京市北三环中路甲 29 号院华龙大厦　邮编：100029
　　　　　　网址：www. ssap. com. cn
发　　行／市场营销中心（010）59367081　59367018
印　　装／三河市东方印刷有限公司

规　　格／开　本：787mm × 1092mm　1/16
　　　　　　印　张：20.75　字　数：362 千字
版　　次／2017 年 1 月第 1 版　2017 年 1 月第 1 次印刷
书　　号／ISBN 978 - 7 - 5201 - 0070 - 0
定　　价／139.00 元

本书如有印装质量问题，请与读者服务中心（010 - 59367028）联系